감정의 역사

루터의 신성한 공포에서
나치의 차분한 열광까지

감정의
역사

김학이 지음

루터의 신성한 공포에서 나치의 차분한 열광까지

푸른역사

김병식·최복순 님께 헌정함

차례

감정에 역사가 있을까

감정사란 무엇일까? 그에 대한 답은 문화사란 무엇일까? 라는 질문에 대한 답에서 얻을 수 있을 것 같다. 문화사란 인간과 세계에 대한 해석의 틀로서의 문화가 정치와 경제와 사회의 산물이나 반영이 아니라 고유한 방식으로 작동하는 구성물이며, 더 나아가서 정치와 경제와 사회를 규정한다고 전제하는 역사학이다. 그렇다면 감정사란 특정한 상황에 처한 인간에게 발동하는 신체적·정신적 격동으로서의 감정이 정치와 경제와 사회의 산물이 아니라 고유한 방식으로 작동하는 구성물이며, 더 나아가서 정치와 경제와 사회를 규정한다고, 즉 고유한 힘을 발휘한다고 전제하는 역사학이다.

예를 한 가지 보자. 우리 학계의 출중한 역사학자 송충기는 동물의 역사를 연구하면서, 함부르크시가 1870년대 초부터 1890년대 초까지 거의 20년에 걸친 논의와 계획과 작업 끝에 시 외곽에 대형 종합도축장을 건설하는 장면을 보여주었다. 그 동기와 과정은 역사가에 따라 도시 위생의 관점에서 찾을 수도 있고, 육류의 생산과 소비라는 경제적 관점에서 바라볼 수도 있으며, 송충기처럼 그 속에서 인간과 비인간이 관계 맺는 방식의 변화를 식별할 수도 있다. 그러나 도축장 이전의 그 모든 측면에 선행하거나 병행한 것은 사람이 동물의 피와 사체에서 눈을 돌리는 감수성의 변화가 아니겠는가. 실제로 동물을 인간적 사랑의 대상으로 하는 동물보호협회가 독일의 경우 1830년대에 출현하여 19세기 말에 회원 수가 10만 명에 달했다. 또한 그 유구했고 격렬했던 공개처형이 프랑스혁명 이후의 19세기 전반기에 서유럽에서 거의 소멸되었고 사형장이 교도소 뒷마당으로 이동했다. 폭력과 피에 대한 역겨움 때문이었다. 감정이 고유하고 독립적인 힘을 발휘한 것이다. 감정 이론의 표현을 빌리자면, 감정이 행동한 것이다.[1]

감정의 독자적인 행위 능력을 인정한다고 하더라도 감정에 역사가 있을까? 이는 간단한 문제가 아니다. 감정에 역사가 있다면 감정이 변화한다는 뜻이다. 그러나 위협을 마주한 인간이 공포를 느끼는 것은 신석기 시대나 대륙 간 탄도탄의 시대나 마찬가지가 아닐까? 감정이 대상과 표현만 달리할 뿐 언제나 동일했다는 그러한 발상은 감정을 동물적인, 혹은 신체적인 현상으로 파악한다. 그 학문적 기원은 다름 아닌 찰스 다윈이다. 다윈은 1872년에 발간한 《인간과 동물의 감정 표현》에서 다양한 얼굴 사진을 분석하여 무려 60개가 넘는 감정 표현을 식별하고, 그 표현을 동물적인 본능의 발현 형태로 해석했다. 분노는 적을 공격하기 위하여 이를 악물던 행위의 자취이고, 혐오는 독이 든 음식을 게워내던 행위의 자취이며, 사랑은 성행위의 자취라 는 것이다. 다윈의 논의는 윌리엄 제임스의 이론화를 거쳐, 안면 감정 표현의 보편성을 발견하기 위하여 1960년대에 파푸아뉴기니까지 찾 아갔던 에크만Paul Ekman의 작업으로, 최근에는 뇌과학의 감정회로 연구와 구글의 감정 식별 어플리케이션 개발 논의로 이어졌다.[2]

역사 연구란 무릇 인간의 삶에서 변화를 포착하려는 노력이다. 역 사가 변화라면, 특정 시대에만 유효한 고유한 무엇이 있거나 아니면 같은 것이라도 시대에 따라 의미가 달라야 한다. 그리하여 과거는 현 재와 선명히 달라야 한다. 그러나 감정은 포착하기 어렵다. 감정은 이 념과 달리 제도로 귀착되지 않는다. 자유는 의회와 법으로 제도화되 고, 평등은 경제의 집단화로 제도화된다. 따라서 그 역사적 궤적을 추 적할 수 있다. 그러나 감정에는 제도가 없다. 사랑만이, 그것도 19세 기 이후에야 가족으로 이어질 뿐, 분노와 공포가 제도화될 수는 없는 노릇이다. 감정사 연구에 늘 실행 가능성에 대한 의구심이 따라붙고, 감정사 연구가 손으로 공기를 쥐려 할 때와 비슷한 느낌을 주는 것은 이 때문이다.

그러나 감정에는 분명히 역사가 있다. 첫째, 시대에 따라 중요성이 달라지는 감정이 있다. 공포 감정은 16세기 종교개혁에서 인간이 신 을 만나게 되는 통로였으나 17세기를 지나면서 그 비중이 감소하더니 19세기 초의 호러 문학에 와서는 미적 쾌감의 수단이 된다. 분노 감정 은 중세부터 16세기까지 신과 권력자만이 가질 수 있는 감정이었다가 17세기에 금제가 풀리더니 18세기에는 일반인이 자기 정당성을 주장하는 협상의 장이 된다. 둘째, 시대에 따라 의미가 달라지는 감정도 있다. 삶에 의미를 부여하는 행복은 아리스토텔레스 이래 시민이 공적 활동에서 느끼는 감정이었다가 1820~30년에서야 비로소 사적인 감정이 된다. 공포는 19세기 말에 인간학적 근본 조건으로 재차 부각되었다가 20세기 중반에는 자본주의의 산물이자 지배 수단으로 의미화된다. 셋째, 특정 시기에야 비로소 나타난 감정도 있다. 고독은 근대 초까지만 해도 특별한 의미가 부여되지 않은 채 그저 혼자인 상황을 가리키다가, 19세기 초에 들어오면서 사회성으로부터 배제된 사람이 갖는 고통스러운 감정이 된다. 고대 그리스에서 찬양되던 우정은 중세에는 별반 중요시되지 않다가 17세기 후반에 재등장하는데, 18세기 초까지 그 감정은 자아의 이익과 관련되었고 그래서 '차가운 우정'도 가능했다. 18세기 중반에야 '또 다른 자아alter ego'로서의 친구가 대두한다.

감정이 역사를 갖는 이유는 감정이 욕망과 규범 사이에서 인간이 느끼는 격동이기 때문이다. 감정은 비밀스럽기도 하기에 도덕규범의 피안에서 작동하는 욕망의 문제로만 간주되기 십상이다. 그러나 감정은 규범과 긴밀히 얽힌다. 사람이 분노하는 이유는 그가 마주한 상황이 정당치 않아서다. 19세기 이전 행복의 출처였던 공적 활동은 시민적 도덕규범의 구현이었다. 감정의 문화적 차원은 1970년대 이후 인지심리학에서 정밀하게 연구되고 이론화되었다. 그 실험심리학은 인간의 감성체제the affective system가 특정 현실에 당면하여 비의지적으로 감정적 반응을 발동시키지만, 그것은 실상 경험과 기대에 따라 사회 환경을 계산하고 평가하여 몸과 마음을 준비시키는 정보처리 작업의 결과라는 점을 논증했다.

인지심리학은 공감과 같은 고도로 사회적이고 규범적인 감정조차 감성체제가 타인의 상태를 시뮬레이션함으로써 그 편익을 기록하는 과정에서 발생한다고 주장한다. 감정이 즉각적으로 격발하는 경우조차 그러한 작업이 반복되고 학습됨으로써 우리의 몸과 마음에 각인되었기 때문이라는 것이다. 학자들은 이를 '과잉 학습된 인지認知'라고 부른다. 인지심리학을 원용한 도덕철학도 비슷한 주장을 펼쳤다. 미국의 윤리철학자 피터 레일턴은 규범이 강제와 다른 것은 규범은 개개인이 그것을 자유롭게 추구한다는 데 있으며, 근대 철학자들은 규범과 자유를 결합시키는 연결고리를 감정에서 찾았다고 논증했다. 예컨대 흄과 애덤 스미스 같은 18세기 스코틀랜드 계몽주의자들이 도덕감정이 사회를 구성한다고 주장했던 이유는, 감정의 사회적 소통 능력을 믿던 그들이 소통적 감정이 인간의 심신에 도덕을 착근시킨다고 믿었기 때문이라는 것이다. 칸트가 실천이성의 정언명법을 믿은 것 역시 18세기 후반이 되면 과거와 달리 귀족만이 아니라 평민도 영웅적인 숭고 감정을 가질 수 있다고 여겼기 때문이라는 것이다.[3]

규범은 의당 시대에 따라 변화한다. 그렇다면 규범과 얽혀 있는 감정도 변할 것이다. 또한 그렇다면 규범적 감정에 대한 연구는 시대의 가치와 그 변화를 드러낼 수 있을 것이다. 예컨대 두 사람이 사랑하는데 그것이 전근대에서 정신병으로 간주되어 거부되던 '열정적 사랑'인지, 아니면 모든 남녀가 따라야 하는 근대적인 '낭만적 사랑'인지 구분하기란 어려운 노릇이다. 그러나 사랑이란 자신의 고유성을 지키면서도 상대방과 하나가 되는 감정적 관계로서 결혼으로 귀결되어야 한다는 낭만적 사랑이 19세기에 와서 설파되는 양상은 식별 가능하다. 그리고 낭만적 사랑에는 개별 인간의 고유성과 자율성이 전제되기에, 그 사랑은 19세기의 사회적 이상이 고유한 감정을 갖춘 자유로운 개인, 그들의 신성한 사생활, 그런 가족들로 구성되는 사회였다는 점을 드러내준다고 할 것이다.

감정 규범이 그처럼 역사적으로 변화하기에 미국의 역사가 피터 스턴스는 19세기 중반에서 20세기 초반까지의 미국사를 감정의 차원에서 분석하면서, 19세기 후반 빅토리아 시대에 열정적이었던 미국인들이 1920년대 이후에는 타인에게 거리를 두는 "친절하지만 쿨한" 감정 규범을 갖추게 되었다는 흥미진진한 주장을 펼쳤다. 그래서 예컨대 기업가들이 분노 감정을 조절하기 위해 애쓰자 노동자 파업이 급감했다는 것이다.[4] 스턴스는 연구에서 공포, 슬픔, 분노 등 갖가지 감정들이 어떻게 의미화되었는지 밝혔지만, 우리는 조금 달리 접근할 수 있을 것 같다. 시대마다 중요한 대표적인 감정이 있다고 상정하는 것이다. 대표적인 감정은 그 시대의 유일한 감정이 아님은 물론 지배적인 감정도 아니다. 그러나 그 감정은 해당 시대에 가장 많이 말해진 감정이고, 가장 문제시된 감정이며, 따라서 시대의 가치가 함축된 감정이고, 그리하여 사회적 연관이 엮여 있는 감정이다. 그 감정은 개념사의 '기본 개념'에서 '기본'에 해당하지만,[5] '기본 감정'이라는 학술용어는 이미 보편적인 생물학적 감정을 지칭하기에 사용할 수 없을 따름이다. 시대적 감정은 생물학적 감정이 아니라 문화적 감정이다. 따라서 대표적인 감정을 시대별로 가려내고 그 감정이 시대에 따라 달라지는 양상을 확인하면 각 시대의 고유성 역시 도출할 수 있을 것이고, 그렇게 역사학의 의의에 충실할 수 있을 것이다.

2000년대 이후 우리 사회를 예로 들자면 공감과 혐오가 이 책에서 말하는 대표 감정이다. 그 감정 속에는 사회적 약자에 대한 참여의 가치와 배제의 요구가 담겨 있고, 그 근저에 정의에 대한 우리 사회 전체의 논의가 깔려 있다. 그 두 가지 감정은 우리 시대의 지표이다.[*]

정동情動 이론과의 차이

물론 감정은 규범만으로 설명될 수 없다. 감정은 개개인에게 느껴져야 감정이다. 그리고 느낌은 욕망과 분리될 수 없다. 프로이트는 욕망을 신체적 충동의 만족을 문화적으로 재연하려는 욕구로 규정했다. 그처럼 욕망이 신체와 분리될 수 없다면, 감정 역시 신체와 분리될 수 없으리라. 더욱이 근자에 포스트구조주의가 설정했던 '언어의 철창'으로부터 벗어나려는 지적인 흐름의 하나로서 언어 이전의 신체적 세계에 유의하는 이론이 다양하게 제기되었다. 그중에는 신체적 각성에 감정 차원을 기입한 이론도 있다. '몸의 감정', 이름하여 '정동affect'에 대한 논의가 그것이다. 한국에서 왕성하게 논의되고 있는 그 이론의 지향은 이 책의 기획과 아주 다르지만 간단하게나마 언급해야겠다.

---

[*] 혐오를 느끼는 사람이 자신은 분노할 뿐이라고 말하거나 실제로 분노를 느끼는 것은, 혐오와 같이 규범과 어긋나는 내밀한 감정조차 규범과 어떤 방식으로든 연관된다는 점을 보여주는 예다. 언뜻 중립적으로 보이는 사랑 감정도 마찬가지다. 사랑이 돌아오지 않으면 우리는 그 원인을 상대방의 외모지상주의나 물질만능주의에서 찾으면서 분노하거나 자기연민에 빠진다. 아니면 상대방의 궁극적인 인간적 순수성을 믿고 기다리거나, 사랑은 그 자체로 가치 있다고 여기며 사랑을 고수한다. 감정이 도덕적이라는 점은 감정이 타인에게 전달될 때 더욱 분명하게 나타난다. 감정은 사회적 틀에 준거하여 표현되기 때문이다. 그리고 감정 '경험'은 빈번하게 감정 '표현'에 의해 규정된다.

정동 이론의 설립자라고 할 수 있는 캐나다의 문화학자 브라이언 마수미는 신체적 각성의 강도와 쾌감이 감정과 연루될 때 강렬해지며 강렬한 그 각성, 즉 정동은 전前언어적이고 전前인격적인 것으로서 언어 및 규범과 엮여 있는 '감정emotion'과 다르다고, 감정은 정동을 특이화하여 포획하고 이용한 것이라고 주장했다.[6] 주석 삼아 덧붙이자면, 감정은 17세기까지 주로 passion으로 칭해졌고 affect는 17~18세기에 와서야 더불어 사용되는데, 대부분 지속적이기보다는 갑작스럽고, 정신적이기보다는 몸과 관련하여 발생하는 감정을 가리켰다. 마수미는 20세기 말에 그 단어를 아주 새롭게 재정의한 것이다.

마수미가 정동을 언어로부터 분리하다 보니 의당 정동 이론이 생물학주의로 돌아가는 것은 아니냐는 비판이 쏟아졌다. 많은 정동 이론가들은 그 비난을 오해라며 거부한다. 그러나 정작 문제는 언어와 생물학적 신체를 모두 거부하되 마수미가 강조한 것처럼 정동을 또한 "고도로 조직화된 것"으로 정의하다 보니, 정동이 무엇인지 대단히 모호해진다. 정동은 힘을 발휘하는 모든 신체적 격동으로 정의되기도 하고, 미결정적인 감정적 상태로 규정되기도 하며, 인간과 인간만이 아니라 자연물과 건축은 물론 인공지능과의 연결로 정의되기도 한다. 더욱이 마수미가 그의 입론에서 욕망 개념을 아예 사용하지 않은 것에서 분명해지듯, 정동 이론은 정신분석학 및 심리학을 거부한다. 그렇듯 언어, 생물학적 신체, 심리적 내면을 모두 거부하다 보니 대상을 표현하기가 난감해진다. 따라서 '정동적 공간' '정동적 연결' '정동적 관계' 등 정동을 동어반복적으로 나열하거나, 아니면 '불안 정동' '기쁨 정동'처럼 '감정'을 다시 끌어들이기도 하고, 아니면 정동과 정동 아닌 것의 구분이 매우 힘들어진다.

필자가 가장 문제시하는 것은 정동이 과연 감정, 감정 담론, 감정 규칙, 감정 규범과 날카롭게 구분되느냐는 것이다. "고도로 조직된" 그 "미결정적인" 신체적 각성은 혹시 '과잉 학습된 인지'가 아닐까? 또한 미결정에서 결정으로 나아가는 순간 그것은 '감정'과 어떤 식으로든 관련되지 않겠는가. 구체적인 예를 하나 보자. 정동 이론가들 사이에서 높이 평가되는 인문지리학자 벤 앤더슨은 근자에 발표한 〈정동 도시론〉이라는 연구에서 정동이 뉴욕의 사회문화 인프라의 발전에 각별한 역할을 수행했다고 주장했다. 그는 뉴욕 시민들의 "문화적 불안감들"이 18세기 중반에 새로운 공원의 발전에 결정적이었으며, 1990년대 뉴욕의 수돗물 위기 역시 당시 상수도에 대한 "공적인 신뢰의 하락"과 긴밀히 연관된다고 설명했다. 그 모두가 정동이라는 것이다.

필자가 벤 앤더슨이 참고한 뉴욕시에 대한 인문지리 연구서를 확인해 보니, 첫 번째 예는 18세기 중반이 아니라 19세기 중반의 뉴욕에 센트럴파크가 조성되는 맥락이었다. 앤더슨이 백안시한 것은, 도심의 공원이라는 것이 19세기에 부르주아가 도시의 공적 공간에 숲이라는 자연을 들여놓는 맥락에서 출현했고, 그것은 다름 아니라 자연을 낭만화시킨 18~19세기 감성주의sentimentalism 감정 담론의 결과물이었다는 사실이다. 1990년대 상수도 위기도 마찬가지다. 그 위기는 1990년대 들어서 뉴욕 언론이 상수도의 질적 약화를 집중적으로 거론하면서 유발되었는데, 흥미롭게도 언론이 증거로 지적한 수원지는 뉴욕 수돗물의 약 10퍼센트만을 담당하고 있었다. 놀라운 사실은, 그렇듯 현실을 과장하여 공포 감정을 자극하는 현상이 영국의 감정사가 조앤나 버크가 발굴해낸 1990년대 미국 공포 담론의 일부였다는 점이다. 버크는 1990년대에 들어와서 강간과 범죄와 어린이와 관련된 미국인들의 공포가 각 범죄 현실을 터무니없이 추월하여 '말해지는' 현상을 적시했다. 앤더슨이 적시한 "공적 신뢰의 하락" 자체가 공포 담론의 한 양상이었던 것이다. 앤더슨 자신은 '지배적 감정' '감정 규칙' '감정 담론' '감정 이데올로기'를 거부한다고 선언했지만, 그가 제시한 두 가지 예는 모두 정동이기보다 '감정'이거나 감정에 접속한 정동이었던 것이다.[7]

벤 앤더슨의 실수와 오류가 그의 이론을 무력화하는 것은 결코 아니겠지만, 언어 및 내면과 분리된 정동으로 경험적 현실을, 특히 역사 사료 속의 현실을 얼마나 설득력 있게 재구성할지 의문이다. 그럼에도 불구하고 정동 이론은 기존의 감정 이론이 그리 강조하지 않았던 중요한 측면을 가리켜준다. 감정 담론을 연구하면서 정동 이론을 의식하면, 규범적 감정이 각 개인에게 특정 가치를 부과하는 사회적 작업일 뿐만 아니라 그 규범을 신체까지 각인시킴으로써 신체적 힘을 동원하려는 전략으로 해석할 수 있다. 감정이 인간을 동기화시킨다는 주장이야 아리스토텔레스 이래 아예 정설이다. 그리고 1900년대에 오면 영혼은 그 자체로 무력하며 신체적 격동을 포획해야만 힘을 발휘할 수 있다는, 언뜻 정동 이론을 선취한 듯한 주장이 심심치 않게 제기된다. 실상 감정과 신체적 힘의 관계는 우리가 일상에서도 늘 체험하는 것이다. 같은 노력을 기울이더라도 몸과 마음이 하나가 되는 몰아 상태와 무감동한 상태의 성과는 얼마나 다른가.

감정 실천과 감정 레짐

감정사 연구에는 기존의 감정 이론에서 출발하되 몸에 큰 중요성을 부여한 훌륭한 입론이 제출되어 있다. 이론적으로 넓고 깊은 우리 학계의 프랑스사 전공자 오경환이 소개한, 독일의 역사학자 모니크 쉐어의 감정 실천론이 그것이다. 쉐어가 준거한 '사회적 실천론' 역시 포스트구조주의 이후를 사유하는 중요한 이론이다. 아주 간단하게 말하자면, 인간 주체가 먼저 있고 그 후에 실천이 행해진다는 통념과 달리, 주체는 실천 속에서 비로소 성립되며 발화發話는 그 실천의 한 요소라는 것이다. 쉐어는 감정 실천의 결정적 차원을 몸에서 발견하되, 부르디외를 따라 그 몸이 사회적으로 훈련된 몸이며, 그 훈련 속에 언어와 문화가 포함되기에 그 몸은 곧 마음이자 지식이고, 역으로 마음은 곧 몸이라고 주장했다. 그리하여 감정이란 "몸이 행하는 생각"이고, 따라서 관계적인 동시에 내면적이고, 합리적인 동시에 비합리적이며, 인식론적인 동시에 존재론적이다. 그리하여 사랑은 편지, 전화, 방문, 유흥이라는 '동원적 실천'을 통하여 발생하는 감정이고, 미적 취향은 텔레비전, 영화, 박물관, 콘서트 등의 '매체적 실천'에 의하여 느껴지는 감정이며, 종교적 죄책감은 마직 옷을 입고 무릎 꿇고 기어가며 질책을 듣는 '의례적 실천'을 통하여 발동되는 감정이고, 전쟁범죄의 보고서와 사진을 읽고 듣고 토론하는 '정치적 실천'은 지식을 넘어서 구토와 분노를 일으키며, 우리는 화가 난다고 말하는 '언어적 실천'을 통하여 비로소 혼란스런 마음을 정리한다.[8]

이론 프로그램을 구축하는 것과 이를 실제 역사 연구에서 구현하는 것은 아주 다른 문제다. 모니크 쉐어가 19세기 초 미국의 감리교 개종자들의 실천을 연구한 것을 보면, 그가 이론의 적용에서도 성공한 역사가라는 것을 알 수 있다. 그러나 필자가 보기에 그 연구에서 쉐어 역시 시대적 대표 감정은 놓쳐버렸다. 17~18세기 '가슴의 종교'였던 독일의 경건주의가 미국으로 건너갔고, 존 웨슬리가 이를 전유하여 18세기 중반에 영국의 감리교를 창설했으며, 다시 미국으로 건너간 감리교에 많은 독일 이주민들이 찾아갔다. 그 모든 교단에서 교리의 핵심은 회심이었다. 회심은 몸과 마음이 함께하는 회개 투쟁으로서, 미국 감리교의 등록상표는 부흥회에서 사람들이 기도하다가 신음하고 흐느끼고 고함치고 자기 몸을 때리는가 하면 실신도 하는 장면의 연출이었다.[9]

1800년경 미국으로 이주한 한 독일 남성은 감리교 부흥회에 구경꾼으로 갔다가 별로 좋지 않은 경험을 한다. 옆에 있던 한 여성의 회심 장면이 "나를 역겹게 했다. 그러나 나는 사시나무 잎처럼 (몸을) 떨었고, 내가 무엇 때문에 그토록 괴로운지 몰랐다. 그 사람들은 악령에 사로잡힌 것 같았다." 그로부터 6개월 뒤 그 역시 회심을 경험한다. "나는 큰소리로 하나님을 찬양했다." 그의 떨림은 논자에 따라 몸과 몸 사이에서 발동된 감정적 격발로 해석될 수도 있겠으나, 그만큼 주목할 것은 그가 회심 이전과 이후의 감정 상태를 기술할 때 사용한 감정 표현이다. 그는 옆 신도의 회심 장면에서 자신이 느낀 감정을 "분노"로 총괄했고, 회심 이후에는 "기뻐 뛰었다"고 말했다. 이 책 3장에 서술되듯이, 분노 감정은 경건주의를 창건한 슈페너와 프랑케가 신을 만나는 기쁨과 실천적 사랑의 대극으로 설정한 부정적 감정이다. 그 남자는 정확히 그 부정적인 대표 감정들을 사용하여 자신의 감정 상태를 기술했던 것이다.

모니크 쉐어가 제시한 예를 찬찬히 살펴보면 감정 연구에서 유의해야 할 또 하나의 중요한 차원이 발견된다. 1800년의 그 감리교도는 어느 날 갑자기 회심한 것이 아니다. 그는 역겨움과 분노를 경험한 뒤 꾸준히 부흥회에 참여하면서 회심을 향하여 노력한 사람이다. 회심은 역사 기록 속에 언제나 일회적 사건으로 기록되지만 실상은 과정이었던 것이고, 그 과정은 자신의 감정 상태를 경건주의의 대표 감정인 분노와 기쁨에 맞대어 점검하는 작업이었던 것이다. 더욱이 회심이란 현재의 자아를 성찰하면서 지난날의 죄를 자인하고 미래의 자아를 새로이 정립하는 작업이었다. 분노와 기쁨은 성찰의 공간인 동시에 과거의 삶과 미래의 기획을 담고 있었던 것이다.

요컨대 감정 담론과 대표 감정은 단순히 언어로부터 인간에게 강제되는 것이 아니라 역사사회적 개인이 감정적 자아를 협상하고 수립하는 장場이라고 할 것이다. 물론 그 협상은 갈등으로 점철될 수도 있고 끝내 실패할 수도 있다. 그 측면에 감정 연구자들이 부여한 용어가 '감정 경제' 혹은 '주의注意의 경제'이다. 프로이트는 고전경제학으로부터 경제라는 개념을 빌려다가 성 에너지의 관리와 그로부터 비롯되는 내면의 균형 및 불균형을 '리비도의 경제'라는 개념으로 정리했는바, 감정 연구자들이 그 개념을 차용한 것이다. 그 모든 사항, 즉 감정 담론, 감정 실천, 감정 경제를 모두 통칭하는 개념이 '감정 레짐 Emotional Regime'이다.[10]

의당 의문이 들 수 있다. 앞서 행복이 공적인 미덕의 실천에서 느끼던 감정이었다가 19세기 초 와서 사적인 만족감으로 변했다거나, 고독이 그저 혼자인 상황을 가리키다가 사회성으로부터 배제된 사람이 갖는 고통스러운 느낌으로 변했다고 했거니와, 이는 개개인의 느낌이 마치 개념이라도 되는 양 설명한 것이 아닌가. 과연 그것이 타당할까? 그러나 언어적 의미 작용이 개념으로 응축되고 또 모니크 쉐어가 논의한 것처럼 감정이 몸이 하는 '생각'이라면, 감정어에 부여된 의미가 언어적 감정 실천에 틈입된다는 것은 받아들여야 할 것이다. 그 작동에 붙인 이름이 바로 감정 경제이고, 그 매듭에서 감정 에너지가 재배치되고 그로써 해당 감정에 쾌감valence과 강도強度가 투여된다. 이 책 8장의 내용 일부를 미리 가져오자면, 1950년대 서독인들을 지배했던 공포 감정은 1960년대에 크게 이완되고 68운동을 거치면서 '진정성 있는 따스함'이 독일인들의 대표 감정으로 자리 잡는다. 그리고 이때 이상적인 남성상이 터프가이로부터 부드러운 남자로 변화한다. 그러자 현실에서 여성들은 그런 남성에게서 실제로 매력을 느낀다. 위에서 감정에 역사가 있다면서 제시한 예들도 모두 그런 방식으로 구축된 것들이다. 이 책에서 시종일관 추적할 감정의 역사적 의미론 역시 그렇게 이해해야 한다.

이 책의 목표이자 내용은 시대별 감정 레짐을 드러내는 것이다. 그러나 연구 현실은 혹독하다. 독일 감정사는 연구의 불모지대다. 독일에서 감정사는 2000년대에 들어서서 비로소 추진되었다. 그러다 보니 생산물 대부분은 연구 프로그램이고, 경험 연구는 드물다. 17세기 감정 규범을 연구한 안드레아스 베어Andreas Bähr의 훌륭한 책이 한 권 있고, 프랑크 비스Frank Biess가 생산해낸 탁월한 서독 공포사 연구가 있다. 그것이 거의 전부다. 그처럼 기존 연구가 빈약하기에 필자는 연구를 시작하면서 근대 초에서 20세기 중반에 이르는 각 시기의 감정을 드러내는 주요 사건, 인물, 텍스트에 대한 정보를 얻을 수 없었다. 그래서 하는 수 없이 시기별로 필자가 중요하다고 판단하는 인물이나 사건을 선택하고 그 텍스트에서 대표 감정과 감정 실천을 도출하고자 했다.

16세기에 대해서 필자는 의학 텍스트에 집중한다. 의학은 정신병도 치료해야 하기에 예나 지금이나 감정과 매우 가깝다. 그 시기 의학자 중에서 이 책은 근대 의학의 비조로 꼽히는 파라켈수스에 주목한다(제1장). 17세기에 대해서는 30년전쟁(1618~1648)의 폭력 경험과 감정 경제에 유의한다. 그 전쟁은 유럽 전체에서 종교전쟁의 시대를 끝내고 나폴레옹전쟁까지 150년간의 대략적인 평화를 낳은 무척 중요한 사건이다. 필자는 그 전쟁에서 생산된 일기 세 편에서 규범적 감정과 그 이탈에 주목한다(제2장). 17~18세기에 대해서는 경건주의 개혁 텍스트에서 규범적인 대표 감정을 도출하는 한편, 유력한 경건주의 목사의 일기에서 규범적 감정이 실천되고 위반되는 양상을 찾아본다(제3장). 19세기에 대해서는 독일 전기산업을 일으킨 베르너 폰 지멘스의 편지와 회고록에서 19세기 부르주아의 대표 감정과 감정 실천 모두를 발견하고자 한다. 이는 그가 19세기 독일 부르주아 기업가 중에서 죽기 전에 회고록을 발간한 거의 유일한 인물이었기 때문이다(제4장). 그 후의 시기에 대해서는 제1차 대전과 바이마르공화국을 따로 서술할 지면이 부족하기에 나치즘에 집중한다. 다만 그동안 나치즘 연구가 방대하게 진행되었으므로 우선은 나치즘의 일상사 논의를 연구사적으로 검토한다. 그래야 나치즘에 대한 필자의 논의가 어떤 연구 맥락에 위치하는지 드러날 것이다(제5장). 나치 독일에 대해서는 19세기 말 지멘스의 자서전에서 두드러지게 언급되는 '노동의 기쁨'이 나치 노동 담론(제6장)에서 어떻게 의미화되고, 그것이 베스트셀러 소설(제7장)의 감정과 어떻게 연결되는지 검토할 것이다. 이어서 서독 감정사의 몇 장면을 묘사하려 하는데, 묘하게도 서독사야말로 훌륭한 감정사 연구들이 제출되어 있는 유일한 시기이다. 그래서 필자는 기존 연구에 십분 의지하며 주요 연구를 요약하는 데 그칠 것이다(제8장).

그렇듯 들쭉날쭉 소재를 선택했으니만큼 서사 전체를 이끌어갈 중심 계기가 필요하다. 감정 레짐을 연구한다는 것 자체가 그 계기를 설정해주었다. 감정 규범에서 규범은 공동체적이다. 일찍이 에밀 뒤르켐이 정립하였듯이, 규범은 공동체에서 발생하고, 공동체는 규범에 의존한다. 그 규범을 개개인에게 착근시키는 통로가 감정이다. 그리하여 감정을 역사적으로 연구한다는 것은 좋든 싫든 공동체와 그 사회적 개인의 역사적 추이를 탐색한다는 뜻이다. 이 책도 마찬가지다. 다만 공동체와 개인은 감정 하나만으로는 포착할 수 없는 복잡한 구성물이다. 필자는 그저 감정 텍스트에 나타나는 한에서만 공동체와 그 사회적 개인을 식별하려 한다.

오해를 피하기 위하여 강조하고 싶은 것이 있다. 필자가 각 시대의 소재를 자의적으로 선택하여 분석하였음에도 불구하고 장章과 장이 연결된다면 그것은 필자가 그런 것이 아니다. 감정에 대한 관심을 갖고 바라보자 서로 연결되는 과거가 식별된 것이다. 또한 연구가 드물다 보니 필자가 도출해낸 시대적 감정과 그 실천 양상을 다른 연구를 통하여 검증할 수 없었다. 따라서 이 책의 연구 결과는 '질적인' 사례로 제시될 수 있을 뿐이다. 다만 역사학이란 어차피 과거라는 광대한 바다에서 물고기 한두 마리 건져내어 그 바닷물의 성격을 추측하는 작업이라는 사실을 위안으로 삼는다.

.1.
근대 초 의학의 신성한 공포

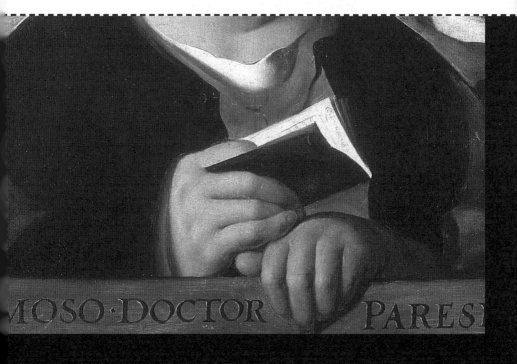

MOSO·DOCTOR   PARES

1
예언서와 괴물의 세기

루터의 공포와 예언서의 폭발

시초에 공포가 있었다. 마르틴 루터를 근대 독일의 시작점으로 간주하는 한 그렇다. 루터의 저술 중에서 당대부터 현재까지 루터파 교회에서 가장 널리 읽히고 학습되는 팸플릿은 루터가 1529년에 작성한 《소교리 문답》이다. 루터는 십계명의 조항 하나하나를 간결하게 해설한다. "너는 나 외에 다른 신을 네게 두지 말라"라는 제1계명에 대하여 루터는 썼다. "이것이 무슨 뜻일까? 우리가 하나님을 모든 것에 앞서 두려워하고 사랑하며 신뢰해야 한다는 것이다." 루터는 제2계명 "너는 네 하나님 여호와의 이름을 망령되게 부르지 말라"도 해설한다. "이것이 무슨 뜻일까? 우리가 하나님을 두려워하고 사랑하여, 우리가 하나님 이름으로 저주하지 말고 맹세하지 말 것이며……" 제 10계명까지 모든 계명에 대하여 루터는 "우리가 하나님을 두려워"해야 한다고 반복한다. 모세의 십계명에는 정작 제2계명에서만 "하나님을 망령되이 일컫는" 자들은 신이 "처벌하지 않고 놔두지 않을 것"이라는 구절이 있을 뿐인데, 루터는 모든 계명에서 신을 두려워하라고 쓴 것이다.[1]

루터의 공포는 교리만이 아니었다. 그의 공포는 개인적인 삶 속에서 길어 올린 것이기도 했다. 루터는 농민 출신에서 광산업자로 성공한 부르주아의 아들로 1483년에 태어났다. 그 시기 사회적 상승을 이룩한 부르주아들이 대부분 그리했듯, 아버지는 아들을 법률가로 만들고자 했다. 1501년에 에르푸르트대학에 입학하여 1505년에 인문학 석사가 된 루터는 곧바로 법학부로 진학했다. 그러나 법대를 몇 주 다니지도 않아서 그의 인생을 바꾼 사건이 발생했다. 에르푸르트 북방 시골길을 걷던 그가 번개를 만난 것이다. 루터는 엎어져서 중부 독일 광산업자들의 수호성자에게 빌었다. "성 안나여 도우소서. (살려주시면) 수도승이 되겠나이다." 그는 인근의 아우구스티누스 수도원에 입교한다. 그 유명한 에피소드를 굳이 언급하는 이유는 루터가 벼락에서 경험했던 공포가 수도사가 된 이후에도 사라지지 않았기 때문이다. 1507년 성직자 서품을 받고 집전한 첫 번째 미사에서 루터가 내뱉은 말은 "인간은 세상에 내던져진 존재이고, 신은 무한히 강하다."였다.

비텐베르크대학으로 옮겨 신학박사 학위를 받은 루터는 괴이쩍은 성직자이자 교수였다. 수도사는 중세에서 신에게 가장 가까운 존재였다. 수도원이란 인간의 욕망을 삭제하기 위해 만든 기관이요 제도였기 때문이다. 그래서 수도원은 언제나 부유했다. 부자들과 권력자들이 구원을 사기 위하여 그 신성한 곳에 넘치도록 기부를 했기 때문이다. 신과 가장 가깝다고 여겨지던 수도사였음에도 불구하고 루터는 공포를 달고 살았다. 그는 다반사로 철야기도를 했고, 부활절보다 고난의 사순절을 좋아했다. 자신의 죄를 고백하는 고해성사의 횟수가 동료들보다 3배나 많았다. 고해성사 시간도 6시간이나 걸렸다. 오죽했던지 그를 특별히 아끼던 선배 수도사가 고해성사를 중단시키며 말했다. "나는 당신을 이해하지 못하겠어요." 루터는 다른 수도사를 찾아가 죄의 고백을 이어갔다. 그러나 그도 똑같이 반응했다. 루터는 훗날 회고했다. "그때 나는 생각했지요. '다른 사람들은 안 그래. 너만 그래.' 나는 죽은 시체와 마찬가지였어요."[2] 수도사인 자신을 감히 신 앞에 설 수조차 없이 죄스러운 존재로 인식하고, 신 앞에서 의로워질 길을 찾던 루터는 95개 조항을 발표하고 반년 이상이 지난 1518년 여름에 드디어 해답을 발견하고 그 길었던 죽음 공포로부터 벗어난다. 믿음에 의하여 의로워진다는 개신교 교리가 탄생하는 순간이었다.

루터의 공포는 그 개인만의 것이 아니었다. 그는 시대를 반영하는 동시에 시대를 만든 인물이다. 그 시대의 공포를 잘 드러내는 시대적 현상이 하나 있었다. 신성로마제국 황제 프리드리히 3세의 궁정 점성가를 역임했던 성직자 요한네스 리히텐베르거Johannes Lichtenberger가 1488년에 《기이한, 지금까지 알려지지 않은 것들에 입각한 라틴어 예언》이란 책을 발간했다. 그 책은 곧 베스트셀러가 되었다. 4년 뒤에 독일어로 번역된 그 책은 1530년까지 당시로서는 이례적이게도 17개 판본이 출간되었고, 그 수는 19세기 초까지 50개를 넘긴다. 축약본역시 서른 개가 넘었다. 당시 국제적인 전쟁터였던 이탈리아에서도

12개 번역판본이 출간되었다.

예언서는 중세적인 현상이 아니다. 그것은 15~16세기의 현상이다. 중세인들은 미래에 대하여 그다지 관심이 없었다. 천국은 지상을 거쳐서 도착하는 법이었고 교회가 그 통로였으니, 일상에서는 교회의 지배가 곧 그리스도의 지배였다. 그들은 그리스도가 다시 오리라는 것은 알았지만, 변화와 미래적 시간성이 부재했기에 그리스도의 재림은 어느 날 불쑥 일어나게 될 사건이었다. 12세기 이후 피오레의 요아힘Joachim of Fiore 등 신비주의자들이 미래의 '성령의 시대'를 상정했지만 정통파는 외면했다. 14세기부터 미래에 대한 고민이 비로소 본격화되고 예언이 말해지기 시작했지만, 그 자체로 독립적인 장르로서의 예언서는 리히텐베르거와 함께 나타났다.[3]

예언서의 폭증은 중세 말의 정치사회적 격변 외에, 우주와 지상 만물과 인간을 통일체로 파악하는 지적인 혁명인 15세기 신플라톤주의에 의하여 추동되었다. 신플라톤주의는 고대 문헌의 (재)발견에 부심하던 휴머니즘 덕분에 대두했는데, 신플라톤주의는 인간을 천사의 지위로 높였지만 그것에 접속한 예언서는 인간의 공포를 강화했던 것이다. 리히텐베르거의 책은 45페이지에 불과하고 삽화가 많은 데다가 내용도 단순하다. 그는 자신이 아는 온갖 예언들을 인용하면서 천체운동을 부가했다. 1483년 11월 25일 오후 6시 4분에 "선한 목성"과 "불행을 주는 토성"이 회합하였는데 토성이 목성을 내리눌렀으며, 게자리가 지평선 위로 1도 높이 떠올랐고, 목성과 토성 사이에 전갈자리가 위치했다. 여기에 3년 전에 나타났던 일식이 추가적인 영향을 주었다. 1485년에도 가공할 만한 일식이 나타났거니와, 11월 30일에는 토성과 화성이 전갈자리의 9도에 위치하여 달을 태웠다. 그리하여 회개하고 도덕을 회복하지 않는 한, 흉작과 인플레이션과 역병과 피가 세계를 적시리라. 리히텐베르거는 교회와 신성로마독일제국과 민중에게 닥칠 일들, 즉 거짓 선지자들의 출현, 프랑스와 오스만투르크의 침입, 플랑드르 도시들의 봉기, 별들에 의해 격동된 민중의 반란 등을 때로는 군주의 이름을 거명하면서 서술했다.

1499년 수학과 천문학에 능통했던, 튀빙겐대학 총장을 지낸 요한네스 슈퇴플러Johannes Stöffler가 1524년이 되면 물고기자리에 무려 16개의 별 회합이 이루어질 것이라고 계산했다. 곧이어 노아의 홍수 못지않은 대홍수가 1524년 2월에 발생하리라는 예언서들이 꼬리에 꼬리를 물었다. 무려 18명의 학자들이 그해의 대홍수에 관한 책을 발간했다.[4] 16세기 독일 지역의 가장 예민한 정신에 속하던 화가 알브레히트 뒤러도 반응했다. 그는 1525년 6월 7일 꿈속에서 "거대한 물이 하늘에서 쏟아져 내렸다. 나로부터 불과 4마일 떨어진 곳을 무시무시한 굉음 소리와 함께 너무나 난폭하게 강타했고, 나라 전체가 잠겼다."고 썼다. 뒤러는 그 물을 그림으로 남긴다. 1524년을 겨냥한 예언서의 내용은 홍수 외에는 리히텐베르거와 다를 바 없었다. 교회와 제국과 민중에 관한 것이었다.

그러나 리히텐베르거와 1524년 사이에 어떤 일이 벌어졌던가. 루터가 종교개혁을 개시했고, 농민전쟁이 발발했다. 리히텐베르거는 《예언》에서 심지어 루터를 암시하는 듯한 발언도 했다. 많은 거짓 선지자들이 나타날 것인데, 그중 "한 작은 선지자"는 전갈자리의 영향을 받는 지역, 즉 독일에 나타나 19년 동안 설교할 것인 바, 화성과 목성과 태양과 달의 힘을 받을 것이며, 수도사 옷을 입고 새로운 종교를 만들 것이다. 흉측한 몸 여기저기에 검은 반점이 있고 오른쪽 옆구리에 갈색 반점의 표식을 지닌 그는 많은 기적을 일으킬 것이고, 전갈자리가 화성 궁에 들어섬에 따라 많은 피가 흐르리라. 리히텐베르거가 예언한 대로 실제 루터가 왔다면, 대홍수도 오지 않겠는가. 다만 성경에서 여호와는 노아의 홍수 이후에 다시는 그런 홍수가 없을 것이라고 안심시킨 바 있었다. 1524년 2월에 홍수는 없었다. 그러나 예언은 언제나 모호한 법이고 경고의 형태를 띠기에 변명하기 쉽다. 더욱이 별은 신에 복종한다. 이번만은 신이 특별히 자비를 베풀어 사람들을 살려준 것이다. 따라서 1525년 이후에도 예언은 그치지 않았다. 오히려 갈수록 격렬한 형태와 암울한 내용으로 전개되었다.[5]

천지사방의 괴물들

리히텐베르거가 "작은 선지자"를 묘사한 부분을 보면, "흉측한 몸 여기저기에 검은 반점이 있고 오른쪽 옆구리에 갈색 반점의 표식을 지녔다"고 했다. 당시 용어로 '기적의 표시Wunderzeichen', 즉 괴물은 중세적 현상이 아니다. 중세에 괴물은 물론 있었지만, 그것은 자연 현상 배후의 숨은 힘의 예였고, 따라서 지적인 수수께끼였다. 실상 중세에서는 자연 자체가 기적이었고 수수께끼였다. 따라서 기적은 인간 이성의 이해력의 문제였을 뿐 미래는 물론 세계의 종말과도 무관했다. 중세 말이 되면 기적mirabilia이 관심의 초점이 되어 수집되기 시작하고, 제후들은 너도나도 기적의 방을 설치한다. 그리고 기적은 15~16세기에 예언서와 결합된다. 기적을 내용으로 하여 시를 쓰고 팸플릿을 만든 사람들은 예언서 작가들과 마찬가지로 지식인들, 특히 휴머니스트들이었다. 독일 지역에서 기적의 표시를 본격적으로 담론화한 사람은 다름 아닌 가톨릭을 풍자적으로 공격한 《바보들의 배》의 저자 세바스티안 브란트Sebastian Brant였다. 그는 1490년대에 출간한 여러 팸플릿에서 혜성과 운석과 하늘의 기이한 형상들 외에 1495년에 보름스 인근에서 앞머리가 붙은 채 출생한 쌍둥이 자매, 1496년에 스트라스부르 인근에서 태어난 다리가 여섯 개인 돼지, 같은 해 뉘른베르크에서 몸이 위아래로 붙어 출생한 새끼 돼지 두 마리를 적시하면서, 피와 역병과 흉작과 봉기와 오스만투르크와 프랑스의 침입과 신성로마제국의 앞날을 논했다.[6]

보름스 자매는 9년 동안 생존하면서 독일 전역에 전시되었고, 뉘른베르크 돼지는 뒤러의 그림으로 후세에 남았다. 예언서와 마찬가지로 기적 팸플릿들도 반세기 전에 나타난 구텐베르크의 활판 인쇄와 인쇄업자들의 상업 마인드 덕을 보았다. 비슷한 팸플릿들이 우후죽순으로 출간되어 장르가 되었던 것이다. 그것들을 집대성한 책이 1559년에 출간된 욥 핀첼Job Fincel의 《기적의 표시들. 1517년부터 1556년까지 발생한 무서운 기적의 표시들과 이야기들의 진실된 묘사와 정리》였다. 무려 1,200페이지의 3권짜리 그 책은 10년간 한 번에 2천 부씩 세 번 인쇄되었고, 1569년 프랑크푸르트 책 박람회에서 가장 많이 팔린 책에 속했다.

핀첼은 루터 종교개혁의 심장인 비텐베르크대학에서 의학박사 학위를 받은 휴머니스트이자 의사였다. 그가 소개한 기적은 모두 744개였는데, 그중 절반이 기이한 천체 현상이었고 128건이 기형 출생이었다. 예컨대 1541년 크라쿠프에서 태어난 아이는 원숭이 머리가 두 개이고, 가슴에 불타는 눈과 긴 코가 붙어 있으며, 무릎과 팔꿈치에 개

머리가 달려 있고, 손과 팔은 정상이지만 손가락은 비정상적으로 길며, 등은 개 피부처럼 검고, 뒷머리에는 꼬리가 달려 있는데 그 끝은 전갈 모양의 못이라고 적었다. 핀첼은 질병에도 공을 들였다. 그중에는 1551년 11월 1일에 잠들어서 이듬해 6월까지 깨지 않은 하녀도 있었고, 1552년에 9일 동안 밤낮으로 춤을 춘 5명의 아이들도 포함되어 있었다.[7]

유의할 것은 크라쿠프의 아이와 8개월 동안 먹지도 마시지도 않고 잠만 잔 하녀와 아흐레 동안 춤만 춘 아이들에 관해 쓰면서 그것이 "진실되다"고 책 제목에 강조한 핀첼이 비텐베르크대학에서 의학 강의를 하던 의대 교수였고, 바이마르와 츠비카우의 도시 보건 전체를 책임지던 시의市醫였다는 점이다. 다시 말해서 핀첼은 민간 전설을 기록했던 것이 아니다. 그는 그가 사실로 믿는 바를 기록한 것이다. 그것이 10세기도 14세기도 15세기도 아닌, 16세기의 세계, 휴머니즘이 대두한 지 100년 이상이 지난 지식의 풍경이다. 후진적이었다거나 전근대적이었다는 뜻이 아니다. 고유했다는 뜻이다.

16세기는 마귀들림의 세기이기도 했다. 독일 지역에서 보고된 마귀들림이 1490년에서 1559년까지 70년간 34건이었는데 반하여, 1560년에서 1599년까지 40년간 72건에 달했고, 1600년부터 1650년까지 50년 동안 다시 15건으로 감소한다. 마녀사냥 역시 16세기에 들어와서 본격화되어 16세기 후반에 공황 상태로 치닫는다. 이는 논리적이기도 한 것이, 마녀가 무서웠던 것은 마녀가 악마와의 계약을 통해 사람 안에 마귀를 집어넣는다고 믿었기 때문이고, 마녀에 대한 처벌이 가혹했던 것은 바로 그 때문이었다. 마녀사냥은 17세기 전반에 감소하기 '시작'한다.[8]

공포의 의미

독일인들은 16세기에 자신에게 직접 작용하는 별들과 악마와 마귀와 정령들 사이에서, 곧 태어날 자식의 머리가 원숭이나 개는 아닐지 전전긍긍하면서 살았던 것이다. 더욱이 일식과 월식은 물론이려니와 하늘에 십자가나 전투 형상이 나타났다거나 기형아가 출산되었다는 등의 소식은 단 하나의 지점을 가리켰다. 임박한 종말, 즉 최후심판이었다. 핀첼이 "깨어라. 주께서 문 앞에 계신다."고 했을 때 주는 심판의 하나님이었다.

기나긴 종교개혁 연구사가 말해주는 특별한 사실은 루터파야말로, 즉 독일 지역이야말로 종말론이 가장 극성스러운 곳이었다는 점이다. 16세기 프랑스는 종말론이 약했다. 영국에서는 16세기 말에 공포가 만연하지만 세기 초의 공포는 독일로부터 받은 자극 때문이었던 것 같다. 하기야 츠빙글리는 임박한 종말을 말하지 않았다. 칼뱅도 마찬가지였다. 루터는 종말이 임박했다고 믿어 의심치 않았거니와 그에 대하여 지치지 않고 말했다. 그래서였을 것이다. 츠빙글리의 개혁이 수용된 서부 및 남서부 독일과 달리 중북부에 자리 잡은 루터파들은 구체적인 현실의 삶을 개선하기 위하여 특별히 애쓰지 않았다. 최후심판이 임박한 만큼 관건은 현실을 견디면서 죄를 짓지 않는 것이었다. 그들의 종말론은 17세기에 들어서면서 크게 감소한다.[9]

그리하여 독일의 16세기는 공포의 시대였다. 예언서, 괴물, 마귀들림, 마녀, 점성술은 모두 임박한 재앙을 말했고, 루터는 그 공포를 반영하면서도 강화했으며, 그 적극적인 표현이 종말론이었다고 할 것이다. 독일의 역사학자 안드레아스 베어가 공포를 근대 초 독일의 근본 감정으로 제시한 것은 그래서 납득이 가는 일이다. 베어는 당시의 종교 도그마, 정치 이론, 전쟁론, 자연철학 모두에서 동일한 토포스를 발견해냈다. 그때 독일인들은 공포를 '예종적 공포timor servilis'와 '순애적 공포timor filialis'로 구분했으니, 노예가 주인에게 갖는 공포인 예종적 공포는 각종의 현실적 재앙에 대한 공포로서 근본적으로 자신에 대한 사랑의 다른 이름이고, 따라서 그 자체로 죄다. 순애적 공포는 아버지를 두려워하면서도 아버지의 사랑을 믿는 자식의 공포로서, 신에 대한 공포가 바로 그러해야 하고, 그것은 곧 구원의 길이다.[10)]

루터는 심지어 지옥에 대한 공포마저도 금지했다. 비텐베르크대학 신학 교수로 부임한 지 얼마 지나지 않은 시점인 1515년에 행한 설교 〈신에 대한 공포〉에서 "지옥을 두려워하는 자는 지옥에 간다."고 선언한 것이다. 그에게 용기는 공포의 반대 항이 아니었다. 예종적 공포의 일종이었다. 그 감정은 자기애에서 비롯된 악한 감정으로서 오만으로 직행한다. 안드레아스 베어의 루터 해석을 우리가 위에서 추적했던 시대적 공포에 포개놓으면 루터의 전략이 식별된다. 루터는 15~16세기 전환기에 만연했던 독일인들의 공포를 적극적으로 수용하되 재앙과 파괴와 질병에 대한 현실의 공포는 금지하는 동시에 그 감정을 오로지 신에 대한 공포로 한정하려 했던 것이다. 실상 공포 감정의 작동 논리는 이를 가능케 한다. 큰 공포는 작은 공포를 사소하게 만들기 때문이다.

베어의 해석은 실상 그보다 30년 전에 독일의 저명한 근대 초 연구자 빈프리드 슐체가 루터의 종교개혁을 일러 '공포의 경건성'이라고 칭한 것과 다르지 않다.[11)] 그러나 베어와 슐체의 해석은 전적으로 받아들일 수 없어 보인다. 우선은 강조점이 지나치게 공포에 찍혔고, 또한 16세기 전반과 후반으로 나누어 판단해야 할 것 같다. 우선 루터 자신이 공포에 찌든 인간도, 비관적인 인간도 아니었다. 우주와 싸운 그였다. 교황과 신성로마제국 황제라는 두 개의 보편권력과 웅혼하게 싸운, 독일사에 다시는 없을 그는 공포는커녕 강렬한 자기 확신과 낙관의 인간이었다.

공포 토포스를 다시 보자. 예종적 공포의 내용은 자기 자신과 세속에 대한 사랑이고, 순애적 공포의 내용은 신의 사랑에 대한 신뢰이다. 다시 말해서 순애적 공포라는 기표의 기의는 신의 사랑에 대한 신뢰이다. 신에 대한 공포에서의 아버지와 자식의 관계는 예종적 공포에서의 주인과 노예의 관계와 선명히 대비되어 의미를 발동시킨다. 부자지간에 비유되는 그런 사랑이 없으면 신에 대한 공포가 아무런 의미를 갖지 못한다. 성립조차 되지 않는 것이다. 그리하여 신에 대한 공포는 공포가 아니라 신에 대한 신뢰를 의미한다. 그래서 루터가 십계명을 해설하는 가운데 신을 두려워하라고 말하는 동시에 단 한 번도 거르지 않고 "신을 두려워하고 사랑(하고 신뢰)해야 한다"고 말했던 것이다.

루터의 낙관은 예언서에 대한 입장에서도 드러난다. 흥미롭게도 요한네스 리히텐베르거의 《예언》은 1527년에 루터의 도시 비텐베르크에서도 출간되었다. 무려 루터가 책 서문을 썼다. 루터는 예언을 인정하되 구분한다. 성경의 예언자들은 성령이 그들을 통해 말한 것이기에 옳다. 그것은 불신자를 처벌하고 신앙과 양심을 바로 세우기 위한 것이고 고통을 겪는 신자들을 위로하기 위한 것이다. 그러나 악마도 예언을 한다. 그런 예언은 거짓 예언이고 거짓 위로다. 리히텐베르거의 예언은 성령의 예언도 아니고 악마의 예언도 아니다. 천체에 기반을 둔 그 예언은 신앙을 가르치는 것도 아니고 신자를 위로하는 것도 아니고 유혹하는 것도 아니다. 원칙에 유념해야 한다. 전능하신 분은 오직 하나님뿐이다. 하나님은 천사를 통하여 일을 하시기도 하고, 천사는 인간의 말을 할 수 없기에 태양과 무지개와 별들을 통하여 신호를 보낸다. 그러나 악마도 신호를 만들어낼 수 있다. 따라서 신호는 불확실하며, 그래서 점성술도 불확실하다. 신에게 자신을 드린 인간은 별의 움직임에 대하여 질문할 필요가 없다. 루터는 조롱 투로 말한다. 나도 예언 하나 하겠다. 불신자들이여, 그대들의 기쁨은 종말일에 고통과 수치가 되리라.[12]

루터의 낙관적 태도는 괴물에 대한 발언에서도 두드러졌다. 1520년대에 그는 1496년 교황의 성채 인근의 티베르강에서 건졌다는 당나귀, 즉 머리는 분명히 당나귀인데 몸은 비늘로 덮여 있고, 가슴에 인간의 유방이 달려 있으며, 기이한 꼬리 끝에 인간의 머리가 붙은 괴물이 바로 교황이 적그리스도임을 드러내는 종말의 신호라며 즐거워했다. 1530년대에 제자들과 식탁에서 대화를 하는 와중에 루터는 에르푸르트에서 한 사람이 쥐에 방울을 달아서 다른 쥐들을 쫓도록 하였는데 임신부가 그만 그 쥐를 보고 경악을 하였고, 그때 그 쥐가 그녀의 "상상"에 각인되어 쥐를 낳았다는 이야기를 했다. 식탁의 사람들은 그 쥐에게 세례를 줄 것이냐 말 것이냐 토론했다. 루터는 하나님의 형상을 하지 않았기에 세례를 줄 수 없다고 말했다가, 학생들의 성화에 못 이겨 세례를 베풀지 않으면 산모들이 기형아 출산을 숨길 것이니 세례를 주자고 끝맺었다.

루터는 기적을 전혀 심각하게 여기지 않았던 것인데, 그는 아무것도 자연에 반하여 발생하지 않으며, 기적은 인간의 이해력이 미치지 못하는 것일 뿐 실상 자연의 모든 것이 기적일지니, 인간은 자연과 기적 모두에서 신을 보면 된다고 반복해서 강조했다. 폭풍이 닥치고 역병이 창궐해도 천사가 일하고 있다. "우리의 무지개가 약하고 구름이 강할지라도 어떤 음악이 연주되고 있는지 분명해지리라." 신의 정의가 인간의 시간표와 맞지 않아 보여도 궁극적으로는 믿음의 복음이 승리한다. "맹인이건 귀머거리건 절름발이건 문둥병자건 그 한 사람 한 사람당 수만 명의 건강한 사람이 있다." 신은 은혜로운 아버지여서 "예외적으로 필요해서 사악한 자들을 살려두기도 하고 일부만을 처벌하는 것일 뿐, 당신의 모든 피조물과 온 세상에 그 많은 혜택을 쏟아부었다. 신체적으로도 우리는 신의 분노와 처벌보다 은총과 축복을 볼 수 있다."[13] 이제 근대로의 전환기에 만연했던 공포에 직면한 루터의 전략이 더욱 선명하게 드러난다. 루터는 인간의 공포를 신적인 신뢰로 전환시킴으로써 신에 대한 복종을 견고히 하는 동시에 인간의 주체적 행위 능력을 강화하고자 했던 것이다. 신뢰는 행위 능력의 토대이기 때문이다.

16세기 후반의 대공포와 규율화

흥미롭게도 공포와 신에 대한 신뢰 사이의 긴장이 16세기 중반을 거치면서 공포로 크게 기운다. 예컨대 앞서 언급한 《기적의 표시들》은 루터가 사망한 지 10년이 지난 1556년에 출간되었는데, 핀첼은 천상과 지상의 모든 기현상이 임박한 종말을 가리킨다고 해설했다. 또한 16세기 후반으로 치달으면서, 성경의 예언으로 충분하기에 점성학은 불필요하다는 루터의 단언이 수정되었다. 예컨대 브란덴부르크-안스바흐 공작의 점성학자인 루터파 목사 게오르크 케시우스Georg Caesius는 1575년의《예언록》에서 점성학이 심지어 성경을 올바로 이해하는데 필수라고 강조했다. 아담, 아담의 아들 셋, 카인의 장남 에녹은 물론 모세까지 탁월한 수학자이자 점성학자였다는 것이다. "별은 신께서 책 안의 글자처럼 하늘에 박고 인쇄해놓은 것이니 이해력이 있는 인간이라면 그로부터 신께서 우리 죄인들에게 보내는 분노를 깨우칠 수 있으리라." 그리고 점성학은 종말론과 만났다. 1584년에 모든 행성이 양자리와 사자자리와 사수자리가 형성할 "불의 삼각형" 속에 들어갈 것인 바, 그런 일은 창세기 이후 여섯 차례, 즉 에녹, 노아, 모세, 엘리아, 그리스도, 샤를마뉴 시대에만 벌어졌고, 그때마다 대격변이 발생했다. 이번에도 마찬가지일 것이다. 비슷한 주장이 혜성이 출현한 1556년, 1572년, 1577년, 1585년, 1593년, 1602년, 1604년, 1607년, 1618년에 반복되었다. 근대 과학혁명의 선구자 티코 브라헤도 잠시나마 1572년의 혜성이 종말을 가리킨다고 생각했다. 다만 1600년을 넘기면서 종말론의 위세가 약해진다. 과학혁명에서 한 획을 그은 케플러는 1604년의 혜성을 보면서 "인쇄소만 신났다"고 냉소했다.[14]

루터파 신학자들의 설교도 뚜렷하게 비관적이었다. 하필이면 공포와 종말을 언급한 루터의 인용들만을 모은 교육용 책들이 1550년대부터 쏟아졌다. 어떤 책은 루터의 예언에 따라 독일에 신의 처벌이 가해질 악의 목록을 작성했고, 또 다른 책은 성경 속 선지자들에 대한 루터의 해설에서 독일이 이스라엘과 유대 땅과 예루살렘처럼 파괴되어 황무지로 변할 그림을 그려냈다. 그들은 탄식했다. "이런 세상에서 누가 장수를 바랄 것이냐." "복음이 당나귀 똥구멍 취급을 받고 있고,

1장. 근대 초 의학의 신성한 공포

039

신을 모르는 자들이 만방에서 악을 행하고 있다."복음이 완벽하게 억압되지는 않겠으나 최후심판만이 구원이다.""가정과 교회와 학교에 부끄러움을 모르는 악이 만연하고 있다.""교회가 도덕의 황무지로 부패하고 있다.""최후심판마저 망각되고 있다." 여기서 우리는 마귀들림과 마녀사냥이 16세기 후반에 절정에 달했다는 사실을 떠올릴 수 있겠다. 그리고 악덕이 악마화되었다. 허영, 음주, 폭식, 도박, 간통 등을 규탄하는 것을 넘어서 개별적인 마귀가 그 하나하나를 지배한다고 주장한 것이다. 그리하여 불복종 마귀, 음주 마귀, 옷 마귀, 춤 마귀, 맹세 마귀, 게으름 마귀, 저주 마귀, 간음 마귀 등 무려 21개의 마귀가 제시되었다.[15]

　루터파 지역이 16세기 후반에 왜 그렇게 비관적이었는지는 당시 루터파 교회의 사정에서 추론할 수 있다. 종교개혁 전후의 과정은 우리 학계의 박흥식이 명료하게 정리했거니와, 1546년에 루터가 죽은 뒤 그를 이을 만한 후계자가 없었다. 멜란히톤은 지적으로 빛나는 인물이었지만 공격을 재개한 황제에게 맞설 강단도 교파를 이끌 리더십도 없었다. 결국 루터파는 멜란히톤파와 진정파Gnesio-Lutheran로 갈라지고 거의 30년 동안 루터 생존 시의 역동성을 잃어버린다. 물론 루터파 교회는 1555년의 아우크스부르크 종교화의로 생존을 인정받기는 했다. 그러나 가톨릭 세력과의 갈등이 끊이지 않았고, 가톨릭의 바이에른과 오스트리아는 루터파의 작센과 헤센보다 훨씬 강했다. 브란덴부르크 프로이센은 아직 변변한 세력이 아니었다. 그 현실이 루터파에게 공포를 낳았을 것이다. 그러나 공포는 인간을 결집시켜주기도 한다. 공포는 막강한 외적에 맞서기 위해서나 내적인 갈등을 잠재우기 위해서나 루터파 교회에게 아주 효과적인 무기였을 것이다.[16]

여기에 정치사회적 기능 한 가지를 추가할 수 있겠다. 지난 수십 년간 독일 역사학계에서 이루어진 종교개혁 연구는 종교개혁의 과정과 귀결을 교파화로 정리한다. 우리 학계의 황대현이 탁월하게 소개한 대로, 교파화란 교파의 교리와 의례와 일상적 규범을 속인에게 강요하고 주입함으로써 새로운 교회를 견고한 기반 위에 올려놓은 작업이었는데, 그 작업은 궁극적으로 인간에 대한 교회와 국가 권력의 심대한 강화와 인간 심리의 중대한 구조 변동을 낳았다는 것이다. 교파화가 본격화된 시기는 다름 아닌 16세기 중반 이후였다. 그렇다면 그 시기의 공포는 규율화와 관련될 것이다. 그 수단으로 종말의 위협과 공포만큼 효과적인 것은 드물 것이기 때문이다.[17)]

그 과정은 공포 토포스도 변화시킨 것으로 보인다. 성직사들은 가면 갈수록 현실에서 더 많은 괴물과 홍수와 질병과 정신이상을 발견해냈고 그 모두를 신의 경고이자 분노의 표출로 해설했다. 그러자 신이 사랑의 신으로부터 점점 분노의 신으로 바뀌어갔다. 그와 병행하여 신의 분노를 일으키는 인간의 죄악이 갈수록 많아졌다. "오류와 거짓 가르침과 부패가 교회와 학교에 난무하고 있으니, 신성모독, 말씀과 성사의 무시, 불복종, 오만, 살인, 분노, 격노, 증오, 매춘, 규율 부재, 간음, 위조, 만취, 사치, 축제, 춤, 도둑질, 강도질, 고리대금업, 자아 상실, 빈자 억압, 싸움질, 드잡이질……." 죄가 목록화되고 구체화된 것이다.[18)]

위 인용문에서 눈길을 끄는 것은, 그 모든 죄악을 이끈 최악의 죄가 종교적인 죄 바로 다음에 위치한 불복종과 오만이었다는 점이다. 루터가 죄의 근원으로 적시했던 인간의 자기애는 여전히 중요했으나, 강조점은 확연히 불복종과 오만으로 이동한 것이다. 더욱이 신자는 그 어떤 예언도 기적도 걱정할 필요가 없다는 루터의 확언은 슬며시 무시되었다. 신이 내리는 재앙은 불신자를 처벌하는 것이지만 동시에 신자에 대한 경고라는 점이 분명하게 말해지고 되풀이되었다.

공포를 통한 규율화 작업을 사회 하층에 대한 상층의 공격으로만 해석할 필요는 없다. 당시 휴머니스트들의 저술들을 슬쩍 들여다보기만 해도 충격적으로 다가오는 것은 고대의 선학들 외에는 아무도 인정하지 않는 그들의 유아독존적인 태도이다. 스콜라 신학을 비판하든, 새로운 고대 문건을 발견하고 번역하든, 중세와는 다른 그림 다른 조각 다른 건축 다른 음악을 창안해내든, 그들은 자신을 문예의 최고봉으로 여겼다. 추후 낭만주의는 그들을 '신성한 광기에 사로잡힌' '천재'로 치켜세우고, 우리 학계의 탁월한 르네상스 연구자 곽차섭은 '괴짜'라고 정리했다.[19] 물론 보는 이에 따라 그것은 허세이고 허영이다. 오만의 다른 이름이다.

종교개혁은 그 흐름을 한층 강화하고 또 대중화했다. 성경을 읽고 깨달으면 자신만이 신의 진정한 사도가 되는 것이었기 때문이다. 루터는 개개인이 성경을 읽음으로써만 신의 은혜를 접할 수 있다고, 신과 인간 사이에 매개는 없다는 선언으로 종교개혁을 시작했지만, 이제는 안 될 말이었다. 성직자와 국가가 통제해야만 질서 있는 구원이, 공동체적 구원이 가능할 것이다. 공포를 극복하는 길은 이제 신뢰보다는, 앞서 공포 토포스에서 발견해낸 메시지, 즉 순종이었다. 그리고, 교파화 작업의 현실에서 신의 자리를 차지한 것은 교회와 국가였다.

잊지 말아야 할 것은 교파화의 기능은 규율화였지만 그 내용은 구원이었다는 점이다. 그리고 교회가 보기에 구원을 가로막는 가장 큰 문제는 르네상스적 인간의 출현과 확산이었다. 다시 말해서 중세로부터 근대로의 이행이 개시된 그 시점에 르네상스적인 인간이 맹렬한 사회적 상승 욕구로 표출되고, 이는 사회를 역동적으로 만들어 종교 개혁을 가능하게 만드는 동시에 사회와 도덕을 해체시키는 듯이 보였고 그래서 인간의 재도덕화가 긴급히 요청되었을 때, 루터파 교회는 종전처럼 외적인 의례만으로는 도덕을 재수립할 수 없었기에 세속 제후의 물리적 권력에 의존하는 한편 공포를 통하여 오만한 르네상스적인 인간을 복종시키는 동시에 도덕화하고자 했던 것이다. 요컨대 인간의 규율화와 그 뒤에 깔린 근대적 권력의 작동을 십분 인정하더라도 그 이면에는 윤리적 인간과 도덕적 사회를 창출하려는 진지한 고민이 깔려 있었으며, 그 노력이 좌절될 때마다 역으로 그들 스스로가 공포를 느꼈고, 그 공포는 전염되었으며, 전염된 공포는 루터파 교회의 내적 결속을 강화하면서 가톨릭과 이단에 대한 대결로 이끌었다는 것이다.

2
인간 파라켈수스와
그의 의료 화학

근대 의학의 비조 파라켈수스

16세기의 대표 감정이 공포이고 그 내용이 순종이었다는 확정만으로
는 근대 초 감정사의 출발점에 선 것밖에 되지 않는다. 그것으로는 감
정이 구체적으로 어떻게 작동하는지 전혀 드러나지 않는다. 감정의
작동에 접근하는 최선의 통로는 의학 담론일 것이다. 지금과 마찬가
지로 16세기에도 인간 정신에 대하여 가장 자주 말한 사람은 성직자
외에 의사였다. 흥미롭게도 앞서 서술한 1524년 2월의 대홍수 예언으
로 가장 많이 팔린 책 10권 중에서 다섯 권의 저자가 의사였다. 16세
기 의학박사들의 활동 무대는 주로 제후의 궁정이나 도시의 공중보건

이었다. 그들의 관심 영역은 해당 공동체 전체의 길흉이었고, 궁정에서 그들은 흔히 제후의 점성가 및 고해 성직자와 머리를 맞대고 일했다. 예언서를 작성한 사람들은 십중팔구 그 세 부류의 하나였다. 더욱이 그들의 업무는 흔히 중첩되었으니, 성직자는 영혼의 병만이 아니라 신체의 질병도 치료했다. 18세기 후반까지 병에 걸린 농민이 가장 먼저 찾던 사람은 성직자였다. 영혼과 신체가 긴밀히 결합되어 있던 시대의 전형적인 풍경이다.

16세기 유럽에서 가장 시끄러웠던 의사 한 명을 꼽으라면 단연 호엔하임의 테오프라스투스Theophrastus von Hohenheim, 즉 파라켈수스 Paracelsus일 것이다.[20] 생전에도 시끄러웠지만 그는 죽은 뒤에 더 유명해졌다. 16세기 후반의 종교전쟁 직후 앙리 4세와 함께 파리에 입성한 프랑스 왕의 주치의들이 파라켈수스주의자들이었다. 그들은 파리 의과대학 교수들과 그야말로 전쟁을 치른다. '실험'과 '관찰'에서 진리를 발견하는 지적 혁명을 일으킨 프란시스 베이컨이 17세기 런던에서 주목한 집단도 왕립의사협회에 넉넉하게 자리 잡고 화학 실험에 몰두하던 파라켈수스주의자들이었다. 의과대학과 달리 '정통'에 집착하지 않던 독일 각지의 세속 궁정에도 파라켈수스주의자들은 흔했다.

진정 흥미롭게도 그런 파라켈수스가 생전에 발간한 23개 텍스트 중에서 16개가 예언서였다. 그가 쓴 최초의 예언서는 1529년에 출간된 《1530년에서 1534년에 이르는 유럽에 대한 예언》이었다. 이유는 간단했다. 출판사들이 예언이 잘 팔린다는 것을 알고 있었던 것이다. 가는 곳마다 휴머니스트 의사들의 훼방으로 그때까지 의서라고 해야 고작 한두 개만 출간할 수 있었던 파라켈수스에게 예언서는 출구였다. 그가 한 예언의 기조는 루터와 같았다. 페스트와 매독을 보라. 재

림이 임박했다. 그러나 날짜를 확정할 수는 없다. 그것은 온전히 신성의 영역이다.[21)]

파라켈수스는 근대 해부학을 개시한 베살리우스와 혈액순환설을 제시한 하비와 함께 근대 의학의 비조로 꼽힌다. 그는 질병의 원인을 인체 내 체액의 불균형에서 찾던 갈레노스의 고대 의학과 달리, 병원病原이 외부로부터 인체 안으로 들어와 특정 기관에 고장을 일으킨다고 주장했다. 파라켈수스 의학의 내용은 연금학이었다. 당시 '화학chemia'은 '연금학alchemia'의 일부, 즉 의화학을 가리켰다. 파라켈수스가 화학에서 점하는 위치는, 근대 화학을 비로소 정립한 로버트 보일이 그 유명한 1661년의 《회의하는 화학자》에서 한편으로는 아리스토텔레스 및 갈레노스와 다른 한편으로는 파라켈수스와 대결하였다는 데서도 드러난다.

독일사 속의 기억에서도 파라켈수스는 각별한 위치를 점한다. 그의 사상이 인간과 자연과 우주와 신성을 통합하는 것이었기에 그는 독일 낭만주의자들의 영웅이었다. 수학적 자연과 추상적 이성의 배후에서 영원성을 탐색하던 그들이 자신들의 선조를 파라켈수스에게서 발견했던 것이다. 나치 독일에 오면 파라켈수스는 부패한 지배층에 대하여 민중 저항을 이끈 인물로 기억된다. 파라켈수스 문학상도 그때 제정되었고, 대표적인 나치 작가가 세 권짜리 파라켈수스 전기를 출간했으며, 파라켈수스 연극이 공연되었다. 사실 파라켈수스가 바젤대학에서 정통 의학 교재를 불살라버렸기에 16세기 전반기에 그는 이미 "의학의 루터"로 불렸다.[22)]

그러나 파라켈수스가 의학과 화학에서 이룩한 새로운 발견은 없다. 필자가 보기에 그는 근본적으로 이론가다. 또한 파라켈수스가 인간과 우주와 신성의 합일을 쉬지 않고 말했지만, 다른 한편으로 그는 "남성의 씨"를 시험관에 조심스럽게 배양하면 인간을 재생산할 수 있다는 기상천외한 발언을 되풀이했다. 그리고 그에 "호모룽쿠스homoluncus"라는 명칭을 부여하고 독립적인 논고까지 작성했다. 또한 파라켈수스는 지극히 민중적이고 저항적이었지만 농민전쟁에서는 농민군을 피했고 재세례파를 정신병으로 규정했다.

파라켈수스는 페스트에 대해서도 기이한 발언을 했다. "페스트 독이 만연한 곳에서 페스트에 걸릴까 두려워하면 실제로 페스트에 걸린다." 실언이 아니었다. 그는 그 말을 여러 차례 반복했다. 그 생각은 오늘의 우리에게는 너무나 이상하지만 근대 초 서양에 광범하게 퍼져 있었던 것 같다. 프랑스의 저명한 아날학파 역사학자 엠마누엘 르루아 라뒤리는 16세기 스위스 바젤의 출판업자 아버지와 의사 아들의 부자 전기를 작성했는데, 그 속에 똑같은 발언이 등장한다. 1536년에 칼뱅의 《기독교강요》 초판을 인쇄한 인물인 아버지 플라터Thomas Platter는 바젤에서 기숙학교도 운영하고 있었다. 1551년 3월 귀족 가문 출신의 기숙 학생 한 명이 페스트로 사망한다. 시체는 학생의 누나가 처음 발견했는데, 그녀가 기겁을 했다. 그녀도 곧 사망했다. 라뒤리는 적었다. "원인은 그녀의 공포였다. 당시 사람들은 페스트가 공포로 전염될 수 있다고 믿었다." 필자가 살펴보니 비슷한 일이 1531년에도 발생했다. 플라터의 한 살배기 첫째 딸이 그해에 페스트로 사망했는데 가족은 그때 인근 도시의 유명 의사 집에 체류 중이었다. 너무나 슬퍼하는 플라터의 아내 모습을 본 집 주인 남자가 말했다. "당신 부인께서 슬퍼하더군요.……이는 그녀도 곧 페스트로 쓰러진다는 것을 뜻하지요. 그러면 내 아내도 그렇게 될 겁니다. 우리 집에서 나가 주세요."[23]

라뒤리는 당대인들의 믿음 외에 더 이상의 설명을 덧붙이지 않았다. 앞서 언급한 역사학자 안드레아스 베어는 파라켈수스의 발언을 공포를 금지하려던 양상의 하나로 해석했다. 다만 그는 감정이 신체의 질병을 일으키는 경로를 구체적으로 상술하지는 않았다. 이제 그 길을 가보자. 파라켈수스 연구는 그야말로 산같이 쌓여 있다. 감정에 대한 연구는 없지만, 정신병에 대한 좋은 연구는 있다. 이제 그것들의 도움을 받아가며 파라켈수스 텍스트들로부터 당대인들이 감정을 어떻게 판단했는지 대표적으로 도출하기로 한다. 전기적 사실로 시작하자.

'의학의 루터' 파라켈수스

파라켈수스는 1493년에, 그러니까 루터보다 10년 늦게 스위스 중부에 위치한 아인지델른에서 태어났다. 아버지는 남서부 독일 슈투트가르트 인근의 호엔하임에 성채를 갖고 있던 귀족 기사의 아들이었다. 다만 사생아였다. 그래서 아버지와 떨어져서 살았고, 의과대학에 진학했으나 박사가 되지는 못했다. 그러나 의사 면허는 얻었다. 출생에 따른 약점 때문에 그는 아인지델른으로 이주했고 그곳에서 수도원 예속민 하녀를 만나 결혼한다. 파라켈수스는 부부의 외아들이었다. 어머니가 예속민이어서 파라켈수스 역시 반쯤은 예속민이었고, 그래서 1541년에 그가 사망했을 때 수도원장이 망자의 유산에서 가장 번듯한 은잔을 골라 사망세로 가져간다. 열 살 때 어머니가 사망하자 아버지는 아들과 함께 남부 오스트리아 케른텐 지방의 빌라흐로 옮긴다.

그 지역은 광산 지대였고, 15세기 말 유럽에서 광물 수요가 급증함에 따라 빌라흐는 상업과 금융업에 더하여 광산업까지 장악한 푸거 Fugger의 수중에 들어갔다. 아버지가 그곳에서 의사 생활을 한 것은 파라켈수스에게 결정적 의미를 지녔던 것 같다. 당시 의학은 치료제로 주로 식물을 사용하고 있었는데 반하여 파라켈수스는 금속 물질을 의학의 중심으로 삼았다. 그는 그곳에서 야금학과 연금술을 배웠을 것이다. 또한 그곳에서 그는 성직자들에게도 배웠던 것 같다. 그의 저술의 가장 큰 몫은 의학이 아닌 신학이었기 때문이다.

파라켈수스는 열네 살 때 빌라흐를 떠났다고 회고하는데, 이는 사실이었을 것이다. 당시 유럽의 청소년들은 걸인이든 대학생이든 수공업 직인이든 그 나이쯤 집을 떠났다. 그로부터 무려 18년이 지난 1525년 파라켈수스는 의사가 되어 잘츠부르크에 나타난다. 1520년대 말부터 그는 인쇄물에 스스로를 박사로 표기했고 이탈리아 페라라대학에서 의학박사 학위를 받았다고 말했다. 그러나 그 대학 박사학위자 명단에 그는 없다. 다만 그의 저술에서 의학적 전문성이 여실히 드러나고, 또한 그가 바젤대학 의과대학의 강의를 제안받았을 때 주저하지 않고 받아들인 점에서 얼마간이든 의과대학에서 공부한 것은 사실인 것 같다. 그 후 그는 군의관이 되어 스페인에서 러시아까지 유럽 대륙을 횡단하며 전쟁터를 누빈다.

1525년 초 잘츠부르크에 도착한 파라켈수스는 괴이한 모습이었다. 파라켈수스가 워낙 전설적인 인물이어서 1990년에 오스트리아 법의학자들이 잘츠부르크 성 세바스티안 교회에 보관되어 있던 그의 유골을 분석했다. 키는 150센티미터, 타격에서 비롯된 것으로 보이는 두개골 손상 몇 개, 눈두덩 뼈는 남성이지만 골반 뼈는 여성. 검시관들은 남녀 혼합의 인터섹스를 의심하기도 했지만, 선천성 부신생식증후군으로 판정했다. 그런 사람은 이마가 앞으로 튀어나오고, 세 살부터 대머리가 진행되며, 어려서는 빠르게 성장하지만 곧 성장이 지체되고, 생식기의 성장도 억제된다. 파라켈수스는 결혼하지 않았다. 뼈에서 검출된 수은의 양은 정상인의 열 배를 넘었다. 의학 실험 탓이었다.[24]

대머리 소두小頭를 좁은 어깨 위의 두툼한 목으로 받친 채 여자처럼 걷는 5척 단구의 남자. 그는 복장도 의사답지 않았다. 곧 서술할 분서焚書 사건 직후 파라켈수스는 자신의 정당성을 호소하기 위하여 취리히의 츠빙글리를 찾아갔다. 그때 그를 면담한, 츠빙글리의 사위이자 측근 성직자로서 추후 후임 개혁지도자가 되는 불링거Heinrich Bullinger는 적었다. 파라켈수스는 "자기가 지어낸 온갖 마법에 대해서 많은 말을 했다.……그는 도저히 의사로 보이지 않았다. 오히려 소몰이꾼 같았고, 실제로 늘 그런 사람들과 어울렸다.……그는 주점에서 술을 마시다가 취하면 아무 의자에나 쓰러져 잔다. 간단히 말해서, 그는 지극히 더럽고 지저분한 사람이다."[25] 외모는 르네상스에서 중요했다. 서양인들은 18세기 중반까지 옷과 옷 속의 인간을 구분하지 않았다. 그래서 남장 여자가 용병 군인으로 전장에서 돈을 벌며 여자와 결혼해서 함께 사는 경우도 가끔 있었다. 사람들은 파라켈수스를 그리스 신화의 치료의 신 아에스클라피우스의 환생으로 찬양했지만, 그는 도저히 의사 같지 않았다.

잘츠부르크에서 파라켈수스는 온천장 치료사로 일하면서 실험과 저술에 힘썼지만, 길거리와 여인숙과 주점에서는 시대의 문제였던 종교에 대하여 장광설을 토했다. 그는 15세기 말부터 유럽 곳곳에 출현한 세칭 '뒷골목 설교사'의 하나였다. 그는 가톨릭교회와 루터파 교회와 재세례파를 가리지 않고 공격했다. 교회라는 회중 제도 자체를 거부했다. 그런 와중에 잘츠부르크 인근의 농민들이 궐기했다. 추기경 제후의 중과세와 물리적인 억압 때문이었는데, 파라켈수스는 농민들이 잘츠부르크 성 안으로 진격하기 직전에 도망쳤다. 얼마나 급했는지 여인숙에 책과 원고와 실험 및 의술 도구, 그가 경애해 마지않던 아버지 초상화도 놓고 떠났다. 곳곳을 떠돌던 그는 농민봉기가 어떻게 귀결될지 알았거나, 아니면 사태가 곧 정리되리라고 예상했던 것 같다. 몇 달 뒤에 봉기는 유혈로 진압되었고, 파라켈수스는 선동 세력으로 지목되었다. 그는 잘츠부르크로 돌아갈 수 없었다.

1526년 말 파라켈수스는 알자스의 신성로마제국 제국도시 스트라스부르에 도착한다. 그 도시는 얼마 뒤에 루터파 개혁을 받아들이기는 하지만 한때 재세례파 거주민이 약 10퍼센트에 달하던, 독일 지역에서 가장 관용적인 도시였다. 도시 정부는 파라켈수스에게 시민권까지 주었고, 엉뚱하게 곡물상인 길드가 그를 받아주었다. 치료를 시작하자 명성이 퍼졌다. 병 치료에 성공하기도 했지만, 무엇보다도 구토 검사, 소변 검사, 대변 검사, 피 검사 등, 갈레노스 의학이 체액 상태를 알아내기 위해 실시하던 것들을 생략한 것도 인기의 요인이었다. 위협을 느낀 그곳 의사들이 적대감을 표출하던 바로 그때 100킬로미터 떨어진 스위스 바젤의 출판업자 프로베니우스Johannes Frobenius가 사람을 보내 다리 질환의 치료를 부탁했다. 여러 의사가 실패했던 치료에 파라켈수스는 단번에 성공했다.

앞서 그곳의 출판업자 플라터가 1530년대 전반기에 칼뱅의 저서를 출간했다고 서술했거니와, 당시 바젤은 강력한 출판업의 도시였고 프로베니우스는 그 도시 최고의 출판업자였다. 당시 출판업자는 종종 휴머니스트 지식인과 종교개혁가들의 리더였다. 프로베니우스는 에라스무스의 친구였고, 파라켈수스도 그의 집에서 에라스무스를 만났고 진찰도 했다. 얼마 뒤 바젤을 떠난 에라스무스는 파라켈수스에게 편지를 보내 "단 한 번 진찰로 나를 뼛속까지 알아본 의사"라고 칭찬하면서 "세 번째 항項은 무슨 말인지 이해가 안 된다"고, 다시 설명해 달라고 부탁했다. 파라켈수스는 또한 프로베니우스를 통하여 바젤에 츠빙글리 종교개혁을 관철시키고 있던, 즉 그 도시를 지배하게 된 개혁가 외콜람파디우스Oecolampadius와 연결되었다. 개혁가는 파라켈수스를 바젤의 시 보건의에 임명하도록 했고, 그 자격으로 파라켈수스는 바젤대학 의학부에서 강의를 맡았다. 1527년 3월의 일이다.

　학기 시작 직전 파라켈수스는 학생들에게 공지문을 썼다. 의학은 성스러운 기예임에도 불구하고 치료에 성공하는 의사는 적다. 그 이유는 그들이 이븐시나, 갈레노스, 히포크라테스의 저술에 매몰되어 있기 때문이다. 의사가 알아야 할 것은 언어와 책이 아니라 "자연과 그것의 작동"이다. 나는 강의에서 무슨 주제이든 "실험"과 그것에 대한 성찰 그리고 "경험"에 의존할 것이다. 나는 지금까지 모든 질병을 설명해온 체액설과 체질론을 믿지 않는다. 그로부터 며칠 뒤 일요일 아침 여러 교회와 주요 건물 출입문에 전단지가 나붙었다. 풍자시였다. "갈레노스의 혼이 나타나 테오프라스투스인지 똥프라스투스Cacophrastus인지 하는 사람에게 말한다. 내가 농민의 풀떼기 지식은 없기에 그대에게 내가 아는 헬레보루스(광기 치료제)를 보내노라. 똥프라스투스의 지식은 농투성이의 지식이고……그는 갈레노스의 돼지를 돌볼 자격도 없다. 아무짝에도 쓸모없는 인간이여, 스스로 목을 매라." 물론 바젤대학 의학부 교수들이 붙인 전단지였다.

의학부 교수들은 파라켈수스에게 강의실조차 내주지 않았고, 파라켈수스는 성스러운 언어인 라틴어를 팽개치고 독일어로 강의했다. 일반인도 청강을 허락했다. 1527년 6월 23일 밤 성 요한 축일 전야에 학생들은 대학 건물 근처에 화톳불을 피워놓고, 당시 축제가 언제나 그랬듯 역전된 세계를 연출했다. 일부는 평소 싫었던 밉상의 모습을 밀랍으로 만들어 조롱하고 화형에 처했다. 마침 그곳을 지나던 파라켈수스가 "최고의 교재", 아마도 이븐시나의 의서를 불구덩이에 던져넣었다. 의학의 루터라는 명성이 탄생하는 순간이었다. 의대 교수들이 사방에 소식을 전했다. 파라켈수스의 후견인 프로베니우스가 얼마 전에 급서한 상황에서 아들이 후견을 철회했다. 외콜람파디우스 역시 소란만 일으킨 파라켈수스를 외면했다. 취리히로 츠빙글리를 찾아갔으나 소용없었다. 그는 떠나야 했다.[26]

사실 파라켈수스의 공격을 받던 의대 교수들은 영문을 몰라 했다. 그들은 자신들이야말로 유럽 의학으로부터 중세 아랍 의학의 때를 벗겨내는 개혁가라는 자부심을 갖고 있었다. 2세기 로마제국 시기에 희랍어로 써진 갈레노스의 의서들은 중세 의과대학에서 겨우 발췌본만 읽히다가 비로소 1520년대에, 그것도 바젤에서 라틴어로 번역되기 시작했다. 히포크라테스 전집도 그때부터 번역되었다. 파라켈수스로부터 공격을 받던 의사들은 진짜배기 휴머니스트들이었던 것이고, 이를 통하여 그들은 의학도 신학 및 철학 못지않은 학문이라고 주장하기 시작했던 것이다. 갈레노스 의학은 형이상학적이라기보다 대단히 신체적이었고, 르네상스 의사들은 신체적인 의학을 통하여 신학과 철학이 넘볼 수 없는 고유의 영역을 확보하고자 했다. 더욱이 갈레노스와 히포크라테스 의학은 16세기 전반기 의사들 사이에서도 자세히 알려지지 않았다. 당시의 의학 교본을 보면 의사들을 가르치려는 듯 갈레노스와 히포크라테스 인용문들을 잔뜩 담고 있다. 파라켈수스는 어느 면으로도 용납할 수 없는 인물이었던 것이다.[27]

폐병과 하늘의 별

파라켈수스는 바젤을 떠난 뒤 다시는 정상적인 직업을 갖지 못한다. 그는 여인숙과 주점과 길 위에서 살면서 간간이 자기를 부르는 환자들 집에 잠시 머물 뿐이었다. 1529년 11월에 그는 남부 독일의 제국 도시 뉘른베르크에 도착한다. 그 시점에 그 도시에 머물던 당대의 유명 휴머니스트 제바스티안 프랑크Sebastian Franck가 연대기에 기록을 남겼다. "특별하고 놀라운 사람……사람들은 그가 거의 홀로 의사 길드 전체와 싸운다고 말한다." 파라켈수스는 뉘른베르크시가 운영하던 요양원에 수감되어 있던, 당시 용어로 '나병' 환자들, 즉 피부병 환자 15명 중에서 9명을 치료하여 증상을 호전시켰다. 그들 중에는 매독 환자도 포함되어 있었다. 15세기 말에 비로소 출현한, 그래서 정체가 모호했던 매독에 대하여 파라켈수스는 책을 썼고, 3부작 가운데 제1부를 인쇄하는 데 성공했다. 파라켈수스 생전에 출간된 최초의 본격적인 의서였다. 그 책에서 파라켈수스는 매독 치료제로 인기가 높던 구아야쿰Guaiacum 나무의 실효성을 맹렬하게 비난했다. 그는 수은 치료를 하되 수은을 소량씩 신중히 투여해야 한다고 주장했다. 이는 뉘른베르크 의사회의 심기를 거스르는 일이었다. 그들은 더 이상의 출간을 막았고, 책은 지하에서 인쇄되었다.

그의 의학을 이해하기 위해서는 다른 저서부터 검토하는 것이 옳아 보인다. 《광부 폐병과 여타의 광산 질환》은 매독에 관한 글을 작성한 직후에 서술한 책으로, 그 글이 특별한 이유는 파라켈수스 의학의 출발점이자 중핵이 바로 의화학과 금속 치료였기 때문이다. 폐렴은 산업혁명 이전에는 독립적인 질병도 아니었고 주목의 대상도 아니었다. 폐렴은 1820년대에 가서야 독립적인 질병으로 정립된다. 고전고대에서 근대 초에 이르기까지 유사용어phthisis는 있었으나 그 뜻은 소모, 즉 체중 감소였다. 원인은 활동량 과다, 음식물 섭취 부족, 그다음이 폐의 문제였다. 증상에도 체중 감소, 무기력, 기침, 고열, 발한, 각혈 외에 망상까지 포함되었다. 독일어 '폐병Lungensucht'은 심지어 인간 외에 젖소의 질병도 가리켰고, 그 원인의 하나가 인간과의 성교였다. 광부들의 폐병, 즉 진폐증으로 국한하더라도 의사들은 채굴 금속의 차가운 성질을 병의 원인으로 간주했고, 환자들에게 땀을 많이 흘리고 와인을 많이 마셔 몸을 따뜻하게 하라고 충고했다.[28]

그와 달리 파라켈수스는 '광부 폐병Bergsucht'을 독립적인 저술에서 다루었으니 그는 서양사 최초로 폐렴을 독립적인 질병으로 정립한 셈이다. 파라켈수스는 그 병이 고대 의서에서는 찾아볼 수 없다고 선언하면서 일반적인 폐병부터 다룬다. 폐병은 "별들이 일으킨 공기 카오스"를 폐가 흡입하는 과정에서 발생한다. 그가 폐병에 대한 논의를 별들로 시작한 것은, 그 시대 의사들이 점성학 예언서를 썼던 것을 생각하면 전혀 이례적이지 않다. 다만 별이 공기 카오스를 일으켰다고 전제하는 것에서 파라켈수스가 루터와 달리 별을 신호로서가 아니라 지상과 인간에게 직접적으로 행사하는 힘으로 간주했다는 것을 알 수 있다. 신플라톤주의를 받아들였든 아니면 중세 신비주의 마법의 영향

속에 있었든, 파라켈수스 의학의 주춧돌의 하나는 자연과 인간을 대우주와 소우주로 바라보는 것이었다.

책에서 파라켈수스는 별이 왜 그리고 어떻게 공기 카오스를 일으키는지는 한마디도 쓰지 않았지만, 카오스 공기의 성격을 지시해주는 진술은 했다. 그는 카오스를 언급한 직후, 사람이 들이쉬는 공기는 음식과 같아서 일부는 몸에 좋고 다른 일부는 나쁘다고 설명한다. 16세기는 여전히 4원소의 시대였고 공기 안에 무언가가 있다는 발상은 17세기 후반에서야 나타나지만, 파라켈수스는 적어도 논리적으로는 공기를 그저 원소로만 바라보지 않았던 것이다. 그리하여 비판적 파라켈수스주의자로서 또 한 명의 위대한 의학자였던 네덜란드의 반 헬몬트Jan Baptist van Helmont는 17세기 초에 대기의 공기와 구분되는 '가스'를 생각해낸다. 그러나 정작 독특하게 파라켈수스적인 지점은 폐가 공기를 흡입한 뒤에 그로부터 좋은 것과 나쁜 것을 "분리"시킨다는 진술이다. 폐병은 그때 폐로 유입된 공기가 승화, 분해, 연소된 뒤 폐에 달라붙으면서 발생한다. 이는 평범한 진술이지만 그 속에는 기존 의학과는 정반대의 발상이 담겨 있다.

히포크라테스를 잇는 갈레노스의 의학은 무려 19세기 중반까지 서양 의학의 근간을 이룬다. 그 의학은 공기든 음식이든, 외부의 물질이 체내로 들어와서 체액에 불균형을 일으켰을 때 병이 발생한다고 파악했다. 음식물을 소화하여 신체의 모든 기관에 전달하는 체액에는 간에서 생산되는 혈액, 뇌에서 생산되는 점액, 담낭에서 생산되는 담즙, 지라에서 생산되는 흑담즙 네 가지가 있고, 그 네 가지 체액은 모두 피를 통하여 온몸으로 전달되며, 한 사람의 체질은 체액의 구성에 의해 결정되고, 건강은 체액들 간의 균형에 달려 있다고 믿었다. 체액의 불균형은 생산된 체액이 모두 소화되지 못하고 잉여 체액으로 쌓이거나, 여타의 체액들이 흑담즙으로 변화할 때 발생한다. 그리하여 과잉 흑담즙은 예컨대 위에서는 소화 장애, 피부에서는 종기, 눈에서는 시력 감퇴, 머리에서는 대머리, 뇌에서는 정신병을 일으킨다. 진찰의 방법은 위액이나 혈액이나 소변과 대변을 조사하는 것이었고, 그래서 이동 중인 의사가 여인숙에 묵을라치면 농촌 아이들이 저마다 오줌통을 들고 찾아오기 일쑤였다.

정통 의학과 달리 파라켈수스는 카오스 상태의 공기가 몸 안으로 들어와 폐라는 장기에 문제를 일으킨다고 주장했다. 폐병은 폐가 공기를 "섭취"하는 과정에서 말썽이 생길 때 발생한다는 것이다. 파라켈수스는 1525년 잘츠부르크에 있을 때 《파라미룸 의서 *Volumen Paramirum*》라는, 자기 의학의 요점을 담은 책을 서술했다. 사후에 발간되는 그 책에서 그는 인체의 각 기관에 "연금술사"가 내장되어 있어서, 그것이 외부에서 들어온 음식과 공기에서 영양분과 독소를 "분리"시키고 독소를 체외로 내보내는데, 그 분리 작용이 오작동을 일으키면 그것이 바로 병이라고 주장했다. 파라켈수스는 연금술사를 때로는 "원력原力archeus"이라고 칭하는데, 괴상하지 않다. 다름 아닌 화학 작용이다. 파라켈수스는 연금학의 원리를 의화학적 질병론으로 전환시킴으로써 질병의 원인을 체액의 불균형이 아닌 체내의 화학 작용에서 찾았던 것이다. 파라켈수스는 또한 신이 연금술사를 인간 외에 동물 식물 광물에도 배치해두었다고 주장했다. 따라서 치료법은 인간 장기 내의 연금술사가 기능을 회복하도록, 금속 식물 동물에서 원력을 뽑아내어 인체에 투입하는 것이었다. 파라켈수스가 여인숙에서 며칠 동안 옷도 갈아입지 않은 채 몰두한 화학실험은 온갖 피조물로부

터 원력을 분리시키는 작업이었던 것이다.[29)]

폐병과 감정

광부 폐병은 공기 카오스와 똑같은 현상이 지하 광구에서 나타날 때 발생한다. 지하 광물들이 창공과 똑같이 카오스를 발생시키기 때문이다. 광물들이 카오스를 일으키면, 광부들이 그 "안개"를 흡입한다. 경로는 두 가지다. 첫째는 땅에 잠겨 있거나 땅을 휘감고 있는 당분과 신酸이다. 이것이 폐에 들어와 나쁜 것으로 변화하면 폐에 염증이 생긴다. 둘째, 지하 금속 안에 있는 수은 성분과 유황과 염분이 폐에 들어와 승화되고, 연소되고, 응고되어 폐 벽에 부착될 때 "돌tartarus", 즉 종기가 나타난다. 이 역시 파라켈수스 의학의 핵심이었다. 그는 그 유구한 4원소를 수은, 유황, 소금의 3원리로 전환시키려 하였다. 수은은 물질을 승화시켜 기관과 기관 사이를 통과시키고, 유황은 물질을 연소시켜 필수 영양소로 변환시키며, 소금은 영양소를 고체화한다. 3원리는 몸을 만들고 유지하고 살리지만, 그 종류와 성질과 많고 적음에 따라 언제라도 독으로 작용한다. 많은 연구자가 이 지점에서 파라켈수스 의학에 대한 정리를 끝내는데, 이는 파라켈수스를 '근대' 의화학의 원조로 파악하려는 입장의 발로이다. 그러나 위 서술은 파라켈수스의 반만 보여준다.

그에게는 마법적 세계관이 체화되어 있었다. 파라켈수스 읽기가 혼란스러운 것은 수은과 소금과 유황을 때로는 물질로, 때로는 물질 작용의 메커니즘으로, 때로는 형이상학적 원리로 사용하기 때문이다.

파라켈수스는 별과 인간과 지상 만물이 똑같이 수은, 유황, 소금의 원리에 의하여 작동한다고 슽하게 단언했다. 그는 가끔 3대 물질에 정신spiritus이라는 단어를 붙이기도 했다. 다름 아니라《광부 폐병》에서 그는 폐가 금속 안의 "수은 정신" "소금 정신" "유황 정신"을 받아들이는 과정에서 오작동이 일어나 염증과 종기가 나타난다고 썼다. 이는 근대와는 무척 다른, 마법이 지식의 세계를 휩쓸어버린 15~16세기 특유의 발상법이되, 또한 서양에서 고대부터 근대 초까지 유구했던 정신과 물질이 구분되는 동시에 분리 불가능하게 결합되어 있는 세계관의 표출이다.[30]

이제까지 연구자들이 별반 유의하지 않은 것은 파라켈수스가 그 책, 그리고 다른 글에서 일상적으로 구사하던 독특한 수사법이다. 인용해보자. "여러분은 가시덤불이 산酸을 껍질 속에 감추고 있듯이, 산山의 산酸이……지하에 숨겨져 있다는 것을 볼 수 있다. 우리가 산에 짓는 집은 산酸 속의 집으로 변한다.……폐가 산酸을 욕망하기에 그것이 흙의 카오스로부터 폐로 끌어당겨지고, 폐는 그래서 상처를 입는다. 이는 백묵을 먹거나 식초를 마시고자 하는 욕망이 과잉일 때와 마찬가지다. 욕망은 폐에서 나온다. 폐는 그런 욕망 때문에 명반과 황산염과 수은을 먹는다. 폐가 쾌감을 채우고나면 쾌감은 악으로 변질되어 병이 된다.……여러분은 당분도 그렇게 이해해야 한다. 당분도……숨겨져 있다.……산행은 카오스 속에 있는 산山의 당분을 먹는 것이다. 쾌감이 폐를 유혹하면 그 당분이 광부 폐병을 일으킨다."[31]

두 가지가 확연히 눈에 띈다. 첫째, 폐가 욕망과 쾌감을 갖는다. 폐는 유혹당한다. 욕망과 쾌감과 유혹은 물론 감정 작용이다. 신체 기관이 그 자체로 감정을 갖는 것이다. 기관에 내장된 연금술사는 화학 작용만이 아니라 감정 작용인 것이다. 연금술사는 인간의 신체에만 있는 것이 아니다. 그렇다면 삼라만상도 감정을 가질 것이다. 그렇다면 논리적으로 인간의 감정은 인간 정신의 감정과 신체 기관의 감정과 자연물의 감정의 상호 작용 속에 있을 것이다. 둘째, 폐는 주체적으로 움직인다. 폐는 산酸과 당분을 스스로 원하고 소비한다. 광물도 그렇다. 광부 폐병을 한마디로 정리하는 부분에서 파라켈수스는 "유독한 광물 정신이 사지를 먹어치우고 그래서 부패할 때" 그 병이 나타난다고 썼다. 하기야 카오스 공기와 광물 카오스는 천상의 별들과 지하 광물들이 주체적으로 활동한 결과 만들어진 것이었다. 파라켈수스가 별들이 왜 카오스를 만들어내는지 한마디도 쓰지 않은 이유는 그것이 은유가 아니었기 때문일 것이다. 이것이 바로 마법적 발상인데, 그렇다면 우주와 인간의 질병과 감정은 어떻게 연관되는 것일까? 이 문제는 매독과 페스트에 대한 진단에서 보다 분명하게 드러난다.

매독과 페스트와 감정

매독과 별과 감정

매독이 처음으로 의학적·대중적 관심의 초점이 된 것은, 그 병이 1495년 나폴리에 주둔 중이던 프랑스 부대에서 발병하여 1년 만에 부대가 작전이 불가능해질 정도로 확산되었을 때였다. 물론 처음 나타난 질병이어서 이름도 없었다. 매독syphilis이라는 병명이 정착된 18세기 이전에 독일인들은 그 병이 프랑스 부대에서 출현했다 해서 "프랑스인병Franzosen"이라고 불렀고, 프랑스인들은 이탈리아 나폴리에 주둔 중인 부대에서 발병했다고 해서 "이탈리아인병"이라고 칭했다. 페스트pestilentia, pestis만 하여도 비록 고대와 중세에서 주로 '유행병'을 의미하기는 했지만 이미 있었던 병이고, 갈레노스가 그에 대하여 서술했다. 그와 달리 매독은 아무도 모르던 병이었다.

19세기 초까지의 서양 의학을 읽을 때 우리가 절대로 잊지 말아야 하는 것은, 세균이 19세기 중후반에 와서야 발견된다는 단순한 사실이다. 그 이전 시기 서양인들은 자신들이 세균에 의한 감염과 전염을 모른다는 것을 모르고 있었다. 따라서 병 치료는 그저 경험이었고, 의학은 이론일 뿐이었다. 경험이 없던 매독에 대한 의학적 논의는 그래서 장님이 코끼리의 그림자를 만지는 격이었다. 정통 의학은 매독에 당면하여 당황했지만 체액설을 고수했다. 매독의 증상은 수종, 종양, 실명, 통증, 고열, 신체 마비, 치매 등이었고, 의사들은 그런 증상을 일으키는 체액과 그 담당 기관을 찾았다. 고열과 종양은 흑담즙과 지라의 문제였고, 종기와 망상과 마비는 점액과 뇌의 문제였다. 실제 매독의 증상은 물론 그 두 가지로 충분히 포괄되지 않았다. 그러자 의사들은 저마다 '혈액 프랑스인병', '점액 프랑스인병', '담즙 프랑스인병', '흑담즙 프랑스인병'을 말했다. 물론 아무리 덧붙여도 설명은 언제나 불충분했다. 체액 이상은 일상적인데 왜 매독이라는 새로운 질병이 발생했는지는 오리무중이었기 때문이다.[32]

놀랍게도 당시의 '의서'에 성교는 매독의 원인으로 지목되지 않았다. 의학 텍스트에서 성교는 병의 원인으로서가 아니라 도덕적 타락의 한 양상 혹은 병을 옮기는 체액 분비물로 언급되었다. 19세기 중반 이후에야 의학에서 성교가 매독과 결합된다. 파라켈수스는 성교를 원인으로 파악했다는 점에서 당대의 진단과 확연히 달랐다. 1529~30년에 집필한 저술 《매독의 기원과 발생》에서 그는 성교가 매독의 원인이라고 잘라 말했다. 매독은 프랑스인들의 성교에서 처음 발생했으며, 여타 지역에서도 성교가 무분별하게 행해졌기에 그 병이 발병하거나 확산되었다.

파라켈수스는 단언한다. 매독이란 성교할 때 인체 내에 만들어진 "몸corpus"이 병으로 나타난 것이다. 그 몸은 도대체 무엇이었을까? 파라켈수스보다 15년 연상이었고 매독이라는 단어를 만들어낸 이탈리아 의사 프라카스토로Girolamo Fracastoro는 1540년대에 쓴《병의 전염과 치료》라는 저술에서 인체에 병을 전염시키는 물리적인 '씨앗seminaria contagionis'이 있다고 상정했다. 그러나 그 혁신적인 관점은 확산되지 못했고, 1541년에 사망한 파라켈수스가 그 글을 읽었을 리만무하다. 파라켈수스는 매독의 원인을 체액이 아니라 인체 기관에서 찾으려 하였기에 몸을 말했을 것이다. 그러나 그 몸이 세균과 대단히 달랐던 또 다른 이유는 그 몸이 물리적이지만은 않았다는 데 있다. 파라켈수스는 그것을 때로 "인상" 혹은 "상상"으로 칭했다.

그 상상의 의미는 곧 따져보겠거니와, 파라켈수스는 "매독의 어머니"가 비너스, 즉 금성이라고 주장했다. 일반적인 성교가 아니라 금성의 영향력 속에서 이루어진 성교가 매독을 발병시킨다고 주장한 것이다. 그가 매독에 별을 끌어들인 것은 기이한 일이 아니다. 매독에 대한 논의와 구아야쿰 치료법을 널리 퍼뜨린 인문주의 기사騎士 울리히 폰 후텐Ulrich von Hutten이 그렇게 주장했다. 스스로 매독에 감염되어 종기로 뒤덮인 얼굴의 초상화를 남긴, '의학의 역사에서 가장 유명한 매독 환자'인 그는 1519년에 발간된 팸플릿에서 자신의 증상과 치료 경험을 상세히 기술했고, 원인도 적시했다. 매독은 1484년 11월 25일 밤 12시에 "목성과 화성이 전갈자리에서 회합한 것", 이듬해에 "전갈자리에 화성과 금성이 회합한 것"과 그 이전에 발생한 "두 번의 일식"

으로 인하여 발생했다.[33)]

　파라켈수스는 발병 과정을 구체화한다. 인간이 금성의 영향 속에서 성교를 하면 "몸"이 만들어지고, 그 몸은 "상상"으로서 금성의 먹이가 되며, 그 덕분에 금성은 자신의 의지와 힘을 강화시키는 동시에 "상상"을 "독"으로 변질 성장시키고, 끝내 인간의 "상상"에게 돌려준다. 매독은 이때 발현되는데, 그것은 독자적으로 발병하기도 하고 기존의 질병을 숙주나 외피로 삼기도 한다. 이는 매독의 몸과 자연의 몸과 별의 몸이 서로 끌어당기기 때문이고, 그것은 또다시 감정 때문이다. 금성은 인간의 "욕정"과 "호색"과 "무분별"에서 "기쁨"을 느껴 상상을 독으로, 독을 상상으로 변환시키고, 인간의 몸은 금성에서 온 상상을 재차 병으로 전환시키는 것이다. 감정과 상상과 물질이 상호 변환되면서 천상과 지상을 누빈다.[34)]

페스트와 별과 감정

호색과 무분별은 물론 그저 감정만을 지시하지 않는다. 이미 도덕이 함축되어 있다. 도덕, 감정, 물질, 질병의 관계는 파라켈수스의 페스트 논설에서 더욱 분명하고 자세하게 언급된다. 파라켈수스는 페스트에 관하여 다섯 편의 텍스트를 썼다. 그중 한 편은 티롤 지방의 도시 스테르칭겐의 시민들에게 보낸 편지이고, 나머지는 논고들이다. 1531년에서 1535년 사이에 작성된 논설들은 1560년대에 《페스트 3부작》으로 묶여 출간되었고, 언제 작성되었는지 모호한 《페스트론*De pestilitate*》역시 그때 출간되었다.

페스트에 대한 정통 의학의 설명은 그 논리가 매독과 똑같았다. 1535년에 독일의 남부 도시 아우크스부르크의 공중보건의사 네 명이 합동으로 서술한 페스트 의학서의 일부는 다음과 같다. "페스트는 고열의 독성의 종기 질병으로서, 심장의 부패 혹은 심장 속 혈액과 정기의 부패로 시작되어 심장의 밀어내는 힘에 의하여 온몸으로 퍼지는 병이다. 그러나 이 병은 혈액과 정기에 의해서만이 아니라 신체의 다른 습기에 의해서도 퍼진다." "페스트는 악독한 파괴적인 습기와 공기가 혼합되어……심장으로 가서 혈액을 파괴하거나 변화시켜……." 흥미롭게도 공기 중의 독이 결정적 조건으로 지목되지만 정작 중요한 것은 심장 '혈액'의 부패다. 그리고 또 습기가 독기 못지않은 조건이다. 그리하여 습기가 공기를 가득 채운 지역의 습한 체질을 가진 사람이 페스트에 걸릴 가능성이 가장 높은 사람이다.[35]

정통 의학은 매독과 페스트 진단을 동일한 원리에 입각하여 전개한 것인데. 이 점에서 파라켈수스도 마찬가지였다. 그는 페스트의 발발과 전파의 결정적 원인과 매개를 감정에서 찾았다. 파라켈수스는 《페스트 3부작》 첫 부분에서 "별의 해부학"인 천문학을 알아야 페스트를 알수 있다고 선언하면서, 천문학이란 "하늘의 감정을 살피는 작업"이라고 해설한다. 하늘은 인간의 아버지로서, 자식을 보며 "웃기도 하고 반대로 분노하기도 한다." 페스트는 인간의 "크나큰 질투", "탐욕", "증오", "거짓", 총괄하여 "이기심"에 대한 별들의 "분노"에서 발생한다. 페스트는 "창공으로부터 분노가 솟아오를 때" 발생하는 병이다.

그는 거꾸로도 말한다. 인간의 감정이 별의 감정에 독을 풀고, 그것이 되돌아오면 페스트가 발병한다. 이는 인간의 절반은 정신이고, 그래서 인간은 별과 동급이기 때문이다. 인간은 별에 의해 지배되는 동시에 별을 지배한다. 인간은 "기사가 말을 부리듯" 별을 "다스린다". 그 매개가 상상이다. 인간의 지혜, 즉 정신은 상상을 별에 각인시키고, 인간은 이를 통하여 별을 강제한다. 이때 상상은 감정과 구분되지 않는다. "상상이란 욕망이다." 감정은 상상이 되어 인간과 별, 정신과 육체 사이를 순환한다. "인간이 질투하면 별이 질투한다." "상상은 물질이 아니지만 몸 속에서 물질이 된다." 페스트는 "상상 물질"이다.[36]

파라켈수스는 한 걸음 더 내딛는다. 인간은 타인을 "상상에 의하여 병들게 하거나 심지어 죽일 수 있다." 인간의 의지가 상상을 통하여 별의 의지가 되고, 별이 쾌감 속에서 상대방을 쏘기 때문이다. 이는 어쩌다 한 말이 아니었다. 앞서 우리는 파라켈수스가 1525년에 작성한 《파라미룸 의서》를 인용한 바 있다. 신체의 각 기관에 연금술사 혹은 원력이 내장되어 있다고 발언한, 그야말로 파라켈수스 의학의 가장 혁신적인 부분이 담긴 책이다. 그 책에서 파라켈수스는 병의 원인 여섯 가지를 지목하는데, 독, 자연, 별, 악마, 신 외에 인간의 "정신ens spiritali"이 그중 하나다. 그것을 파라켈수스는 의지로 칭했지만, 내용은 온전히 감정이다. 감정은 그에게 중요한 병인이었다.

다만 정말 놀랍게도 정신, 즉 감정에 의해 발생하는 병이 정신 주체의 병이 아니라 타인의 병이다. 인간의 내면이 주체의 욕망과 억압의 역동성에 의하여 병드는 게 아닌 것이다. 이는 16세기 인간의 내면이 18세기 이후의 내면과 얼마나 달랐는지 보여주거니와, 인간의 정신은 타인의 정신에게 자신의 의지적 감정을 강요한다. 그러면 두 정신은 투쟁을 벌이고, 이때 패배한 정신이 "상처"를 입는다. "나의 정신은 내 몸의 도움을 받지 않고도 나의 칼로 타인을 찌를 수 있다." 여기서 찔린 것은 정신만이 아니다. 정신이 찔리니 신체가 실제로 피를 흘린다. 정신의 상처가 신체의 상처로 물질화되는 것이다. 파라켈수스는 설명한다. "정신적인 것이 얼마나 파괴적으로 몸을 지배하는가." 파라켈수스는 정신에 의해 찔린 신체는 외과적으로 치료하려 해야 소용없고 정신을 치료해야 한다고 주장했다. 17세기 파라켈수스주의자들은 이 발상과 잠시 뒤에 설명할 공감 요법을 과격화하여, 총상을 치료할 때 약을 총알이 박힌 몸이 아니라 총알을 발사한 총구에 발라야 한다고 주장하기에 이른다.[37]

따라서 인간은 경우에 따라 별을 거치지 않고 감정만으로도 타인에게 페스트를 전염시킬 수 있다. 여기서 파라켈수스는 여성을 예로 들었다. 그는 매독과 페스트라는 상이한 병을 똑같은 원리로 설명하면서 그것으로는 페스트에 대한 설명으로는 부족하다고 여겼던 것 같다. 매독과 달리 페스트는 한 지역민 전체를 쓸어버리지 않는가. 그래서 생각해낸 것이 보는 것만으로 삼라만상을 중독시킬 수 있는 전설의 뱀 바실리스크였다. 그는 "하늘의 광선이 바실리스크처럼 독을 모든 것에 쏠 수 있다"고 쓰면서, 그러한 힘은 "특히 월경 중의 여성이 갖는다"고 강조했다.

우리 학계의 뛰어난 영국 여성사 연구자 배혜정은 근대 초 서양에서 월경혈이 어떤 의미를 지녔는지 상론했다. 갈레노스 의학에서 월경은 부패한 피를 배출하는 정화 작용으로 의미화되었다. 따라서 부패한 체액인 월경혈은 병의 원인이 될 수 있었다. 그리고 그 병은 신체적이지만은 않았다. 마법적이었다. 월경혈이 묻으면 "새 포도주가 상하고 농작물이 시들고……개가 맛보면 미쳐서 날뛴다." 파라켈수스는 월경 중인 여성은 "보는 것만으로도 페스트를 감염시킬 수 있다"고 주장했다. "보는 것이란 이미 의지를 지닌 것"이고, 바실리스크

의 눈에 해당하는 것이 "인간 내부에서는 상상"이기 때문이다.[38]

그리고《페스트론》에서 파라켈수스는 불현듯 말한다. "여러분이 알듯이, 놀라서 죽는 사람이 많다.……인간은 경악 때문에 간질에 걸린다." 그 문장에 바로 덧붙인다. "경악이 상상이 아니고 뭐란 말인가." 페스트의 원인을 분류할 때도 "한 경로는 상상에 의한, 예컨대 공포와 경악 등에 의한 것"이라고 강조했다.[39] 우리는 먼길을 왔다. 페스트 독이 만연한 곳에서 공포를 느끼면 페스트에 걸린다는 파라켈수스의 의학적 논리가 이제야 명료해졌다. 감정은 상상 혹은 이미지이고, 상상은 물질화되는 바, 페스트 독이 퍼진 곳에서 페스트를 두려워하면, 그 순간 갖게 된 페스트 이미지가 체내에 페스트를 발생시킨다. 이 독특한 감정관은 그만의 생각이었을까? 앞서 우리는 루터가 쥐에 놀라 그 인상으로 말미암아 쥐를 낳은 산모를 언급하는 것을 보았다. 루터는 그 사건을 심각하게 받아들이지는 않았으나 또한 거짓이라고 말하지도 않았다. 그는 그 사건을 사실로 받아들였기에 산모가 낳은 쥐에게 세례를 줄 것인지 토론했던 것이다. 감정과 물질의 등치는 당대의 공통된 심성이었던 것 같다

4
춤추는 정신병과 감정

근대 초의 정신병

서양 의학은 고대이든 중세이든 근대이든 정신병에 관심이 깊었다.
이는 고대와 근대가 인간의 이성을, 중세가 신을 향한 반듯한 정신을
중요시했기 때문일 터인데, 근대 초까지 정신의학을 지배한 것은 다
른 질병과 마찬가지로 갈레노스 의학이었다. 그 의학은 정신 역시 신
체에 의거하여 설명하고자 정신이상을 뇌의 문제로 간주했다. 인간의
인식은 외부 대상이 감각 기관에 인상을 각인시키면서 시작된다. 각
인된 인상은 신경을 통하여 뇌로 전달되고, 뇌의 지성은 그것을 추론
하고 기억하고 상상하며, 그 결과물을 신경을 통하여 다시 온몸에 전

달한다. 뇌에서 지성을 작동시키고 그 정보를 전달하는 것이 정기 spiritus이다. 자연의 정기가 폐와 피를 통해 심장에 도착한 뒤 뇌로 가면 정신정기spiritus animalis가 되고, 나머지 신체 기관에서는 생명정기 spiritus vitalis로서 각 신체 기관을 움직인다. 정신이상은 뇌에서 작동하는 정신정기가 어두워졌거나 혼탁해졌을 때, 혹은 손상된 생명정기가 정신정기를 오염시켰을 때 발생한다.

근대 초까지 변함없이 유지된 그 이론에 따르면, 예컨대 뇌 안의 정신정기가 과도하게 뜨거워지고 팽창하여 뇌 밖으로 나가면 판단 능력은 약화되는 대신 감각 능력은 강화된다. 그러면 사람은 자신을 예컨대 새라고 믿는다. 거꾸로 정신정기가 과하게 차가워져서 수축하면, 공포와 낙담과 정신분열이 초래된다. 그러면 사람은 자신을 예컨대 벽돌이라고 믿는다. 햇빛이 물에 반사될 때 물살이 일렁이듯 정신정기의 움직임이 혼란스러워지면, 사람은 예컨대 자기 앞에 스핑크스나 켄타우로스가 있다고 믿는다. 정신정기는 그 자체로 부패할 수도 있지만 부패한 체액에 의하여 변질될 수도 있다. 16세기의 한 의사는 혈액의 어두운 기포가 위 안의 정기를 변질시키자 환자가 "배를 문지르면서 내 배 안에 개구리가 있다."고 말했고, 그 검은 기포가 뇌로 올라서 정신정기를 변질시키자 오로지 죽음, 자살, 시체, 괴물, 악마, 외로움만을 생각했다고 썼다.[40]

파라켈수스 역시 정신병에 관심이 깊었다. 그는 각종 의서에서 정신 문제를 다루었거니와, 오직 정신병을 주제로 한 텍스트도 세 개나 썼다. 그 첫 번째가 1525~26년에 작성한 《인간으로부터 이성을 빼앗는 병들》이다. 이 글에는 갈레노스 의학의 그림자가 아직은 짙지만, 그럼에도 파라켈수스는 그로부터 벗어나고자 분투한다. 파라켈수스는 신체에서 출발하되 분류의 기준을 달리하고자 했다. 그는 정신병을 간질, 조광증, 진정한 광기insania, 성 비투스 무도舞蹈병St. Vitus Chorea, 지성질식 다섯 가지로 분류했다.

파라켈수스의 논의에서 두드러지는 점은 "인간으로부터 이성을 빼앗는 병들"에서의 이성이 정신이라기보다 뇌, 그리고 그와 연결된 신체 기관들이었다는 사실이다. 그는 조광증의 원인을 뇌에 도착한 부패한 정기에서 찾으면서 그 병을 출처에 따라 횡격막 아래, 횡격막 위, 사지四肢로 나누었다. 광기가 횡격막 아래서 발생하면 구토, 설사, 거식증, 혼잣말, 정신혼란이 나타나고, 횡격막 위에서 발생하면 흉부 통증이 초래되며, 사지에서 발생하면 내부 기관의 감각이 상실되기에 이유 없이 기뻐 날뛴다. 지성질식은 벌레가 내장에 들어가거나, 자궁으로부터 압력이 올라오거나, 과음과 과식 등으로 인하여 뇌의 작동이 교란될 때 발생한다. 진정한 광기에 속하는 월광병은 달이 "뇌로부터 체액과 능력virtues"을 빼앗아가기에 발생하고, 선천적 광기는 아버지의 씨에 "뇌를 만들고 키우는 물질의 힘"이 부족한 경우에 나타난다.[41]

춤추는 정신병

파라켈수스다움이 두드러지는 지점은 성 비투스 무도병이다. 그 병은 "웃고, 고함치고, 비명 지르고, 뛰어오르는 병"이다. 그 병은 16세기에 꽤 유명했던 것 같다. 앞서 우리는 욥 핀첼이 1559년에 출간된《기적의 표시들》에서 1552년에 밤낮으로 춤을 춘 다섯 아이들을 언급한 것을 보았다. 그 아이들은 처음에는 서서 그 뒤에는 머리를 바닥에 대고 무려 9일간 하루에 7시간 내지 8시간 동안 춤을 추었다. 아들 플라터 역시 1614년에 출간된 《병의 관찰》에서 똑같은 현상을 기록했다. "제82번. 여자에게서 나타나는 조광증의 하나인 성 비투스 춤. 내가 어렸을 때(1530년대) 한 여성이 이 끔찍한 병을 앓았다.……밤낮으로 지칠 때까지 춤을 추고 점프를 했다.……식사를 위해 앉거나 잠이 몰려와도 춤추듯이 격렬하게 몸을 움직였다. 완전히 기진맥진하여 서 있을 수조차 없을 때까지 춤을 추고 불안하게 움직였다. 그녀는 요양원에 보내졌다."[42]

파라켈수스는 성 비투스 무도병을 두 가지로 설명했다. 첫째는 신체적이다. 체내의 "웃음정맥"이 상처를 입어 피를 흘리거나, "생명정기 속의 웃음이 뇌에 들어가 뇌를 장악하면, 환자는 춤추려는 충동과 기쁨을 못 느껴도" 춤을 춘다. 우리는 이 주장을 해부학을 모르던 파라켈수스가 정신병과 신체를 결합시키는 동시에 그 신체를 체액이 아닌 기관으로 설정하고자 해서 주장한 것으로 이해할 수 있으리라. 두 번째 원인은 다름 아닌 상상이었다. 사람이 "무엇인가 강력한 것을 보고 들으면 그것이 알지도 못하는 사이에 환상으로 자리 잡고, 그 환상 속에서 이성은 상상된 형태로 변환된다." 이때 "심장이 기쁨을 느끼는데", "의지력이 부족하여 이성을 빼앗기면 그는 (춤을) 보고 듣기라도 한 듯 행동한다." 상상이 강하면 춤 이미지가 신체적 춤으로 변환된다는 것이다.[43]

그 병은 도대체 어떤 병일까? 병이 시대와 무관하게 객관적으로 존재하고 시대별로 다른 것은 그에 대한 (오)진단과 반응일 뿐이라고 믿는 역사가들이 당장 떠올릴 수 있는 것은, 미국의 신경학자 조지 헌팅턴George Huntington이 1872년에 정립한 헌팅턴 무도병일 것이다. 그는 그 병을 성인에게 나타나는 치매의 일종으로 정의하면서, 유전적 요인에 의하여 사지를 일그러뜨리는 불수의적 몸짓과 망상을 특징으로 정립했다. 그러나 성 비투스 무도병은 아이들도 걸렸다. 이 주제를 깊이 연구한 미국의 역사가 에릭 미들포트는 그 병이 1685년에 영국의 토머스 시드넘Thomas Sydenham이 정립한 시드넘 무도병Sydenham's chorea과도 다르다고 주장한다. 시드넘은 그 병이 주로 5세에서 15세 사이의 어린이들이나 여성들에게 나타나는, 얼굴, 목, 손, 발이 일그러지는 병으로서, 잠잘 때는 없어진다고 규정했다. 그러나 16세기의 기록으로는 남자들도 걸렸다. 그래서 미들포트는 그 병이 14세기 말부터 17세기 초까지 나타났다가 소멸된 병으로 간주한다. 그 병을 철저하게 시대로 환원한 것인네, 우리는 좀 더 여유를 둘 수 있을 것 같다. 파라켈수스가 뉘른베르크에 도착했을 때 요양원에 나병, 피부병, 매독 환자들이 하나의 무리로 분류되어 있었던 것을 떠올리면, 헌팅턴 무도병이든 시드넘 무도병이든 성 비투스 무도병으로 포괄되었다고 판단할 수 있을 것이다. 그러나 차이는 없다. 문제는 질병에 대한 당대인들의 지각과 판단이기 때문이다.

그래서 그 병은 도대체 어떤 병이었을까? 미들포트는 그 병에 대한 기록을 여럿 발굴했다. 그중 가장 자세한 것을 보자. 1518년 7월 14일 스트라스부르의 한 여성이 나흘 동안 춤을 추자 34명의 남녀가 감염되어 함께 춤을 추었으며, 감염자는 200여 명으로 불어났다. 그들은 밤낮으로 쓰러질 때까지 춤을 추었다. 그들은 목수 길드와 염색공 길드의 회의장을 빌리는 것도 모자라 마시장과 곡물시장에 춤추는 연단을 만들었고, 도시는 돈을 주고 경호원을 고용하여 그들도 함께 춤추게 하였으며, 악사를 동원하여 파이프와 드럼을 연주하도록 했다. 음악 치료를 시행한 것인데, 그것도 소용이 없었다. 일부는 춤을 추다 갈비뼈가 부러졌고, 일부는 죽었다.

그래서 도시는 9월 말까지 음악 연주를 금지하는 대신 마리아교회에서 예배를 올렸고, 이어서 50킬로미터 떨어진 자베른Saverne 인근의 성 비투스 성당으로 순례를 떠났다. 시민들은 세 집단으로 나뉘어 성당으로 가서 성직자 네 명이 이끄는 대로 네 차례의 예배를 드렸고, 환자들을 제단 주변에 모이도록 하여 각각 동전 한 잎씩 바치도록 했다. 그들은 로마 시대의 순교자 성 비투스가 독일 지역에서 간질 치료에 영험이 있는 성인으로 꼽혔기에 그곳으로 갔을 것이다. 동시에 스트라스부르에는 화려한 옷과 요란한 음악이 금지되었고, 창녀와 도박꾼들이 추방되었다. 다른 도시의 예를 추가하자면, 남서부 독일의 브라이스가우와 헤센의 기센에서는 16세기 후반 및 17세기 초에 사람들이 매년 봄마다 정기적으로 인근의 성 비투스 성당으로 몰려가 몇 주일 동안 춤을 추었다.[44]

위 서술에서 네 가지가 눈에 띈다. 도시는 그들을 환자로 간주했다. 그 병은 전염되기도 했다. 도시는 그들의 춤추는 행위를 보호하려 했다. 그 병은 도덕의 문제로 간주되었다. 이제 파라켈수스의 텍스트로 돌아가보자. 그는 춤 이미지가 행동으로 물질화된다고 주장한 대목에 바로 이어서 "창녀와 불한당들은 기타와 루트 연주에서 희열을 느끼면서 관능과 육체적 쾌락과 상상과 환상을 만족시키고, 뛰고 춤추는 것에서 기쁨을 느낀 나머지 병에 걸리기도 하는데, 그 쾌락 때문에 그것을 직업으로 삼는다."고 썼다. 도덕과 질병의 상관관계는 치료법에서도 나타난다. 파라켈수스는 밀랍으로 자기 자신의 인형을 만들어서 그 이미지에 분노와 저주와 음란과 경망스러움을 쏟아붓고 이어서 태

워버리라고 충고했다.[45)]

미들포트는 무척 조심스러웠던지 성 비투스 무도병을 뭐라 해석하지 않았다. 그는 그것이 17세기 초까지 주로 독일 지역에 나타났다가 사라진 시대의 병으로 정리하는 데 그쳤다. 다른 한편 미들포트는 마귀들림이 16세기 후반의 독일인들 일부가 종말론의 암울한 분위기 속에서 스스로의 죄를 너무나 의식한 나머지 자신에게 마귀가 들렸다고 판단한 것이라는 해석을 내놓았다. 객관적 정합성 여부를 떠나서 마귀들림이 자아를 해석하고 경험하는 통로였다는 것이다. 우리는 이 해석을 고스란히 성 비투스 무도병에 적용할 수 있을 것 같다. 무도병은 춤이 죄라는 것을 앎에도 불구하고 춤을 좋아하는 자신을 견딜 수 없던 사람들이 그 죄를 고백하는 자기 해석과 경험의 방법이었을 것이다.

미셸 푸코가 강조한 것처럼, 다차원적인 개별적 현상들이 동일 평면에 배치되어 공감적으로 서로를 지시하는 르네상스 특유의 인식론에서는 근대인이 보기에 전혀 별개인 두 현상이나 물질이 인접성과 대응과 유비에 의하여 하나로 묶인다. 따라서 근대적인 인과론과 전혀 다른 인과론이 성립한다. 그러다 보니 하나의 현상이 원인인 동시에 결과일 수 있다.[46)] 다름 아닌 비투스 성인은 간질의 치료 성자인 동시에 인간을 간질로 처벌하는 성자이기도 했다. 따라서 춤은 죄의 발현이자 치료일 수 있었다. 사람들이 브라이스가우와 기센에서 정기적으로 성 비투스 성당에 가서 춤을 춘 것은 춤 병의 예방책이었을 것이다. 그리하여 무도병을 자아를 경험하는 방식으로 해석하는 것은 현대 심리학의 기초를 응용한 것일 뿐만 아니라 그 병을 당대인들의 지각 방식에서 이해하는 일이다.

파라켈수스의 진단도 그와 일치한다. 춤추고 싶은 욕망이 너무나 죄스러워 죄를 현시하고 치료하기 위하여 춤을 추었다는 것이나, 춤을 좋아하는 죄가 신체 기관에 각인되어 불수의적으로 춤을 추었다는 것이나 그 논리가 같지 아니한가. 파라켈수스는 스트라스부르 춤 병 사건이 기록되고 8년 뒤에 그 도시에 도착했던 바, 그 사건에 대하여 말해주는 시민들의 지각과 판단을 온전히 수용하되 이미지론을 이용하여 이론화했을 것이다.

감정과 도덕

성 비투스 무도병에서도 도덕과 감정과 질병은 하나로 묶였다. 웃음은 기쁨의, 고함은 분노의, 비명은 공포의 표출이었기 때문이다. 도덕과 감정과 광기의 관계는 파라켈수스가 더욱 종교화된 1530년대의 저술들에서 한층 더 긴밀하게 나타난다. 이때 그는 뇌가 아니라 정신을 정조준했다. 1537년경에 작성한 《천문학대계Astronomia saga》에서 그는 인간이 "별에 취하여 본성에 어긋나는 지식"을 가지게 된 것을 "만취ebrietas 광기"로 규정했다. 그리고 그 광기 속에 벽과 대화하는 취객처럼 기이한 환상에 사로잡힌 "상상 만취", 자기만의 생각에 사로잡혀 적과 친구를 구분하지 못하고 타인의 의견에는 오직 "분노"로만 대응하는 "자폐 만취", 무슨 일이건 싸우려 하는 "열성 만취", 성경을 그릇되게 해석하는 "조광躁狂 만취"를 포함시켰다. 파라켈수스는 인간은 신을 닮은 영혼 외에 별과 상통하는 정신 및 신체로 구성되기에 별의 지혜, 즉 "올림퍼스의 포도주"에 대한 갈증은 의당 내재되어 있지만, 그것이 과도하여 별의 힘을 적절히 관리 이용하지 못한 채 신의 진리와 자연의 빛에 어긋나는 생각을 하는 것은 인간 본성에 어긋나는 상태이고, 따라서 광기라고 주장한 것이다.

별에서 유래한 것은 특별하게 보이게 마련이고, 따라서 사람들은 그것을 발화한 인간을 위인이나 성인으로 존경한다. 신학자, 설교사, 법률가, 의사 중에 그런 사람들이 꽤 있다. 그들은 예언을 하고 새로운 신학을 내세우면서 자기만이 진리를 알게 되었다고 하지만, 그들은 "독학을 한 것일 뿐 신의 가르침을 받지 않은", "꿈속에서처럼 광란하면서 자신을 원숭이로 만드는" 사람들이다." 물론 그중에는 갈레노스 의학을 따르는 의사들도 포함된다. 1531년에 작성한 〈보이지 않는 질병의 원인De causis morborum invisibilium〉에서 파라켈수스는 "재세례파처럼 독단적으로 성경을 해석했으면서도 그것을 굳게 믿는 사람들……진리가 아니라 믿음으로 불 속으로 걸어 들어가는 사람들……또 그런 자들을 성령의 사람으로 추앙하는 사람들"은 "춤을 추다 죽는 사람들과 똑같이 이성을 빼앗긴 사람들"이라고 선언한다. 그런 사람들은 욕망과 과시욕으로 인하여 스스로에게 주술을 건 사람들이다. 그들은 "짐승"이다. 재세례파만이 아니라 모든 이단이 정신병이다.[47]

생애 말년에 쓴 것으로 추측되는 〈월광병론Liber de lunaticis〉에서 파라켈수스는 한걸음 더 나아간다. 그는 신플라톤주의적인 신체, 정신, 영혼의 3분법을 폐기하고, 인간을 짐승 혼과 신을 닮은 이성적 영혼으로 구분한다. 신은 태초에 자연물과 동물과 인간과 별을 똑같은 "물질 정신geist limbi"으로 만들었으되 인간만은 "신의 정신"을 불어넣었다. 따라서 인간은 신의 정신으로 살 때만 인간이고, 별의 정신에 이끌리는 순간 소, 늑대, 돼지 등 짐승이 된다. "누가 화성이 인간에게 속한다고 허락하였는가? 아무도 그러지 않았다. 인간은 본질에서 모든 것으로부터 자유롭다. 인간의 본성은 신 이외에 그 어떤 것에서도 오지 않았다.······이것이 진실이다. 하늘의 별은 짐승의 성격을 갖고 있다." "짐승 별이 인간의 짐승 정신을 내려다보고 모공과 피부와 장기 안으로 침투하면······인간의 짐승 정신과 감각이 병든다." "각인이든 영향력이든 성좌이든 그 무엇이라 칭하든, 별에서 오는 모든 것은 인간이 아니라 짐승에게 호소한다. 인간이 인간답게 살면 별은 아무런 영향력도 발휘하지 못한다. 인간이 짐승처럼 살 경우에만 짐승처럼 영향 받는다."[48]

이어서 파라켈수스는 감정으로 나아간다. 인간 내부의 짐승 정신은 걱정, 공포, 후회로 가득하다. 그러나 "신의 가르침대로 (신적인) 정신으로 기도하고 요청하는 사람"은 천사와 동급으로서 "아무런 걱정도 공포도 후회할 그 무엇도 없다. 그런 사람은 그 무엇으로도 해를 입지 않는다." 역으로, 걱정과 공포에 사로잡힌 사람은 인간다운 인간이 아니다. 그런 사람은 독사, 살모사, 늑대, 바실리스크가 되어버린다. 신으로부터 유래한 이성을 상실한 미친 사람이 된다. 신을 멀리하는 자, 신적인 도덕을 지키지 못하는 자, 자신의 감정과 욕망을 단속하지 못하는 자는 모두 광인이다. 그 텍스트의 마지막 문장은 다음과 같다. "사도들은 순수한 인간이고, 그래서 그리스도의 빛으로 불렸다.······세계는 암흑에 싸여 있다. 빛이 아니라 암흑이다." 세계가 미친 것이다.[49]

생애 말년의 파라켈수스는 공포를 죄악으로 공격하던 루터와 너무나 닮았다. 더욱이 루터 역시 세계가 미쳐간다고 생각했다. 루터는 인간이 본성적으로 이성적이라고 믿었다. 그래서 그에게 광기는 그저 병이 아니라 인간의 지위를 상실하는 것이었다. 득도했을 때 루터는 온 세상이 자신의 이성적인 가르침을 곧바로 받아들이리라고 기대했다. 현실이 다르게 나타나자 그는 성경이 틀린 것이 아니라면 사람들이 미쳤기 때문이라고 생각했다. 또한 세계가 미쳤기에 세속법은 필요한 것이지만, 법에 의한 구속 자체가 광기에 사로잡힌 세계의 증표였다. 사실 루터는 대단히 유연하게 사고할 줄 아는 인물이었다. 감정에 대해서도 그는 경직되지 않았다. 그는 사교와 음악에서 얻는 영혼의 기쁨이 멜랑콜리 치료에 도움이 되리라고 믿었고, 자식의 탄생에 기뻐하지 않는 일부 재세례파야말로 미쳤다고 생각했으며, "자신의 매력을 내동댕이치는 (금욕에 몰두하는) 여자는 미친 사람"이라고 말하기도 했다. 그러나 부정적 감정에 대한 금지는 그만큼 강력했다. 그는 공포와 분노는 물론이려니와 특히 분노 및 증오와 결합되어 있던 오만을 악마화했다. "어찌 오만한 인간의 광기를 혐오하지 않을 수 있겠는가." "악마적인 오만"에 사로잡힌 사람들의 광기는 다른 광기보다 서너 배 강하다.[50] 세계는 미쳤다.

파라켈수스 의학의 몇 가지 측면을 둘러본 지금, 그래서 그는 몸과 병과 감정을 어떻게 정의하였는가? 파라켈수스가 병을 신체 기관이 수행하는 분리와 승화 작업의 오작동으로 정의할 때, 그 몸은 중립적이고 병은 화학 작용이다. 그러나 광부 폐병의 경우에 잘 나타나듯, 신체 기관과 외부 물질과 천체의 상호 작용은 물질 작용만이 아니었다. 그것들은 모두가 독립적인 주체로서 고유한 의지와 감정을 지니고 상호 작용한다. 그리하여 호색은 매독을, 질투와 증오와 이기심은 페스트를, 음란과 경망스러움은 성 비투스 무도병을, 감정관리의 실패는 광기를 일으킨다. 그 진단의 의학적 내용은 물론 터무니없다. 그러나 그로써 그 시대가 감정의 힘을 얼마나 강력한 것으로 여겼는지 여실히 드러난다. 그리고 그때 감정의 그 힘은 정신적인 동시에 물질적이다.

필자가 다루지 않았으나, 정통 의학에서도 감정의 역할은 막대했다. 체액이 근본적으로 감정적인 데다가, 인간의 감정 역시 거꾸로 체액을 변질시킬 수 있었다. 분노는 체액을 뜨겁게 덥혀서 염증과 고열을 유발하고, 공포와 슬픔은 체액을 차갑게 식혀서 몸 전체를 약화시키고 뇌에 문제를 일으킬 수 있었다. 그리하여 정통 의학에서도 감정은 물리적인 행위 능력을 보유했다. 정신병에서도 감정은 중요했다. 미국의 역사가 마이클 맥도널드가 17세기 영국 의사들의 정신병 진단 노트를 연구한 바에 따르면, "불현듯 웃다가 한숨 쉬고 이어서 슬퍼하고 무서워하고 울음을 터뜨리고 위협하고 뛰어다니고, 그러다 시무룩해지거나", "웃고 뛰고 숭배하는 것이 전부인 상태"가 정신병이었다. 어떤 의사는 정신병을 "분노하는 경련" "침울한 경련" "말을 멈추지 않는 경련"으로 구분했다. 그리하여 정신병은 주어가 빠진 술어의 상태, 혹은 감정이 인간의 주인인 상태였다.[51]

파라켈수스에게서 인간의 정신과 감정은 몸과 환경과 물리적인 상호 작용 속에 있었다. 감정은 인간 주체의 욕망만의 문제가 아니었던 것이다. 그러나 너무나 르네상스적인 인간인 파라켈수스는 감정의 책임을 전적으로 인간에게 돌렸다. 인간이란 별을 수족처럼 부릴 수 있는 존재였기 때문이다. 그리고 그에게 감정은 도덕과 신앙의 문제이기도 했다. 분노와 공포와 증오는 인간이 신으로부터 얼마나 멀리 떨어져 있는지 보여주는 표증이었다. 거꾸로 겸손과 기쁨과 사랑은 신의 형상을 닮은 인간 존재의 증거였다. 따라서 감정은 멸망이냐 구원이냐의 기준이었다. 그러므로 인간은 신앙에 의지하여 음식과 기후와 생활방식과 사회성 및 하늘의 별과 연결되어 있는 자신의 감정을 촘촘히 관리해야 했다. 어디서 발원하였든 문득 치밀어 오른 부정적 감정은 악마가 자신을 장악한 증거일 수 있었다. 그렇듯 인간은 감정의 물질성과 감정의 종교성 사이의 덫에 걸린 존재였다. 종말이 임박했다고 선언된 16세기에 인간은 외적인 경건성과 일상적 행동은 물론 내밀한 감정까지 단속해야 했던 것이다. 이는 그 자신만만했던 르네상스인들을 겨냥한 규율화 및 도덕화 장치였을 것이다. 이 점에서 파라켈수스는 그가 거부했던 당대 종교개혁가들과 일치한다. 그 역시 근대로의 이행기에 인간을 규율화함으로써 윤리적 인간과 도덕적 사회를 생산하려던 시대적 노력의 일부였던 것이다.

. 2 .
30년전쟁의 고통과 감정의 해방

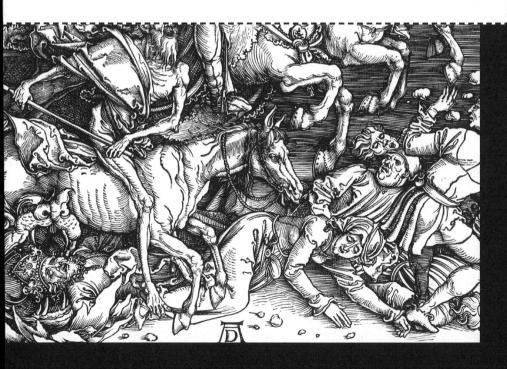

30년전쟁과 감정

17세기는 묘한 시기다. 소빙하기였고 경제적 침체기였지만 세계경제 체제는 공고화되었고, 마귀와 마녀가 여전히 믿어지던 시기에 갈릴레오가 물리학을 창시했으며, 분할 불가능한 주권이 왕권으로 구체화되었지만 왕은 자연법을 위반할 수 없었고, 과학혁명이 완성되었지만 르네상스적인 균형과 질서 대신 바로크적인 과장과 기괴함에 열광했다. 그러나 무엇보다도 17세기는 전쟁의 세기였다. 절대주의 국가의 대두와 종교적 획일화의 필요성이 교차하면서 16세기에 비해 전쟁이 무려 5배 증가했다.

전쟁은 무엇보다도 독일에서 격심했다. 30년전쟁은 1618년부터

1648년까지 장기간 벌어졌을 뿐 아니라, 독일 각지의 제후국은 물론 덴마크, 스웨덴, 프랑스, 스페인, 헝가리, 보헤미아가 참전한 국제전이었다. 그 전쟁의 역사적 의미는 컸다. 전쟁이 너무나 끔찍했던 나머지 베스트팔렌조약으로 국제법이 명문화되었고, 그 후 유럽의 전쟁은 나폴레옹전쟁까지 150년 동안 근본적으로 국지전에 그친다. 독일사에서의 위치 또한 결정적이어서 신성로마제국의 황제권이 최종적으로 몰락했고, 독일은 300여 개의 독립국가로 분열되었으며, 근대국가는 그 많은 나라에서 제각각 대두했다.

30년전쟁의 전화戰禍는 극심했고 양상도 다양했다. 독일 인구가 1,800만에서 1,100만으로 3분의 1가량 감소했고, 50~65퍼센트까지 감소한 지역과 도시도 적지 않았다. 전투병보다 민간인이 너 많이 죽었고, 병사들의 직접적인 폭력보다는 포위, 약탈, 방화, 굶주림, 군대가 옮겨온 전염병으로 훨씬 더 많은 사람이 죽었다. 가장 참혹한 예는 마그데부르크였다. 그 도시는 일찍이 1531년에 개신교 동맹에 가입하였고, 추후 재가톨릭화 조치에 격렬히 저항하면서 지배권이 가톨릭과 개신교를 오가던 끝에 북부 독일 개신교 진영의 확고한 거점이 되었다. 그래서 30년전쟁이 발발하자 그 도시는 개신교 진영의 상징으로 부각되었다. 전략적으로도 엘베강 지역의 최대 요충이었다. 1630년 5월 30일 가톨릭군의 수장 틸리 장군이 2만 7천여 명의 군대로 도시를 공격했다. 단 하루 만에 2만 명 내지 3만 명의 도시민이 사망했고, 탈출에 성공한 사람은 2천 명 내지 4천 명에 불과했다. 하루 동안 그 많은 사람이 병사들의 총과 칼에 죽을 수는 없는 것이니, 공격을 개시하고 얼마 지나지 않아서 화재가 발생한 데다가 때마침 강풍이 불어와 사망자 대부분은 불에 타죽었다. 그 와중에 병사들은 폭력과 약탈에

여념이 없었다. 항복하지 않은 도시에 대한 그들의 권리였다.[1]

마그데부르크는 극단적인 경우였다고 하더라도, 30년전쟁은 민간인들의 폭력 경험을 포함하지 않고는 역사적으로 적절히 재현될 수 없는 전쟁이다. 그 전쟁에서 군대는 상대방에게 압도적인 우위를 점하지 않는 이상 정면충돌을 피하고 도시와 마을에서 숙영을 하며 때를 기다렸다. 숙영의 현실은 약탈과 폭력이었기에 민간인들은 전투의 유무에 관계없이 병사들의 폭력에 상시적으로 시달렸다. 독일의 일상사 연구가 30년전쟁에 유의한 것도 그 전쟁에서 만연하였던 폭력 경험의 일상성 때문이다. 40여 년 전에 독일에서 처음으로 일상사 연구의 깃발을 들었던 한스 메딕이 1990년대에 와서 여러 역사가를 지휘해가면서 30년전쟁의 메가 일상사 프로젝트를 수행했다. 그들의 연구는 구체적인 지식과 영감을 제공해주기도 하지만 비판할 지점도 드러낸다. 프로젝트에 참여한 학자들 일부가 그 전쟁의 일상에서 감정이 얼마나 중요한지 강조했지만, 그들은 제대로 된 감정사 연구를 제출하지 않았다. 이 장은 그 작업을 처음으로 수행한다.[2]

근대 초 병사들에 대한 일부 연구에서 감정이 드문드문 언급되기는 한다. 유발 하라리는 2004년에 발간된 옥스퍼드대학교 박사학위 논문 《르네상스 전쟁회고록》에서 주로 16세기 전쟁회고록을 분석하면서 감정에도 주의했다. 그는 전쟁회고록에 "기쁨과 슬픔 두 가지 감정만 등장할 뿐 좀 더 섬세한 감정은 아주 드물게만 언급된다."고 주장했다. 하라리는 전장의 병사들이 이기면 기뻐하고 지면 슬퍼했다는 아주 원시적인 주장을 펼친 것인데, 그 속에는 실상 아주 진지한 함축이 내포되어 있다. 근대 초 인간의 감정이 단순했다는 것이다. 그 함축은 회고록에 집단적인 감정만 나타난다는 주장과 만나고, 그리하여

근대 초에 "개인"이 존재하지 않았다는 결론에 도달한다.[3)]

하라리는 실상 1930~40년대에 근대 초 서양인들의 몸 통제와 수치심의 관계를 연구했던 독일의 사회학자 노베르트 엘리아스를 계승한 것이다. 중세인의 감정이 단순했고 근대인의 감정은 섬세했다는 엘리아스의 가정은 그동안 중세사와 근대 초 연구자들의 비판을 받아왔다. 전근대인의 감정이 단순했다는 주장은 그들의 감정이 어린아이의 유치한 감정과 닮았다는 것이고, 따라서 그 주장은 전근대를 미발달 단계로 설정하는 근대주의적 발상의 반영이요, 깊은 감정은 서양 근대 부르주아 남성들에게서 비로소 출현했다는 마초적인 서양 중심주의의 투영이라는 비판이었다.[4)]

근대 초 군인 회고록에 두세 개의 감정만이 나타난다는 하라리의 경험적인 주장 역시 비판을 받았다. 미국의 역사가 브라이언 샌드버그는 근대 초 군인 회고록에 용기, 분노, 슬픔, 명예, 자존감, 존중심, 놀람, 신성한 공포, 삶의 덧없음 등 세련된 감정이 두루 나타난다고 주장했다.[5)] 곧 드러나겠지만, 필자는 양쪽 모두 부분적으로는 맞지만 전체적으로 불충분하다고 판단한다. 회고록에 대한 하라리의 서술에는 타당한 부분이 여럿 있다. 그러나 너무 단순하다. 샌드버그는 회고록을 보다 섬세히 읽었기에 다수의 감정을 찾아냈지만, 그가 찾아낸 감정들은 당시의 담론에 자주 등장했던 것들이다. 서론에서 언급했지만 감정 담론은 감정의 역사적 의미론을 추적하는 이 책에서도 결정적으로 중요하다. 그러나 그 담론이 개별 기록에서 수용, 전유, 위반되는 양상 역시 살펴보아야 한다.

이제 당대인의 일기를 들여다본다. 농촌 수공업자, 용병 병사, 고위 관리 세 명의 일기를 검토할 터인데, 오해부터 막아야겠다. 여기서

'일기'라고 표현했지만 17세기 전반기의 일기는 19세기에 나타나는, 오늘날에도 여전한 일기, 즉 다른 사람은 읽지 않는다는 것을 전제로 하여 자신의 경험과 그에 대한 성찰을 기록하는 일기와 전혀 달랐다. 오히려 연대기에 가까웠다. 당시 회고록memoirs은 공적인 사건들에 대한 개인의 기록, 말하자면 보고서였다. 18세기에 와서 비로소 개념화되는 자서전은 인생의 후반기에 자신의 삶을 되돌아보는 기록이었으되 거의 모두 직업활동을 본격화하기 이전 시기, 즉 수련기로 한정되었다. 연대기는 중세에서 이미 수도원, 교회, 왕정, 도시가 특정 시점까지 일어난 공적인 사건들을 시간의 흐름에 따라 정리한 기록이었다. 흥미롭게도 르네상스에서 '가족 연대기'가 출현했다. 그러자 뒤이어서 사적인 개인이 작성한 연대기도 출현했다. 이는 도시나 수도원의 공적인 연대기와 가족 연대기를 뒤섞은 것으로서, 사적인 삶과 공적인 사건을 함께 서술한 기록이다. 17세기 일기는 사적이면서도 공적이었던 바로 그 연대기들이다.

1
농촌 수공업자
헤베를레의 존경심

헤베를레의 폭력 경험

첫 번째 검토 대상인 요한네스 헤베를레Johannes Heberle(1597~1677)는
제화공이다. 수공업자였지만 그는 도시에서 살지 않았다. 그는 울름
이라는 남서부 독일에 위치한 제국도시, 즉 황제에 종속되지만 기여
금을 납부하는 것을 제외하고는 독립을 누리던 도시의 지배를 받는
농촌 수공업자였다. 그래서 그는 길드에 속하지 못했다. 그의 세계가
얼마나 농촌적이었는지, 그의 연대기를 읽다 보면 그가 농민이라는
착각이 들 정도이다. 사실 그는 결혼에 즈음하여 마을에 집도 사고 땅
도 샀다. 그렇게 네엔슈테텐Neenstetten 마을공동체의 일원이 되었고,

부분적으로 마을의 공유지를 이용할 수 있었다. 그렇게 그는 어른이 되었다. 그러나 그는 자유민이 아니라 울름시의 예속민이었다. 말하자면 농노였다. 그는 소액이었지만 상징적인 예속세를 울름시에 납부했고, 결혼할 때 시의 허락을 받았다. 그는 울름시 안에서는 신발을 팔 수 없었고, 울름에 머물 때는 입시세를 납부해야 했다.

그런 그가 1618년부터 1672년까지 54년이라는 긴 시간 동안 무려 392페이지에 달하는 장문의 개인 연대기를 작성했다.[6] 4년간 학교를 다녔다고 해도 그것은 엄청난 지적 성취다. 더욱이 그는 자신이 보고 들은 것만 기록하지 않고, 부지런히 팸플릿과 책을 사거나 구하여 독일 전체의 상황을 정연하게 서술했다. 역사가들은 감탄하고 경탄한다. 그래서 30년전쟁을 서술한 역사책에 그는 심심치 않게 등장한다. 그의 기록이 정확하기도 하고, 농민이 남긴 기록이 거의 없고 있어도 짧은 터에, 그의 연대기가 농촌적이기 때문이다. 연대기의 90퍼센트는 그가 공적으로 중요하다고 판단한 사건들에 대한 기록이고, 나머지가 가족 구성원들의 생사와 혼인과 출산에 관한 것이다. 헤베를레는 1618년부터 일기를 쓰다가 1628년에 그동안의 기록을 정리했고, 그 후에는 수시로 첨삭을 해가면서 썼다.

폭력 경험부터 살펴보자. 그의 서술은 생생하고 때로는 화려하다. 1634년 8월 10일 작센 공작 베른하르트의 군대가 울름 지배령에 나타났다. 공작은 개신교 연맹의 일원이었고, 울름 역시 개혁도시였기에 마을 사람들은 별로 경계하지 않았다. 그러나 당시 군대는 배가 고프면 우군에 속하는 지역인지 아닌지를 구분하지 않았다. "우리는 그 부대를 적으로 간주하지 않았고, 주군(울름시) 역시 경고하지 않았기에 우리는 모든 것, 말과 소와 살림살이와 우리의 모든 허접한 것들을 지니고 있었다. 그들이 우리를 덮쳐서 약탈하고 모든 것, 말과 소와 빵과 밀가루와 소금과 기름과 천과 아마포와 옷과 모든 우리의 허접한 것들을 빼앗았다. 그들은 사람들을 가혹하게 때렸고, 몇 명을 쏴 죽이고 찔러 죽이고 때려죽였다.……그들은 마을에 불을 질러 집 다섯 채와 헛간 다섯 개를 불태웠다.……모두가 도망쳤다. 기병들 수백 명이 우리를 쫓아오고 약탈하고 강탈하고 모든 것을 빼앗아 운반할 수 있는 모든 것을 가져갔다. 그들이 가져갈 수 있는 모든 것, 소와 말이 사라졌다. 마을에는 소와 말 몇 마리만 남았다."

1635년 3월 말에 황제군 부대가 울름 지배령을 약탈했을 때의 서술도 못지않게 선명하다. "그들은 사람들을 다시 공포감과 경악 속에 몰아넣었다. 그들은 모든 지역과 마을을 습격하여 모든 것을 빼앗았다. 여자와 아이들, 그리고 모든 사람이 숲과 나무들 사이로 도망치도록 했고, 들짐승처럼 사냥했다. 잡히는 사람은 모조리 가혹하게 때리거나 쏴 죽이거나 심지어 찔러 죽였고, 가진 모든 것을 빼앗았다. 사람들은 숲으로 도망쳤지만, 굶주림 때문에 가난한 사람들은 숲에 더 이상 숨어 있을 수 없었다. 그래서 우리는 또다시 울름시로 피해야 했다. 사람들이 여자와 아이들과 함께 무리지어 도시로 몰려간 탓에 농촌에는 사람이 거의 없었다. 그것이 네 번째 피란이었다." 그것이 네 번째 피란이었다고 헤베를레 스스로가 적었거니와, 그는 피란의 횟수를 순번을 매겨가면서 일일이 기록했다. 그는 모두 서른 번 도망쳤다. 1631년 4월 중순에 황제군을 피해 울름으로 도망간 이래 그는 1634년에 3번, 1635년에 3번, 1636년과 1637년에 각각 1번씩, 1638년에 5번, 1639년에 2번, 1640년에 1번, 1643년에 2번, 1644년에 1번, 1645년에 3번, 1646년에 3번, 1648년에 4번 피란을 떠났다. 이는 숲으로 도망친 경우를 제외한 것들이다.

헤베를레는 1635년 5월 26일에 뷔르템베르크로 도망친 것을 제외하고 29번을 모두 울름시로 도망쳤다. 그가 살던 네엔슈테텐이 울름에서 북쪽으로 18킬로 떨어져 있었기에, 거리만으로는 그리 힘들지 않았으리라고 추측할지도 모른다. 그러나 1635년 6월 12일의 피란처럼 저녁 8시에 출발했으나 산과 들에 숨기도 하고 도망치기도 하느라 이튿날 아침에야 도착하는 경우도 있었고, 때로는 "우리 목까지 따라붙은" 적을 뿌리쳐야 했으며, 대부분은 사람 몸만이 아니라 소와 말과 돼지와 닭을 몰고 갔다. 마을에 놔두면 약탈될 것이 뻔하기 때문이었다. 울름시의 성벽 앞에 도착했어도 성문 앞에서 밤을 새우는 경우도 있었고, 그동안 예속세를 지불했고 또 성 안에 머물 지인의 집이 있는 사람만 입시가 허락되었다. 성 안에서도 먹는 것은 각자의 몫이었고, 몰고 간 가축에 대해서도 세금을 내야 했다. 더욱이 성 안에는 피란민이 빼곡했다. 1634년 10월에 인구 2만여 명의 울름의 시벽 안에 무려 8천 명이 넘는 피란민이 기거했다. 그 와중에 그는 자식을 얻기도 했고 잃기도 했다. 바이에른 군대가 처음으로 마을에 난입했던 해인 1628년의 8월에 첫딸을 얻은 그는 전쟁 중에 모두 10명의 자식을 얻었다. 그들 중에서 일곱이 사망했다. 네 명은 울름 피란 중에 혹은 울름에서 귀가한 직후에 죽었다. 아버지, 어머니, 누이 세 명, 장모도 전쟁 중에 사망했다.[7)]

헤베를레가 말하지 못한 감정들

저 참혹한 전화를 겪으면서 헤베를레는 무엇을 느꼈을까? 헤베를레의 연대기에는 감정어가 몇 개만 등장한다. 감정 명사만 열거하자면, 비탄, 가슴 아픔, 공포, 경악, 용기, 기쁨, 신뢰 등이다. 눈에 띄는 것은 슬픔이라는 단어(trauern)가 나타나지 않는다는 사실이다. 어찌된 일이었을까? 가족의 죽음에 대한 서술을 보면 해석의 실마리가 발견된다. 헤베를레는 단 한 번도 슬프다고 표현하지 않았다. 1634년 10월 7일 갓 태어난 둘째 아들이 죽었을 때 그는 썼다. "전능하신 신이시여, 심판 날에 그가 기쁘게 부활하게 하시고 그에게 영생을 주소서." 태어난 지 얼마 되지 않아 정이 들지 않아서가 아니었다. 그는 죽음 대부분을 그처럼 짧은 관용어로 표현했다. 종교의 가르침 때문이었다. 루터가 연옥을 부인했기에 루터파 신자들은 죽은 자를 위하여 할 수 있는 일이 없었다. 따라서 현재 독일 기록보관소에 20만 개쯤 보관되어 있는 루터파 목사들의 장례 설교문에는 죽은 자의 삶과 그의 선행과 환란이 기록될지언정 슬픔은 표현되지 않는다. 모두가 천편일률적으로 부활과 영생만을 읊조린다.[8]

물론 산 자는 죽은 자의 저승과 무관하게 슬퍼할 수 있다. 그러나 루터는 신자가 죽음에 직면하여 슬퍼하되 그 슬픔이 신적인 슬픔이어야 한다고 거듭 설교했다. 신적인 슬픔이란 신에 대한 믿음을 전제하는 것이기에 심판 날에 재회할 것을 믿는 슬픔이었다. 따라서 그 슬픔은 만남에 대한 희망으로 이어져야 했고 종래에는 기쁨이어야 했다. 그렇지 않은 슬픔은 이교도의 슬픔이요 세속적인 슬픔이었다. 루터는 가족의 죽음에 직면하여 산 자는 공적으로는 슬픔을 삭제하되 개별적인 편지에서는 적절한 형태로 표현해도 된다고 가르쳤다. 실제로 자신의 딸이 죽자 루터는 친구에게 보낸 편지에 "자식들 때문에 아버지의 심장이 이토록 약해질 수 있는지 몰랐었다"고, "흐르는 눈물을 온몸이 곤두서는 분노로만 주체할 수 있다"고 썼다.[9] 인용문을 보면 루터조차 슬픔이라는 단어를 사용하지 않고 그저 "약한" "심장" "흐르는 눈물"이라고 에둘러 표현한 것을 알 수 있다. 헤베를레의 연대기에서 슬픔 대신 사용된 단어는 "비탄Jammer"이었다. 이 역시 종교적이었다. 비탄은 성경 시편에 무수히 등장하는 "비탄의 계곡"에서 유래한 표현으로서, 지상의 삶이 곧 비탄이었다.

비탄과 관련하여 특별한 측면이 식별된다. 헤베를레가 비탄이라고 표현할 때 그것은 그가 느낀 감정을 가리키기보다 파괴된 물리적 현실을 지시했다. 1634년에 황제군이 울름 지배령에 속하는 가이슬링시에 난입하여 수백 명을 죽이고 목사의 머리를 참수하고 도시를 강탈했을 때, 1635년 여름에 피란민이 몰린 울름에 페스트가 창궐하여 1만 4천여 명이 사망했을 때 헤베를레는 "비탄"이라고 칭했다. 특히 1631년 6월 가톨릭 황제군이 몰려오는 가운데 울름 성 안의 가톨릭 교도들이 화약을 터뜨림으로써 함락을 유도하려다가 발각되었을 때, 헤베를레는 음모가 발각되지 않았더라면 "큰 비탄이 발생할 뻔했다."고 썼다.[10]

공포 감정도 비슷했다. 헤베를레는 공포를 engste, schrecken, forcht 세 단어로 표현했다. 19세기 중반에 오면 철학자 키에르케고르가 engste, 즉 Angst를 대상이 없는 공포로 정의하면서, 대상이 있는 공포인 Furcht와 구분한다. 그러나 19세기 초까지 두 단어의 의미는 전혀 달랐다. engste의 eng(좁은)이 드러내듯, 그 단어는 심장이 오그라드는 신체적이고 물리적인 감각을 가리켰다.[11] 따라서 '불안'이 아니라 '공포감'이 적절한 번역어다. 마찬가지 어법이 경악schrecken에도 작동했다. 그것은 체액이 사지로 몰려감에 따라 머리칼이 곤두서고 소름이 돋는 신체적 현상을 가리켰다. 이로써 루터가 앞서의 인용문에서 왜 분노를 "온몸이 곤두서는" 것으로 표현했는지도 해명된다.

공포감engste이 신체적 감각이라면, 공포forcht는 그에 대한 영혼의 지각을 가리켰다. 그러나 그 감정에는 또 다른 함축이 있었다. 공포라는 단어는 1618년에 시작된 헤베를레의 일기에서 무려 20년이 지난 1638년 7월에야 처음으로 사용된다. 해와 달이 사라지고 땅이 갈라지며 궁전과 교회와 마을이 파괴된다는 거짓 예언으로 인하여 사람들이 공포에 사로잡혔다는 문장에서였다. 그 후 1648년까지 공포라는 단어는 모두 단 4번만 나타난다. 1641년 1월 울름 지역에 주둔하고 있던 황제군 진영으로 스웨덴군이 돌연히 접근하자, 황제군은 "경악했고, 공포 때문에 화급하게 출발하여" 퇴각했다. 1645년 6월에도 개신교 부대가 습격하자 "황제군 사이에 막대한 공포가 나타났고", 그러자 "그들은 인근 부대를 모아서 안전한 곳으로 이동했다." 1645년 8월에는 프랑스 기병이 나타나자 가이슬링엔 시민들이 공포에 사로잡혀 울름으로 피신했다. 1646년 여름에는 괴팅겐의 한 영주가 농민군을 규합하여 스웨덴 군대에게 무력으로 저항하다가 살육을 당했을 때, "지역에 막대한 공포와 공포감이 퍼져서⋯⋯우리는 사태가 쉽게 가라앉지 않으리라고 쉽게 예상할 수 있었고, 그래서 우리는 곡물을 도시로 운반하는 일을 미루지 않았다." 공포를 느끼면 농민은 도망쳤고 군인은 퇴각했던 것이다. 공포가 무엇인가를 일으키는 힘으로 작용한 것이다. 공포 감정에 행위 능력이 부여되었던 것인데, 다만 그 행위 능력은 신체적이고 물질적이다. 우리가 16세기 파라켈수스 의학에서 확정했던 특징이 헤베를레에게서 고스란히 구현되었던 것이다.

위 용례들을 잘 살펴보면 공포 감정의 또 다른 특징이 식별된다. 헤베를레는 공포를 느낀 주체를 모두 부정적으로 바라보았다. 1638년 7월에 공포에 사로잡힌 지역민들은 거짓 예언에 속은 경신輕信의 인간들이었다. 1641년 1월과 1645년 6월에 공포에 사로잡힌 사람들은 헤베를레가 그토록 적대시하던 황제군이었다. 1646년 여름에 네엔슈테텐 주민들이 공포에 사로잡혔을 때는, 괴팅겐에서 농민군이 스웨덴군에게 저항했기 때문이었다. 뒤에 서술하겠지만 헤베를레는 위계질서의 붕괴를 극히 꺼렸고, 그래서 또한 농민들의 무력 저항을 부정적으로 바라보았다. 1645년 8월에 가이슬링엔 시민들이 프랑스 기병의 출현에서 공포를 느낀 것은 부정적이지만은 않은 서술인데, 그 도시는 울름 지배령에 속하되 헤베를레와 생활세계가 지리적으로 분리된 사람들이었다. 즉, 타인의 감정이었다. 헤베를레는 1618년에서 1638년 여름까지 공포라는 단어(forcht) 대신 언제나 '공포감engste'과 '경악감schrecken'이라는 단어를 사용했다. 이는 그 단어들이 갑작스러운 신체적 격동을 가리키기에 공포라는 단어에 묻어 있는 불신앙의 문제를 신체에 떠넘길 수 있기 때문이었을 것이다. 근대 초에 작성된 여타의 기록물에서 공포라는 단어가 사용되더라도 대부분 '공포감과 공포'로 병렬되어 나타난 것도 똑같은 이유 때문이었다. 단순한 강조 용법이 아니었다.

감정의 신체성과 물리적인 행위 능력은 공포의 반대 감정인 용기에서도 나타난다. 심지어 신체적 감각과 정신적 지각을 병렬하여 표현하는 것조차 같았다. 1629년 황제군의 승리가 목전에 다가온 순간 스웨덴 국왕 구스타부스 아돌푸스가 참전을 선언했다. 그때 헤베를레는 적었다. "그로 인하여 개신교도들은 큰 기쁨을 얻었고, 용기muth와 심장hertz을 단단히 했다. 그것이 도움이 되었던지 그럴수록 심장이 단단해졌다. 황제군이 독일을 떠났다가 다시 오자 개신교들은 대담해 졌고, 그동안 발생한 일(황제의 가톨릭 재산 환수 조치)이 지극히 부당하다고 공개적으로 비난할 수 있는 심장을 만들었다."[12] '심장'은 용기와 동의어이되 단단히 부푼 심장을 가리켰고, 또한 용기를 갖게 되어 대담해진 그들은 황제를 성토하는 행동을 했던 것이다. 위 인용문에서 기쁨의 용례도 눈에 띈다. "큰 기쁨을 얻었다"고 했는데, 기쁨이 마치 물건이라도 되는 양 '얻어서 갖는 것'으로 표현된 것이다.

선뜻 납득되지 않는 것이 있다. 그 끔찍한 고통을 기록한 연대기에서 헤베를레는 군대와 병사들에 대하여 단 한 번도 분노(Ärger, Wut, Zorn)라는 단어를 사용하지 않았다. 미국의 역사가 캐럴 스턴스의 연구가 도움을 준다. 그녀는 근대 초 영국인들의 자아 문서에서 17세기 말 이전 시기에는 분노를 표현하는 데 상당한 어려움을 느꼈다는 사실을 발견했다. 무려 9년 동안 일했지만 봉급 한 푼 못 받은 수공업 도제, 계모에게 아버지의 유산을 모조리 빼앗긴 청교도 목사, 동료와 경제적 갈등에 휘말린 영국 국교회 수학자 등이 자서전에 자신들의 감정을 분노라는 단어로 표현하지 못했다. 그들은 "비탄griefe"이라고 돌려 말했다. 이는 당시 분노가 근본적으로는 신의 감정이었고, 세속에서는 제후만이 지배수단으로 사용할 수 있었으며, 일반인의 분노는 광기로 간주되었기 때문이다. 헤베를레도 마찬가지였을 텐데, 얼마나 조심스러웠는지 그는 분노라는 단어를 아예 사용하지 않았음은 물론, 그 많은 악행을 저지른 병사들을 사악한böse이라는 형용사로 묘사한

적이 단 한 번도 없다. 그가 사악하다고 형용한 것은 병사가 아니라 인플레이션이었다. 1620년대 초의 '악화惡貨 인플레이션Kipper-und Wipperzeit'에 대하여 그는 "탄생부터 몰락까지, 세계의 시작부터 세계의 끝까지 결코 없었고 또 없을" "비탄"이 나타났으며, 그것은 "사악하고 타락한 돈" 때문이라 썼다. 이는 당대의 민중들이 화폐경제를 여전히 악으로 규정하고 있었음을 보여주는 동시에, 헤베를레가 자신의 경험을 당대의 도덕 및 종교 담론에 얼마나 충실하게 표현했는지를 나타낸다.[13]

헤베를레의 '우리'는 누구였나

필자는 프롤로그에서 감정은 공동체와 밀접하게 관련된다고 전제했다. 헤베를레의 경우는 어떠했을까? 헤베를레는 1628년에 최초로 황제군이 마을에 나타난 이후부터 줄곧 '나'라는 표현보다는 "우리"라는 주어를 사용했다. 그 우리는 어떤 공동체였을까? 그의 고향이자 삶의 터전이었던 네엔슈테텐이었을까? 그렇지 않은 것 같다. 그는 네엔슈테텐 마을과 주민들이 겪은 고통을 강렬하게 서술했다. 그러나 그는 그 피해를 숫자로 구체화하지 않았다. 당시 농민과 수공업자들은 모두 그랬던 것일까? 아니면 혹시 그에게는 자료를 입수하고 숫자화하는 능력이 부족했던 것일까? 그렇지 않다. 영국의 역사가 제프 모티머의 연구를 보면, 스위스에 면한 콘스탄츠 인근의 농민 쳄브로트는 자기 마을이 당한 물질적인 파괴와 피해는 물론 마을이 군대에게 납부해야 했던 기여금의 할부금까지 일일이 기록했다. 헤베를레

역시 마음만 먹으면 얼마든지 그렇게 할 수 있었다. 예컨대 그는 1628년 8월에 울름시가 숙영 병사들에게 빵과 맥주와 돈을 얼마나 공급하고 지불해야 했는지 숫자로 표기했다.[14]

네엔슈테텐 마을이 아니라면 수공업자의 세계가 그의 공동체였을까? 그렇지 않다. 자기 자신은 물론 아버지와 아들이 모두 제화공이었지만, 그의 연대기에는 제화공과 수공업의 세계가 아예 등장하지 않는다. 도제 교육도, 제조 기술도, 판매 시장도, 수호 성자도 언급되지 않는다. 그는 제화공 및 수공업과 관련하여 딱 두 가지만 서술했다. 전쟁 말기에 울름시가 수공업 업종의 임금을 고정시켰다는 것과, 전쟁이 끝나고 14년이 지난 1661년에 66세의 나이로 울름시의 강요로 인하여 제화공 장인 시험을 치렀다는 사실이 그것이다. 그 두 가지는 제화공과 수공업자의 세계라기보다 울름시의 정책이다. 방금 위에서 언급한 숫자 역시 네엔슈테텐 마을이 아니라 울름시가 공급하거나 지불해야 했던 음식과 돈이다.

울름시야말로 헤베를레가 동일시한 공동체였던 것으로 보이는데, 이는 그가 무려 스물아홉 번이나 울름으로 피란을 갔지만 거부당한 경우가 한 번도 없기 때문만은 아니었다. 그는 울름 시정市政을 진정 주군으로 우러렀다. 그는 울름시 행정부를 "우리의 주인" "우리의 은혜로운 주인" "우리의 자애로운 주인" "우리의 선하고 현명한 주인" "주군" "울름의 주인, 우리의 최고로 은혜로운 주군"이라고 표현했다. 그가 주인이라는 표현을 붙이지 않은 채 울름 시정을 지칭한 경우는 단 한 번도 없었다. 그가 울름시를 비판하거나 비난한 경우도 아예 없었다. 울름시가 피란민을 억제하기 위하여 개별적인 심사를 실시하고 조건을 달고 수수료를 부과해도 그는 비판하지 않았다. 울름시가 전쟁세를 부과해도 그는 비판하지 않았다. 1635년 프라하 평화조약 이후 중립으로 노선을 변경해도 그는 비판하지 않았다. 헤베를레가 울름 시정을 그저 주인이나 은혜로운 주인이라고 하지 않고 대부분 "선하고" "현명하고" "자애롭고" "최고로 은혜로운"이라고 수식한 것은, 그가 지배자로서의 울름시와 얼마나 동일시하고 있었는지 보여준다.

프롤로그에서 필자는 공동체와 결부된 사회적 개인의 역사적 추이에 유의하겠다고 했다. 헤베를레의 자아는 어떤 자아였을까? 우선 강조할 것은 헤베를레가 당시 독일 전역에서 무수히 폭발한 농민 봉기와 농민들의 폭력 행위에 눈을 감았다는 사실이다. 그는 농민 봉기 내지 무장 저항을 다섯 번 서술했다. 그중에서 네 번은 오스트리아 린츠, 괴팅겐, 메밍겐, 즉 울름으로부터 공간적으로 분리된 지역에서 벌어진 사건이었고, 한 번은 작센의 베른하르트 공작 군대가 갑자기 공격을 가하여 어쩔 수 없이 방어한 경우였다. 진정한 농민 저항이라고 할 수 있는 사건은 1645년 9월에 자신을 포함한 일군의 농민들이 바이에른 군대에게 총으로 맞선 경우였는데, 그때 그들은 사전에 울름 시로부터 저항하라는 명령을 받았다.[15] 헤베를레는 농민과 중소 수공업자들을 자의적으로 총을 들고 폭력을 행사하는 존재로 표상하지 않았던 것이다. 다시 말해서 그는 민중을 위계적인 질서에 순종하는 존재로 표상했던 것이다. 그러나 그것이 전부일까? 개인 헤베를레는 없었던 것일까?

일기, 자서전, 회고록과 같은 자아 문서에서 자아를 도출하는 데 도움이 되는 이론 틀이 하나 있다. 폴 리쾨르의 내러티브 정체성 이론이 그것으로, 그 이론은 자아를 최소한 두 개로 나누고, 그 자아들 사이에 왕왕 간극과 모순이 나타난다고 상정한다. 텍스트의 화자는 사건과 캐릭터들을 특정한 시공간에 선택적으로 배치함으로써 의미를 생산해내는데, 의당 텍스트 속의 "쓰인 자아" 외에 텍스트를 작성하는 "쓰는 자아"가 있다. 쓰는 자아가 진정한 자아일 것이라는 통념과는 달리 리쾨르는 쓰는 자아의 내적 부조화가 쓰인 자아로 정리됨으로써 내러티브 정체성이 구축된다고 주장했다. 프롤로그에서 소개한 모니크 쉐어의 감정 실천론을 결합시키면, 쓰기라는 감정 실천에 의하여 정립된 자아가 쓰인 자아다. 필자의 의견을 덧붙이자면, 쓰인 자아의 정리는 봉합에 불과할 수도 있고, 따라서 그 정체성은 구멍난 정체성이거나 심지어 분열된 정체성이기도 하리라. 내러티브 정체성 이론을 적용하면, 헤베를레가 내세우고 양식화하고 만들어가는 쓰인 자아가 울름시의 지배자들과 감정적으로 동일시하는 자아, 병사들에게 분노조차 하지 않는 자아다. 그러나 그것이 유일한 모습이었을까? 물론 그가 난행과 악행을 일삼는 병사들에게 진정 분노하거나 그들을 증오하지 않았는지는 알 수 없다. 역사가와 과거 사이에는 자주 넘을 수 없는 벽이 버티고 있다. 그러나 헤베를레가 내세운 규범적인 공적 자아와 어긋나기도 하고 그것을 넘어서기도 하는 또 다른 자아, 쓰인 자아와 쓰는 자아 사이의 간극은 작으나마 식별된다.[16]

헤베를레의 자아

그는 가족의 사망을 겪으면서 짧고 건조한 주문만을 적지 않았다. 예외가 있었다. 1642년 4월 초 아버지가 죽었을 때 그는 "나의 심장으로 가장 사랑하는 아버지가 이 비탄의 계곡을 복되게 떠나 주님 안에서 복되게 잠들었다.……강도와 살인자들로 가득찬 이 위험한 세상에서 그를 은혜롭게 보호하셨고, 수천 명이 총 맞아 죽는 이 고통의 시기에 그가 올바르고 자연적인 죽음을 죽도록 해주셨으니, 전능하신 신의 그 은혜로움에 찬사와 명예와 찬양과 감사를 드립니다. 전능하신 신이시여, 그와 모든 그리스도를 믿는 사람들에게 최후심판의 날에 기쁜 부활을 주시고 영생하도록 하소서." 길고도 절절한 문장이다. 그리고 예속민이자 수공업자에 불과하였던 그가 당시 루터파 상층에서 유행하던 장례 설교문을 전쟁 때문에 마련하지 못했다고 아쉬워했다. 1642년 7월 12일 아내가 아들을 사산하자 그동안 죽어간 자식들이 떠올랐는지, 억장이 무너진 헤베를레는 적었다. "아들은 그러나, 신은 아시겠지만, 살아서 이 세상 빛으로 오지 못했지만, 그가 영원한 축복의 아이임은 의심할 게 없다."

　헤베를레는 또한 1628년 8월에 처음으로 병사들의 악행을 겪었을 때 차마 분노를 말하거나 병사들을 악마화하지는 못하고, "최근에 읽은 책에 병사가 악마로 칭해진다."고 적었다. 그리고 그 정도의 발화조차 못내 마음에 걸렸는지, 그 내용이 "제13장 257쪽에 적혀 있다"고 덧붙였다. 봉합의 시도였을 것이다. 1639년 4월 울름시가 수공업자들의 임금을 업종별로 고정시키자 헤베를레는 "그러나 그것은 별로 도움이 되지 않았다."고 울름시를 넌지시 비판한 뒤, "왜냐하면 신의 마음에 들고 흡족해야 해법이 신으로부터 오기 때문"이라고 봉합했다. 1643년 12월 바이에른 군대가 그가 살던 지역으로 접근하여서 헤베를레가 울름시로 열여덟 번째 피란을 갔을 때, 울름시는 그에게 농촌으로 돌아가 적군의 숙영을 감당하라고 지시했다. 그러자 헤베를레는 "우리는 도시를 떠나고 싶지 않았다."고 불만을 토로한 뒤, 바로 이어서 그러나 "그것은 그래야만 한다."고 단호하게 봉합했다. 봉합이란 자신의 경험을 기존의 감정 레짐에 비추어 해석하고 의미를 부여하는 작업이다. 따라서 헤베를레는 기존의 감정 레짐에 의거하여 감정을 단속하는 한편 그 봉합 과정을 드러냄으로써 자신의 감정을 간접적으로 표현했다고 할 것이다. 헤베를레가 부모와 자식의 죽음을 "비탄"이라고 표현하면서도 슬픔을 절절히 표현한 것도 마찬가지다.

그러나 개인으로서의 헤베를레의 진면목은 다른 데서 발견된다. 그렇게 긴 개인 연대기를 작성했다는 사실 자체가 그의 고유성이다. 후손들에게 자신의 연대기를 최후심판 날까지 보관하라고 당부한 것은, 그가 자신의 글쓰기에 얼마나 자부심을 느꼈는지 단적으로 보여준다. 1600년경 독일 개신교 지역의 거의 모든 교구에 초등학교가 설립되어 있었고, 도시 수공업자들의 문자 해득률은 절반을 넘었다. 따라서 헤베를레는 글을 안다는 것만으로는 자부심을 느끼지 않았을 것이다. 그러나 문자 해득 능력과 글을 유창하게 읽고 쓸 수 있는 능력은 전혀 다른 문제였다. 18세기 전반에도 독일 인구의 10퍼센트만이 유창한 문해 능력을 보유했다. 따라서 헤베를레는 자신이 연대기를 썼다는 것 자체에 크나큰 자부심을 느꼈을 것이다. 더욱이 그의 연대기에는 스트랄준트 전투, 마그데부르크 파괴, 뤼첸 전투, 뇌르틀링겐 전투, 아우크스부르크의 고난, 프라하조약, 프랑스군의 진군, 베스트팔렌조약 등, 30년전쟁의 결정적 사건들이 놀랄 만큼 정연하게 기록되어 있다. 그리고 그는 1622년 10월 숲에서 참나무를 베다가 나무에서 떨어져 병상에 누워 있던 4주일 동안 무려 146행에 달하는 찬송가를 모든 행에 정연한 각운을 붙여서 작시했다. 1638년 12월에도 각운을 맞춘 33행의 시를 지었다. 그 엄청난 지적 성취야말로 신분을 넘어 자신을 주장하는 그의 개인일 것이다. 그는 울름 시정에 묶여 있는 사회적인 쓰인 자아와 그것으로 채 수렴되지 않는 신분을 벗어나는 쓰는 자아를 동시에 보여줌으로써 자기 자신을 드러냈던 것이다.[17]

하겐도르프의 폭력 경험

감정적 자아를 탐색해볼 두 번째 인물은 페터 하겐도르프Peter Hagendorf
(?~1679)라는 방아쟁이 수공업자 출신의 용병 병사다. 장군들의 자아
문서는 그동안 다수 발견되고 해석되었지만, 일반 사병으로 30년전
쟁 일기를 남긴 사람은 거의 없다. 그래서 그는 30년전쟁 역사가들의
스타이다. 그가 전쟁을 아래로부터 경험하고 기록하였기 때문이다.
30년전쟁 발발 400주년을 기념하여 2018년에 출간된 여러 역사책에
그는 구스타부스 아돌푸스나 발렌슈타인 못지않은 주인공으로 등장
한다. 신성로마제국의 입장에서 연구해온 첫손가락에 꼽히는 30년전

쟁 역사가인 게오르그 슈미트의 2018년 책에 그는 주요 전투의 증인으로 빠짐없이 등장하고, 한스 메딕의 2018년 책에도 수녀, 농민, 수공업자 대표와 함께 등장한다. 그의 일기는 1993년에 처음으로 이름조차 밝혀지지 않은 채 출간되어 학계의 비상한 관심을 모았고, 1999년에 이름이 밝혀졌으며, 2018년에야 전쟁 이후의 삶이 포착되었다.[18]

태어난 날은 밝혀지지 않았지만, 하겐도르프는 30년전쟁이 발발하고 6년쯤 지난 1625년 초 아마도 스무 살 무렵에 알프스를 넘어 이탈리아의 베네치아로 갔다. 그곳에서 용병으로 입대한 그는 스페인군과 싸우다가 몇 달 뒤에 군대가 해체되자 남쪽으로 이동했다. 파르마에서 다시 입대했으나 그곳에서도 복무 기간은 길지 않았다. 부대가 또다시 해체되자 그는 밀라노로 북행하여 문자 그대로 구걸을 하며 살았다. 그러던 1627년 4월 3일 울름에서 가톨릭 연맹의 모병에 응했다. 그는 30년전쟁에서 위명과 악명을 동시에 떨친 바이에른군 틸리 장군 산하의 파펜하임 연대에 들어갔고, 그때부터 23년간 용병으로 살았다. 1648년 30년전쟁이 끝난 뒤에 그는 열 달 동안 대기하다가 1649년에 40대 후반의 나이로 군대를 떠난다.

군인으로서 그는 무려 2만 5천 킬로미터를 걸었다. 울름에서 시작하여 발트해 연안의 스트랄준트를 거쳐 브란덴부르크, 작센, 튀링겐, 헤센, 슈바벤, 뷔르템베르크, 팔츠, 바이에른, 알자스, 로렌, 북부 프랑스의 피카르디와 아르투아, 벨기에와 네덜란드를 두루 거쳤다. 그의 일기를 읽다 보면 주인공이 군인도 아니고 여행가도 아닌 지도 제작자로 생각될 지경이다. 멀리도 갔을 뿐만 아니라 갔던 길을 여러 번 반복해서 갔기 때문이다. 그 와중에 그는 스트랄준트 공방전, 라이프치히 전투, 마그데부르크 파괴, 브라이텐펠트 전투, 레흐 암 라인 전투, 뤼첸 전투, 뇌르틀링겐 전투에 참여했다. 그 전투들에서 파펜하임과 틸리와 구스타부스 아돌푸스가 죽었고, 발렌슈타인이 암살당했으며, 프랑스의 튀렌느 장군이 개입했다. 그는 개신교도였지만 가톨릭 연맹 군대의 일원으로 싸우다가, 1633년 11월에 스웨덴 군대에게 포로로 잡힌 뒤에 개신교 진영의 스웨덴군에 편입되었고, 1634년 9월에 스웨덴군이 바이에른군에게 패배하자 다시 가톨릭 바이에른군에 재편입되었다. 그 후에는 줄곧 바이에른군 소속이었다.

그러하였기에 그가 30년전쟁 전쟁사의 증인으로 중용되는 것도, 용병이 살던 일상적 삶의 범례로 제시되는 것도 지당해 보인다. 그러나 착각이다. 사병의 눈으로 전투를 기록해서 그런지 일기에는 전투의 전략적 윤곽이 보이지 않는다. 더욱이 상병이나 하사 계급장을 달고 총병이나 경기병 분대장이나 중대장 대리로 전투에 참여했음에도 불구하고 근접전 양상 역시 보이지 않는다. 그는 대부분의 전투를 매우 짧게 기록했다. 틸리가 사망한 그 중요한 레흐 암 라인 전투는 비교적 자세하게 묘사되었으면서도 아주 전형적이다.

1631년 "4월 16일 다시 레겐스부르크로 갔다.……다시 도나우강의 도나우뵈르트로 향했다.……스웨덴군의 공격으로 도나우뵈르트로부터 쫓겨나서 레흐강의 라인 성채로 갔다.……많은 부대가 합류했지만 소용없었다. 왕(구스타부스 아돌푸스)이 강하게 우리를 공격했다. 대포를 쏘았다. 여러 명이 쓰러졌다. 틸리 장군도 총에 맞았다. 다른 사람들은 도망쳤다. 결국 우리는 밤에 행군해야 했고, 노이부르크로, 잉골슈타트로 향했다. 다음 날 스웨덴군이 벌써 다시 나타났다. 우리는 잉골슈타트의 건너편 강둑으로 갔다. 도나우강이 잉골슈타트를 가로질러 흐르기 때문이다. 잉골슈타트에 남은 부대가 대포로 왕의 군대에게 강력하게 쏘았다. 왕이 탄 말이 총에 맞아 죽었다. 도시는 배반에 의해 함락되었다."[19]

병사의 폭력 경험은 전투, 이동과 야영의 일상적 고통, 민간인에 대한 가해로 구분할 수 있을 텐데, 전투에 대한 서술이 위와 같기에 하겐도르프가 경험한 전투 폭력을 재구성하는 것은 거의 불가능하다. 하겐도르프가 아찔한 신체적 위험에 처한 적은 한 번 있었다. 1631년 5월 20일, 마그데부르크 파괴 당일 아침 하겐도르프는 방어군과 전투를 벌이면서 마그데부르크 성 안으로 진입했다. 그때 정면에서 총이 발사되었다. 한 방이 복부를 관통했고, 다른 한 방은 어깨를 스쳤다. "반쯤 죽어" 초막과 농가에서 치료를 받은 그는 7주일 후에 완쾌되어 부대에 합류했다. 그 외에도 전선에서 겪은 고통은 다양했다. 그는 몇 번이나 병에 걸렸고, 배부르게 먹고 만취한 적도 많았지만 허기 때문에 "개도 먹지 않을" 음식으로 끼니를 때우는 때가 허다했으며, 그마저 없어서 말을 찔러 피를 받아 먹은 경우도 있었다. 한 번은 부대를 따라나서지 않았다가 총살형의 위험에 처하기도 했다.

그의 고통을 가장 적나라하게 보여주는 것은 가족관계다. 1627년 6월 초에 그와 결혼한 아내는 이듬해 초에 아들을 낳았다. 그러나 사산이었다. 세례도 이름도 주지 못했다. 1629년에는 딸을 출산했다. 이름도 주고 세례도 받게 했다. 그러나 곧 사망했다. 그해 말에 아내는 또다시 딸을 출산했다. 이번에는 버텼다. 그러나 1631년 5월 하겐도르프가 마그데부르크 성문 안에서 총상을 입고 초막에 누워 있을 때 두 살배기 딸도 병에 걸려 곁에 누웠다. 하겐도르프는 부상을 털고 일어났지만 딸은 죽었다. 1633년에 아내는 또 딸을 낳았으나, 그 해가

가기 전에 죽었다. 하겐도르프는 6년 동안 네 명의 자식을 얻고 잃었던 것이다. 게다가 넷째 자식이 죽고 며칠 만에 아내도 사망했다. 2년 뒤에 그는 재혼한다. 전 부인이 연이어 자식을 낳고 모두 죽은 것을 두고 생각이 많았는지, 재혼한 뒤에 그는 절제하여 1635년부터 1649년까지 14년 동안 자식 여섯을 얻었다. 그러나 아들과 딸 하나씩만 남고 넷이 죽었다. 자식 열 명을 얻어 여덟 명이 죽었던 것이다.

전쟁 통에 자식을 부지런히 낳기도 하고 잃기도 했던 것인데, 하겐도르프의 아내들은 남편이 전선에 있는 동안 집에서 자식을 낳았던 것이 아니다. 그녀들은 예외적인 경우를 제외하면 언제나 그와 함께 전선을 오갔다. 하겐도르프 가족만 그랬던 것이 아니다. 당시 군인의 식솔들은 군인과 함께했다. 가족민이 아니라 군인들의 생필품과 군수물자를 공급하는 상인과 수공업자는 물론 창녀들까지 함께 다녔다. 군속은 통상적으로 군인과 수가 얼추 비슷했지만, 때로는 3배나 많기도 했다. 하겐도르프가 속한 바이에른군의 규모는 때로 6만 명을 넘었다. 그 인간 무리가 멀고 험한 길을 몰려가며 먹고 놀고 생산하고 싸웠던 것이다. 그래서 하겐도르프의 아내는 임신으로 배가 부른 채 아픈 자식을 건사하며, 때로는 병에 걸린 채, 때로는 적의 공격을 받으면서 남편 부대를 따라가다가 자식을 낳고, 잃고, 자신도 죽어갔던 것이다.

하겐도르프의 폭력 경험에는 민간인에 대한 가해도 포함된다. 그는 민간인을 죽이고 빼앗고 강간했다. 1629년 뷔르템베르크의 리프슈타트에서 그는 병사들이 "나쁜 사람들"을 "불태워 죽이는 것을 보았다." 약탈에 순순히 응하지 않자 불태운 것인데, 1636년 7월에는 지켜보기만 하지 않았다. 프랑스 상파뉴의 부이용 성의 농민 일곱 명이 총을 쏘며 저항하자 하겐도르프는 성은 물론 "농민들을 불태웠다." 1633년 도나우 강변의 스트라우빙에서는 말과 군장과 권총을 약탈했다. 시내에 "말이 많기 때문이다." 스트라우빙에서 레겐스부르크로 가는 도중에도 "나의 종자"가 말 두 마리를 약탈했다. 종자의 약탈은 추후에도 계속된다. 하겐도르프는 약탈을 당하기도 했다. 1642년 6월, 튀링겐의 디어도르프에서 농민 3명에게 기습을 당하여 외투와 군장을 빼앗겼다. 그 후 그는 쾰른으로 가서 여름 내내 적군과 대치했는데, 그때 "쾰른 지역을 모조리 쓸어버렸다. 적도 마찬가지였다." 그 직후 네덜란드로 갔다가 11월에 다시 디어도르프로 돌아왔을 때 자기 물건을 강탈했던 농민을 발견했다. 그는 농민을 부대의 군법재판소에 넘긴 뒤 농민의 영주로부터 12탈러를 받고 합의했다.

가장 극적인 일은 마그데부르크에서 벌어졌다. 1631년 5월 20일 그가 총상을 입고 초막에 누워 있을 때, 아내가 불타는 시내에 들어가 옷가지와 침구와 맥주 네 통과 은으로 된 허리띠 두 개를 강탈해왔다. 종자와 가족이 병사들과 함께 약탈공동체를 구축하고 있었던 것이다. 1634년 봄에 그의 부대가 바이에른 란트스후트에서 8일간 약탈을 했을 때는 "노획물로 예쁜 소녀를 얻었다." 그는 그녀를 1주일 동안 강간한 뒤 부대가 도시를 떠나게 되었을 때 돌려보냈다. 1634년 가을에는 바덴의 포르츠하임에서 "어린 소녀를 밖으로 데리고 나왔으나" 그녀가 피륙을 주기에 돌려보냈다. "그때는 아내가 죽고 없던 때여서 종종 아쉬웠다."[20]

감정 명사를 단 한 번만 사용한 하겐도르프

하겐도르프의 폭력 경험은 어떻게 감정으로 표현되었을까? 놀랍게도 176페이지에 달하는 그의 연대기 전체에 감정 명사는 딱 한 번 쓰였다. 1636년 여름 벨기에 지역에서 부대원 11명과 함께 숲에서 양을 약탈할 때였다. 숲에서 2천 마리의 양이 쏟아져 나오자, 그는 양 떼 때문에 "공포감에 숨이 멎을 듯 질려서" 진지로 도망쳤다. 눈을 씻고 찾아보면 감정을 지시하는 일반 명사가 있기는 하다. 1631년 5월 말, 마그데부르크 파괴를 지켜보며 그는 "그 도시가 그토록 경악스럽게 불타는 것이 나를 심장으로부터 아프게leit 했다"고 적었다. 그리고 덧붙였다. "아름다운 도시이기 때문에. 그리고 내 아버지 나라이기 때문에." 1642년 5월에 그는 프랑크푸르트의 마인강 다리 아래 설치된 "아름다운 물레방앗간"을 "보는 것이 하나의 쾌감lust"이라고 적었다. 두 가지가 분명해진다. 첫째, 하겐도르프는 연대기에 자신을 감정적 자아로 내세우지 않으려 했다. 둘째, 인용문 속의 공포감, 심장의 아픔, 쾌감은 모두 감정의 신체성을 보여준다.[21]

기이한 일이다. 그가 치른 수많은 전투에서 느꼈을 공포와 분노는 물론, 헤베를레가 그토록 자주 사용한 경악과 비탄이라는 단어가 사용되지 않았다. 분노는 기독교 윤리 때문이라고 치더라도, 그는 혹시 군인이었기에 공포라는 단어를 사용하지 않았던 것일까? 그래서 적병과 포탄이 아니라 양 떼에게 놀랐다고 쓴 것일까? 반쯤만 옳다. 병사는 의당 겁을 몰라야 했지만, 이는 절대적이지 않았다. 당대의 군사서들은 목숨을 신에게 바친 병사는 위험한 상황에서는 공포를 알기에 만용을 부리지 않는다고 강조했다. 타락한 병사만이 자신의 양심도

악마도 두려워하지 않는다는 것이었다.[22]

　일기에 감정 고통이 전혀 나타나지 않을 정도로 하겐도르프는 무심했던 것인데, 그렇다면 그는 20년 넘게 전장을 누비며 폭력을 행사한 끝에 그토록 무감동한 인간이 되었던 것일까? 하겐도르프의 부대는 30년전쟁이 끝난 뒤 약 10개월간 막사에서 대기하다가 해체되었는데, 그는 바로 그 막간을 이용하여 연대기를 작성했다. 그가 연대기에 군대와 장군과 장교의 이름, 심지어 숙영했던 곳의 집주인 이름까지 적어놓은 것을 보면, 그가 그 오랜 세월 동안 일기를 적었고, 그 내용을 연대기로 정리했던 것이 틀림없다. 그렇다면 연대기를 정리하던 1649년에 그는 그동안의 폭력 경험으로 인하여 무감동한 인물이 되었고, 그래서 그토록 냉담하게 적었던 것일까?

　전혀 그렇지 않다. 그의 서술 곳곳에 대단히 감정적인 하겐도르프가 나타난다. 가족에 관해 서술할 때 특히 그렇다. 1631년 마그데부르크에서 총상을 당해 아픈 딸아이와 함께 초막에 누워 있을 때 그는 "나의 부상보다 딸 때문에 그리고 (불타는 시내에 들어가 약탈을 하고 있던) 아내가 더 걱정되었다"고 썼다. 자식이나 장모가 죽었을 때 그는 언제나 "신이시여 기쁜 부활을 주소서."라고만 적었다. 그러나 1633년 넷째 자식에 이어 아내마저 사망하자 이례적으로 길게 적었다. "신이시여 그녀와 자식을 긍휼히 여기시고 그녀와 자식과 그녀의 모든 자식에게 기쁜 부활을 주소서, 아멘. 왜냐하면 우리가 복된 영생에서 함께 재회하기를 소망하기 때문입니다. 나의 아내와 그녀의 자식들이 잠들었습니다." 하겐도르프는 이어서 아내와 죽은 자식들 이름을 새삼 하나하나 거명한 뒤 재차 빌었다. "신이시여 그들에게 영원한 안식을 주소서." 역사가 마르코 폰 뮐러는 하겐도르프의 필적에서 매우 흥미로운 사실을 발견했다. 부대의 이동을 서술한 제36쪽의 글씨는 정상적이지만, 아내의 사망 경위를 적은 제37쪽의 글씨가 사선으로 흔들린 것이다.[23] 첫 번째 아내가 죽은 지 무려 18년이 지난 1649년에 일기를 정리하면서 아내의 사망 사실을 기록하는 순간 사무치는 슬픔에 사로잡혔던 것이다.

살아남은 아들에 대한 사랑도 각별했다. 그는 1647년 바이에른에 접한 오스트리아의 알트하임에서 숙영을 하다가 떠나면서 네 살이 채 안 된 아들을 그곳 학교 교사에게 맡겼다. 숙식과 교육을 겸한 2년간의 하숙 생활에 27굴덴이 들어갔다. 전쟁이 끝난 1649년 5월 아들을 데려오면서 그는 적었다. "그러니까 나는 내 아들을 이집트에서 데려왔다." 그 후 20일 동안 뮌헨으로 이동하는 동안 그는 아들을 업거나 태웠고, 메밍겐에서는 학교에 보냈다. 그리고 한 번 더 반복했다. "내가 그를 이집트에서 데려왔을 때 그의 나이 5년 9개월이었다." 아들과의 재회가 어찌나 좋았는지 아들을 아기 예수로 표현한 것이다. 그는 기분파이기도 했다. 1633년 바이에른 지방을 지날 때 그의 종자가 말 두 마리를 약탈해왔는데, 그 직후 사촌을 만나자 말 한 마리 값의 술을 사흘 동안 퍼마셨다. 앞서 유발 하라리가 근대 초 병사의 감정은 슬픔과 기쁨으로 통합된다고 주장한 것을 소개했는데, 하겐도르프의 경우에는 공포가 전적으로 삭제되어 있지만 낭자한 기쁨은 자주 표현되었다. 그러나 하라리의 주장이 충분치 못한 이유는 하겐도르프의 감정문화가 그것으로 그치지 않기 때문이다. 그 증거 중의 하나가 가족에 대한 그의 애정이다.

물론 아내, 아들, 사촌은 모두 가족의 일원이고, 가족이란 그가 전쟁통에 사회적으로나 심리적으로나 의존하는 버팀목이었기에 그렇게 표현했다고 해석할 수도 있다. 그러나 가족에 대한 감정은 감정적 자아의 표출로 파악하는 것이 보다 더 타당해 보인다. 그의 연대기는 사건에 대한 건조한 진술로 일관하지만, 지역과 마을과 도시에 대한 서술은 놀랄 만큼 서정적이다. 어느 한두 문장이 아니라 연대기 전체가 그렇다. 그의 일기 첫 문단을 보자. "여기서 라인강은 보덴제를 통해 흐른다. 린다우에서 브레겐츠로, 마이엔펠트로, 언덕을 지나 그라우뷘덴으로, 그라우뷘덴의 주도州都인 쿠어로. 이곳에는 벌써 로망스어가 사용된다. 산과 계곡으로 둘러싸여 있다. 산에는 여름 내내 눈이 녹지 않는다. 목축은 성하지만 곡물과 와인은 없다. 거친 땅이다. 쿠어 근처에는 아름다운 온천이 있다. 심지어 병 치료에 좋다." 벨기에 리에주에 대한 묘사는 더욱 서정적이다. "너무도 아름다운 곳. 산들은 모두 풍요롭고, 극히 아름다운 밭에는 온갖 종류의 열매가 가득하다. 이곳은 목축도 성하고, 곡물 경작도 아름답다. 그러나 나무는 많지 않다. 사람들은 그래서 이곳에서 생산되는 석탄을 태운다."[24] 그의 기록은 18세기 중반에 출현하는 여행기를 선취한 듯이 보이기까지 한다. 다만, 그가 아름답다고 칭한 대상은 언제나 곡물, 과일, 성, 교회, 도시, 지역 등 인간이 만든 것에 국한된다. 인간이 닿지 않은 자연은 18세기 중반에 와서야 무서운 대상으로부터 아름다운 대상으로 바뀐다.

사무적인 인간의 탄생

그가 그처럼 감정적인 인간이라면, 즉 쓰는 자아가 그토록 서정적이었다면 쓰인 자아는 왜 그렇게 무감동했을까? 다시 말해 그는 왜 자신을 그토록 무감동한 인간으로 내세웠을까? 해답은 연대기를 서술한 그의 동기에 있을 것이다. 1993년에 처음으로 세상의 빛을 본 그의 연대기는 시작하는 16쪽이 없어진 수기본이다. 없어진 부분에 저술 동기가 적혀 있을지 모르기에 추정만 할 수 있을 뿐이다. 분명한 사실은 그가 타인이 읽는다는 것을 전제로 하여 연대기를 작성했다는 것이다. 증거가 있다. 그는 1634년 9월 초 스웨덴군 소속 병사 6천 내지 8천 명이 전사한 뇌르틀링겐 전투를 묘사하면서 스페인 군대의 학살 행위를 쓴 뒤 적었다. "읽으시는 분들께 미안(mit verMeldung), 오 망나니, 똥구멍, 돌대가리, 개똥 같은 놈들(o lutrian, begfutu, Madtza, hundtzfudt, etc.)." 그는 용병들 사이에서 횡행하던, 현대의 역사가들이 추측만 할 수 있는 욕설을 적으면서 독자에게 미리 사과한 것이다.[25]

그는 누구를 독자로 기대했을까? 가족에 대한 감정을 그토록 진지하게 표현했으니만큼 헤베를레의 경우처럼 후손이 독자였을 수도 있다. 그러나 후손에게 미안하다고 했을까? 그리고 강간한 내용이 들어있는 글을 후손이 읽기를 소망했을까? 단언할 수 없으나 보다 중요한 독자는 다른 부류였던 것 같다. 30년전쟁 역사서에 중요한 증인으로 등장하는 인물이 한 명 더 있다. 로버트 먼로Robert Monro 대령이 그인데, 스코틀랜드 귀족인 그는 덴마크 크리스티안 3세와 구스타부스 아돌푸스의 군대에서 주요 전투를 지휘하다가 1633년에 영국으로 귀환했다. 그때 그는 전쟁회고록을 작성하여 출간했다. 용병 대장으로 다시 취업하기 위한 이력서였다.[26]

하겐도르프도 마찬가지 아니었을까? 1648년에 전쟁은 끝났지만, 그의 부대는 열 달 동안 해산되지 않았다. 종전을 확신할 수 없기 때문이었을 것이다. 1618년 5월 말에 프라하의 개신교 회의가 황제 대리인을 성문 밖으로 집어던졌을 때 30년 동안 지속될 전쟁을 예상할수 없었던 것처럼, 그리고 1635년에 프라하 평화조약으로 전쟁이 끝나는 듯했지만 무려 13년이나 더 지속되었던 것처럼, 베스트팔렌조약이 평화를 보장할지는 확실치 않았을 것이다. 적어도 직업이 전쟁이었던 하겐도르프는 그렇게 생각했을 것이다. 그는 이력서인 연대기를 통하여 자신이 얼마나 전쟁에 적합한 인물인지 보여주려 했던 것같다.

하겐도르프의 연대기를 이력서로 읽으면 여러 가지가 해명된다. 그는 자신이 참여한 소소한 전투는 물론, 그가 거쳐간 지역의 이름을, 그것도 들를 때마다 일일이 적었다. 그리고 그는 그가 속한 부대와 상관, 심지어 그가 숙영한 집주인들 이름까지 거의 모두 적었다. 모두가자기 기록의 증인이었을 것이다. 그리고 울름에서 상병으로 입대하여하사로 승진한 그를 사람들이 중대장으로 대접했거나, 자신이 중대장대리 역할을 실제로 수행한 경우를 모두 적었다. 그리고 요양원 부상병 병동의 책임자로도 복무했다는 사실과 부대에서 군법재판소 판사의 보좌 배심원으로 활동한 사실도 애써 밝혔고, 목발을 짚고 걷게 된아내를 어느 판사에게 맡겼다고, 즉 자신이 지역 엘리트와 사회적으로 가깝다고 은근히 강조하기도 했다.

또한 그는 그가 들른 지역의 지리와 물산과 경제활동을 간결하면서도 풍부하게 서술했다. 인문지리지를 방불할 정도다. 이는 자신이 얼마나 견문이 넓고 깊은지 보여주기 위해서였을 것이다. 그리고 앞서서술한 민간인에 대한 가해 부분에서 드러나듯, 그는 민간인에게 폭력을 행사하는 순간에도 군인의 행동 규범에 충실한 인물로 나타나기를 바랐다. 그는 병사들이 "나쁜" 민간인을 불태우는 것을 "보았다"고 적었고, 자기 부대에 총을 쏘며 저항했기에 농민들을 불태웠다고 썼으며, 시내에 "말이 많아서" 말 한 마리를 약탈했다거나 약탈한 것은 자신이 아니라 군속 종자였다고 변명했고, 적군을 포함하여 모두가 약탈하기에 자신도 약탈했노라고 강조했다. 자신은 악마적인 용병이 아니라 윤리적인 군인이라는 것이다. 하겐도르프는 자신이 하사관 직무에 얼마나 적합한 인물인지 내세우고자 했을 것이다.[27]

정황 증거가 하나 더 있다. 하겐도르프의 연대기는 지극히 자아 중심적이다. 그는 가톨릭 진영의 연대기를 의도하지 않았음은 물론 바이에른군의 연대기를 시도하지도 않았고, 심지어 자신이 속했던 파펜하임 연대 및 뵈르트 연대의 기록을 작성하지도 않았다. 그의 기록에서 그의 군대와 연대와 중대는 배경과 맥락으로만 나타난다. 그는 소속 연대의 문장, 상징, 의례를 서술하지 않았다. 군대의 전술적 움직임 역시 우연적으로 나타난다. 당시의 연대기에 공통적인 공적 부분이 그토록 취약하기에, 그의 연대기는 연도별로 작성된 사적인 일기로 보일 정도다. 게다가 그의 글에는 사회적 정체성도 담겨 있지 않다. 감정적 일체감을 분명히 표현한 집단이 부재한 것이다.

이는 유발 하라리의 주장과 달리 군인 회고록의 일반적 형태가 아니다. 예컨대 로버트 먼로는 자신의 회고록을 "나의 친구들을 위하여" "그 기억이 결코 잊히면 안 되는, 시간이 흘러도 살아 있을 유구하고 탁월한 연대聯隊를 위하여" 작성했다고 썼다. 먼로는 심지어 그가 받든 구스타부스 아돌푸스 국왕을 "위험 속에 함께 있던 동지"로 표현했다.[28] 방금 그 인용은 전투와 그에 결부된 감정이 인간을 집단으로 구성한다는 점을 보여주는 것일 텐데, 하겐도르프는 그러한 전우애를 한 번도 표현하지 않았다. 그가 전우들의 도움을 받았음에도 불구하고 그렇다. 마그데부르크에서 총상을 입고 반쯤 죽어 누워 있을 때 부대원들이 그를 찾아와서 각각 1탈러 혹은 0.5탈러의 돈을 건네주었던 것이다.

왜 그는 이력서 속의 자아를 그토록 무감동한 인물로 내세웠던 것일까? 이는 그가 군인의 직무를 인간적 관계로서가 아니라 사무적인 업무로 내세우고자 했기 때문이었을 것이다. 이 문제는 17세기 전반기에 군대의 내적 구조가 질적으로 변화한 것과 관련된다. 중세 중기부터 프랑스혁명까지 병사는 기본적으로 용병이었다. 그러나 16세기에 용병 부대는 전근대적 사회 구성을 고스란히 복제하여 유사길드적인 단체로 작동했다. 용병 부대는 독자적인 부대명은 물론 독자적인 깃발과 상징 및 의례를 갖추었고, 사병들은 단체로 조직되어 장교단에 대하여 평의회적인 권한을 행사했다. 그리하여 대우와 급여와 규율과 징계에 대해서 장교는 단체로서의 사병들과 협의하고 동의를 구해야 했다. 이것이 30년전쟁에서 무력화되었다. 단체로서의 사병의 권리가 탈각되어, 이제 군인은 위계적인 관료제적 명령체계에 복종해야 했다.[29]

위계적이고 관료제적인 군대체계는 17세기 후반 이후 두드러진다. 그러나 30년전쟁에 이미 그 구조가 착근되기 시작했으니, 하겐도르프의 연대기 어디에도 장교의 결정에 사병들이 단체로 참여하는 경우가 발견되지 않는다. 물론 당시는 이행기였고, 따라서 단체적인 측면은 여전히 존재했다. 스웨덴군에 편입될 때 하겐도르프는 살아남은 부대원 9명과 함께 부대의 일부가 되었고, 바이에른 군대에 재편입될 때는 원래의 부대로 돌아갔다. 또한 스웨덴 군대에 편입된 직후에 그의 중대는 추위를 핑계로 연대를 따라가지 않다가 병사 7명이 탈영죄로 총살당했다. 1640년대가 되면 많이 변한 그가 나타난다. 상관의 곁을 추구한 것이다. 1642년 6월 그는 식사 때마다 자신을 식탁으로 불러 술과 음식을 함께 먹는 신임 대위에게 감읍하여 적었다. "신이시여 그가 장수하게 하소서. 그는 튀링겐 아른슈타트 출신의 디트리히 헤세입니다."[30] 전쟁의 경험이 쌓이는 가운데 하겐도르프는 새로운 군대체계에 적응해간 것으로 보인다.

결정적으로 중요한 것은, 하겐도르프가 새로 나타난 군대의 관료기구에서 활약했다는 사실이다. 군대의 위계적 관료화는 모병, 훈련, 막사, 규율, 보급, 의료 등에서 나타나는 법인데, 그는 규율과 의료 기구 두 분야에서 활동했다. 군법회의는 30년전쟁에 이르러 외부의 법률가를 포함시키고 병사들의 참여를 최소화한다.[31] 앞서 서술했듯이, 하겐도르프는 1641년 봄에 군법회의 판사의 보좌 배심원으로 일했다. 그리고 30년전쟁 초반만 하더라도 군대에 위생병은 있었지만 간단한 치료만 제공했을 뿐 부상병은 알아서 병치레를 해야 했다. 그러나 전쟁이 장기화되면서 특히 겨울에 요양원의 일부를 부상병들이 이용했는데, 군대 병원의 선구인 그 기관에서 하겐도르프는 무려 여섯 차례나 책임자로 일했다. 급여도 곱절로 받았다.

막스 베버가 강조한 대로, 관료화란 사물화된 지배체제요, 사물화된 지배는 문서와 위계에 입각한다. 하겐도르프는 새로운 체계에 최적화된 인물이었을 것이다. 그는 문서 능력에 비상한 관심을 기울인 병사였다. 처음 이탈리아로 넘어가자마자 그는 독이獨伊 사전을 구입했고, 부상병을 돌볼 때는 통계를 작성했으며, 아들 교육에 거금을 아끼지 않았다. 하겐도르프는 연대기를 통하여 그의 문서 능력을 과시하고 더불어 자신의 직무 적합성을 자랑하려 한 것이 아닐까. 기실 연대기의 사실적인 내용 자체가 행정적이고 관료제적이다. 그 결과로서

의식했든 의식하지 않았든 무감동한 하겐도르프가 표현되었던 것이니, 직무와 사적 감정을 구분하는 인간이 그려진 것이다. 사회적 관계망 속에서 직무를 위해 감정관리를 행하는 인간, 그런 인간은 노베르트 엘리아스가 문명화 과정의 결과로 출현했다고 강조한 '궁정인 courtier'이다. 하겐도르프라는 용병 병사에게서 궁정인이 식별되다니 이 얼마나 희한한 일인가.

하겐도르프가 이력서로 작성한 연대기는 휴지 조각이 되고 말았을까? 기대와 달리 전쟁은 재개되지 않았고, 따라서 그는 민간사회로 가야 했다. 그의 연대기를 연구한 한 역사가는 종전 이후의 삶이 밝혀지기 이전 시점인 1999년에 발표한 논문에서, 하겐도르프가 "평화에서는 살 수 없는" 인간이라고 썼다. 그가 전쟁을 기록한 이유도 그의 세계가 오로지 전쟁의 세계였기 때문이라는 것이다. 그러나 정반대였다. 2018년에 비로소 밝혀진 바, 하겐도르프는 민간인의 세계에서 더 잘 살 수 없을 정도로 잘 살았다. 그는 자신이 "내 아버지 나라"라고 칭한 마그데부르크 인근의 아주 작은 도시 괴르츠케로 귀환했다. 그리고 그 도시에서 판사와 시장으로 활동했다! 그가 죽었을 때 부유층만이 향유하던 값비싼 장례 설교문도 작성되었다. 어찌된 일이었을까? 군대에서 그가 보좌한 판사, 1641년 4월에 불구 신세의 두 번째 아내를 맡긴 "잘 아는 지인 판사", 아들을 맡겼던 교사, 그가 일했던 요양원 원장 등이 하겐도르프의 연대기를 읽었을까? 알 수 없다. 그의 경력에 도움이 된 것은 그의 인맥, 그가 군대에서 익힌 조직 능력, 그의 문서 능력이었을 것이다. 그러나 하겐도르프가 사물화된 지배의 시대에 적합한, 정치사회적 관계 전체를 조망하는 가운데 자신을 정립시키는, 감정관리에 능한 '개인'이라는 점 역시 결정적이었을 것이다.[32]

3
궁정인 하페의 분노

하페의 폭력 경험

실제 궁정인으로 살았던 사람은 하겐도르프가 아니라 이제 분석할 폴크마르 하페Volkmar Happe(1587~1659)이다. 하페는 튀링겐에 위치한 슈바르츠부르크 존더하우젠 백작령에서 1619년부터 1623년까지는 조세관으로, 그 후 1642년까지는 추밀원 위원 직위를 가진 지방장관으로 일했고, 1643년에는 대신으로 발탁되었다. 그의 출세는 봉건적인 상호 지원의 의무와 권리에 따른 것도 아니었고, 지역이나 신분을 대표해서도 아니었다. 그는 백작의 의지를 집행하는 대가로 봉급을 받는 진정한 의미의 공무원 관리였다.

하페는 포도주와 직물과 대청大靑 염료를 주종목으로 원거리 상업에 진출한 상업 부르주아 가문 출신이었다. 그의 아버지는 백작령에 위치한 그로이센시 참사원을 지냈고, 시장과 겹사돈을 맺었다. 딸 하나를 시장의 아들과 혼인시키고 넷째 아들인 하페를 시장의 딸과 혼인시켰던 것이다. 전형적인 도시귀족이었던 셈이다. 하페의 연대기는 중등학교 김나지움 시절인 1601년부터 시작되지만, 본격적인 기록은 관리로서 일한 1619년부터 1641년까지 걸쳐 있다. 1643년경에 하페는 그동안의 일기에 서문을 붙이고 일부 기록을 재정리하여 마무리했다. 무려 1,842쪽(921 Blatt)에 달하는 분량이다.[33] 참고로, 슈바르츠부르크 백작령은 북서 방향으로는 괴팅겐에 면해 있고, 동쪽으로는 마그데부르크와 가까우며, 남쪽으로는 에르푸르트와 수십 킬로 떨어져 있다. 백작령은 1918년까지 독립 제후령으로 존립하다가 1920년에야 튀링겐주에 편입된다.

하페의 업무는 다양했다. 그는 세금도 걷었고, 주화의 주조도 감독했으며, 귀족들 사이의 살인 사건을 백작의 법정으로 넘기고 형을 집행하기도 했고, 병사들을 이끌고 폭력범을 체포하기도 했으며, 백작의 재산을 관리하는 한편 백작령 영토의 피탈이나 영토 교환 협상에서 백작을 보좌하기도 했고, 백작의 피란을 돕기도 했으며, 백작의 재산을 피란시키거나 되찾아오기도 했고, 이웃 제후에게 급전을 빌리기도 했으며, 귀족의 사냥권 문제를 타결하기도 했고, 백작에게 자신을 음해하는 공격을 방어하기도 했으며, 자기 봉급을 깎은 백작의 마음을 돌려 원상회복시키기도 했고, 백작이 파견한 경비대를 관리하기도 했으며, 황폐한 백작령을 떠난 목사를 대신할 성직자를 구하기도 했고, 평화를 기원하는 예배를 주선하기도 했으며, 구스타부스 아돌푸스의 6일간의 숙영을 돕기도 했고, 숙영을 허락한 부대에 숙소와 음식과 마소와 군 장비를 제공하기도 했으며, 개신교 부대이건 가톨릭 황제군이건 가리지 않고 쳐들어오는 군대의 폭력을 수습하기도 했고, 부대의 점령이나 폭력적인 숙영을 대신하여 납부하는 기여금 협상을 벌이고 또 기여금을 조달하기 위한 전쟁세를 산정하고 배분하고 걷기도 했다. 그는 진정 고위 관리였고 궁정인이었다.

　그런 그의 감정을 검토하기 전에 폭력 경험부터 살펴보자. 기존 연구에서 30년전쟁의 피해가 과장되었다고 주장하는 일부 역사가들은 전쟁에서 피해를 겪지 않은 지역이 적지 않았다는 것 외에, 피해를 입은 지역조차 세금을 낮추기 위해서 피해를 과장되게 보고했다고 주장했다.[34] 그런 주장은 하페의 연대기를 십여 쪽만 넘겨보아도 즉시 무너진다. 폭력이 그야말로 난무했기 때문이다. 그중 일부를 발췌하는 것조차 무의미해 보일 지경이어서, 필자는 하페가 관리하던, 백작령의 약 3분의 1에 달하는 지역에서 발생한 폭력 건수를 단순히 세어보았다. 아래 도표에 총괄된 폭력의 발생 건수에는 병사들의 폭력 외에

〈1623~1641 폭력발생 건수〉

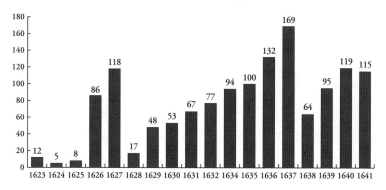

도둑 기사들이나 강도들의 폭력은 물론 기여금 납부와 농민들의 저항 폭력도 포함된다.

도표를 보면 심한 경우 백작령에서 이틀 혹은 사흘에 한 번 폭력이 발생했음을 알 수 있다. 그때 파괴된 인명과 재산과 건물이 얼마나 되었든, 하루가 멀다 하고 찾아오는 폭력의 빈도수 자체가 너무나 많았고, 그 경험은 하페가 끊임없이 사용한 표현으로는 "말로 할 수 없는" 것이었다.

백작령에서 벌어진 폭력은 근본적으로 백작령의 힘이 약하기 때문이었다. 그러나 30년전쟁의 전선이 독일 동북부에서 남서부로 형성되면서 튀링겐 지방이 '30년전쟁의 회랑', 즉 군대 이동 통로의 한 가운데 위치했던 것이 더욱 결정적이었다. 지리적으로 백작령은 오가는 군대의 손쉬운 먹잇감이 되었던 것이다. 개신교에 속하던 백작령은 황제군의 위세가 절정에 달한 1620년대 중후반에 황제군의 침탈에 자주 시달렸다. 그러다가 1631년 초 개신교 방어동맹에 참여하면서 틸리와 파펜하임이 이끄는 황제군의 본격적인 침략을 받았다. 불행하게도 이때 제대로 저항하지 못하자 그것을 이유로 이웃에 위치한 개신교 진영의 작센 선제후가 지배권을 행사하며 폭력과 약탈을 자행했고, 이는 또다시 가톨릭 파펜하임 부대의 공격을 불러왔다.

백작령에서 병사들이 벌인 폭력 행위 중에서 가장 끔찍했던 장면 하나만 적어두기로 한다. 1626년 5월 말 황제군 소속의 헝가리 병사 1,500명이 나타났다. 6월 초에 괴질까지 발발한 상태에서 병사들은 마을 촌장을 쏴 죽이고, 백작의 직영지를 약탈했으며, 여자들을 납치했다. 6월 12일 한 여성이 총에 맞고 나흘 뒤에 사망했다. 6월 18일 하페는 들판에서 여섯 살 정도로 보이는 그 여성의 "가련한 아이"가 죽어 있는 것을 발견했다. 엄마보다 이틀 일찍 피살된 듯, "총알 두 발이 오른 다리를 꿰뚫었고, 다른 한 발은 아이의 몸통을 관통했다.……시체가 발견되기까지 거의 8일 동안 뜨거운 더위의 밭에 놓여 있었던 탓인지 온몸이 햇빛에 검게 구워져 있었다. 오른 다리는 개들이 무릎까지 먹어버렸다. 나는 시체가 들판에 누워 있는 것을 직접 보았다. 너무나 애통한 광경이었다. 나는 그 불쌍한 아이를 관에 넣어 에벨레벤 묘지에 매장하도록 했다." 이는 극단적일지언정 예외적인 경우는 아니었다. 같은 해 12월 3일 황제군 소속 경비병이 그로이센 성문 앞에서 "한 불쌍한 여자를 강간하고 죽인 뒤에 나체 시신을 말구유에 던져버린" 일도 있었다.

병사들의 폭력은 농민과 도시민에게 국한되지 않았다. 하페의 주군인 크리스티안 귄터 1세도 폭력의 희생자였다. 직영지의 곡물과 과일과 양과 말이 강탈당한 일은 부지기수였다. 심지어 백작의 몸에도 폭력이 가해졌다. 1636년 11월 4일 오후 2시 스웨덴군 병사들이 백작의 에벨레벤 성에 난입했다. 병사들은 "관저 전체를 약탈했다. 약탈한 말만 해도 150마리가 넘었다. 그리고 그들은 나의 은혜로운 주군 크리스티안 귄터 백작의 옷을 벗기고, 몸에 대검과 권총을 겨눴다. 나는 그들에게 46제국탈러의 돈을 건네서 주군을 구했다. 그들은 내게도 말 다섯 마리를 빼앗고 2천 굴덴 가치의 물건을 강탈했다. 그들이 성을 떠나자마자 다른 병사들이 들이닥쳐 3시간 동안 약탈했다. 나의 은혜로운 주군과 주군의 아들 안토니우스 귄터와 나는 홀츠주슈스라 마을까지 걸어서 갔다." 하페는 7년 뒤인 1643년에 그동안의 기록을 정리하며 붙인 서문에서 그날을 되돌아보았다. 그때 "나의 은혜로운 주군께서 신을 모르는 병사들에 의하여 옷을 벗기고, 가련하게도 걸어서 그 도시를 빠져나가야 했다." 당시 옷을 벗기는 것은 대표적인 상징폭력이었다. 옷은 신분을 가장 가시적으로 나타내주는 수단이었기에, 옷을 벗기는 것은 당사자로부터 신분을 박탈하는 행위였다. 백작이 말을 타지 못하고 걸어가야 했던 것도 마찬가지였다.

그날은 하페의 가족사에서도 최악의 날이었다. 그날 하페는 딸 하나와 아들 하나를 서둘러 피신시켰지만, 아내와 다른 자식 다섯은 성에 남겨야 했다. 장남이 병사들에게 붙잡혔다. 병사들은 그에게서 400탈러 가치의 보석을 빼앗고, 옷과 모자를 벗기고 가혹하게 학대했다. 아들의 불행은 그것으로 끝나지 않았다. 어머니 및 동생들과 함께 성을 빠져나온 그는 피란길에서 아버지 하페를 만났다. 하페는 아내와 다른 자식들은 인근에 위치한, 용병 하겐도르프가 몇 달 동안 부상병 책임자로 근무하기도 했던 뮐하우젠으로 보냈으나, 큰아들은 옷을 갈아입힌 뒤 병사 두 명을 딸려서 프랑켄하우젠으로 보냈다. 그러나 아들 일행은 길에서 무장강도 떼를 만났다. 강도들은 아들을 강제로 말에서 동댕이치고 지니고 있던 모든 것을 빼앗았다. 얼마나 놀랐던지 아들에게 폐질과 수종이 발병했다. "단 한 시간도 아프지 않은 때가 없이" 앓던 아들은 11월 26일에 죽고 만다.

딸도 무사하지 못했다. 1640년 4월 28일 참회절을 맞아 백작령 전체가 금식하고 참회 예배를 드리던 날 정오, 1천여 명의 스웨덴군 병사들이 백작의 궁정이 위치한 존더하우젠에 난입했다. 그들은 약탈하고 방화하고 살해했다. 1백여 채의 건물이 불탔다. 그 와중에 하페의 둘째 딸이 크게 놀라 다른 여자들과 함께 성을 빠져나와 숲으로 도망쳤다. 그러나 그곳에는 스웨덴군 병사들이 대기하고 있었다. 군인들은 "내 딸과 다른 모든 여자들의 겉옷을 벗기고 속옷 차림으로 있게 했다. 신께 감사하게도, 손상되지 않은 딸을 나는 성으로 데려왔다." "손상되지 않은"이라는 표현은 강간당하지 않았다는 뜻인데, 그날 많은 여성이 강간을 당했다고 하폐가 썼으니만큼 딸이 무사했는지는 알 수 없는 노릇이다.

하폐 자신도 여러 번 강도를 만났다. 1630년 5월 중순, 전쟁 업무차 이웃 도시에 갔다가 돌아오는 길에 7명의 강도가 마차에서 최고의 말을 강제로 떼어냈다. 다행히 더 이상의 손실은 없었다. 1634년 9월 중순에 에르푸르트로 가다가 노상강도를 만났으나 격퇴했다. 1636년 3월 말에는 뮐하우젠에 피란 가 있던 아내와 자식들을 데리고 귀가하던 "도중에 끔찍한 일이 발생했다. 중무장한 병사 한 명이 나에게 총을 쐈다. 그러나 신께서 나를 보호하셨다." 하폐의 아내와 자식들은 총 열 번 피란길에 올랐다. 하기야 하폐가 모시던 백작조차 일곱 번이나 피란을 갔다. 하폐 부부는 아들 다섯과 딸 넷을 얻었는데, 그중에서 아들 둘과 딸 하나가 죽었고, 사산한 자식이 두 명이었다.[35)]

모든 감정을 다 표현한 하폐

백작과 추밀원 위원이 저런 시절을 보냈다면, 백작령의 민중들이 겪은 고통은 어떠하였겠는가. 그 막대한 폭력 경험 속에서 하폐는 무엇을 느꼈을까? 궁정인인 그는 냉정했을까? 정반대였다. 하폐는 연대기에 감정을 말 그대로 쏟아부었다. 그는 공포, 걱정, 슬픔, 아픈 마음, 무거운 마음, 한탄, 기쁨, 연민, 오만, 적대감, 치욕 등의 명사를 사용했다. 그는 대문자를 제대로 사용할 줄 알았고, 헤베를레와 하겐도르프보다 훨씬 많은 단어를 구사했으며, 무엇보다도 표현이 무척 다채로웠다. 그는 보다 섬세한 감정구조를 갖춘 인물이었다.

감정어의 용례는 헤베클레와 비슷했다. 첫째, 감정은 영혼의 동요였지만 동시에 신체적인 움직임이었다. 공포감은 이미 설명한 대로 심장의 움직임을 함축했다. 슬픔을 가리키는 "침울Betrübnis"도 마찬가지였다. 그 단어는 근대 초에 멜랑콜리 환자의 상태를 표현하는 데 사용되기도 했는데, 당시 멜랑콜리는 신체적 함축이 강했다. "아픈 마음Hertzleiden"은 그야말로 심장이 아픈 상태를 뜻했고, "무거운 마음Schwermuth"은 멜랑콜리 때문에 은퇴하게 된 동료 공무원의 심신을 가리켰다. "한탄Wehklagen" 역시 아픔을 동반하는 슬픔을 가리켰다.

둘째, 감정은 물리적 현실과 결합되었다. 하페는 1622년 말에 그해가 "커다란 슬픔으로 끝났다"고 적었는데, 바로 그 직전에 군대가 농민 수백 명을 때려죽인 일이 발생한 터였다. 1633년 11월에는 하페가 관저를 비운 사이에 황제군 병사들이 난입하였다가 하페가 없자 그 대신 "가련하고 죄 없는 목사의 몸을 망치로 사정없이 내리쳐서" 죽게 만들었다. 그때 하페는 시신 앞에서 "눈물을 하염없이 쏟으며 나의 연민을 표시했다."고 적었다. 때로는 감정 자체가 심지어 물건처럼 표현되었다. 1628년 여름에 기여금을 내지 않아도 된다는 소식을 듣고 하페는 "가슴으로 기뻐하다"가 추후 돈을 내게 되자, "그 기쁨을 물에 내던지게 된다."고 썼다. 세심하게 살펴보아도 상황과 무관하게 자신의 내적인 상태를 지시하는 감정어는 발견되지 않는다. 다만 특정한 '시간 전체'를 슬픔으로 정의하는 경우는 심심치 않게 발견된다. 1623년 여름에 아내와 자식들을 피신시킨 뒤 하페는 혼자 있게 된 기간을 "이 우울한 시간"으로 표현했고, 1625년 말과 1629년 말에는 일년 전체를 "슬픈 한 해" "극히 슬픈 한 해"로, 전쟁 전체를 되돌아볼 때도 "지극히 힘들고 위험하고 우울하고 고통스런 시간들"이라고 표현했다.[36] 감정이 부분적으로나마 물리적인 직접성으로부터 벗어나고 있었던 것이다.

셋째, 감정은 물리적 행위 능력을 보유했다. 1632년 10월 파펜하임 부대가 백작령 인근을 공격했을 때, 하페는 에벨레벤 주민들이 공포 때문에 피란길에 올랐다고 썼고, 그 부대가 에르푸르트로 향하자 에르푸르트 시민들이 큰 공포에 사로잡혀 방책을 축조했다고 적었다. 하페가 1640년 5월에 다섯 구의 시체를 매장해야 했을 때는, "의심할 나위 없이 일부는 경악감 때문에 죽었다."고 썼다. 1636년 11월 초에 발생한 스웨덴군 병사들의 에벨레벤 관저 습격 사건을 서술할 때도 하페는 병사들에게 공격당한 아들이 "공포감 때문에 죽었어도 놀랄 일이 아니었다."고 표현했다.

넷째, 하페의 연대기에서 감정은 상황으로부터 독립하지는 않았지만 규범으로부터는 완연히 독립했다. 이것이 하페가 헤베를레 및 하겐도르프와 다른 점이고, 또한 감정사의 결정적 장면이다. 특히 공포 Furcht 감정이 그랬다. 하겐도르프는 그 단어를 아예 사용하지 않았고, 헤베를레도 극히 꺼렸다. 필자는 하페의 연대기에서 그 단어의 출현 빈도를 세다가 포기했다. 너무 많아서였다. 문자 그대로 셀 수 없이 많이 사용되었던 것이다! 더욱이 놀랍게도 하페는 '신적인 공포 Gottesfurcht'라는 단어를 자신과 아들의 교육에 관련해서만 사용했다. 공포 감정이 당시에도 여전히 신적인 공포가 아니면 예종적 공포일 수밖에 없음에도 불구하고 하페는 공포라는 단어를 거침없이 사용했던 것이다. 그가 순애적 공포와 예종적 공포의 구분을 몰랐다고 가정하는 것은 불가능하다. 더욱이 하페의 연대기에서 공포는 부정적인 대상에 한정되지 않았다. 하페는 병사들과 전쟁 때문에 고통을 겪게 된 모든 상황에 대하여 그 단어를 사용했다.

하페 연대기의 편집을 총지휘한 한스 메딕이 이와 간접적으로 관련되는 설명을 제시했다. 메딕은 1634년 11월과 12월에 하페가 아들과 딸이 하필이면 자신의 종교인 개신교 스웨덴 부대에 의하여 죽고 강간당할 위험에 처하고 거주지인 존더하우젠, 즉 "특별한 집Sonderhausen"이 "살이 벗겨지는 집Schinderhausen"으로 변한 것을 목도한 뒤에 신에 대한 신뢰를 잃게 되었다고 주장했다. 그 때문에 그 직후 하페가 연대기에 가까운 장래에 "최후심판이 올 것이다"라고 썼고, 그 후의 연대기에서 전황을 종교적으로 독해하지 않았다는 것이다. 메딕에 따르면, 그 과정을 통하여 하페는 현실 업무에 집중하는 합리적 세계관을 갖게 되었으며, 종교적인 섭리 질서로부터 분리되어 자신을 "독립적인" 존재로 자리매김하게 되었다는 것이다.[37]

필자는 메딕의 해석에 대략만 동의한다. 1634년 말 이후의 연대기에는 실제로 신에 대한 언급은 풍작, 축제 및 예배의 거행, 세례, 장례와 같은 관례적인 상황에 한정되어 나타난다. 신이 더 이상 절실한 감정을 표출하는 통로가 아니게 된 것이다. 그러나 최후심판을 언급한 것이 세속화의 계기로 간주될 수는 없을 텐데, 진짜 증거는 최후심판을 언급하기 직전인 1634년 12월 7일의 기록에서 발견된다. "가혹한 전쟁의 압력에 의하여 우리는 숨이 멎는 듯한 공포감에 사로잡혔고……모든 곳에서 곡소리가 들리니, 우리가 피눈물을 흘리고 있고, 하늘에서도 땅에서도 아무런 도움이 오지 않으며, 돈에 굶주린 병사들에게는 연민이 없다." "하늘에서도" 도움이 오지 않는다는 절규에서 세속화의 계기를 발견할 수는 있을 것이다. 그러나 메딕이 빠뜨린 것은, 하페가 1643년에 그동안의 기록을 정리하면서 서문을 붙였을 때 말끝마다 신을 언급했다는 사실이다. 하페는 그가 교육을 받은 것, 공무원이 된 것, 추밀원 위원이 된 것, 병사들이 그와 백작의 옷을 벗기는 죽음의 위험 속에서도 자신이 살아남은 것, 궁정대신에 임명된 것 등, 생애사의 모든 결정적 장면에서 재삼재사 신의 도움에 감사를 표했다. 이는 쓰는 자아가 범한 한때의 신성모독을 쓰인 자아가 봉합하는 장면이 아니겠는가.

하페는 또한 1643년의 정리 작업에서 '슬픔'이라는 단어도 사용했다. 그는 1634년 11월의 사건을 설명하는 가운데 그의 가족이 "은혜로운 주군과 함께 커다란 슬픔을 갖고 야밤에 코일라까지 걸어갔다."고 썼다. 1632년 1월 초에는 파펜하임의 군대가 접근하였기에 주민들이 새해를 "커다란 경악감과 슬픔을 갖고" 맞이했다고 썼다. 금기어였던 분노는 어떠하였을까? 헤베를레 및 하겐도르프와 마찬가지로 하페는 그 단어를 단 한 번도 사용하지 않았다. 그러나 중대한 차이점이 있다. 앞에서 살펴본 바와 같이, 헤베를레는 분노를 함축할 만한 '사악한'이라는 형용사를 악화라는 돈을 수식할 때 사용했고 병사에 대해서는 책의 인용문으로 갈음했다. 그와 달리 하페는 그 형용사를 병사들을 수식하는 데 직접 사용했다. "사악한"은 약과였다. "신을 모르는"조차 약과였다. "수치스러운" "비겁한" "잔인한" "끔찍한" "살인적인" "신을 모르는, 사악한"까지도 약과다. 그는 전쟁, 병사, 강도, 궁정 음모꾼들을 "악마적인" "악마 들린" "영원히 저주받은" "악마 들린, 영원히 저주받은, 경박한"이라고 수식했다. 한두 번이 아니라 여러 차례 그랬다. 그는 문장으로도 분노를 표현했다. 1636년 4월 초 부활절 즈음에 병사들의 폭력이 멈추지 않자, "사랑의 부활절을 거역하는 너무나 가련하고 말로 표현할 수 없고 고통스러운 상황이다. 악마가 우리를 삼켜버리려 하는 듯 날뛰고 있다."고 썼다. 때로는 "신이시여 복수하소서."라고 쓰기도 했다.

부정적인 감정어의 거리낌 없는 사용은 하페가 얼마나 감정 표현에 적극적이었는지 보여준다. 사실 그의 연대기에는 감정이 흘러넘친다. 그는 1623년 여름 백작령에 최초의 폭력 사태가 발생하자 적었다. "오 너 고귀한 평화여, 너는 어디로 날아갔는가." 1625년 말에 황제군 부대가 백작령에 도착하자, 그것이 "우리의 한 해를 슬픈 한 해로 만들었고, 그해에 모든 노래가 입을 떠나고 많은 사람의 볼에 눈물이 흘러내렸다"고 썼다. 1629년 황제의 가톨릭 재산 회복 칙령을 가리켜서는 "피눈물로 울어야 하는 최고의 불행"이라고 썼다. 1634년 9월 작센의 베른하르트 군대가 패전하고 돌아오자 "그 가련한 악마들의 한심한 행색이 버터에서 나온 파리 꼴"이라며, 신이 "가혹하게 처벌한 것"이라고 고소해 했다. 그로부터 두 달 뒤 스웨덴 병사들의 폭력을 겪은 뒤에 그는 "우리 편 병사들도 제멋대로 날뛰고 있다. 그들은 오랫동안 범죄를 저지른 죄의 무리이고, 그들의 몸과 영혼은 멸망할 것이다. 우리 편 군대에게 행복은 더 이상 없다. 우리 편에는 경건성과 존중심과 정직성도 더 이상 없다. 죽이고, 강탈하고, 도둑질하고, 빼앗고, 강간하고, 매춘하고, 남색하는 것이 우리 편 군인들의 기사도적인 무용이자 미덕이다." 하페의 연대기는 절규문이고 통곡문이다.

아들의 죽음에 대한 서술도 마찬가지였다. 아버지와 어머니, 그리고 딸이 사망했을 때 하페는 정중하지만 담담한 내용을 한 페이지 분량에 담았다. 그러나 그가 "나의 가장 사랑하는 장남"이라고 칭한 아들의 "너무나 아프고 가슴을 부수는 슬픈" 죽음에 관해서는 무려 26 페이지를 썼다. 하페는 아들의 출생과 성장과 교육의 대목들을 하나하나 짚어가며 아들의 삶을 길게 기술했다. 더불어 그는 다른 17세기 루터파 신도들과 마찬가지로 그 아들이 임종에서 어떻게 경건한 '죽음의 기술'을 실천했는지도 서술했다. 임종의 순간을 서술한 문장은 그의 감정을 직접적으로 표현한다. "11월 22일 저녁 8시 큰 고통을 견뎌낸 그가 나, 즉 그의 아버지를 오게 하여 내게 매우 이성적인 이별을 고했고, 그의 어머니와 다른 아이들에게도 작별 인사를 했다. 나의 아버지 심장이 깨지는 듯했다." 가족의 죽음이라고 모두 같지는 않은 법, 그는 가장 슬픈 죽음을 가장 슬프다고 표현한 것이다.[38]

유의할 점은 하페가 그토록 감정적인 기록을 "튀링겐 언대기 Chronicon Thuringiae"로 칭했다는 사실이다. 사적인 감정을 적나라하게 표출한 기록을 공적인 연대기로 간주한 것이다. 하페 역시 자신의 연대기가 식자층에게 읽히리라 예상했고 또 실제로 읽혔던 것으로 보인다. 그렇지 않았더라면 1720~30년대에 예나대학 법학교수가 그의 연대기를 소장하게 되고 또 대학 도서관에 기증하는 일은 없었을 것이다. 다시 말해서 하페는 공공성을 의식한 연대기에 자신의 감정을 공공연하게 드러낸 것인데, 이는 근대 초의 감정 레짐과 완전히 어긋난다. 앞서 지켜본 바, 근대 초에 인간은 공적인 기록에서는 감정을 최소화하고 사적인 편지 등에서 상대적으로 다소 자유롭게 감정을 표출할 수 있었다. 이제 바뀐 것이다. 대단히 자유로운 감정 표현이 공적 문서에 데뷔한 것이다. 기존의 감정 레짐이 무력화된 것이다. 이 역시 감정사의 결정적 장면이다. 1670년대에 이르면 감정이 특히 프랑스에서 출간된 소설과 인간학 서술에서 독립적 가치로 설파되기 시

작하는데, 하페의 연대기는 그 전조가 30년전쟁의 와중에 출현했다는 것을 보여준다.[39]

하페의 '우리'는 누구였을까

이제 한 문제만 더 규명하기로 하자. 우리는 감정이 공동체를 형성한다고 전제했다. 하페는 어떤 공동체를 구성하고 참여했을까? 다른 역사가의 의견을 들어보자. 한스 메딕의 총괄 기획 하에서 하페 연대기를 실제로 편집한 안드레아스 베어는 17세기 감정사 연구에 대단히 중요한 기여를 한 역사가이기도 하다. 그는 하페의 연대기를 근대적 자아의 출현이라는 문제의식에서 읽으면서 하페의 개인이 직함과 가족으로 환원된다고 주장했다. 하페가 연대기에서 무수히 발화한 "우리"는 하페를 복수複數의 일부로 위치시키는 것으로써 하페를 개인이 아니라 '사회적인 인간person'으로 정립시켰다는 것이다. 한스 메딕과 정반대의 주장을 펼친 셈인데, 동의하기 어렵다. 하페의 연대기에서 가족과 공적 업무가 중심을 차지하는 것은 사실이다. 그러나 이는 당대의 일기가 공적인 세계와 가족의 일을 기록하는 것이었기에 동어반복에 불과하다. 더욱이 큰아들의 죽음에 대한 하페의 애도 표현은 가족에 대한 그의 감정이 구성원별로 달랐음을 보여준다.

공적 업무에 대한 기록에서도 균열이 발견된다. 하페는 주군을 존중했다. 그는 백작을 호명할 때 "나의 은혜로운 주인 슈바르츠부르크 존더하우젠 아른슈타트의 크리스티안 귄터 2세"라는 호칭을 단 한 번도 빠뜨리지 않았다. 백작의 지시를 거스른 일도 없었다. 그러나 감정적으로 하페는 백작과 동일시하지 않았다. 힘의 문제가 가장 큰 이유였지만, 하페의 백작은 병사들의 난행에 너무나 무기력했다. 영내에 병사들의 폭력이 발생하면 부대장에게 호소하는 것이 대응의 전부였다. 백작은 종교적으로나 전략적으로도 날카롭지 못했다. 백작은 30년전쟁 초반에 가톨릭에서 개신교로 개종했으나, 전쟁 중에 새로 얻은 부인은 가톨릭이었다. 그리하여 1629년 여름에 영내로 난입하는 부대를 피해 이곳저곳으로 피란을 다니다가 한계에 부딪쳤다. 그때 하페는 적었다. 이제 "그가 어디로 가야 할지 알 수 없다." 1628년 1월 말에 영내에 괴질이 발생하여 하루에 수십 명이 병상에 눕거나 죽어갔다. 결국 백작 가족이 피란길에 올랐다. 그때 하페는 적었다. "그러나 나는 여기 남아야 했다." 열흘 뒤에 하페는 병에 걸린다.

위 문장의 행간에 깔려 있는 적막감은 분명 주군에 대한 실망감이다. 더욱이 하페는 궁정에 대하여 대단히 분노했다. 그도 그럴 것이, 그는 모두 여섯 차례나 궁정 관리와 귀족들이 꾸민 음모의 목표물이었다. 하페는 1643년에 그동안의 일기를 정리하고 붙인 서문에서 자신이 조세관으로 처음 발탁된 1619년 11월에 아버지가 들려준 우화를 적어놓았다.

형제가 있었다. 하나는 시민의 조용한 삶을 살았고, 다른 하나는 궁정 추밀원 위원이 되었다. 어느 날 궁정인이 형제 집을 방문했다. 밥상 위에 놓인 소찬을 본 그가 말했다. "형제여, 내가 궁정으로 데려가겠네. 그곳의 음식은 달라." 형제가 답했다. "사랑하는 형제여, 나는 신과 법에 어긋나게 주인에게 아첨만 해야 하는 수치스러운 종복 궁인이기보다 오히려 자유 속에서 소박한 음식을 기꺼이 먹으려네. 궁정에서 먹는 한 입 과자는 허망하고 영원한 타락의 사탕발림이야." 하페는 덧붙였다. "나는……당시 젊은 나이여서 그게 무슨 뜻인지 잘 몰랐다. 그러나 신의 부르심으로 궁전에 가게 되어 신을 모르는 패덕을 경험한 뒤, 나는 결단코 그곳으로 가지 않게 되기를 가슴으로 바랐다. 신이시여, 오 신이시여, 예수 그리스도의 이름으로 비오니 제발 명예롭게 끝나게 하소서, 아멘, 아멘, 아멘."

하페는 도시귀족 출신의 지식 부르주아이고, 대학 졸업 이후 잠깐 가업인 원거리 교역도 돌보았다. 궁정 및 귀족과 동일시하지 않았다면 하페의 '우리'는 도시 혹은 부르주아였을까? 하페는 기이할 정도로 도시와 시민 신분에 대하여 말을 아꼈다. 연대기 어디에도 도시에 대해 별도로 기록하지 않았음은 물론 도시민의 움직임에도 별반 주의하지 않았다. 그래서 도시가 병사들의 폭력에 어떻게 집단적으로 대응했는지 잘 나타나지 않는다. '시민Bürger'이라는 표현 역시 드물게 사용되었다. 시민이 겪은 폭력은 시민 신분이 겪은 폭력이 아니라 해당 공간에서 발생한 폭력으로 기록되었다. 왜 그는 시민 신분에 유의하지 않았을까? 어쩌면 그가 시민 부르주아의 일부라는 것이 너무도 자명한 것이어서 굳이 표현할 필요가 없었을지도 모른다. 실제로 그는 자신을 "시민 신분"이라고 표시했다. 그러나 감정은 무의식 차원에서도 작동하는 법, 왜 감정 차원에서 그의 정체성이 시민으로 나타나지 않았을까?

농민이 겪은 폭력에 대한 그의 표현을 살펴보면 그 문제가 간접적으로 설명된다. 물론 농민은 가장 많은 폭력에 노출된 집단이었다. 도시는 약하더라도 시벽이라도 있었지, 농촌은 그야말로 무방비였다. 헤베를레의 기록은 이를 여실히 보여주었다. 따라서 하페의 연대기에 농민이 가장 많이 등장하는 것은 자연스러운 일이다. 그러나 자연스럽지 않은 것은, 하페가 폭력에 노출된 농민을 언급할 때 거의 언제나 '불쌍한arm'이라는 형용사를 사용했다는 사실이다. 그 뜻도 '가난한'이라기보다 '불쌍한'이었다. "남김없이 약탈을 당한 터에 기여금을 위해 세금까지 내야 하는 불쌍한 농민", "세금을 내지 못해서 재산을 차압당한 불쌍한 농민", "슬픈 부활절을 맞이한 불쌍한 사람들", "우리의 불쌍한 사람들" 등은 연대기를 몇 페이지만 넘겨 보아도 등장하는 표현들이다.

놀라운 것은 그 농민이 결코 수동적이지 않았다는 사실이다. 헤베클레의 기록과 확연히 다른 점이 바로 이것인데, 하페 연대기 속의 농민들은 병사들을 빈번히 죽인다. 병사들의 약탈과 폭력이 본격화된 1626년 5월과 6월에는 농민들의 대항폭력이 특히 격렬했다. 예컨대 그해 6월 19일 농민들은 황제군 기병 23명을 쏴 죽인 뒤 옷을 벗기고 내장을 꺼내 물에 던졌다. 같은 날 다른 마을에서는 무려 대위가 농민들에게 사살되었다. 가히 농민전쟁이라 칭해도 될 만했다. 6월 29일에는 병사들이 농민들의 가축을 강탈하려 하자, 농민들이 종을 치고 교회로 몰려가 방어에 돌입했다. 그러자 숲에 남아 있던 부대가 가세하여 목사와 농민 10여 명을 사살했다. 묘한 것은 하페의 반응이다. 안드레아스 베어가 붙인 주석에 따르면, 백작은 그해 6월 30일에 황제군 병사들에 대한 신민들의 공격을 금지했다. 놀랍게도 하페는 그 사실을 연대기에 적어놓지 않았다. 두 가지 추측만 가능하다. 하페는 백작이 농민의 고통을 모르는 나쁜 군주로 기록되기를 원하지 않았거나, 농민들을 질서를 깨뜨리는 나쁜 신민으로 기록하기를 원하지 않았을 것이다. 물론 그 두 가지 모두 농민들에 대한 하페의 공감을 전제한다.[40]

그 후 잠깐 농민들의 대항폭력은 주춤하지만, 곧 다시 살아나 전쟁 내내 병사들에게 맞선다. 그리고 저항이 보다 체계화되어갈수록 병사들을 죽이기보다 쫓아내는 데 성공한다. 그런 농민들을 하페는 예외 없이 "불쌍하다"고 표현했던 것이니, 하페가 그들에게 감정적으로 동일시한 것은 분명해 보인다. 그렇다면 하페의 공감은 가부장적인 온정주의적 동정심이었을까? 농민들 상당수가 예속민이던 그 시절에 농민에 대한 상층 엘리트의 공감이 가부장적이지 않을 수는 없다. 그러나 하페의 공감은 신분을 깨뜨리지는 못할망정 웬만큼 넘어서고 있었다. 조세관이 되어 아버지의 우화를 들었지만 당시에는 궁정의 생리를 몰랐다고 설명한 그 장면에서, 하페는 "나는 농민과 시민 신분으로 교육받은 젊은 사람"이어서 그랬다고 썼다. 도시귀족 출신의 고위 관리가 자신이 시민 신분 외에 '농민' 신분에 속한다고 쓴 것이다! 그의 할아버지와 아버지가 농지를 보유했던 것은 사실이다. 그러나 원거리 교역을 하는 상인이, 게다가 도시귀족이 농민일 수는 없는 일이다. 따라서 하페의 표현은 전쟁으로 농민에 대하여 갖게 된 공감을 지시하는 것으로 보아야 한다.

물론 하페의 공감은 그가 전쟁 중에 농민과 공유한 폭력 경험 때문일 것이다. 그러나 폭력 경험의 공유가 곧바로 공감으로 진행되리라는 법은 없다. 문제는 경험의 문화적 해석이기 때문이다. 그는 기존의 감정 레짐으로 자신의 경험을 성찰한 결과 그것을 견지할 수 없었던 것이고, 그래서 금지된 감정어를 자유롭게 발화하는 감정 실천을 행한 것이다. 그리고 감정 실천이 발휘하는 역동성은 그가 겪은 체험의 의미를 새로이 수립하고 자아를 새로이 정립하도록 해주었을 것이다. 그가 감정 실천으로 비난한 대상은 병사들과 궁정인과 귀족 그리고 심지어 자신의 제후였고, 그가 감정 실천으로 공감을 표현한 대상은 농민이었다. 다시 말해서 언어적 감정 실천을 통하여 그는 신분질서와 절대주의 궁정에 대한 비판적 자아를 정립시키는 동시에 농민과 공감할 수 있었고, 그렇게 하여 자기 시대를 뛰어넘는 '개인'이 되었던 것이다. 물론 신성모독을 사후적으로 봉합하는 장면에서 드러나듯 하페의 자아는 여느 시대 여느 사람의 자아와 마찬가지로 울퉁불퉁한 자아였다. 그러나 전쟁폭력의 경험, 지배적 감정 레짐으로부터의 이탈, 신분사회 이후 새로이 구성해야 할 도덕공동체는 서로가 서로에게 원인과 결과가 되어 하페를 새로운 시대의 징후로 만들었다고 할 것이다.

.3.
경건주의 목사들의 형제애와 분노

30년전쟁 이후 오히려 낙관적이었던 사람들

30년전쟁은 그토록 끔찍했으나 당대인들은 유별난 중요성을 부여하지 않았다. '30년전쟁'이라는 용어는 전쟁의 와중에 나타났지만 그 전쟁 자체가 18세기 중반까지 별반 언급되지 않았다. 30년전쟁을 처음으로 독일사의 획기적인 사건으로 의미화한 주요 인물은 프리드리히 실러였고, 그 의미가 확고해진 때는 19세기 중반이었다. 1850년대에 인기 작가 구스타프 프라이타크가 프로이센을 불사조에, 30년전쟁을 프로이센을 단련한 화염에 비유했던 것이다.[1] 끔찍한 현실과 재빠른 망각은 과거를 교훈의 사례로만 간주하던, 그리하여 '단일한 과정'으로서의 역사가 아직 출현하지 않았던 근대 초의 역사 인식을 반영하는 것일 테지만, 현실과 표상의 그 선명한 격차는 그 자체로 뭔가 말해줄 것이다. 그런데 우선, 그 참혹했던 전쟁의 일상은 당대의 독일인들에게 어떤 영향을 주었을까? 이 질문을 대할 때 당장 떠오르는 단어는 전쟁 트라우마일 것이다. 그러나 트라우마가 병으로 인정된 때는 1970년대 후반이었다.

실제로 30년전쟁의 트라우마를 본격적으로 언급한 최초의 연구는 1984년에 출간되었다. 전근대 시기 유럽인들의 일상 연구에 커다란 족적을 남긴 독일의 역사가 아르투르 임호프는 그 연구에서 전쟁의 참화를 겪은 남서부 지역의 소도시 가벨바흐와 전쟁으로부터 면제된 북동부 지역의 도시 헤젤의 유아사망률과 1년 이상 생존율을 비교했다. 헤젤의 유아사망률이 13퍼센트이었는데 반하여 가벨바흐의 유아사망률은 그 3배가 넘었다. 그러나 묘하게도 1년 이상 생존한 자식의 숫자는 각각 4.6명과 4.5명으로 같았다. 그로부터 임호프는 지독한 전쟁 피해를 당했던 가벨바흐 주민들이 삶에 대하여 무관심하고 무기력했다고, 그것이 전쟁 트라우마의 영향 탓이라고 주장했다. 그와 달리 생명과 삶을 중요시하던 헤젤의 주민들은 피임을 통하여 출생률을 조절하고 낳은 자식을 소중히 키웠다는 것이다. 그러나 임호프가 제시한 통계는 18~19세기 전환기의 통계였다. 임호프는 트라우마가 본시 억압되었다가 뒤늦게 발현하는 법이라고 주장했으나, 그 프로이트주의적인 어법이 사료의 부적절함을 상쇄해주지는 못한다. 다만 그동안 거론되었던 30년전쟁의 정치적·경제적 결과를 넘어 문화적 차원에 주목한 것은 임호프의 학문적 기여라고 할 것이다.[2]

당대의 사료에 입각하여 30년전쟁의 심리적 효과를 논한 연구는 30년전쟁이 재차 부각된 1990년대 중반에 제시되었다. 베른트 뢰크는 전쟁 피해가 지독했던 남서부 독일의 제국도시 아우크스부르크의 전쟁 경험에 대한 1천 페이지가 넘는 연구에서 그 도시의 유아사망률이 높지 않았고, 자살률도 낮았으며, 마녀사냥과 유대인에 대한 공격은 오히려 감소했다는 사실을 발견했다. 도시민들의 종교적 실천도 변함이 없었다. 사람들은 언제나처럼 기도문 예배를 올리고 참회순례를 떠났으며, 특히나 어려운 시점에 빈자에 대한 선행이 오히려 증가했다. 흔히 14~15세기 페스트의 결과로 그릇되게 제시되어온 육체적인 탐닉과 정신적 무기력의 교차는 30년전쟁에서도 나타나지 않았다. 사람들은 오히려 전쟁을 신과 악마의 투쟁으로 이분법적으로 해석했고, 신의 승리를 추호도 의심치 않았으며, 스스로를 대단히 종교적인 존재로 내세웠다.

전쟁으로 인하여 종교성이 오히려 강화되었던 것인데, 다만 그 종교성은 16세기의 종말론적 종교성과 사뭇 달랐다. 여러 역사가의 후속 연구에 따르면, 30년전쟁 동안 전투의 물결이 지나가면 생존자들은 절망에 빠지기는커녕 생존 자체를 신의 뜻으로 받아들이면서 단단한 자부심을 가졌고, 그 즉시 재건 작업에 돌입했으며, 혼인과 세례와 장례를 종교 예식에 따라 정상화했다. 마을 내지 도시공동체의 내적인 관계도 별반 부정적이지 않아서, 사람들은 말과 마차를 공유하고, 농사에 분업적으로 임하며, 제후에게 세금 감면을 공동으로 탄원함으로써 중기적으로는 오히려 불신이 감소하고 신뢰가 회복되었다. 그들은 재건에 바쁜 낙관적인 사람들이었던 것이다. 이것이 바로 30년전쟁에 대한 기억이 빠르게 사라진 이유였을 것이다.[3]

또 다른 차원이 있었다. 성직자들 역시 자신의 생존을 자부심으로 전환시키기는 마찬가지였으나, 그들은 한걸음 더 나아가서 생존을 자기 교파의 올바름을 입증하는 것으로 여겼고, 전쟁 중에 옷과 신발을 빼앗긴 채 걸인과 다름없는 모양새로 걸어야 했던 처절한 명예의 실추를 신도들에 대한 권위의 재건 및 강화로 보상하려 했다. 역설적이게도 민중의 강화된 종교성이 그 노력을 뒷받침했다. 제후들 역시 전쟁 중에는 외국으로 도망쳤다가 신민의 원망을 들어야 했으나, 전후에 복귀한 뒤로는 전쟁 중에 오히려 강화된 관료제의 지원을 받아 권력을 강화해갔고, 이는 신민들의 지원을 받았다. 신민들은 강력한 제후만이 평화를 보장한다는 것을 몸으로 체험한 사람들이었다. 고위 관리들은 전쟁 중의 복잡다단한 내부 업무를 전담하고 대외적으로 외교를 주도하면서 감정을 억제하는 스토아적인 개인 덕목을 체화했고, 이는 본격화되는 절대주의 제후의 세속 행정 및 궁정문화와 잘 맞아떨어졌다. 그렇다고 해서 제후와 관리들이 세속화의 길을 갔던 것은 결코 아니다. 질서를 재건하는 데 교회만큼 요긴한 것은 없던 상황에서 루터파 제후들의 권력은 막대했다. 그들은 말하자면 작은 잉글랜드 왕이어서, 교회의 조직, 성직자의 임명 및 승진과 봉급, 교리의 확정 등 교회의 모든 문제에 대권을 행사했다.[4]

　문제는 국가와 교회의 그러한 권위적 입장과 일반인들의 태도가 적지 않게 어긋난다는 데 있었다. 앞서 서술했듯이 방아쟁이 출신 용병 하겐도르프는 1649년에 괴르츠케에 귀환하여 사회적 상승을 거듭한 끝에 판사와 시장까지 지내다가 1679년에 사망했다. 사실 30년전쟁은 그 자체로 '거대한 평등자Great Leveller'였다. 16세기에서 18세기 후반에 이르는 시기에 독일에서 벌어진 주요 전쟁들은 전비의 조달과 물자의 징발에서 언제나 상층에게 유리하게 전개되었지만, 전쟁이 가한 파괴가 너무도 막대하였기에 파괴될 것이 많았던 상층에게 상대적으로 불리하게 진행된 유일한 전쟁이 30년전쟁이었다. 게다가 비어 있는 중상층 직책은 인구가 감소한 만큼이나 많았다. 그리고 앞서 우리는 30년전쟁 중에 감정이 규범으로부터 벗어나는 양상을 보았다. 감정은 규범인 동시에 욕망이기에 규범적 감정의 무력화는 논리적으로 욕망의 해방을 견인한다.

그리하여 영국 및 프랑스와 마찬가지로 독일에서도 17세기는 대단한 사회적 이동성의 시기였다. 통계 하나만 보자. 작센의 도시 츠비카우는 16세기 전반기에 7,300명이었던 인구가 30년전쟁을 거친 뒤인 1650년에 2,700명으로 감소했다. 그 도시 라틴어 학교의 학생 수는 앞의 시기에 300명이었다가 1650년에 150명으로 감소했으나 1665년에 242명으로 회복했다. 그 숫자는 1866년에서야 비로소 추월된다. 더욱 놀랍게도, 1662년과 1682년 사이에 입학하였고 그 뒤에 경력이 확인된 상급 학생 47명 중에서 아버지가 직물업 수공업자인 학생이 20퍼센트, 야금업인 학생이 15퍼센트, 여타 수공업자가 21퍼센트였다. 이는 물론 귀족들은 기사아카데미로 가고 상층 부르주아 자식들은 작센 공작이 드레스덴과 라이프치히에 세운 제후학교에 진학한 탓이기도 했지만, 수공업자 자식이 라틴어와 희랍어를 배우는 학교 학생의 절반을 차지한 것은 그들의 상승 의지와 현실을 보여준다. 그들은 대학에도 갔다. 1780년대 할레대학 신학부 학생의 18.4퍼센트, 법학과 학생의 6.1퍼센트가 수공업자들의 자식이었다.[5]

앞서 보았듯이 농촌 제화공 헤베를레는 66세에 접어든 1661년에 울름시의 강요로 인하여 난생처음 새삼 제화공 마이스터 시험을 치렀다. 이는 사회적 이동성에 직면한 17세기 중후반 지배층의 대응을 적나라하게 보여준다. 그들은 중하층의 상승 의지와 현실을 막을 수 없자 오히려 신분 및 위계질서의 가시적 표식에 매달렸다. 17~18세기 절대주의 체제에 와서 매너와 명예 코드가 극단화되어 사회를 오만함과 경멸감의 폭포수로 채운 것은 그렇게 설명된다.[6)]

　이는 궁정과 사회에 국한되지 않았다. 교회에서도 경건성은 세례와 고해와 성찬식과 예배에 국한되었고, 성경을 통한 신과의 개별적 만남은 여전히 유보되었다. 경건성의 형식화는 1장에서 설명한 대로, 종교개혁 초기에 재세례파 등 성경을 독자적으로 해석하는 데서 나오는 부작용이 너무나 분명했기 때문이었다. 그러나 문제는 그 의례마저 경건해 보이지 않았다는 데 있었다. 일요예배는 자주 2시간 넘게 진행되어, 사람들은 지루한 나머지 인사를 나누기도 하고 말다툼을 벌이기도 하는 등의 소음 속에서 겨우 신에 대한 이야기를 들을 수 있었다. 성찬식은 1년에 4차례 치러졌는데, 신자가 그 이전에 죄를 고해하고 정결해져야 하는 것이 원칙이었지만, 이르면 금요일부터 진행된 고해는 대부분 아주 형식적이었고, 그래서 성찬식에 누구나 참여할 수 있었다. 그럼에도 교회는 교회 밖과 구분되는 성스러운 장소로 선언되었다. 그러나 그 형식성은 이미 변화된 사람들을 만족시킬 수 없었다. 헤베를레만 하더라도 무척 순종적이기는 하였으나 믿을 수 없을 만큼 지적이었고, 무엇보다도 종교시를 작시할 만큼 종교적이었다.

　17세기 중반을 넘기면서 그런 사람들은 현실의 교회가 신의 뜻에 부합하는지 질문하기 시작한다. 예컨대 홀스타인 태생의 대귀족 지주의 딸 안나 호이어Anna Ovena Hoyer는 이미 1628년에 "구원과 성경에 대하여 아는 어린이가 단 한 명도 없다."면서, 어린이만이 아니라 "아무도 성직자에게 반박할 수 없으니, 그가 굽은 것이 곧다고 말하고 검은 것이 희다고 말해도 그는 옳다."는 시를 적었다. 비판의 칼날은 특히 교회의 형식적 경건성을 겨냥했다. 그녀는 각 사람이 자신의 영적인 요구에 맞는 경건성을 추구해야 한다고 주장하면서 실제로 사적인 경건 소모임을 만들었다. 교회 밖에서 감히 성경을 읽고 논의하던 그녀는 결국 박해를 피해 스웨덴으로 도망쳐야 했다.

보다 과격한 주장을 펼친 성직자도 여럿 있었다. 예를 들어서 보헤미아 태생의 루터파 목사 펠겐하우어Paul Felgenhauer는 1650년대에 북부 독일을 쓸고 다니면서 모든 인간은 영적인 불꽃을 내장하고 있다고 주장하고, 만나는 사람마다 발을 씻겨주었다. 그 역시 교회 밖에서 소모임을 결성했고, 그 역시 체포되어 추방되었다. 그러나 그의 글은 이미 "팬케이크처럼 팔리고 있었다." 그처럼 용감하지 않은 사람들은 자신의 영혼을 울리는 서적을 읽었다. 그리하여 윌리엄 퍼킨, 리처드 백스터, 루이스 베일리, 존 번연 등 영국 퓨리턴의 글이 번역되어 독일 서점에 범람했다. 1600년에서 1750년에 이르는 기간에 그들의 문헌 약 700종이 독일어로 번역되었다.[7]

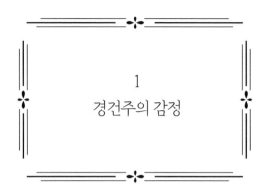

1

경건주의 감정

교회를 개혁하자

1675년 프랑크푸르트 맨발교회 목사 필립 슈페너Philipp Jakob Spener
(1635~1705)가 성직자들에게 교회 개혁을 호소하는 소책자 《경건한
열망Pia Desideria》을 발간했다. 그로써 경건주의Pietismus가 개시되었
다. 경건주의는 헤르더와 칸트에서 막스 베버와 칼 바르트에 이르기
까지 그 정신을 각인한, 그만큼 근대 독일을 결정지은 것이 또 있을까
싶을 정도로 영향력이 깊었던 종교운동이다. 만일 독일인스러운 것
Germanness이 있다면 경건주의일 터이다. 그것은 대서양을 건너 미국
의 1차 대각성운동에 힘을 보탰고, 그 실천을 참관한 존 웨슬리를 통

하여 영국 감리교의 창립에 영향을 주었으며, 미국에서 복음주의 교회로 정립된 그 흐름은 다시 태평양을 건너 한국 개신교에 강한 흔적을 남겼다. 독일에 유학한 많은 한국 신학자들의 박사학위 논문 주제가 그래서 경건주의이고, 또한 그래서 경건주의 문헌은 여럿 우리말로 번역되어 있다.

경건주의는 독립 교파가 아니었다. 자기들만의 조직도 없었다. 경건주의는 영국 청교도에 빗대면 가장 쉽게 이해할 수 있다. 17세기 전반기 퓨리턴 대부분이 잉글랜드 국교회 내부에 머물면서 더욱 확실한 칼뱅주의를 관철하려 했듯이, 독일 경건주의자들은 대부분 루터파 교회 내부에 머물면서 교회를 개혁하고자 했다. 당장 슈페너가 루터파 교회 목사였고 그 교파를 떠나지 않았음은 물론, 루터의 교의를 깊이 연구하고 또 헌신하여 당시 여러 곳에서 제기되던 칼뱅주의 개혁파 교회와의 통합에 시종일관 반대했다.

슈페너는 1635년에 스트라스부르에서 관리의 아들로 태어나 그곳 대학에서 신학을 공부하고 박사가 되었다. 31세 되던 1666년에 그는 자유도시 프랑크푸르트 시정의 목사부 선임목사로 초빙되어 교회 행정을 지휘하는 한편 맨발교회에서 사목활동을 했다. 그곳에 간 지 9년째 되던 해에 경건주의 개혁을 시작한 것인데, 그 후 그곳에서 11년 더 근무했다. 1686년에 그는 작센 선제후 요한 게오르크 3세의 고해 성직자 겸 작센 정부 종무국 위원직에 초빙되어 드레스덴으로 옮겼고, 5년 뒤인 1691년에는 브란덴부르크-프로이센 선제후의 초빙으로 베를린 교회감독 겸 종무국 위원으로 부임했다. 그곳에서 그는 1705년 사망할 때까지 근무한다.[8]

루터파 교회의 고위 행정에 속하던 인물이 루터파 교회의 교리를 정면으로 부인할 수는 없는 일이다. 따라서 기존 교회와의 차이를 교리에서 발견하려는 노력은 소중하지만 그리 생산적이지 못하다. 또한 슈페너의 사상적 선조를 찾아 야콥 뵈메와 요한 아른트, 심지어 파라켈수스까지 거슬러 올라가는 한국과 서양 학계 일부의 시도는 명백히 그릇되다. 경건주의의 한 측면이 신비주의적이기는 하지만, 신비주의야 중세에서도 얼마든지 발견되는 것이고, 그 흐름조차 30년전쟁 이후 18세기까지의 근대 초라는 역사적 맥락에서 이해되어야 한다. 경건주의는 슈페너가 만들고 그 제자 및 추종자들이 제각각 이해하여 실천한, '운동'이라는 단어의 뜻, 즉 시스템과 반대로 열려 있다는 뜻에서의 운동이었다.

《경건한 열망》은 슈페너가 얼마나 조심스럽게 개혁을 요구했는지 잘 보여준다. 그는 교리를 문제 삼기보다 당시의 시대적 상황과 교회의 상태를 비판했다. 세속 권력은 향락적인 궁정문화에 탐닉하다 보니 "전래의 참된 신앙"을 아는 관리가 거의 없다. 성직자들 역시 궁정문화에 젖어들어 타락하여 승진에 몰입할 뿐 "순수한 신앙"에는 관심이 없다. 교리를 연구하는 성직자들은 협애한 교리 싸움에 매몰되어 지식을 자랑하려고만 하니 그것은 경건성이 아니라 세속적 명예욕의 표현일 뿐이다. 신자들은 사생활에서는 그저 술에 취해 흥청거리고, 직업활동에서는 음모와 계략을 서슴지 않으면서도 양심의 가책을 느끼지 않으며, 타인에 대한 복수심에서 끊임없이 세속 법정에 고소를 한다. 그러면서도 그들은 세례를 받고 예배와 성찬식에 참석하면 구원을 받는다고, 혹은 예수를 믿기만 하면 구원을 받는다고 착각한다. 공직과 성직과 세속 모두가 허영과 위선으로 관통되어 있다.

개혁은 어쩌면 간단하다. 대학교 신학부 학생들로 하여금 지식을 축적하지만 말고 행동하는 신앙인이 되도록 하자. 학생들이 교수의 강의와는 별도로 경건 모임을 만들면 좋을 것이다. 교회에서 성직자는 속인들에게 지정된 성경 구절만 읽어주지 말고 성경의 모든 내용을 널리 알려주자. 교리문답 수업도 강화하자. 속인들은 가정을 교회로 조직하여 집에 성경을 두고 읽도록 하고, 가장이 가족들에게 성경을 설명해주도록 이끌자. 예배에서는 잠시라도 성경의 일부를 낭독하는 시간을 갖자. 속인도 영적인 성직자다. 그들도 우리 성직자들에게 권고하고 책망하고 회개하도록 할 수 있어야 한다. 결정적으로, 신앙은 실천적인 이웃사랑으로 표출되어야 한다. 사랑은 사도들이 조직했던 초대 교회를 모범으로 하는 "재화공동체"로 나타나야 하며, 신자들에게 일상적인 선행을 독려하여 유대인과 같은 이교도와 불신자들에게 모범이 되도록 하자. 이제 아무나 교회에 들이지 말자. 오직 정결한 사람만이 교회공동체에 속하도록 신자들을 감독하자.[9] 재화공동체라는 단어가 물론 급진적이지만 성직자들에게 호소한 문건에서 그 생각은 핵심이 아니었다. 오히려 속인들을 "영적 사제"로 지칭한 것이 과격했다. 목사들의 권위를 침해하는 것이었기 때문이다. 그러나 루터가 그리도 강조했던 만인사제론을 근거로 제시하기에 타박할 수도 없는 노릇이었다.

정작 문제가 된 지점은 두 가지였다. 슈페너는 많은 성직자가 세속에 매여 진정한 "재탄생"을 하지 않았다고 비판했다. 한국 기독교의 용어로 중생重生은 기독교 탄생 이래 늘 되풀이되던 평범한 용어였다. 기독교로 개종하든, 기존의 '타락한' 삶을 버리고 종교적인 인간으로 바뀌든, 수도원에 입적하든, 심지어 신생아가 세례를 받든 뭐든 중생이었다. 루터파 교회는 성경을 통해 신에 대한 믿음을 갖게 되는 지점인 의인화義人化justification를 중생으로 간주했다. 성직자들은 물론 의인화를 통해 거듭난 사람이라는 자의식을 보유했다. 그런 그들에게 슈페너가 참된 중생이 없다고 선언한 것이다. 그리고 슈페너는 중생을 "신과 동맹"을 맺는 것으로 규정하면서, 그 상태가 평생 지속되어야 한다고 주장했다. 이는 중생이 지속적인 회개와 회심을 통해 갱신되어야 한다는 것으로 해석될 수 있었고, 그렇게 되면 루터파 교회의 첫 번째 교리인 의인화의 의미가 퇴색한다. 독일의 개별 국가의 종무국은 경건주의 성직자들이 늘어나면서 여기저기에서 조사위원회를 구성하여 성직자들을 신문했는데, 그때마다 던진 질문이 의인화에 관한 것이었다.

"신과의 동맹"도 문제였다. 동맹이 합일인가? 만일 그렇다면 신과 합일하여 신성해진 신자는 인간인 동시에 신의 아들이었던 예수와 동급이 되는 것인가? 그것은 이단이다. 그게 아니라는 주장을 곧이곧대로 받아들인다고 하더라도 신과의 합일이 구체적으로 어떤 상태인가? 슈페너는 "사랑에 충만한 신의 자녀"가 되는 것이라는 답으로 피해갔지만, 그 신비주의적인 흔적은 열광Schwärmerei이라는 비판을 불러왔다. 열광은 루터가 재세례파를 비난하면서 만들어낸 용어였다. 따라서 치명적인 무기였다.

경건주의의 지표이자 내용이 된 경건 모임도 문제였다. 슈페너는 네덜란드 칼뱅주의자들이 실천하고 있었고, 앞서 서술한 바 17세기 중반에 곳곳에서 나타나고 있던 종교적인 사모임을 루터파 교회가 수용하자고 제안한 것이다. 그러나 이는 성스러운 종교성을 성스럽지 않은 교회 밖 공간으로 옮겨놓을 가능성을 함축했다. 따라서 종교성에 대한 교회 및 성직자들의 독점을 훼손할 가능성이 있었다. 모임이 교회 내에서 성직자들만으로 이루어진다고 하더라도 그들이 분리되어 나갈 가능성, 곧 루터파 교회의 분열로 이어질 수도 있었다. 정통파 성직자들의 반대는 당연해 보였고, 슈페너가 교회로부터 추방될 수도 있는 문제였다. 슈페너는 경건 소모임이 초대 기독교회 같은 것이라고 둘러댔다.

슈페너에게는 이미 경험이 있었다. 1670년 여름 속인 몇 명이 찾아와 경건성을 교환하는 모임을 갖자고 제안하자, 슈페너는 목회활동의 일환이라는 핑계를 대면서 조용히 모임을 시작했다. 다만 예배가 열리는 신성한 날인 일요일과 수요일에, 그것도 교회 안 집무실에서 모임을 가졌다. 곧 '경건 모임Colligium pietas' 혹은 '경건성 실천Exercitium'으로 칭해진 모임은 성황을 이루었다. 네 명으로 시작한 것이 슈페너가 《경건한 열망》을 출간하기 직전인 1675년 초까지 50여 명으로 불어났다. 모임의 내용은 경건 서적 혹은 성경의 내용을 정리하고 토론하거나 여타 종교 문제를 논의하는 것이었고, 신분과 무관하게 누구나 참여할 수 있었으며, 속인도 성직자를 비판할 수 있었다. 여성들은 바로 옆 공간에서 발제와 토론을 들을 수는 있으되 발언은 할 수 없었다.[10]

경건 모임을 갖자

슈페너가 얼마나 조심스러웠던지 저 정도 내용을 담고 있는 책을 출간하면서 사전에 프랑크푸르트시 목사부의 허락을 받았다. 그러나 책은 거대 운동의 기폭제였다. 슈페너는 책에서 성직자들에게 자기 제안에 대한 답을 보내달라고 요청했다. 일반적인 내용이기는 하였으나 시간이 가면서 100여 개의 답이 도착했다. 몇몇 지역에서는 곧장 경건 모임이 시작되었다. 그 모임들은 하나같이 정통파 신학자들과 세속 제후에 의해 금지되었지만, 늦든 빠르든 이곳저곳에서 경건 모임이 조직되고 교리문답 수업이 의무화되었다. 아우크스부르크, 뉘른베르크, 울름, 헤센-다름슈타트, 함부르크가 그러했고, 뷔르템베르크의 튀빙겐대학교 신학부는 경건성의 함양을 교육 목표로 삼은 교과목을 편성했다.

경건주의가 본격화된 시기는 슈페너가 1686년에 드레스덴에 부임하면서부터였다. 그곳에서 슈페너가 공적으로 실현시킨 개혁이라고는 교리문답 수업의 의무화밖에 없었다. 보다 중요했던 것은 라이프치히대학교 신학부 학생들이 1687년에 조직한 경건 모임에 슈페너를 초대한 일이었다. 그 자리에 프랑케August Hermann Frankce(1663~1727)가 있었다. 그는 얼마 뒤에 북부 독일로 떠났다가 1689년 1월 초에 드레스덴의 슈페너 집에서 두 달간 유숙한 뒤 2월 말에 라이프치히대학으로 돌아온다.[11]

라이프치히에 돌아온 프랑케는 가히 불꽃이었다. 석사학위밖에 없었음에도 신학부의 허락으로 강의를 시작하자 300명이 넘는 학생들이 몰려들었다. 그 학생들의 경건 모임에 부르주아 시민들이 찾아왔다. 대학생들이 함께한 수공업자 경건 모임도 만들어졌다. 신학부와 철학부 교수들의 맹렬한 반대로 인하여 그 모임들은 금지되었지만, 학생들과 졸업생들은 지하로 들어가거나 에르푸르트와 할베르슈타트로 이동해서 경건 모임을 꾸렸다. 슈페너는 1691년에 베를린에 감독 성직자로 부임하여 브란덴부르크-프로이센 곳곳에 경건 모임이 조직되도록 움직였다. 그리고 그 운동은 1700년까지 비텐베르크, 고타, 코부르크, 마그데부르크, 할레, 기센, 베를린, 메클렌부르크, 홀스타인, 뤼베크, 리가, 덴마크, 스웨덴, 핀란드 등으로 번져갔다. 18세기 중반이면 경건주의자가 독일 개신교도의 40퍼센트에 이르게 된다.

그 모두에서 슈페너의 역할을 과장하면 안 된다. 경건주의는 운동답게 창시자보다 각 지역에서 활동한 성직자들이 중요했다. 그런 성직자들 중에서 가장 결정적인 인물이 프랑케였다. 그가 거물로 성장하는 데는 슈페너의 역할이 컸다. 브란덴부르크-프로이센 공작 프리드리히 3세는 1680년에 마그데부르크 주교령을 지배령에 편입시켰는데, 1701년에 왕으로 승격되는 그가 신입 지역의 도시 할레에 대학을 설립했다. 슈페너는 이 대학에 박사학위도 없는 프랑케가 신학부 교수로 부임하도록 막후에서 작업했다.

프랑케는 할레대학 신학부의 내용을 경건주의로 채웠고, 그가 복무하는 교회와 대학에 경건 모임을 조직했음은 물론 학생들 경건 모임에 스스로 참석했다. 신중했던 슈페너와 달리 프랑케는 행동과 설교와 출판에서 거침이 없었다. 오죽했던지 그는 브란덴부르크 종무국의 신문에 응해야 했다. 그는 고해 시간에 신자들에게 자신의 죄를 철저히 고백하도록 하고, 일요일 예배를 경건하게 맞이하도록 토요일에 회개 시간을 열었으며, 토요일에 일하지 않은 사람만을 일요예배에 참석시켰고, 일요일에 노동을 금지했음은 물론 식당 문을 닫도록 하였으며, 일요예배에 화려한 옷을 입지도 사전에 술을 마시지도 못하게 하고 지각하는 신도의 입장을 막았다. 그는 또한 종전까지 넉 달 동안 진행되던 교리 수업을 1년 내내 진행했고, 일요일 오후에는 어린이 교리 수업을 따로 진행했다. 베를린 감독성직자이면서도 브란덴부르크 선제후와 서먹하였던 슈페너와 달리 프랑케는 수완도 좋았다. 그는 할레대학 신학부 졸업생을 쾨닉스베르크대학 신학부 교수로 임용하도록 만들고, 그곳에 할레대학 신학부 교과체제를 도입하도록 함으로써 그 도시를 동북부 경건주의의 중심으로 만들었다.

경건주의가 교파를 넘어서 전개되는 때는, 슈페너의 귀족학교에서 수학한 니클라우스 친첸도르프가 1730년대 초에 작센 북동부의 오버라우지츠 영지에 헤렌후트 신앙촌을 건립하면서부터다. 그러나 이만 멈추자. 의아하지 않은가. 슈페너와 프랑케의 실천이 뭐 그리 독특하거나 대단하다고 경건주의가 독일을 각인하기에 이르렀다는 말인가. 신에 대한 지적인 열망이 일반인들 사이에 넘쳐난 것이 주목할 만하지만, 헤베를레의 경우에서 보았듯이 그것이 그 자체로 종교적 폭발을 일으켰다고 보기는 힘들다. 그보다는 교회와 성직자들의 권위를 허물 수 있던 경건 모임이 훨씬 유의미해 보인다. 그러나 프랑케의 경우에서 알 수 있듯이, 경건 모임에서 일반인들이 갖게 된 발언권은 그들의 일상적 삶에 대한 성직자의 통제로 상쇄되고도 남았다. 폭탄은 다른 것이었다. 재탄생이었다. 중생이 경건 모임과 연결되면서 독일인들의 영혼을 단박에 사로잡았던 것이다.

재탄생의 황홀감

중생은 슈페너 신학의 핵심 이념이었지만, 그 개념의 교리상의 지위보다 더 중요한 것은 그것의 인간학적 공간이다. 《경건한 열망》에서 슈페너는 성령의 작용으로 재탄생한 "신의 자녀"는 "내적인 경건성을 갖는다"고 해설했다. 또는 "진정한 신앙"을 가진 신자는 신을 "내밀하게 경외한다."고 강조했다. 그는 교회의 타락을 마주하면 "경건한 영혼 안에서 내적인 격동이 일어난다."고 쓰기도 했다. 경건주의는 인간의 내면을 겨냥하였던 것이다. 물론 이는 외적 경건성을 부정적으로 겨냥한 것이었지만 그것으로 그치지 않았다.

경건성의 반대 항목을 보자. 《경건한 열망》에서 슈페너는 교회 현실에 대한 진단을 세속 권력에 대한 비판으로 시작하는데, 이때 그가 적시한 문제는 "궁정 생활"이 관리, 일반민, 성직자들을 물들인다는 점이었다. 궁정 생활이란 빠르면 14세기에 등장하기 시작하여 흔히 '르네상스 궁정'으로 일컬어지던 절대주의 제후의 궁정을 뜻했고, 그 구체적인 의미는 세련된 '외적' 매너였다. 당시 이상적인 인간형은 바로 매너로 중무장한 궁정인이었다. 슈페너가 궁정 생활을 비판했다는 사실 자체가 궁정인이 17세기 중후반에 이미 이상형의 지위를 상실했다는 것을 보여준다. 앞서 우리는 하페가 궁정에 대하여 얼마나 진저리를 치는지 보았다. 새로이 부각된 이상형은 '진정성'을 구비한 '신사honnête homme'였다. 슈페너가 궁정 생활을 "외적인 허영"으로 선언하면서 그 반대 항으로 "진정성"을 제시한 것은 정확히 시대를 반영한다. 그리하여 경건한 인간이란 외적인 매너에 물들지 않은 내적인 인간이고, 중생이란 인간의 내면에서 발생하는 역동이다.[12]

슈페너에게서는 '내적인 삶'이나 '내적인 공간'과 같은 표현은 아직 등장하지 않는다. 따라서 그의 "내적인 경건성"이 고유한 논리를 갖는 인간의 내면을 함축한다고 볼 수는 없다. 그러나 "신과의 동맹"을 맺는 인간은 내적인 인간이었으니만큼 방향만큼은 분명 그쪽이었다고 할 것이다. 또한 결정적인 것은, 슈페너에게 내적인 인간은 곧 감정적인 인간이었다는 사실, 그리하여 인간의 내면이란 곧 감정이었다는 점이다. 슈페너는 자기 자신을 지극히 감정적인 존재로 표현했다. 그는 《경건한 열망》에서 자기가 교회의 상태를 "영혼의 슬픔" 속에서 관찰하고 고민해왔으며, 자신을 "가장 슬프게 만드는 것은 성직자 스스로가 영혼을 구원할 방법을 모른다는 사실"이고, 그들과 달리 자신이 현실을 제대로 볼 수 있게 된 것은 성령 덕분에 자신이 "사랑으로 가득한" 눈을 가졌기 때문이라고 강조했다.

슈페너는 또한 개혁을 촉구하는 사람 모두를 감정적인 인간으로 내세웠다. "선한 감정을 가진 사람들", "신을 진정으로 사랑하는" 사람들, "경건한 감정의 사람들"이 현실의 교회에 대하여 "깊은 상심"을 갖고 "수천의 한숨과 눈물" 속에서 "진정으로" 힌탄하고 있다. 그런 그가 교회의 타락 원인을 감정에서 찾은 것은 지당하다고 할 것이다. 타락은 "명예욕" "허영심" "가식" "우월감" "불순함" "은밀한 복수심" "불안감" "안달" "육욕" "육욕적인 상상" "눈의 즐거움에 대한 탐닉" "무절제한 격정affecten" "사적인 격정," "육체적인 격정"에서 비롯된다.[13)]

정도는 약하지만 슈페너는 신조차 감정적인 성격으로 묘사했다. 신께서는 인간에게 "분노"하였기에 전쟁과 페스트를 보내기도 했으나, 그조차 더 큰 악을 막으려는 신의 "선함" 때문이며, 무엇보다도 신이란 인간의 "감정을 아시는 분"이다. 논리적이게도 중생은 의당 감정적 사건이 된다. 중생이란 "신적으로 감동하는" 것이고, 거듭난 인간이란 신의 은총을 "황홀하게" 받은 자다. 슈페너는 열광이라는 무기의 치명성을 의식했음이 틀림없다. 그 정도 표현으로 그쳤기 때문이다. 그와 달리 거침없이 말하고 행동하던 프랑케는 자신의 체험을 극적인 언어로 작성했다. 1690~91년에 그는 자기 삶을 되돌아보는 짤막한 개인사를 작성했는데, 그 중심에 "회심" 사건이 자리한다. 그는 자신이 대학에서 신학을 공부하고 신학자의 길을 가고 있었음에도 불구하고, 심지어 슈페너를 만난 뒤에도 세속적인 것을 "사랑"했고, 세속적인 "쾌락"을 추구했으며, 타인의 "호감"을 열망했고, 신학 공부를 "돈벌이"로 여기고 또 "명예"를 좇았으며, "오만"했고, 그리하여 "공허"했다는 것이다.

그런 상태에서 1687년 가을에 요한복음을 주제로 하는 설교를 맡게 되자 프랑케는 거의 "신앙을 상실할 지경"에 이르렀고, 따라서 "가슴의 공포에서 눈물을 흘렸다." 설교를 취소해야 할 "비참하고 슬픈" 상황에서 그가 무릎을 꿇고 기도했을 때 불현듯 사건이 발생했다. 신께서 기도를 들으셨다. 갑자기 "손바닥이 뒤집히듯 모든 의심이 사라지고" "가슴속에서 신의 은총을 확신했으며", "신을 나의 아버지"라고 불렀고, "슬픔과 가슴의 동요가 사라지면서 갑자기 기쁨의 눈물로 뒤덮였고", "상심이 환희로 바뀌었다." 죽음이 생명으로 변화하고, 생명이 "인간의 가슴속에 모든 달콤함"을 일으켰다.[14] 사실 매우 익숙한 플롯이다. 회심을 극적인 사건으로 나타내는 것은 내적인 삶이 아직 과정으로 의미화되지 않은 역사적 단계에서 중생을 표현하는 방식이었지만, 그만큼 인상적인 것은 프랑케가 자신의 회심을 루터의 득도 장면과 거의 똑같이 묘사했다는 사실이다.

그러나 결정적인 차이점이 있었다. 루터 역시 격정적인 성격이었지만, 그는 자신의 깨우침이 로마서 1장 17절("의인은 믿음으로 살리라")에 대한 새로운 이해에서 비롯되었다는 합리적인 설명을 제공했다. 그와 달리 프랑케는 감정극劇을 제시했다. 슈페너도 다르지 않았다.

그는 신의 은총을 "황홀하게" 경험했다고 썼다. 신 앞에서 의로워진 루터와 황홀경 속에서 신을 만나는 슈페너의 차이가 경건주의의 본질을 말해준다. 경건주의 신자란 신을 감정적으로 확인하는 사람이다.

경건주의 인간학과 신학이 그리도 감정적이었기에 거듭난 신자가 감정적인 것은 논리적인 일이다. 중생을 경험한 신자는 "완전한 기쁨"을 느끼고, 어려운 "동료 인간"을 동정하며, 신자들에게 "형제애"를 느낀다. 중생의 지표는 "사랑"으로 응축된다. 슈페너는《경건한 열망》에서 중생으로 갖게 되는 감정을 열한 번 열거했는데, 그중 열 번이 사랑이다. 표현은 다채로웠다. 신자는 타인을 "가슴에서 사랑하고" "순수한 가슴에서 나온 사랑"을 주며 사랑을 "공공연히 드러낸다." 신앙의 증거가 사랑이고, 구원받은 신자의 삶 전체가 사랑이며, 사랑이야말로 율법의 실천이고, 사랑이야말로 신에 대한 "진정한 살아 있는 실천하는 인식"의 표출이니, 신앙이란 곧 사랑이다. 믿기만 하면 구원을 받는다는 말은 "악마의 유혹"이다. 그리고 사랑은 실천으로, 즉 선행으로 이어져야 한다. 선행이 없다면 중생도 없다. 또한 그래서 중생한 사람들이 갖는 감정은 단순한 감정이 아니다. 도덕감정이다! 그리고 그 구체적인 이름이 "형제애"다. 경건주의는 도덕감정에 입각한 새로운 공동체를 구축하려는 종교운동이었던 것이고, 그 주도적 감정은 형제에 대한 공동체적인 사랑이었던 것이다.

온유한 형제애와 격정의 분노

물론 단테 이후 기독교는 언제나 사랑의 종교였다. 그러나 신에 대한 루터의 사랑이 공포를 통해서 도착하는 감정이었다면, 경건주의가 보여주는 감정의 길은 사뭇 달랐다. 중생의 상태는 황홀이었지만, 그 직후에 반전이 나타난다. 사랑이 공동체의 구성원들로 향할 때 그 감정은 타인에 대한 배려로 나타나지 황홀이니 눈물이니 전율이니 하는 표현으로 전달되지 않는다.

그 격정적이고 거침없던 프랑케가 이를 잘 보여준다. 1701년에 발간된 소책자 《인간에 대한 공포》에서 그는 사랑이란 곧 "겸손"이라고 정의한다. 중생한 신자는 "아이같이" 순종하는 인간이니, 성령은 곧 "절제의 영"이며, "사랑의 영" 또한 절제의 영이라는 것이다. 감정의 의미론적 분절이 일어나는 맥락은 슈페너의 《경건한 열망》에 암시되어 있다. 그는 신학자들이 경건성에 초점을 두기보다 협애한 교리 논쟁에 몰두한다고 비판한 대목에서, 그것은 사람들이 "사적인 격정 혹은 육체적인 격정"에 싸여 있기 때문이라고, 타인보다 앞서려는 "무절제한 격정" 때문이라고, 속인들이 작은 문제도 법원으로 끌고가는 소송 놀이에 함몰된 것도 "무절제한 욕정" 때문이라고 성토했다. 프랑케는 이유도 분명히 언어화했다. 격정의 인간이란 "자기 자신도 끌 수 없는 불 속에서 행동하는 사람"이고, 그런 격정은 "일종의 병"이다.[15]

격정을 사랑의 반대 항에 놓은 것은 물론 앞서 말한 바, 정통파 신학자들이 경건주의에 대하여 지속적으로 가정하거나 적시하거나 비판한 것, 즉 '열광'의 혐의를 비켜 가려는 전략적 움직임이다. 그러나 아주 넓은 차원에서 바라보면 의미론적 분절이 어떻게 일어났는지 식별된다. 앞 장에서 드러났듯이, 30년전쟁은 감정사적 격변을 일으켰다. 전쟁이 감정을 기존의 도덕규범으로부터 분리시킨 것이다. 다시 말해서 기존의 감정 레짐이 유효성을 상실하고, 감정이 약동하게 된 것이다. 그 맥락에서 경건주의가 중생을 신을 만나는 황홀한 감정 체험으로 규정한 것은 자유로워진 그 감정에 호응한다. 그러나 자유로운 감정이 얼마나 위험한가. 그 감정은 사회적 제약을 모조리 무시할수도 있다. 슈페너와 프랑케의 위 인용문을 보면 격정을 "육체적인", "사적인", "자기 자신도 끌 수 없는", "무절제한" 등으로 정의했다는 것을 알 수 있다. 해방된 감정을 부도덕으로 직행하는 통행로로 바라본 것이다. 따라서 경건주의가 제시할 새로운 감정 레짐은 약동하는 동시에 절제된 감정이어야 했다. 그 내용이 슈페너와 프랑케의 언설에서 자주 등장했다. 부드러운 "온유함"이다. 그리고 그 신학적 내용이 "절제의 영"이다. 그리하여 새로운 감정 레짐의 내용은 형제애이고, 그 표현은 절제이며, 다음 절에 서술할 감성주의 용어로 말하자면 '다정함'이다.

요컨대 해방된 감정을 종교화, 재규범화하려는 시도가 경건주의였다고 할 것인데, 흥미롭게도 그 와중에 대표 감정이 바뀐다. 루터의 경우 부정적인 대표 감정은 공포였다. 기억하자면, 세속적 공포는 신에 대한 공포로 교체되어야 했고, 인간은 신에 대한 공포를 경유하여 신의 사랑과 신에 대한 신뢰에 도착한다. 놀랍게도 프랑케가 공포에 대하여 서술한 책자의 제목이 신에 대한 공포가 아니라 《인간에 대한 공포》이다. 그 책에서 신에 대한 공포가 언급되기는 한다. "우리가 진정으로 두려워할 것은 우리의 빛과 능력과 구원이 되시는 주님이 아닙니까?" 두려워할 신이되, 그 신은 빛과 능력과 구원의 신인 것인데, 의미심장하게도 인간에 대한 세속적 공포('예종적 공포')의 대극에 신에 대한 공포('순애적 공포')가 자리하지 않는다! 그 자리는 "신앙의 기쁨" 외에 루터가 자기애의 일종으로 거부했던 "불굴의 용기"가 차지한다. 그리고 이때 신에 대한 공포의 형용사(gottesfürchtig)의 의미가 변화하여 '경외하는'은 이제 '경건한'과 동의어로 쓰인다.

경건주의에서 부정적인 대표 감정은 공포가 아니라 분노였다. 슈페너는 《경건한 열망》에서 사랑의 대극에 분노 감정 하나만을 제시했다. 교회의 현실을 진단하는 책의 첫 부분에서 슈페너는 경건한 성직자들이 "사랑에 넘치는 눈"으로 세상을 보는 데 비해, 궁정문화에 찌든 성직자들은 "공공연하게 분노를 유발한다"고 단언하면서, 진정한 "분노"는 그들이 그것을 인식하지 못하는 데 있다고 썼다. 슈페너는 분노 개념을 대단히 넓고 다의적으로 사용했다. 그는 분노를 타인에게 화내는 것으로 단순하게 의미화하기도 했지만, 술 취하는 것과 소송과 부도덕이 분노를 일으킨다고도 썼다. 이때의 분노는 갈등을 뜻했다. 슈페너가 유대인을 "세속적 인간의 모든 문제점을 두루 갖춘 사람"으로 적시하면서, 유대인은 그런 죄과들 때문에 "분노한다"고도 강조했다. 여기서 분노는 경건치 못한 모든 것을 가리킨다. 슈페너가 가톨릭 로마를 "적그리스도"로 칭하면서 그곳의 상태를 "분노"로 규정한 것도 동일한 용례이다.[16]

'중생'의 사회성

분노의 시대적 함축은 뒤에서 다시 검토할 터인데, 분노는 슈페너가 만들고 확산시킨 경건 모임에서도 피해야 할 감정이었을 것이다. 경건주의 교리의 핵심은 중생이었지만, 그 실천적 틀은 경건 모임이었다. 앞서 보았듯이, 슈페너의 경건 모임은 속인 몇 명이 찾아와 프랑크푸르트 시내의 세속적인 모임에 염증을 느꼈다면서 오직 종교적이기만 한 모임을 만들자고 제안하면서 성립했다. 경건 모임의 주인은 의당 회심과 중생이었다. 성경을 읽든 단순한 종교서적을 읽든, 어느 순간 참가자가 자신의 종교 경험을 이야기하면 나머지 참가자들이 공감과 격려로 답했다. 이는 상호작용 사회학과 모이크 쉐어가 제시한 '동원'으로서의 감정 실천의 교과서적인 장면이니, 간증과 함께 화자는 청자들의 승인을 통하여 경건한 주체로 확립되고, 그 순간 화자와 청자는 함께 감정공동체를 구성한다. 이는 그저 이론만이 아니었던 것이, 회심이 경건 모임에서 발생했다고 강조한 사람들은 경건주의자들 자신이었다.

회심은 그 자체로 이미 사회적이었던 것인데, 유의할 것은 그로써 성립되는 공동체가 정치성을 함축했다는 점이다. 경건 모임에서 발동되는 내적인 도덕감정이 외적인 매너의 궁정과 정면으로 대립되는 것이었기 때문이다. 더욱이 경건 모임의 형식도 궁정과는 정반대였다. 경건 모임에는 귀족도, 궁정 관리도, 군인도, 가정교사도, 수공업자도, 마부도, 요리사의 아내도, 심지어 문맹도 찾아왔다. 신분과 계급에 열려 있었던 것이다. 요컨대 그 구성과 작동 방식이 17~18세기에 유럽의 여러 도시에 우후죽순으로 등장한 독서회, 문학회, 과학협회, 공개강좌, 아카데미, 살롱, 카페, 프리메이슨 등 소위 '문필공화국'과 똑같았던 것이다. 오직 지식만이 주인이었던 문필공화국이 신분적 위계와 매너의 세계에 대한 대안의 정치적 사회성이었던 것처럼, 오직 경건성만이 주인이었던 경건 모임 역시 현실 세계에 대한 대안의 정치적 사회성이었다고 할 것이다.

경건 모임의 경험은 곧 활자화되었다. 회심이 인쇄되어 퍼져나간 것이다. 루터파 교회와 결별한 '급진 경건주의' 목사 요한 하인리히 라이츠Johann Heinrich Reitz는 1698년부터 1745년까지 무려 7권의 간증 모음집을 출간했으며, 회심 경험을 담은 정기간행물들이 1730년 대부터 쏟아졌다. 프랑케의 회심을 기록한 짧은 회고록도 1733년에 발간되었다. 그 모두가 독자들도 똑같은 방식으로 회심하고 중생하도록 독려하는 것, 자기들과 같은 감정 실천을 행하라는 권고였다. 루터의 종교개혁이 활판인쇄 덕분에 가능했듯이, 경건주의는 지식을 교환하고 공공화하고 축적하고 집대성하던 근대 초 문화의 동반자 혹은 그 일부였던 것이고, 그 목표는 경건한 윤리적 주체의 도덕공동체였던 것이다.[17]

그 시발점도 슈페너였다. 그는 《경건한 열망》을 발간하면서 답신을 요구했거니와, 그는 절대왕정과 함께 본격화된 우편과 편지의 시대에 동승했다. 현재까지 남아 있는 그의 편지는 약 3,500통이고, 그 일부는 공간되었다. 프랑케가 남긴 편지는 무려 4만여 통에 달한다. 그들의 편지는 결코 사적이지 않았다. 사회적이었다. 신약성경의 편지를 모방한 그들의 편지는 독일과 스칸디나비아와 발트해 지역의 경건 모임에서 낭독되고 회람되었으며, 모방되었다. 경건주의에게는 조직이 없었지만, 그 운동을 이끈 것은 언어화된 종교 경험이었던 것이다. 그리고 그 경험을 담은 사회적 언어는 감정에 흠뻑 젖어 있었다. 그 속에 함축된 의미가 종교 밖으로 옮아가면서 나타난 것이 바로 감성주의 문학이고, 괴테의 《젊은 베르테르의 슬픔》에서 절정에 달한 그 문학을 통하여 경건주의는 독일 지식의 세계를 각인한다.

2

감성주의 감정 혁명

도덕감정의 세속화

감성주의 소설 세 편을 살펴보자. 하나는 독일 문학사에서 근대소설
의 출발점으로 꼽히는 크리스티안 퓌르히테고트 겔레르트의 《스웨덴
백작 부인 G의 삶》이다. 1747년과 1748년에 출간된 그 소설은 18세
기에 5판을 찍었고 영어, 네덜란드어, 러시아어로 번역되었다. 다른
하나는 1771년에 조피 폰 라 로슈가 출간한 소설 《슈테른하임 양 이
야기》로, 출간된 해에 3판을 찍었고 불어, 영어, 네덜란드어, 러시아
어로 번역되었다. 그 소설로 작가는 일약 국제적인 문인이 되었다. 우
리말로도 번역되었다. 여성이 집필한 독일 최초의 소설이었다. 또 다

른 하나는 1771년에 출간된 요한네스 라바터의 《비밀일기》다. 우선 겔레르트와 폰 라 로슈의 소설부터 검토하자.

《스웨덴 백작 부인 G의 삶》의 여주인공은 조실부모하고 당숙에게 양육되다가 스웨덴 백작 G를 만나 결혼한다. 백작 부인은 스웨덴 궁정에 출입하면서 궁정인 S의 관심을 받지만 구애를 거부한다. S가 G를 전선에 보내 죽게 하자, 백작 부인은 암스테르담으로 가고, 신혼 시절 남편과 함께 만나던 남편의 친구 R과 재혼한다. 그들 외에 남편이 결혼 전에 사귀었던 평민 여성 카롤리네, 카롤리네가 낳은 백작의 아들 카를손, 백작 부인이 R과의 사이에서 낳은 딸도 함께한다. 알고 보니 남편은 살아 있었다. 러시아 군대에 포로로 잡혔던 백작은 모스크바와 시베리아에서 10여 년간의 유형 생활을 하다 돌아오고, 백작 부인은 그와 재결합한다.

《슈테른하임 양》의 아버지는 부르주아 출신 대령으로 군대 친구의 누나와 결혼한다. 부부의 딸은 성장한 뒤 그 지역 제후의 궁정에 출입하면서 제후의 유혹에 시달리다가 영국 귀족 시무어와 사랑에 빠진다. 그러나 두 사람이 서로의 사랑을 확인하기 전에 슈테른하임이 또 다른 영국 귀족 더비의 음모에 빠지고, 결국 그와 사기결혼을 하고 만다. 막상 욕심을 채운 더비가 슈테른하임을 팽개치자, 그녀는 인근 귀족 부인의 도움으로 영국으로 건너가고, 이를 알아차린 더비가 그녀를 납치하여 스코틀랜드 하일랜드의 납광산으로 보낸다. 죽기 직전 슈테른하임은 시무어에 의해 풀려나고 두 사람은 결혼한다.

두 소설은 사랑을 미학화하고 있지만, 그만큼 현저한 것은 주인공들이 구축한 도덕공동체들이다. 《슈테른하임 양 이야기》가 특히 그렇다. 아버지 슈테른하임은 자신의 영지를 농민 보유지로 재조직하는 동시에 학교를 설립하여 농업, 목축, 가정관리를 가르치고, 이웃 귀족 영지를 사들여 빈민구호소를 건립한다. 그곳에 수용된 빈민들은 종자 묘판의 설치, 채마밭 농사, 마직과 모직의 생산에 투입된다. 딸 슈테른하임 양 역시 더비로부터 버려지자 여관집 주인의 조카들에게 쓰기와 셈하기와 "선한 태도"를 가르치고, 인근의 귀족 부인이 소녀 13명을 맡기자 그들을 보모, 시녀, 요리사, 가정부, 보조 요리사, 보조 정원사로 교육시킨다. 어느 불행한 아낙의 딸들에게는 바느질과 이탈리아 꽃무늬 그리는 법을 가르쳤고, 아들에게는 인근 학교에서 라틴어를 배우도록 주선해준다. 심지어 스코틀랜드 납광산에서도 촌민들로부터는 그곳의 언어를 배우는 대신 그들에게 영어를 가르쳤으며, 그 집 딸에게는 양탄자 짜기를 가르치고 그로부터 얻은 수입을 가족에게 준다.

그보다 앞서 출간된 《스웨덴 백작 부인 G의 삶》은 훨씬 덜하다. 공동체에서 교육이 중심을 차지하는 반면 노동에는 유의하지 않는다. 그러나 훨씬 과격한 면모도 있다. 백작 부인은 남편 외에 남편의 전애인, 그들이 낳은 아들, R과 낳은 딸과 함께 살 뿐만 아니라, 떠나려하는 R을 붙잡아 그도 함께 산다. 그리고 그들 모두는 서로 친밀한 관계를 구축한다. 그 속에 성애가 강하게 암시되고 동성애마저 함축된다. 그리하여 일처이부제인지 그 이상인지 구분이 안 되는 복합혼 공동체가 출현한다. 《슈테른하임》에 오면 일부일처제가 확정되고 그렇게 낭만적 사랑이 승리하지만, 두 소설에 형상화된 공동체는 모두 정치적이다. 현실의 신분사회가 해체되고 공동체의 주인이 지식과 노동이기 때문이다. 진정 부르주아적인 공동체다.

소설에서 표현된 감정은 놀랍도록 다채롭다. 궁정인은 의당 언제나 무감동한 반면에 주인공들은 지극히 감정적이다. 《슈테른하임 양 이야기》의 첫 장면이 전형적이다. 추후 주인공의 외삼촌이 되는 귀족이 부르주아 출신으로 군대에 입문하였다가 전역한 대령 슈테른하임을 찾아가 보니, 그가 "우울"에 잠겨 있는 것이 아닌가. 남작은 대령을 "끌어안으며" 말한다. "당신을 팔에 안고 보니 슬퍼 보이는군요!……사랑하는 친구여! 자신을 너무 괴롭히지 마오." 대령이 "두 눈에 눈물이 그렁그렁한 채" 답한다. "나의 우정과 신뢰가 식었다고 생각지 마십시오.……내가 믿을 수 있는 유일한 것은 내 가슴과 고독뿐이라오." 남작은 대령을 다시 "끌어안으며" 방문을 꺼리는 그의 "냉정함"을 타박한다. 알고 보니 대령은 귀족의 누이를 마음속으로 사랑하고 있었다.

소설은 개별적인 감정들이 얼마나 많이 해방되었는지도 드러낸다. 1740년대에 출간된 《백작 부인 G》에서는 "슬픔"만이 자유롭게 표현되지만, 1770년대에 출간된 《슈테른하임 양》의 주인공들은 슬퍼할 뿐만 아니라 "증오"하고, "경멸"하며, "공포"를 느끼고, "분노"한다. 부정적 감정들이 자유롭게 표현된 것이다. 심지어 칸트가 30년 뒤에 출간한 《실용적 관점에서의 인간학》에서 순간적으로 차오르는 열정 Affekt과 개별 인간에게 체화된 부도덕한 격정Leidenschaft과 달리 미학적이고 도덕적인 정서로 구분한 "감정Gefühl"이 똑같은 의미로 십여 차례 등장한다. 칸트와 마찬가지로 "감정"이 "진리와 미美에 대한 감정", "아름다움의 감정", "정신의 자양분" 등으로 표현된 것이다.

두 소설은 경건주의와 마찬가지로 격정을 거부한다. G 부인을 만나기 전에 백작과 카롤리네는 아들 카를손 외에 딸 마리안네를 생산했었다. 카롤리네는 카를손은 스스로 키우고 마리안네는 암스테르담의 사촌에게 보낸다. 카를손은 마리안네가 여동생인지도 모르고 그녀와 결혼한다. 백작 부인이 신혼부부를 만나 보니 사랑은 충만한 것 같으나 "사려"가 부족했다. 카를손은 "불같이 타오르는" 사람이고, 그의 아내는 수녀원 출신이어서 "이성이라고 말할 만한 것이 없고", "순수하고 정직한" 인물이었다. 그들은 "격렬하게" 사랑하고, 내부에 "심장이 요동치고 있었다." 그들은 아들까지 낳았으나 결국 남매라는 사실을 알게 된다. 남매는 슬픔과 공포와 수치심과 후회와 "병든 다정함"에 고통스러워한다. 마리안네는 우울증에 걸려 사혈 치료를 받다가 결국 동맥을 끊어 자살한다. 소설은 해설한다. 격정은 삶을 파괴한다. 격정에 사로잡히면 "보편적 인간애"가 무력해진다.

또한 소설은 경건주의와 똑같이 감정이 다정한 감성이어야 한다고 주장한다. G 백작의 아버지가 죽기 직전에 돌아보니 "지난 3년간 단 한순간도 감정이 요동친 적이 없었다." G 부부의 신혼 생활을 특징짓는 감정도 아내에 대한 남편의 "복종적인 다정함"과 남편에 대한 아내의 "존중심"이었다. G 백작의 눈은 "불같지만", 그 불은 "차분히 가라앉아 있다." 그래서 그의 얼굴에서 "관대함과 활발한 다정함만이 발산된다." 슈테른하임 주변 인물들도 한결같이 진실되고, 감성적이고, 순수하고, 감동할 줄 알고, 공감적이고, 부드럽고, 조용하다. 그 모든 감정의 대표 감정이 "다정함Zärtlichkeit"이다. 그리고 다정한 인간이 느끼는 감정들에 대한 통칭이 "감성Empfindsamkeit"이다.

다정한 감성은 동시에 도덕감정으로 형상화된다. 슈테른하임 양의 엄마는 아버지를 만나보기도 전에 그의 도덕성에 대하여 듣기만 한 상태에서 그를 "사랑"한다. G 백작과 그 부인 사이에도 연애의 과정이 생략되어 있다. 사랑 감정은 미덕과 일치하는 것이기에, 미덕이 지속되는 한 사랑도 지속되기 때문이다. 그렇듯 감정과 도덕 간의 갈등은 처음부터 배제된다. 소설은 양자 간의 관계를 논할 필요조차 보지 못 한다. 주인공들은 한결같이 윤리적이고, 정의롭고, 관대하고, 고귀하다. 그들은 미덕을 인생의 짐이 아니라 편안한 동반자로 여긴다. 미덕의 인간이 깊어지면 "대부분 감정이 홀로 말하며", 그것이 상대방을 움직인다.

감정은 이성과도 합치된다. 백작 부인 G의 어린 시절 당숙은 "나에게 이성을 길러주고 가슴에 질서를 잡아주었으며, 나의 욕구를 현란한 것들로부터 떼어내어 영혼의 고귀함으로 이끌어주었다." 이를 통하여 주인공은 눈부시게 예쁘지는 않지만 "이성과 양심의 조용한 찬사와 만인의 감탄을 자아내는 특징들을 취미로 삼도록" 배웠다. 아버지 슈테른하임은 "물리적 세계에 대한 관찰"이 인간을 오히려 도덕적으로 만든다고 선언하고, 슈테른하임 양은 사랑에 빠진 시무어를 가리켜 "계몽 정신과 합치되는 인간애와 고귀함을 하나로 응집시킨" 인물이라고 평한다. 감정과 도덕의 관계와 마찬가지로, 소설은 감정과 이성의 관계를 논의할 필요성조차 알지 못 한다. 너무나 지당하기 때문이다.

겔레르트는 작가이자 철학자이자 경건주의 신학자였고, 폰 라 로슈 역시 엄격한 경건주의 교육 속에서 성장했다. 그들의 소설에서 종교는 이미 전제되고 교육에서도 중요성을 부여받지만, 종교는 삶의 결정적 지점에서 가시적인 역할을 수행하지 않는다. 소설의 내용은 신앙의 세계가 아니라 범속한 삶이다. 그러나 그 세속적 삶의 도덕감정은 경건주의의 종교적 감정과 전혀 다르지 않다. 소설은 경건주의 문건에서 두드러졌던 궁정인과 도덕적 인간의 이분법을 반복하고, 경건주의 공동체의 감정 폭발을 감정 범벅의 언어와 몸짓으로 표출하며,

경건주의의 온유함을 다정한 감성으로 변신시키고, 진정성, 친절함, 순수함, 관대함을 강조한다. 그렇듯이 경건주의적 도덕감정을 세속의 삶으로 형상화하였으니만큼 감성주의는 도덕감정의 세속화 작업이었다고 할 것이다.

감성주의는 그 과정에서 기존의 감정 개념의 내용을 바꾸기도 하고 그때까지 없는 것이나 마찬가지였던 감정을 새로이 덧붙이기도 했다. 가히 감정 혁명이라 부를 만하다. 이 책 4장에 다시 서술하겠지만, 그 이전 시기에 '신뢰Vetrauen'는 언제나 신과 '진정한 기독교도'에게만 향했었다. 그 감정은 감성주의 소설에 와서 비로소 일반인에게도 적용된다. 계약적이고 위계적이었던 '충성Treue'도 감성주의 소설에 와서 평등한 사람들 사이에 적용될 뿐만 아니라 쾌감과 강도를 갖춘다. 아리스토텔레스 이래 언제나 공동체적인 덕의 구현이었고 중세에 와서 신의 은총이 추가되었던 '행복Glück' 감정 역시 감성주의에 와서 범속한 관계에 적용된다. 그 모든 양상이 응집된 장면이 하나 있다. G 백작이 살아서 돌아오고 부인과 재결합했을 때 친구 R이 용서를 빌며 떠나려 했다. 그때 백작이 말한다. "그대가 떠나지 않으면 내가 질투하리라고 생각한다면, 그것은 내 아내의 충성과 나의 신뢰를 모독하는 것이오." 부인이 가세한다. "남편이 머물라고 하네요. 당신이 떠나는 것이 아무렇지도 않다면 나는 당신을 사랑했던 것이 아니지요."

감성주의가 경건주의 감정을 세속화하는 동시에 새로운 감정을 도입한 가장 두드러진 예는 '우정'이다. 역사적 추이를 간단하게 살펴보자. 아리스토텔레스에서 우정은 공적인 미덕을 구현한 탁월한 사람들 사이의 감정적 친밀성을 가리켰다. 중세에서 우정은 모습을 감춘다. 굳이 찾아보면 감정적 쾌감과 강도가 동반되지 않는 단순한 이웃

사랑이 우정으로 표현되었다. 우정은 18세기 초에 와서 초기 계몽주의자들이 본격적으로 다시 논의하기 시작했다. 그러나 의미가 그 후와 무척 달랐다. 대표적인 초기 계몽주의자인 크리스티안 볼프는 "우리는 만인과 사랑으로 연결되어 있으니 만인이 친구"라고 썼다. 친구는 '또 다른 자아alter ego'가 아니었던 것이다. 우정은 도덕과 결합되지도 않았다. 계몽주의자들은 18세기 초까지 바람직한 우정을 '내게 도움이 되는 사적인 관계'로 의미화했다. 그리하여 교리에 대하여 조언을 해줄 수 있는 신학자, 계약과 소송에서 도움을 줄 수 있는 변호사, 건강에 도움이 되는 의사, 재산 관리에 도움이 되는 경제인이 '좋은 친구'였다. 따라서 '차가운 우정'도 얼마든지 가능했다.

변화는 도덕 주간지에서 찾아온다. 부르주아 사회성의 윤리적 개혁을 추구하던 그 잡지가 1720~30년대에 제시한 모범적인 인간형은 일상적이지만 도덕적인 삶에서 '행복'을 느끼는 사람이었고, 우정이란 그런 사람들 간의 친밀한 감정을 가리켰다. 우정이 친구들 간의 사랑이되, 친구를 '고양시키는 사랑'이라고 설명한 것이다. 다시 말해서 우정을 사회적 관계에서 생성되는 도덕감정의 표본으로 제시한 것이다. 그 우정 개념이 1730/40년대에 경건주의자들의 모임과 조직에 유입되었다. 그들은 경건한 사회성의 특징을 우정에서 찾으면서 서로를 친구와 여자친구로 칭했다. 경건주의는 우정을 더욱 세공했다. 우정은 긴밀하고 친밀해야 하고, 지속적이고 장기적이어야 하며, 다정하고 온유해야 하고, 현실의 이득을 넘어서야 하며, 너와 나의 구분이 무의미해야 한다.

우정을 처음으로 미학화한 소설이 다름 아닌《스웨덴 백작 부인 G의 삶》이었다. 소설은 도덕감정들로 연결된 사람들을 모두 "친구"로 호명하고, 그들의 감정적 관계를 "우정"으로 부른다. R이 재결합한 백작 부부와 함께 사는 관계가 바로 우정이었다. 동시에 소설은 주인공들을 "미덕의 친구"로 호명한다. 그리고 그 관계에 쾌감과 강도를 투여한다. 소설은 백작이 시베리아에서 유형 생활을 할 때 만났던 "친구"가 불현듯 방문하여 백작 앞에 섰을 때를 다음과 같이 묘사한다. 그가 "우리 앞에 섰다. 순간 백작이 몸을 떨었다. 의자에서 일어설 수 없을 정도였다. 우리는 그들이 기쁨의 전율 속에 오래 포옹하는 것을 지켜보았다." 슈테른하임 대령의 "친구"인 남작은 대령에게 "당신의 마음, 당신의 신뢰는 이제 나를 향하고 있지 않은 것 같소.……우정 때문에 혹시 너무 많은 것을 참고 있는 것은 아닌지? 사랑하는 친구여! 자신을 너무 괴롭히지 마오."라고 말한 뒤 그들은 울고 포옹했다. 다음 절에 설명할 소설 《비밀일기》에서는 아내는 물론 심지어 신이 친구로 호명된다. 우정에 종교적 차원을 기입한 것이다.[18]

나에게 쓰는 일기, 나의 감정을 감시하는 일기

《스웨덴 백작 부인 G의 삶》에는 내면의 갈등이 그려지지 않는다. 그로부터 25년 뒤에 출간된 《슈테른하임 양 이야기》에서 주인공들은 질투를 하기는 하지만 내적 고통이 그리 강렬하게 형상화되지 않는다. 다시 말해서 도덕감정이 그저 전제되고 펼쳐질 뿐, 그것에 도달하는 내면의 실천 및 학습 과정이 주제화되지 않았던 것이다. 그러나 당시 지식인들은 도덕감정이 얼마나 어려운 과제인지 의식하고 있었다. 스위스의 개신교 목사 요한 카스파르 라바터Johann Casper Lavater가 《슈

테른하임》과 같은 해인 1771년에 출간한 감성주의 소설 《비밀일기》
는 감정 실천의 내적 과정을 드러낸다. 라바터는 당대 지식인들에게
높이 평가받던 신학자이자 목사였다. 심지어 괴테가 《베르테르》에서
그를 언급했다. 그는 소설에서 "라바터의 여러 가지 광신적 태도
를……경멸"하는 여성을 비판한다. 괴테의 이중비판 속에 들어있는
"광신적인"이라는 표현은 괴테의 애정어린 조롱일 뿐 역설적으로 라
바터의 깊은 종교성을 드러낸다. 그는 공공연하게 과시하지는 않았으
나 지극한 경건주의자였다.[19]

　그의 《비밀일기》는 1월 1일부터 1월 31일까지의 허구적인 일상을
통하여 경건한 사람이 어떻게 하루하루를 보내야 하는지 제시한다.
《비밀일기》를 펼치자마자 눈길을 끄는 것은 30년전쟁 전쟁일기와의
차이점이다. 책의 부제가 "자기 자신에 대한 관찰자"이다. 헤베를레
와 하페는 가족의 생사를 제외하고는 오직 그들이 보기에 공적으로
중요한 사건만을 기록했다. 18세기 중반에는 완전히 달라져 있는 것
이다. 이제 일기는 자기 자신에 대한 기록이어야 했다. 《비밀일기》는
심지어 주인공의 직업을 언급조차 하지 않는다. 문제는 공적인 자아
가 아니라 주인공의 사적인 자아였기 때문이다.

　일기에서 가장 중요한 대화 상대 역시 자기 자신이다. 주인공은 일
기의 두 번째 문단에서 쓴다. "너 나의 가슴아, 정직해야 해! 네 속을
내 앞에서 숨기지 마. 나는 너와 우정을 맺으려 하고, 너와 동맹을 맺
을 것이거든. 나의 가슴아, 지상의 모든 우정 중에서 가장 현명하고
축복받은 우정은 인간의 가슴이 자기 자신과 맺은 우정과 친밀성이
야." 자기 자신에 대한 정직성이 가장 중요한 덕목인 이유는 물론 자
기 자신을 정확하게 관찰하고 평가하기 위해서다. 그리고 그 기준은

경건하고 감성적인 개인이다.

그래서 일기는 반성으로 점철된다. 첫째 날인 1월 1일 오후 5시 주인공은 자기가 1일 1선행의 수칙을 지키지 않았다는 사실을 불현듯 깨닫고는 하녀에게 어머니에게 주라며 직물 한 필을 선물한다. 그가 하녀를 볼라치면 언제나 거의 자동적으로 "나무라는 목소리"가 마음속에서 올라오는데, 이번에도 어김없이 내면에서 올라온 그 목소리를 "억지로 참는다." 그러나 참는다는 것은 몰인정의 증거이기에, 그는 참는 자신을 반성한다. 다음 날 집세가 모자란다며 찾아온 70대 노파를 외면하였을 때, 아내가 반지라도 빼줘서라도 돕겠다고 한다. 부끄러워진 그는 자신의 탐욕을 반성한다. 임종을 맞은 친구에게 마차를 타고 달려가던 와중에 구걸하는 아이들에게 몇 푼 던져주었는데, 돈이 눈 속에 처박히는 바람에 아이들이 언 손으로 눈덩이를 헤집어야 했다. 반성한다. 죽은 친구에게 조문을 다녀온 뒤 10탈러를 빌리러 온 남자에게 "갚을 수 있어요?"라고 물은 뒤 통렬하게 반성한다. "이 가련하고 차가운 가슴아, 왜 너는 더 많은 것을 요구하는 거니?……그건 그냥 두 푼짜리 쇳조각이잖아.""그런데 그 표정이 뭐니? 왜 힘들어해?" 일기는 자아의 내적 태도와 상태에 대한 준열한 감시 작업이다.

주인공은 자신의 감정도 의심하고 반성한다. 임종이 임박한 친구에게 달려가 병상에서 슬피 우는 한편, 속으로는 "울 수 있다니 울 수 있다니, 하나님을 찬양합니다. 하나님을 찬양합니다."라며 "기뻐한다." 그리고 기뻐한 자신을 비웃는다. 집으로 돌아와서 친구의 죽음을 생각하면서 죽음에 대한 성찰을 글로 적고 그것을 다시 읽어보며 기뻐한 그는, 그 기쁨 속에 "작은 허영이 감춰져 있음"을 발견한다. 그 때문에 부끄러워 눈물을 흘리면서, 눈물을 흘리는 "자기 자신에게 현기증을 느끼고", "이 눈물 속에도 허영이 스며든 듯하다."고 한탄한다. 그리고 적었다. "부끄러워서 얼굴이 홍조가 되지 않은 채 내 자신에게 말을 걸 수는 없는 것일까?" 한 번 더 자신에게 당부한다. "가슴아, 네 허영을 주목해. 네가 그리도 두려워하는 허영. 누가 이 고백을 읽을까 걱정하는 것도 허영이야. 가장 아름다운 감성은 한순간에 가장 사악한 감성으로 바뀌는 거란다, 가슴아 가슴아."

라바터의 서술은 감정이 외부로부터 완전히 독립하여 온전히 내면에 속하였다는 것을 보여준다. 어려운 사람을 도와주고도 부끄러워하고, 친구의 임종 소식이 은밀한 기쁨을 발동시키기 때문이다. 여기서 18세기 중반의 감성주의 소설들이 얼마나 많은 일을 했는지 한 번 더 드러난다. 종교적 도덕감정을 세속화시키고 새로운 감정을 추가했을 뿐만 아니라 감정을 내면화시킨 것이다. 또한 라바터의 서술은 자신의 감정을 응시하는 내면의 눈이 감정의 복합성을 발견 혹은 생산해 낸다는 것을 보여준다. 친구의 임종이 임박했다는 소식을 들은 뒤 처음 느낀 감정은 경악이었다. 그러나 경악 속에는 기쁨이 스며들어 있었고, 마차를 출발시키려는 순간 내면에서 또다시 당황, 공포, 불안이 솟았으며, 그 모든 감정에 대하여 또 부끄러움을 느꼈다. 그 감정들을 정리하는 데 "15분이 걸렸다." 일기는 감정이 또 다른 감정을 발생시키고, 그 감정들이 충돌하는 양상을 기록하고 통제한 것이다. 감정관리가 강화됨은 물론이다.

감정관리의 목표는 《비밀일기》에서도 사랑이었다. 그리고 그 사랑은 "격정"이 아닌 "다정함"과 "온유"로 발현되어야 했다. 그는 1월 1일 하녀에게 뜻밖의 선물을 한 뒤에 "고요한 만족"을 느꼈다. 임종의 친구에게 달려가면서 느낀 복잡한 감정을 15분 동안 다스린 뒤에 그가 도달한 감정 역시 "다정함"이었다. 그는 병상에서 슬피 우는 자신에게 임종의 친구가 보여준 "숭고한" 감정도 "온유"로 정의했다. 실생활에서 온유와 다정을 체현한 구체적인 인간은 주인공의 아내였다. 집세가 모자라는 노인을 돕지 않으려다 아내의 제스처 때문에 돕게 된 그날, 부끄러워 어쩔 줄 모르는 그에게 아내가 말한다. "선량한 아빠, 자신을 더 이상 괴롭히지 말아요. 곧바로 돈을 내주었잖아요. 앞으로 불쌍한 사람에게 도울 수 없다고 말하지 않으면 돼요." 그는 아내를 끌어안고 울었다. 아내의 "온유함"이 그를 한 번 더 부끄럽게 만들었기 때문이다.

다정함과 온유의 대극에는 라바터의 경우에도 분노가 위치했다. 라바터가 친구의 사망 외에 가장 중요하게 서술한 사건이 하나 있었다. 어느 날 아침 주인공이 죽은 친구를 기억하는 경건한 시간을 가진 뒤에 점심을 먹고 커피를 마실 때 하녀가 들어왔다. 청소를 해도 되냐고 묻는 그녀에게 주인공은 조심하라고, 책을 건드리지 말라고, 종이가 흐트러지면 안 된다고 당부했다. 목소리는 부드럽지 않았고 짜증과 걱정이 묻어 있었다. 아내를 통해 하녀에게 한 번 더 주의를 주었다. 청소가 끝난 것 같아 올라간 순간, 책장 위의 잉크가 책상 위로 떨어졌다. 하녀는 경악했고, 주인공은 고함쳤다. "이 멍청한 짐승 같으니. 내가 조심하라고 경고했잖아." 그는 세상에서 가장 중요한 문서가 훼손되어 못 쓰게 되기라도 한 양 "분노의 표현들"을 폭발시켰다. 주인공이 그런 자신을 부끄러워하자 아내가 다가와 끌어안고 "말할 수 없는 다정함으로 말한다." "여보, 공연히 건강만 해치겠어요. 분노로부터 벗어나지 못하는 날들은 지나가요. 함께 기도해요." 라바터의 일기는 가상 일기다. 소설이다. 그것은 감정 담론은 말해줄지언정 감정 실

천을 드러내지 못한다. 실제 일기를 검토하자.[20]

3
목사 한의 분노와 내면

일벌레 목사 한

라바터를 대중적으로 알린 책은 1772년에 출간된 《관상학》이다. 그 책은 20년간 독일어 16판, 프랑스어 15판, 영어 4판, 네덜란드어 1판으로 출간되었다. 무려 칸트가 1798년의 《실용적 관점에서의 인간학》에서 라바터를 두 번이나 언급했다. 물론 그는 얼굴 형태에서 정신을 읽어내려던 라바터의 시도를 오류로 평했다. 라바터는 《관상학》을 확대하여 1775년에서 1778년까지 《관상학적 단편들. 인간에 대한 이해와 사랑을 촉진하기 위하여》라는 네 권짜리 책을 출간했다. 그는 그 책에서 고대부터 18세기 당대까지, 세네카와 마르쿠스 아우렐리우스로부터 프리드리히 2세와 괴테에 이르기까지 방대한 초상화 자료를 수집하여 해설했다.

그 속에 필립 마테우스 한Philipp Matthäus Hahn(1739~1790)이라는 뷔르템베르크 슈바벤 지방의 루터파 목사가 포함되어 있었다. 라바터는 그를 "신학적으로 자신과 맞닿아 있으면서도" "사람으로서는 (자신과) 말할 수 없이 다른 인물"이라고 평했다. 라바터는 한의 신학 논문집이 "아직 알려지지 않은 위대한 학문적 진리의 금맥"이며, 그 신학적 높이와 깊이를 몰랐던 자신이 부끄럽다고 쓰는 동시에, 한은 자신과 달리 역학과 수학과 천문학의 천재라고 덧붙였다. 이어서 그는 한의 관상을 해설했다. 코는 "맑고 확고한 진리"의 증인이고, 입에는 "슈바벤 지방 특유의 지둔함과 선함과 근면함"이 담겨 있으며, 턱은 "이해력과 기민함"을 보여주고, 눈은 "깊이와 몽롱함"을 동시에 갖고 있다. 목사 한이 우리의 주인공이다.[21]

목사 한은 일기를 썼다. 언제 시작했는지는 알려지지 않고 있지만 1772~1777년, 1783~1785년, 1787~1789년의 일기는 남아 있다. 1773년 10월 4일의 일기에 라바터와 관련된 기록이 적혀 있다. 라바터가 보낸 화가가 한을 방문하여 초상화를 그린 것이다. 인연은 이어진다. 이듬해인 1774년 3월 14일 한은 슈투트가르트 동료를 방문했다가 라바터의《비밀일기》를 발견했고, 이틀 뒤에 통독했다. 그 후 라바터의 신학 논설까지 읽은 한은 라바터에게 경의를 느꼈고, 1774년 8월 중순 라바터가 인근 도시 루드빅스부르크를 방문한다는 소식을 듣고는 그곳으로 달려갔다. 서로에게 끌린 두 사람은 3박 4일을 함께했다. 라바터가 한의 공방을 방문했던 것인데, 그때 라바터가 시계를 주문했거니와 한은 맞춤 시계를 제작했음은 물론 추후 '라바터 시계'

라는 유사상표를 만들어 판매했다.

한은 슈바벤 지방의 네카강 지역, 즉 슈투트가르트 인근의 가장 유명한 경건주의 목사였다. 목사가 공방을 가지고 있었고 그곳에서 시계를 제작하여 영업까지 했다니 의아할 것이다. 그러나 그의 일기 어디에도 부업을 문제 삼는 사람이 등장하지 않는다. 목사의 아들로 태어나 자신도 목사가 되겠다고 확고히 결심했으면서도, 그는 청소년 시절부터 기계와 수공업에 깊은 관심을 가졌다. 그는 아버지의 알코올중독으로 인하여 물질적으로 결핍된 성장기를 보냈고, 중등학교와 대학도 여기저기서 얻은 부분 장학금들로 겨우 마칠 수 있었다. 1764년에 25세라는 당시로서는 이례적으로 젊은 나이에 목사직에 임용된 그는 그 직후 15세에 불과한 선배 목사의 딸과 결혼했다. 그는 어린 아내가 가져온 유산의 일부로 공방을 열었고, 그곳에 수공업 노동자 4명을 고용했다. 그리고 한은 어린 시절 꿈을 실현하여 끝내 천문 시계를 제작하는 데 성공했다. 시계 제작이 얼마나 성공적이었는지, 급기야 뷔르템베르크 공작이 1769년에 튀빙겐대학교 철학부 수학 담당 교수직을 제안했다. 그러나 그는 교수직을 거부하고 줄곧 목사로 머물렀다.[22]

한은 1764년부터 1770년까지 온스트메팅겐에서, 1770년에서 1781년까지는 코른베스트하임에서, 1781년에서 1790년까지는 에히터딩에서 사역을 했고, 이 책은 1772년에서 1777년까지 그가 쓴 일기를 분석한다. 그의 일기는 아직까지 역사가들의 관심을 크게 받지 못했다. 그의 딸의 일기가 여성사의 관점에서 자세히 분석되었다. 필자는 그의 활동을 단순히 세어보았다. 1772년 9월 14일부터 1773년 3월 13일까지 181일 동안 예배 81회, 성인들도 참석하던 어린이 성경 수업 46회, 견진성사용 성경 수업 10회, 성인을 위한 일요학교 수업 9회, 모두 합하여 140회에 달했다. 여기에 슈바벤 지방 신학자들 10여 명이 한 달에 한 번씩 모여서 진행한 신학 토론회 6회도 추가해야 한다. 한이 설교문을 쓰는 등 집필에 매달린 날도 26차례에 달했다. 모두 합하면 181일 가운데 172회다.

한은 목회활동도 병행했다. 결혼식, 장례식, 개인 성체성사를 모두 16회 진행했고, 환자를 열다섯 번 방문했으며, 신도 집을 찾아가 상담을 해준 횟수는 여섯 번이었다. 여기에 방문객들이 목사관을 찾아온 날을 추가해야 한다. 외부로 나가야 했던 날도 많았다. 코른베스트하임에서 남쪽으로 10킬로 떨어진 슈투트가르트와 북쪽으로 10킬로 떨어진 수도 루드빅스부르크를 방문했던 횟수는 20번이었다. 외유성 방문은 한 차례도 없었다. 가히 일벌레다. 일기에서 한은 "일을 너무 많이 하여 생명정기를 소진시키는 것은 아닌지" 걱정하기도 했다. 그의 활동에는 공방 일도 추가해야 한다. 한이 태양계의 움직임을 계산하거나, 기계 설계도를 작성하거나, 공방에서 직접 기계를 만들거나, 공방 직인 노동자들에게 설계와 기계를 설명을 하거나, 공방을 시찰한 날은 모두 합하여 91회였다. 6개월 동안의 활동을 모두 합하면 181일 동안 설교와 성경 수업과 집필이 172회, 목회가 57회, 기계 관련 공방 일이 91회였다.[23]

계몽주의 목사 한의 멜랑콜리

묘하게도 한은 공방과 관련하여 별다른 신학적 설명을 하지 않았다.

그가 만든 가장 중요한 기계는 천문 시계였다. 이를 위해 그는 그 많은 날 동안 태양계의 움직임을 계산해야 했다. 각 시각마다 태양, 수성, 금성, 달, 화성, 목성, 토성의 위치를 표시해야 했으니 그 계산이 얼마나 복잡했겠는가. 그러나 그는 단 한 번도 혜성과 뇌우를 언급하지 않았다. 1장에 서술했듯이 천문학적 현상은 16~17세기에 도덕 및 공포 감정과 강하게 결합되어 있었다. 다른 연구자들이 많이 적시했기에 이 책에서는 생략했으나, 헤베를레의 일기와 하페의 일기 모두에서 30년전쟁은 혜성의 출현으로 시작되고 끝난다. 그러나 한의 일기에는 천문학적 현상이 언급조차 되지 않는다. 벤저민 프랭클린이 1752년에 피뢰침을 발견했기 때문이 아니었다. 피뢰침은 1770년대에도 드물게 설치되었고, 번개를 전기 현상으로 이해하더라도 피뢰침을 피한 전기력이 근처의 인간과 사물을 강타하리라는 불안은 여전했다.

한이 이신론을 받아들였던 것은 아니다. 그는 신이 지상에 개입할 수 있다고 믿어 의심치 않았다. 그와 가깝던 동료 신학자 벵겔Johann Albrecht Bengel은 심지어 예수 재림 일을 열심히 계산하여 1836년이라는 숫자를 제시했고, 한도 가끔 종말 일을 계산했다. 그러나 중요한 것은, 신의 개입과 재림의 기대가 자연법칙에 대한 그의 신뢰를 전혀 훼손하지 않았다는 사실이다. 한은 18세기에 왕성하게 논의되던 '물리신학Physik-Theologie'을 받아들였던 것 같다. 물리신학은 법칙적 자연에 대한 신학적 설명이자 대응이었다. 18세기 중반이면 예컨대 번개를 지상의 화학적 작용으로 설명하면서, 인간이 공포를 가지면 공포가 신체물리학적으로 더 많은 공기를 흡입하게 하고 그것이 번개를 그 인간에게 부른다고 설명했다. 따라서 번개가 치면 잠자는 것이 최선이라는 것인데, 이 설명에 도덕의 자리는 없다. 이때 신자의 종교적인 태도 역시 도덕이라기보다 물리적인 효과로 설명되었다. 신의 사랑 의도를 믿는 인간이라면 잠자는 인간만큼 태평할 수 있다는 것이었다. 그때 신의 의도는 '세계의 아름다움과 완전성'이 실현되도록 하는 것, 그리고 그에 상관적이게도 인간이 완전한 신의 형상으로 발전하는 데 있는 것으로 파악되었다. 그리하여 18세기 중후반의 독일인들이 뇌우에 직면하여 태평했던 것은 자연과학적·기술적 설명 때문이 아니라 인간과 세계에 대한 긍정과 희망 때문이었다.[24]

한의 신학이 정확히 그러했다. 그는 "인간과 모든 피조물" 안에 "신의 정신의 가장 내적인 불꽃"이 내재해 있다고 믿었다. 수력 저울을 발명한 그에게 자연은 기계적 자연이 아니라 인간에 의하여 성장하는, 힘과 운동으로서의 자연이었다. 그에게 자연과학과 계몽주의와 신학은 모순되지 않았다. 그는 볼테르를 자주 읽었고, 볼테르 책 속의 "어느 한 줄도 교훈을 주지 않는 것이 없다."고 쓰기도 했다. 그는 신이 인간에게 부여한 과제 역시 신이 심어준 "내적인 불꽃"과 "씨앗"을 성장시키는 것이라고 생각했다. 인간이 욕정과 욕망과 육체적인 것들로 가득차면 씨앗이 자라나지 못하는 법이기에, 인간은 자신을 "훈련하고, 충동에 저항하고, 그로부터 비롯된 생각을 물리쳐야 한다."

그처럼 계몽주의적이었던 한은 신도들 스스로가 자신의 삶과 영혼과 죄에 대하여 생각하고 쓸 줄 아는 것도 종교적 성장으로 간주했다. 따라서 일기 쓰기는 곧 신앙의 실천 행위였다. 그는 자신의 아내, 그가 정기적으로 용돈을 주던 계모, 첫 번째 아내가 사망한 직후 잠깐 동안 살림을 맡아준 여동생, 공방의 노동자들, 이웃 목사의 딸, 몇 차례 돈을 빌려준 슈투트가르트의 한 처녀 등에게 일기 쓰기를 강요하다시피 했다. 그리고 가끔씩 그들의 일기를 읽어보았고, 그들에게 자신의 일기를 빌려주었다. 신학자 토론회에서도 자신의 일기를 낭독했고, 토론회가 바쁘게 진행되어 일기를 듣거나 낭독할 시간이 없으면 무척 아쉬워했다. 그에게서 일기 쓰기는 회중 앞에서 행해지던 간증과 똑같았던 것이다.[25]

목사 한에게는 지병이 있었다. 멜랑콜리였다. 일기가 남아 있는 1772년 9월 14일부터 1777년 9월 28일까지 5년간 한이 멜랑콜리 때문에 일을 거의 하지 못 했다고 적은 날은 모두 140일이다. 1주일에 한 번꼴이다. 증상은 다양했다. 배에 가스가 차고, 수마睡魔에 사로잡히고, 혹은 거꾸로 잠을 못 이루고, 사지가 마비되는 느낌이 오고, 청각이 마비된 듯한 날도 있었다. 가장 흔한 증상은 배에 가스가 차는 것이었고, 그 모든 증상과 더불어 분노와 우울감이 차올랐다. 그는 "악마가 어둠 속에서 나를 공격하는 듯하다." 혹은 "악마가 일을 못 하게 한다."고 쓰기도 했다. 한은 원인을 주로 섭생에서 찾았다! 그가 멜랑콜리 음식으로 거론한 것은 발효시킨 뒤 응고시킨 우유, 돼지고기, 계란, 녹색 콩 등이었다. 한은 "생명정기"가 고갈될까 두려워한다고 쓰기도 했거니와, 18세기 중후반의 지식 부르주아에게 갈레노스의 고대 의학이 여전히 유효했던 것이다. 한이 행한 치료법도 정확히 그에 상응했다. 그는 사혈을 하고 관장을 했으며, 유황이나 유황소금 또는 석영을 복용했다. 그는 총 19번 사혈을 했다. 관장 효과를 지닌 약은 12번 복용했다. 그는 그 모든 처방과 약을 슈투트가르트의 유명 의사와 약방에서 받았고, 또 그 약들을 아프다고 자신을 찾아온 사람들에게 나눠주거나 처방해주었다.

그의 멜랑콜리 기록을 살펴보면 미묘한 변화가 식별된다. 연도별로 나누어 보면, 1772년 9월 14일에서 이듬해 9월 13일까지 총 18회가 기록되었고, 2차 연도와 3차 연도에 20회와 23회가 기록되더니, 1775년 9월 14일부터 이듬해 9월 13일까지의 4차 연도에는 무려 40회가 기록되었고, 마지막 연도인 1776~77년에도 40회에 달했다. 멜랑콜리 발병이 두 배 증가했던 것인데, 그가 자가진단에서 적시한 원인은 변화를 보인다. 1차 연도의 총 18회 기록 중에서 사과, 콩, 부르고뉴 빵 등으로 인한 위장장애를 원인으로 지목한 경우는 모두 13회였고, 여행을 원인으로 지목한 횟수는 2회, 공방 노동자들과의 갈등을 원인으로 제시한 경우가 1회, 이유를 제시하지 않은 경우가 1회였다. 마지막 연도에는 역전된다. 섭생 및 위장장애를 원인으로 삼은 경우는 12회로 여전히 많았다. 그러나 말을 너무 많이 했다거나 여행을 다녀왔기 때문으로 설명한 경우가 8회나 되었고, 아무런 이유를 제시하지 않은 경우는 무려 20회에 달했다.

위의 간단한 통계는 한의 우울과 무기력이 마지막까지 신체와 연결되어 있었지만 갈수록 라이프 스타일과 결합되어갔다는 점을 보여준다. 한은 가끔 사람들과의 갈등이나 타인의 공격이 자신의 멜랑콜리를 유발했다고 쓰기도 했고, 1777년 8월 4일, 즉 일기의 마지막 부분에 가서는 "생각이 너무 많으면 건강에 좋지 않다"고, 외팅거가 장수하는 이유는 의사인 그에게 기분전환을 위한 실험실이 있기 때문이라고 썼다. 다시 말해서 우울과 무기력이 신체로부터 벗어나는 양상이 식별되는 것이다. 더욱이 멜랑콜리를 언급할 때의 한을 보면 그 병을 독립적으로 서술하는 경우가 거의 없다. 그는 언제나 멜랑콜리 때문에 일을 하지 못했다고 썼다. 육체를 거추장스러워 한 것이다. 육체가 타자화되어간 것이다.

사실 그 시기는 독일 지성사에서 멜랑콜리가 신체와 분리되는 때다. 작가인 카를 필립 모리츠Karl Philipp Moritz는 1783년부터 1793년까지 《경험영혼론 저널》을 발간했고, 그 저널은 아리스토텔레스 이래 당대까지 유장하게 지속되어온 영혼론, 즉 인간의 내면을 인간의 정신·신체적 기능들의 교차로 설명하던 틀을 벗어나 내적인 '과정'으로 설명하기 시작했다. 흥미롭게도 그러한 방향 전환의 와중에 멜랑콜리가 신체적인 히포콘드리아 심기증과 정신적 우울로 분화된다. 그리하여 모리츠가 1785년부터 1790년까지 발표한 소설 《안톤 라이저. 심리소설》에서는 멜랑콜리가 신체와 완전히 분리되어 사회적 억압의 결과로 제시된다. 한의 일기에는 단초에서나마 그 양상이 식별된다고 할 것이다. 이는 감정사의 또 하나의 결정적 장면이다. 17세기를 거치면서 규범으로부터 분리되었던 감정이 17세기 중반 이래 물리적 상황으로부터 분리되더니 18세기 말에는 신체와의 관계가 끊어진 것이다.[26]

아내에게 분노하는 한

경건주의와 계몽주의를 결합시킨 탓인지, 한의 사역과 영향력은 나날이 커갔다. 경건 모임에 100명 이상이 몰려와 자리가 부족하자 한은 기혼자 경건 모임, 미혼 남성 경건 모임, 여성 경건 모임으로 세분했다. 인근의 30여 개 도시 및 촌락에서도 사람들이 찾아왔고, 한은 아예 출장 경건 모임을 만들었다. 루드빅스부르크, 슈투트가르트, 튀빙겐을 포함하여 그 모임이 무려 18개에 달했다. 한은 바빠서 말을 타고 다녔다. 참가자의 사회적 성분은 고위 공직자와 그 부인들로부터 수공업 직인에 이르기까지 모든 신분을 포괄했다. 신학자 토론회에서도 한의 위상이 커져 모임에서 그의 설교문이 토론되었고, 심지어 그는 "지배적이지 않게 보이기 위하여" 다른 목사들이 두루 발언할 때까지 기다리기도 했다.

그처럼 성공적인 목사의 길을 갔지만, 한의 일기는 번민으로 가득 차 있다. 일기에서 공포, 고독, 슬픔, 증오의 발화는 각각 열 번을 넘지 않는다. 그러나 슈페너와 프랑케와 라바터가 적시한 나쁜 감정인 분노는 무려 약 80여 회나 발화되었다. 한은 분노 감정에 다양한 의미를 부여했다. 질투하는 동료가 한에게 "분노했다"고 할 때는 적대감을 뜻했다. 공방 직인 노동자가 술집에서 "분노"에 휩싸였다고 할 때는 갈등을 뜻했다. 육욕이 몸에 "분노"를 일으켰다고 할 때는 성욕을 뜻했다. 신의 은총을 받았어도 "내적인 분노"로 회심을 못 한다고 할 때는 욕망으로 얼룩진 내면의 혼란을 가리켰다. 결정적인 것은, 일기에 기록된 80여 회의 분노가 압도적으로 한이 화를 낸 경우들이라는 사실이다! 그중에는 아들이 이웃집에 돌을 던지거나 여동생이 요리를 못해서 화를 내는 등 일상적인 일들도 적지 않지만, 한은 크게 보아 세 가지 경우에 분노했다.

한이 가장 격렬하고 가장 자주 화를 낸 대상은 아내였다. 대표적인 장면을 보자. 1772년 11월 초 한은 루드빅스부르크 장터에서 아내를 만났다. 부부는 가게로 들어갔다. 아내가 아들에게 입힐 바지를 사려는 순간 남편 속에서 분노가 치밀었다. 바지는 어린아이에게 입힐 옷이 아니라고 생각하는데 아내가 동의하지 않기 때문이었다. 그 직후 부부는 한 번 더 부딪친다. 아내는 큰아들에게는 어린이용 의자를, 작은아들에게는 바이올린을 사 주고 싶어 한 반면, 남편이 보기에 의자는 부서지기 쉬웠고 악기는 "귀에 짜증스러운 소리만 낼 것이 뻔했다." 의자 대신 수레를 사 주라고, 그것은 뭔가를 나를 수도 있지 않겠냐고 하자, 아내는 수레는 이미 집에 있다고 대꾸했다.

그날 한은 일기에서 성찰한다. 나는 신의 지혜를 따르려 하고, 신께 기쁜 존재가 되고자 정말 애쓴다. 그럼에도 불구하고 오늘 나는 아내에게 화를 내는 "가련한 죄악"을 저질렀다. 그러나 문제는 아내에게 있다. 그녀는 내 말을 아예 따르지 않는다. 내가 신적인 진실을 말해주어도 콧방귀를 뀔 뿐이다. 사람들과 있으면서 그들의 말에 휘둘려 정신줄을 놓아버리니, "나는 마침내 고백하련다." 아내는 내가 없을 때 "유혹에 넘어가 간통을 저질렀을 가능성이 매우 높다. 나에 대한 사랑도 경건한 형제애와 자매애가 아니고, 내 안의 신직인 모습을 사랑하는 것도 아니다. 세속적인 사랑, 밤의 사랑이다. 나의 이 추측을 모든 것을 아시는 하늘의 아버지에게 털어놓는다. 신께서 이제 빛을 내려 숨겨진 것이 밝혀지리라."

1774년 12월 초 평소에 가깝게 지내던 수공업자가 돈을 빌려달라고 했지만 한은 거절했다. 그날 목사관에 돌아와 보니 아내가 신발과 양말을 사야 한다며 돈을 요구하는 것이 아닌가. 경건 모임 참석자들이 지켜보고 있었다. 목사 남편이 목사 아내에게 "대마 벗기는 기구를 사서 돈을 벌면 긴급한 용처에 쓸 수 있지 않겠느냐"고 말한다. 그리고 일기에 적었다. "그녀는 사악한 양심 때문에 나를 신뢰하지 않고, 또 돈을 요구할 만한 믿음도 내게 주지도 못한다. 듣자 하니 그녀는 돈을 빌려서 옷을 샀고, 이 소식이 돈을 빌려준 기병대위 아내의 귀에 들어가 며칠 동안 그 부인이 우울과 불쾌감과 분노에 몸을 떨었다고 한다." 이어서 썼다. "그녀는 살림을 못 한다. 한 푼이 생기면 바로 카페에 가서 써버린다. 집안 정리도 못 한다. 가사를 이끌 사람이 못 된다. 그릇된, 궁정식의, 가련한 인간, 내가 괴롭다. 아 신이시여 도우소서! 그녀는 기독교인이 못 된다. 나아지는 것도 없이 몇 년을 허비했다.……오 하나님 아버지, 내게 용기와 믿음을 주시고, 제가 충성을 지키고 저 자신을 극복하게 해주셔서 감사드립니다.”

열흘 뒤에 부부는 또 싸운다. 목사는 발에 동상이 걸린 아내에게 “바깥에 너무 오래 있어서” 그런 게 아니냐며 나무란다. 아내는 “보고 싶은 것은 볼 것이고, 해야 할 것은 뭐든 할 것”이라고 큰소리로 대꾸한다. 그리고 말한다. “내가 의지할 사람이 없다.” 남편이 윽박지른다. “내가 있잖소. 솔직하기만 하면, 그릇된 것 없이 숨기지만 않으면 되잖소.” 그로부터 일곱 달이 지난 1775년 7월 초 자식을 출산한 아내가 후유증으로 사망한다. 남편은 사망한 아내가 남긴 상자에서 “값비싼 모자와 야회복 영수증”을 찾아낸다. 돈은 23굴덴 남아 있었다. 남편은 일기에 적었다. “그녀는 저축을 못 한다.” 그리고 덧붙였다. 그녀는 “내가 돈을 주지 않고 시계 만드는 데 다 쓴다고 동네방네 말하고 다녔다.”

위 서술에서 우선 눈길을 끄는 것은 한이 정말 정직하게 일기를 썼다는 사실이다. 하기야 일기는 곧 종교적 실천이니, 진정 신의 존재를 믿던 그가 거짓말을 할 수는 없었을 것이다. 한은 왜 그렇게 자신의 아내를 미워했던 것일까? 그는 공방을 그녀의 재산 덕분에 열 수 있지 않았던가. 더욱이 아내의 상속 재산 절반은 고스란히 남아 있었다. 그런 마당에 내내 과소비를 타박했지만, 그녀는 6개월 동안 1년 용돈 55굴덴 중에서 알뜰하게도 딱 절반인 22굴덴을 소비했다. 그리고 한이 아침에 침대에 누워 있는 아내가 “육욕”을 자극했다거나, 새 옷을 입은 그녀가 예뻤고 그래서 육신에 휘둘리지 않기 위하여 아예 눈길을 주지 않았다고 쓴 것을 보면, 아내는 외모 역시 매력적이었던 것 같다. 한의 불만에는 여러 가지가 개입되어 있었는데, 그중 으뜸이 무엇인지 짐작하게 해주는 장면이 있다. 일기에 기록된 아내와의 첫 번째 갈등, 즉 아이들 장난감으로 시장에서 부부싸움을 한 뒤 한은 자신이 "아내의 정직성과 겸손을 확신하지 못하는 것은 그녀가 복종치 않는 사람이기 때문"이라고 적었다. 문제는 가부장적인 권력이었던 것이다.

사실 한은 자상한 아빠였다. 그는 밤에 아이들에게 성경이나 찬송가 가사를 읽어주거나 동판화를 짚어가며 설명해주기도 했고, 이웃 도시에 함께 갔다가 6시간을 걸어서 돌아올 때는 숲에서 나비를 잡아주기도 했다. 그러나 그는 엄격한 가부장이었다. 아들이 다른 아이들과 어울려 이웃집에 거듭해서 돌을 던지자 불같이 화를 냈다. 아내에 대한 분노는 그녀가 그의 가부장적 권력을 그가 원하는 만큼 인정하지 않았기 때문이었을 것이다. 돌려 말하면, 한의 어린 아내는 주체적이었던 것이다. 그녀는 한의 비난에 한 번도 동의하지 않았다. 죽기 5일 전에 부부싸움을 하던 중에는 그녀는 "모든 불이 당신의 책임이고, 뭐를 해도 소용없다."고 냉정하게 말했다. 그녀가 사태를 왜곡했던 것 같지는 않다. 놀랍게도 한의 여동생이 "여자가 만사에 남편에게 복종할 필요는 없다."고, 자신은 "그녀를 높이 평가한다."며 올케 편을 들었다. 더욱이 한은 재혼한 부인과도 똑같은 문제에 부딪친다.[27]

하층민에게 분노하는 한

앞서 서술한 부부싸움은 한의 분노에 돈이 깊이 개입되어 있었음을 보여준다. 한은 다른 사람들에게도 비슷하게 반응했다. 1773년 1월 말 한은 자신을 길러준 계모에게 2굴덴 24크로이처를 보냈다. 그로부터 약 20일 뒤 계모가 또 돈을 요청한 듯 한은 거절 편지를 쓰면서, 그녀의 "구걸"이 자신에게 "큰 고통"을 준다고 화를 냈다. 이듬해 봄에는 루드빅스부르크의 공직자가 한 여성을 자신에게 보냈는데, 그녀가 화가인 아들이 죽었다고 위로를 청하는 것이 아닌가. 한은 그것이 구걸이라는 사실을 한눈에 알아보았다. "분노가 치솟았다." 한이 돈을 주었는지는 기록되어 있지 않은데, 하필이면 그날 여동생이 와서 소금을 꿔달라고 한다. 한은 그녀에게 "악마"라고 소리쳤다. 가족에게만 그랬던 것이 아니다. 감독 목사가 돈을 빌려달라는 편지를 보내자, 한은 애초의 방문 계획을 취소해버렸다. 일기에는 "사랑이 자신을 끌어당기지 않아서 그랬다."고 변명했다. 튀빙겐 신학교 복지기금에서 기부 요청을 했을 때에도 한은 "억지로" 돈을 냈다. 한에게 돈을 빌리러 오는 사람은 다양했다. 생활비가 쪼들리는 목사, 처음 본 교사, 학비가 모자라는 대학생, 경건주의 수공업자, 개신교로 개종한 유대인, 술꾼 장교, 가장 많은 사람은 단순히 거지였다. 1772년 9월 14일부터 1777년 9월 28일까지 5년 동안의 일기에서 한은 총 서른여섯 번 돈 요청을 받았다. 그중에서 한이 기꺼이 적선한 경우는 "고생하는 것으로 보이는 처음 본 교사" 딱 한 명이었고, 네 번은 돈을 주면서 아무런 촌평을 하지 않았고, 나머지 서른한 번은 "할 수 없이" "안 줄 수 없기에" "싫지만" 주었다.

액수를 밝히지 않은 두 번을 제외하면, 한의 적선 액수는 모두 합해서 8굴덴 45크로이처였다. 한의 수입이 얼마나 되었는지 알려주는 기록은 없다. 다만 계산 기계를 발명해서 뷔르템베르크 공작에게 보낼 때 그는 무려 1천 굴덴을 요청했다. 한은 자산가였던 것이다. 따라서 돈에 대한 집착은 탐욕스러운 그를 반영한다. 한 스스로 탐욕스런 자아를 의식하고 있었다. 그는 돌려받지 못할 것을 알면서도 경건주의 직조공에게 어쩔 수 없이 6굴덴을 빌려주면서 "내 살 안의 적대감이 나를 공격한다"고 적었고, 계모의 청을 거절한 뒤에는 "작은 것을 소중히 여기는 것을 탐욕이라고 하는 사람이 있는데, 절대 그런 것이 아니"라고 변명했다.

그러나 돈은 탐욕의 문제만이 아니었다. 그에게는 돈과 관련된 확고한 도덕률이 있었다. 계모에게 돈을 보내지 않으면서 그는 그녀가 "질서"를 모른다고 탓했다. 그 직전에 그는 어느 거지에게 동전 12크로이처를 주면서 "일하지 않는 자는 먹지도 말라."는 성경 구절을 인용하고, "남들이 버린 실로 직물을 짤 수도 있다."고, "신을 경외하고 정직하며 충실하면 자기가 먹을 빵은 벌 수 있다."고 말했다. 그는 사적인 대화에서도 운이 나빠서 거지가 된 경우와 게으르고 질서를 몰라서 거지가 된 경우를 구분했고, "부자를 만드는 것은 근면과 끈기"이며, 그런 사람의 가슴속에는 "보물과 생명의 샘물이 깃든다."고 덧붙였다.

한은 근면, 성실, 절제라는 '노동 도덕'을 설파한 것인데, 그가 중독으로 보일 만큼 노동형 인간이었다는 사실을 고려하면 노동 도덕이 한 자신의 정체성이었음을 알 수 있다. 전형적인 그 부르주아적 정체성은 당대 지배층을 대하는 한의 태도 역시 설명해준다. 1773년 2월 중순 자신의 제후인 뷔르템베르크 공작 칼 오이겐을 처음 만났을 때 그는 "공포"에 떨었다. 그로부터 석 달 뒤 공작을 두 번 연속으로 만났을 때 그는 자신에게 300굴덴이라는 거금을 하사한 공작에 대하여 "매우 은혜로운" 사람이라고 평했다. 그러나 1775년 3월 중순에 루드빅스부르크 성으로 공작을 방문했을 때는 "기다렸다. 4시에 오기로 되어 있었지만 8시에 왔다."고만 썼다. 1777년 4월 8일 오스트리아 황제 요제프 1세 일행에게 시계를 설명한 장면은 더 짧다. "아침에 황제와 폰 헤힝겐 공작과 콜로레도 백작 등과 그 일행에게 천문 기계와 계산 기계를 설명했다. 오후에 형제들을 방문하고 귀가."

한에게 분노를 유발한 세 번째 계기는 풍속이었다. 1772년 11월 초 교회법정에서 판사와 촌장과 한이 주점에서 춤판을 벌인 사람들을 심리했다. 법원은 춤을 추도록 허용한 술집 주인 두 사람에게 각각 30크로이처의 벌금을 부과하고, 새벽 3시까지 퍼마신 한 남자에게는 24시간의 금고형을 선고했다. 1773년 1월 중순 공방의 "형제들"이 공방에서 카드놀이를 하고 그 와중에 드잡이질을 했으며, 이 사단이 촌장에게 고발되었다. 그 소식에 "우울해진" 한은 노동자들에게 그런 일이 또다시 발생하면 공방을 떠나야 할 것이라고 경고했다. "내 사람들에 의하여 하나님의 나라가 제약되는 일이 있어서는 안 되기 때문"이었다. 같은 해 3월 하순 한은 공방의 노동자들이 주점에서 도금 노동자와 카드놀이를 했다는 사실을 알게 되고, 그래서 무척 심란해졌다. 그로부터 20일 뒤인 4월 12일 부활절 월요일, 한은 공방 노동자들이 쇠공으로 볼링을 했다는 소식을 듣고 그들을 불렀다. 한은 "분노"를 참고, "내게 속하는 당신들"이 놀이를 하다가 사람들을 "화나게 해서는 안 된다"고, 공휴일에는 차라리 밭에 나가라고 말했다. 그러나 한은 분을 삭이지 못했다. 이틀 뒤인 4월 14일 한은 일기에 적었다. 그들이 "아이들 앞에서 놀이를 하여 그들을 분노케 하였으니, 그들은 놀이에 대한 감각을 바꾸거나 잘근잘근 밟아버려 근절해야 하며, 그렇지 않으면 몸과 영혼이 썩을 것"이라고 사실상 저주했다.

공방 노동자들의 놀이에 대한 한의 분노는 유구한 민중문화에 대한 엘리트들의 혐오감을 반영한다. 한의 기록은 종교개혁과 더불어 시작된 민중문화에 대한 억압과 통제가 18세기 후반에도 변치 않았고, 그것이 교회법정을 통한 처벌의 형태로 지속되고 있었다는 사실, 그리고 지배층의 통제 시도에도 불구하고 민중은, 심지어 목사의 공방에 고용된 수공업 노동자들이 근면과 성실과 절제라는 엘리트의 윤리를 비웃기라도 하는 듯 기회만 나면 흥겨움에 탐닉하고 있었음을 보여준다. 한은 놀이문화, 특히 춤에 민감했다. 1773년 6월 말 한은 예배에서 "오늘 또는 내일 자기 집에서 춤판을 연 사람, 스스로 춤을 춘 사람, 다른 사람의 춤을 기쁘게 바라본 사람에게 저주 있으리"라고 소리쳤다. 1년 뒤인 1774년 6월 말 한은 춤판이 예고된 사람 집을 찾아가 "사랑 속에서 대화했다." 그러나 소용없었다. 다음 날 어김없이 춤판이 벌어지자 한은 "신이시여 저들의 영혼을 보호하시고 저를 처벌하소서."라고 기도했다.[28]

한은 좌절했다. 하필이면 한이 예배에서 춤춘 사람들을 저주한 바로 그날, 사람들이 뷔르템베르크 공작의 루드빅스부르크 성을 찾아가 춤을 허용한다는 명령서를 받아왔던 것이다. 그럼에도 한은 사람들에게 간곡히 호소했고 그들 역시 춤판을 열지 않겠다고 약속했으나, 약속은 지켜지지 않았다. 공방 노동자들에 대한 한의 저주를 보면 아내에게 분노했던 것과 똑같은 이유가 식별된다. 근면과 절제라는 윤리적 태도가 하나요, 자신의 경고를 무시해버리는 노동자들의 주체적 태도가 다른 하나다. 공방 노동자들은 하필이면 목사관에 부설된 공방, 즉 신성한 공간에서 천연덕스럽게 놀이에 탐닉했던 것이니, 이는 1730년대 파리의 인쇄공들이 노동조건에 항의하기 위하여 주인마님이 사랑하던 고양이를 비롯하여 고양이 20여 마리를 모의재판을 하고 처형해버린 사건을 떠오르게 한다.[29] 노동자들의 주체적 태도는 부르주아 한에게는 물론 비윤리적인 하층의 모습이었을 뿐이다.

분노와 정당성

한의 분노를 어떻게 해석해야 할까? 우리는 슈페너와 프랑케와 라바터가 그리도 강력히 금지한 감정을 터뜨린 것을 감정관리의 실패로 해석할 수 있다. 그러나 한의 분노가 너무 잦지 않았는가. 더욱이 한의 아내는 남편 못지않게 화를 냈고, 한의 여동생도 비슷했다. 혹시 그 시기에 이르러 분노가 경건주의 담론 차원에서는 여전히 금지되어 있었지만 감정 실천에서는 어느 정도 허용되고 있었던 것이 아닐까? 소설을 살펴보자. 소설은 새로운 관점을 표출하는 데서 왕왕 철학적·이론적 사유를 앞지른다. 앞서 언급한 겔레르트의 1747년 소설《스웨덴 백작 부인 G의 삶》은 분노를 부정적으로 묘사한다. 분노는 백작에게 음모를 꾸민 러시아 궁정귀족의 감정으로만 나타난다. 폰 라 로슈의 1771년 소설《슈테른하임 양의 이야기》에서는 완연히 다르다. 주인공 슈테른하임과 그녀의 귀족 연인이 자주 분노했다. 어찌된 일일까?

독일 학계의 기존 연구는 크게 도움이 되지 못한다. 2018년 8월에 '경건주의와 감정'을 주제로 하는 국제학술대회가 개최되었지만, 발표자들은 경건주의 연결망을 감정공동체로 재정의하자는, 어찌 보면 지당한 논의에 그쳤다. 그리고 그들은 기쁨, 다정함, 공포 등의 개별 감정을 논하였지만 분노에 특별히 유의하지 않았다. 분노를 경건주의의 대표적인 부정적 감정으로 강조한 것은 필자가 처음인 것 같다. 2017년의 한 독문학 박사학위 논문이 18세기 문학에서의 분노를 주제화했으나, 저자는 분노의 관리에 초점을 두었을 뿐 분노의 긍정적 역할에는 주의하지 않았다.[30]

오히려 영국사 연구가 도움이 된다. 미국의 역사학자 린다 폴락은 근자에 특히 17세기 중반 이후 영국 젠트리의 편지에서 분노의 발화를 분석했고, 이때 근대 초 분노의 새로운 차원을 발견했다. 영국의 토지귀족들은 '온건한 분노'를 '과격한 격분'과 구분함으로써 분노를 긍정할 수 있는 길을 여는 한편, 온건한 분노의 표출을 자기 정당성을 주장하는 협상의 창구로 삼았다는 것이다. 더욱이 폴락은 상급 귀족이 하급자를 상대로 화를 냈을 뿐만 아니라, 하급 귀족과 여성들도 후견 귀족과 남자들을 상대로 분노를 표출하였다는 사실을 발견했다. 그들은 분노를 통하여 사적인 관계는 물론 상속과 재산 관리와 같은 경제 문제에 대해서도 자신의 권리를 주장하고, 그로써 자신을 독립적인 권리 주체로 내세웠다는 것이다.

린다 폴락의 설명은 한의 아내와 여동생의 분노 표현을 납득시켜준다. 사실 라바터의 《비밀일기》에서 드러나듯, 18세기 독일 부르주아 가부장의 이상적인 아내는 남편에게 그저 복종하는 존재가 아니었다. 그들은 사적인 세계의 도덕적 주인이었다. 한의 아내와 여동생은 가부장인 데다가 성직자이기도 한, 그리하여 이중의 도덕적 권위를 보유한 목사 한에게 분노함으로써 자신들의 도덕적 정당성을 주장했을 것이다. 폴락의 설명은 한의 분노도 설명해준다. 그는 아내, 새어머니, 여동생, 공방 노동자들에게는 거칠게, 궁정귀족과 고위 공직자들에게는 냉담하게 분노를 표출하였으니, 노동과 업적이 정당성의 기준이었던 부르주아 한에게 그들 모두가 부당한 존재였던 것이다.[31]

린다 폴락이 분노의 표출을 근대 초 개인의 행위 주체성으로 설명한 것도 한에게 적용된다. 한은 분노를 통하여 남성 부르주아적 가치 외에는 그 어느 것도 인정하지 않았고, 그 가치를 문자 그대로 체현하고 있었다. 이는 필자가 프롤로그에서 질문한 사회적 개인의 문제와도 관련된다. 한의 일기에는 감정공동체가 식별되지 않는다! 그는 뷔르템베르크 공작령과 슈바벤 지방은 물론 정기적으로 만나는 목사들과 교회 신도들, 심지어 경건 모임에 대해서도 감정적 동질감을 표현하지 않았다. 마을 사람들도 촌장을 통해서만 접촉했다. 놀랍게도 한이 유일하게 따스한 감정으로 대한 사람은 사회 하층, 특히 수공업자들이었다. 교회법정에서 한은 엄벌을 주장하는 판사와 촌장을 상대로 하여 촌민들에게 개선의 기회를 주어 "처벌이 분노를 유발하지 않도록 해야 한다."고 고집했고, 절도죄로 루드빅스부르크 감옥에 수감된 청년, 고아원을 탈출한 소년, 흑마술 혐의를 받던 하녀, 멜랑콜리 증세를 보이던 하녀, 아내에게 폭력을 행사한 수공업자 등을 위하여 추천서를 써 주고 약을 주었으며, 그들 일부가 며칠 동안 목사관에서 숙식하도록 했다. 심지어 한은 여동생을 수공업 노동자와 혼인하도록 주선했다. 그러나 그는 수공업자들만의 모임을 시도하지 않았다. 그는 혼자였다.

목사 한의 일기는 18세기 중후반의 독일 부르주아가 1세기 전 슈페너의 부르주아와 무척 달라졌다는 것을 보여준다. 실천적 사랑, 온유함, 다정함에 입각하여 공동체를 건설해야 하고 이를 위하여 분노를 억제해야 한다는 명제는 여전했다. 그러나 현실에서 목사 한은 분노를 당황스러울 정도로 자주 터뜨렸다. 물론 그것은 한이 접촉하던 거의 모든 사람이 정당성의 기준에 미치지 못하기 때문이었다. 한은 일기에서 라바터와 외팅거를 제외하고 그 누구에게도 진심어린 존경심을 표현하지 않았다. 그러나 정당성의 객관적 기준은 없는 법이다. 정당성은 언제 어디서든 헤게모니의 문제이기 때문이다. 거시적으로 보자면, 17세기 중반 이후 거세게 밀려든 사회적 이동성이 신분사회의 틀 내부에서 진행되다 보니 신분적 갈등과 계급적 갈등이 중첩되었고, 이는 전선을 복합화했으며, 그 귀결은 정당성 기준의 혼란이었다. 그 문제 상황은 갈수록 심화되어 18세기 중반에 이르자 슈페너의 온유함과 감성주의의 감성은 더 이상 답이 될 수 없었고, 그래서 한은 그리도 자주 분노를 격렬하게 표출했을 것이다.

유의할 것은 한이 감정적 불화를 방치할 수는 없었다는 점이다. 도덕공동체를 구축해야 한다는 명제는 여전히 유효했기 때문이다. 따라서 한은 분노를 표출하는 것으로 끝내지 않았다. 한은 경건주의 규범에 어긋날 때마다, 그리고 갈등이 벌어질 때마다 줄곧 반성했다. 가난한 목사에게 억지로 24크로이처를 준 뒤에는 "언제야 나는 기꺼이 줄 수 있을까" 하고 한탄하더니, "기꺼이 돈을 주고 평안과 우정을 가지려 했는데 그 모양이 되어버렸다."고 탄식했다. 거지에게 남이 버린 실로도 직물을 짤 수 있다고 설교한 직후에 자식들에게는 장난감을 사 주더니, "우리는 얼마나 완전치 못한가." 한탄했다. 어느 "시민"에게 할 수 없이 돈을 빌려준 날에는 "예수처럼 돈에 초연해야 하는데 그러지 못하다."고 오후 내내 탄식하면서 "더 이상 돈에 신경 쓰지 말아야 한다, 이러다가 하나님 나라에 들어가지 못한다."고 적었다.

한의 반성은 일회적인 것이 아니었다. 이 자리에서 상술할 수는 없으나, 그가 아내와 사별한 뒤 새 아내를 고르는 모습은 라바터의 《비밀일기》가 현실이었음을, 삶이 자신의 감정과 싸우고 반성하는 과정이었음을 드러낸다. 한은 1775년 7월 9일 아내가 26세의 나이로 사망하고 정확히 6일이 지난 시점에 재혼을 결심하고 그로부터 여섯 달이 지난 이듬해 1월 중순에 재혼한다. 마지막 순간에야 그는 누구나 인정하던 결혼 상대자였던 그 지역 목사의 둘째 딸을 버리고 막내를 선택했다. 한과 서로의 일기를 교환하며 읽기도 했던 둘째 딸을 버린 이유는 외모 때문이었다. 그는 일기에 "그녀의 육체에서 욕지기를 느낀다."고 썼다. 그러나 동시에 그녀는 "살림을 잘 한다"고, "지혜도 갖추었다"고, "나와 똑같은 가치관을 갖추었다"고 자기 감정을 단속하려 했다. 그러나 끝내 막내를 선택했다. 막내가 오만하지 않고, 아이 같고, 자신의 "제자"가 될 수 있어서라고 변명했지만, 실상 그 선택은 육체적 감정에 대한 항복이었다. 그는 결혼 12일 전까지 그 오랜 기간 동안 그 감정과 싸웠고, 그것은 자신의 내면에 대한 혹독한 반성의 과정이었다. 라바터의 《비밀일기》 첫 문단에 나오듯, "모든 날이 너, 나의 하나님께 헌정되도록, 영생의 영혼에 합당하도록" 살기 위하여 내면을 관찰하고 반성하는 과정이었다.[32]

2000년대 초반에 세계적으로 인정받는 표준적인 감정사 연구프로그램을 제시한 미국의 역사가 윌리엄 레디는 18~19세기 프랑스 감정 레짐에 대한 연구에서 카페, 독서회, 살롱, 프리메이슨 등의 부르주아 사회성들을 궁정문화의 외적 매너와 감정 통제로부터 벗어나는 "감정의 피란처"로 칭했다.[33] 레디는 편지와 소설도 감정의 해방구에 포함시켰다. 그 기준으로는 경건주의자들의 일기도 포함될 것이다. 그들은 일기를 다른 사람에게 빌려주기도 하고 공중 앞에서 낭독하기도 했기 때문이다. 한이 일기에서 자신의 분노를 빈번히 발산했기에, 그런 한에서 그의 일기가 감정의 피란처 역할을 한 것은 부분적으로 옳다. 그러나 새 아내를 선택하는 과정에서 두드러지게 나타나는 바, 그 피란처는 실상 숨 막힐 정도로 강력하고 위압적인 감정 통제 장치였다. 그렇듯 일기가 통제의 기능을 행사했다면, 편지를 비롯한 부르주아적 사회성들이 감정의 피란처 역할만을 수행했는지 지극히 의심스럽다. 그것들은 필시 강력한 감정 통제의 기제인 동시에 감성이라는 새로운 감정 레짐을 실천하는 장이자, 그 실패를 확인하고 고통스러워하는 장이었을 것이다. 그리고 실패로 얼룩진 그 경건주의적 실천이 독일인들을 깊이 내면화시켰을 것이다. 서양인들은 그저 감정이 해방되면서 근대로 진입했던 것이 아니다. 그들은 가차없는 내적 감정관리 체계를 구축하고 도달하기 힘든 감정 레짐을 추구하면서 근대를 만들었던 것이다.

.4.
세계 기업 지멘스의 감정

하이네의 〈가난한 직조공〉과 산업윤리

하인리히 하이네의 〈가난한 직조공〉은 우리에게도 친숙한 시다. "어두운 눈에는 눈물도 말랐다/ 우리는 베틀에 앉아 이빨을 드러내며/ 독일이여 우리는 너의 수의를 짜노라/ 세 겹의 저주를 그 안에 짜 넣노라." 시는 "세 겹의 저주"의 대상을 열거한다. 기도를 외면하고 노동자들을 우롱하는 신이 하나요, 노동자들의 고혈을 착취하고 유혈의 진압을 명령한 부자들의 왕이 다른 하나요, 부패 속에서 치욕만을 드높인 조국이 또 다른 하나다. 괴테 이후 최고의 독일 시인으로 일컬어지던 하이네가 망명지 파리에서 1844년 7월에 지은 그 시는 또 다른 망명객 마르크스가 참여하던 독일어 신문 《전진Vorwärts》에 처음으로 실렸고, 그 직후 팸플릿으로 인쇄되어 5만 부가 가판대에 배포되었다.

1846년이면 시의 제목이 〈슐레지엔 직조공〉으로 바뀐다. 이는 하이네에게 영감을 준 직조공들의 봉기가 슐레지엔 공업 지역의 페터스발다우에서 1844년 6월 3일에서 6일까지 나흘 동안 발생했기 때문이었다. 언뜻 기이하게도 하이네는 직조공들의 봉기를 다룬 시에서 고용주가 아니라 신과 왕과 조국을 겨냥한 것이었는데, 이는 하이네가 조준을 잘못했던 것이 아니다. 오히려 하이네는 시대의 상황과 담론에 정확히 상응하고 있었다. 면방직은 산업혁명을 처음으로 발동시킨 업종이었고, 독일 직물업자들은 저임금 외에는 영국 공장에서 생산되던 면직물과 경쟁할 도리가 없었다. 슐레지엔 직조공들의 봉기가 18세기 말부터 여러 번 발생했음에도 불구하고 하필이면 1844년의 봉기가 독일 전역의 관심을 끌었던 것은, 그 일이 산업혁명 초기의 현실문제, 당시 용어로 '사회문제'를 처음으로 독일의 공적 영역에 대대적으로 부각시켰기 때문이었다. 그리고 이때 산업윤리가 본격적으로 공론화되었다.

직조공들의 봉기는 사망자 11명과 부상자 26명을 낳은 끝에 진압된다. 놀랍게도 판사는 체포되어 기소된 노동자 80명에게 유죄판결을 내리면서도 고용주들의 가혹함과 직공들의 비참함을 적시했다. 슐레지엔 지역 신문은 물론 독일 각지의 언론 역시 몇 주일 동안 직조공들의 "고통의 비명"을 보도했다. 기업가에 대한 보도에서도 여론은 그들의 경영 방식을 설명하는 대신 고용주들이 멀리 떨어진 주도州都 브레슬라우의 기술자들을 불러서 건립한 주택의 크기와 자재와 거울과 가구를 묘사했고, 주택의 호사스러움과 사치스러움에 경악했다. 우익과 사회주의를 불문하고, 고용주들이 실상은 선대先貸 상인들로서 공정의 일부를 담당하는 매뉴팩처만 소유했을 뿐, 산 넘고 물 건너 직공들 집에 가서 원료를 건네주고 면직물을 받아오는 경영 현실도, 공장과의 경쟁에 처한 그들의 사정도 유의하지 않았다. 그 대신 "공장 영주들"과 "공장 제후들"의 가혹함을 비난했다.

여론은 또한 착취 외에 고용주들의 오만, 거들먹거림, 비웃음, 사악함을 비난했다. 노사관계를 도덕 담론 속에 배치한 것이다. 그들은 고용주들을 "채우지 못하는 황금에 대한 갈증"에 사로잡힌 "맘몬의 노예이자 그 문지기"요, "순수한 계산만으로 수천 명을 백인 노예로 전락시킨 바리새인의 돈 지갑"이라고, "인간과 물건을 지배하는 돈 자루" 그 이상도 이하도 아니라고 비난했다. 도덕에 섹슈얼리티가 빠질 리 없었다. "부자들의 억제치 못하는 정욕"은 "처녀의 명예를 파괴함은 물론 노동자 가정을 파탄으로 몰고갔다."

부르주아 언론은 부르주아 고용주에게 봉건 토포스도 씌웠다. "공장 제후"들은 농노를 억압하고 외적인 과시욕으로 일관하며 가족 가치를 경멸하는 "낡은 귀족의 판박이"다. 차가운 계산, 무절제한 욕망, 지배 권력 그 세 가지가 직물업 고용주들과 봉건귀족 두 집단의 공통점이다. 그리고 두 집단은 결합된다. 상인 고용주들은 무한한 구매력을 내세워서 파산한 백작 부인이나 백작의 딸과 결혼하려 하고, 궁정에 선교자금 수백 탈러를 기부하면서도 "굶주리는 직공들의 구걸하는 자식들"은 외면한다. "성城과 공장의 혼인"이다. 도덕을 거쳐 신분제도에 대한 비판으로 나아간 담론은 감정에 도착한다. 상인 고용주들은 "차가운 영리"에서 "눈썹 하나 까딱하지 않고 임금을 깎아버리는 냉혈한들"이다. 그들과 봉건귀족들은 "공감"과 "진정한 인간애"를 모를 뿐 아니라 그 "고귀한 감정"의 발동을 막는다.

슐레지엔 상인 선대업자들에 대한 비난의 이면은 "고귀한" 기업가의 존재였다. 기업가들 중에는 흡혈귀와 맹수 외에 "고귀한 심성"을 지닌 "명예로운 공장업자"가 있다는 것이었다. 그들은 "고귀한 남자이자 겸손하고 경건한 가장"으로서, "이기적 욕망을 충족시키기 위해서가 아니라" "적당한 부를 이루어 자식들에게 좋은 교육을 제공하기 위하여" 사업을 한다. 또한 그들은 "부드럽고 다정한 만인의 친구"로서 "자신에게 종속된 사람들에 대한 염려"에서 그리고 "노동자들의 물질적 상태와 윤리적 삶을 향상시키기 위하여" 사업을 하고, 노동자들은 그러한 "노동의 주인들을 사랑하고 충성하고 헌신하고 복종한다." 이상적인 기업가는 가부장이되 그 첫 번째 덕목은 다정한 감성이라는 것이니, 도덕감정을 실천하는 가부장이 산업혁명기 사회문제를 해결할 수 있는 인물형으로 제시되었던 것이다.[1]

19세기 중반이라는 시점에 기업가를 '도덕적인 가부장'으로 정의하는 것은 지당한 일이 아니다. 그 자유주의 시대에 경제활동은 이윤을 추구하는 활동이요, 노사관계는 경제적 계약관계였기 때문이다. 그것은 법적으로 의심할 여지없이 관철된 사안이었으니, 슐레지엔 지역 재판부는 봉기한 직조공들에게 유죄판결을 내렸던 것이다. 그럼에도 불구하고 여론은 경제 문제를 경제 외부의 문제로 치환시키면서 기업가들을 비난했다. 사회주의 여론만이 아니라 부르주아 여론도 그 점에서는 마찬가지였다. 그렇다면 그들은 자본주의를 무엇으로 정의하고 있었던 것일까? 왜 기업가의 미덕은 경쟁과 이윤과 팽창이 아니라 근면과 사회적 배려였고, 경제는 그저 경제가 아니라 도덕경제였던 것일까? 도덕과 자본축적의 관계를 어떻게 설명해야 할까? 감정레짐은 어떤 역할을 했던 것일까?

1
가족과 국가

가난한 성장기와 가족

산업윤리에 대한 논의가 한창이던 1847년 10월 초 베르너 지멘스 Werner Siemens가 베를린에 전신기회사를 설립했다. 그로써 독일 전기 산업의 역사가 시작되었다. 이 책이 19세기 기업가의 감정을 탐색하는 부분에서 지멘스를 주인공으로 선택한 데는 사료적인 원인이 가장 크다. 19세기 기업가들은 그 이전 시기 부르주아와 마찬가지로 일기를 썼으나, 정치에 헌신한 인물들을 제외하고는 자아 문서를 출간하지 않았다. 베르너 지멘스는 19세기에 활동한 주요 기업가 중에서 죽기 전에 회고록을 출간한 유일한 인물이다. 그리고 1916년에 기술의 역사 전공자가 베르너 지멘스의 편지 1,082통을 편집 발간하였고, 1953년에 340여 통의 편지가 추가로 출간되었다. 지멘스 기록보관소에 보관되어 있는 편지가 모두 합하여 8천여 통에 달하므로, 그중의 일부인 1,500여 통은 아쉬운 대로 베르너 지멘스 개인을 재구성하기에 크게 모자라지 않다고 할 것이다.

베르너 지멘스에게 편지는 자신의 감정을 표현하는 사적인 매체인 동시에 베를린, 런던, 페테르부르크에 설립한 회사들의 의사 결정을 내리는 공적 공간이기도 했다. 따라서 그의 편지는 19세기 산업 부르주아의 도덕경제와 그와 연관된 감정 레짐을 도출하도록 해주리라. 그러나 우선 베르너 지멘스의 전기적 측면과 기업 지멘스의 창업 및 성장 과정을 살펴보아야겠다. 이 장의 서술에서 통일 독일제국에 대한 우리 학계 안병직의 빛나는 통찰과 나인호와 김건우가 공동으로 수행한 훌륭한 선행연구가 큰 도움이 되었다.[2)]

베르너 지멘스의 가문은 북부 독일 제국도시 고슬라르의 16세기 도시귀족까지 거슬러 올라간다. 그 가문의 일부가 18세기 초에 인근 농촌으로 들어가 농업 경영인으로 변신했다. 베르너 지멘스의 아버지는 김나지움도 다녔고 괴팅겐대학에 등록하여 '국가학'도 수강했지만 지식인이 아닌 차지농tenant farmer의 길을 택했다. 1823년에 메클렌부르크-스트렐리츠 공작의 멘첸도르프 직영지를 빌린 것이다. 베르너 지멘스는 1816년에 14남매 중 넷째 자식이자 셋째 아들로 태어났다. 바로 위의 형은 출생 즉시 사망했고, 장남은 엄격한 아버지에게 의절당하고 상속권 역시 박탈당했다. 그 때문에 베르너는 장남으로 살았고 2010년대 초까지도 지멘스에 관한 모든 역사 서술에서 그는 장남으로 등장한다.

아버지는 농업 경영인으로서는 낙제였다. 그는 농장 임대료를 훌쩍 뛰어넘는 2천 탈러의 부채를 남긴 채 1840년에 52세의 나이로 사망한다. 아버지의 경제 사정이 좋지 않던 터여서 베르너의 교육은 순조롭지 않았다. 그가 받은 학교 교육은 초등학교 1년, 김나지움 2년이 전부였다. 그러나 그는 김나지움을 중퇴했던 18세에 자기가 원하는 것을 확실히 알았다. 자연과학 내지 공학을 배우고 싶었다. 그래서 베를린 건축학교, 즉 파리의 에콜 폴리테크를 모델로 설립되어 베를린 공과대학의 전신이 되는 학교에 가고 싶었다. 그러나 돈이 없었다. 난감한 순간 그는 프로이센 공병장교나 포병장교 후보생이 되면 베를린 공병학교 및 포병학교에서 건축학교와 똑같은 수업을 수강할 수 있다는 사실을 알게 된다. 그리고 이때 가족 네트워크가 힘을 발휘했다. 그는 할머니의 가까운 친척인 프로이센군 대령과 외할아버지의 이웃이었던 프로이센 포병 여단장의 허락 덕분에 포병장교 사관후보생 시험에 응시했고, 또 합격했다. 1834년 11월에 그는 입대했고, 1년 뒤에는 그토록 열망하던 베를린 포병학교로 옮겨 3년간 수업을 받았다. 교육 수준은 높았다. 베를린대학교 교수들이 출강을 나왔다.[3]

1838년 12월 베르너 지멘스는 22세의 나이로 프로이센 포병 소위로 임관한다. 마그데부르크에 배치된 그는 셋째 동생 빌헬름을 그 도시 실업학교에 입학시켰다. 아버지는 동생을 쾰른의 은행가 친척에게 보내려 하였으나 베르너가 반대했다. 회고록에서 그는 "상인 신분에 대한 프로이센 장교의 혐오감" 때문이었다고 썼는데, 그가 평생 은행 대출을 극도로 꺼린 것을 고려하면 그 진술은 믿을 수 있을 것 같다. 추후 영국에서 지멘스마르탱 제련법을 발명하고 또 빅토리아 여왕으로부터 귀족 작위를 받게 되는 빌헬름과 함께 살면서, 베르너는 수학이 약한 동생의 과외선생이 되어 하루도 빼놓지 않고 아침 5시에서 7시까지 수학을 가르쳤고, 동생이 학교에서 수학 대신 영어를 수강하도록 했다. 빌헬름이 1841년에 실업학교를 졸업한 뒤에 괴팅겐대학에 입학한 것도, 그곳에서 공학 엔지니어가 되는 데 필요한 수업을 수강한 것도 베르너 때문이었다. 베르너는 추후 빌헬름이 자신보다 9년 일찍 세상을 떠났을 때 동생을 가리켜 "절반은 아들"이라고 표현한다.

부모가 비교적 일찍 세상을 떠나는 바람에 베르너 지멘스는 24세부터 진정한 의미의 가장으로 살았다. 누나는 일찍 시집을 갔으나 여동생은 외가에 입양되었고, 남동생 둘은 정규 교육을 포기한 채 멘첸도르프 농장에서 농사를 지었지만, 빌헬름을 제외하고도 남동생 넷의 양육과 교육이 온전히 베르너의 몫이었다. 베르너가 1843년에 베를린 포병 병기창으로 발령을 받자 남동생들이 차례로 베를린 학교로 전학하여 베르너와 함께 살았다. 그 시점에는 상속 재산마저 바닥나 이곳저곳에서 돈을 빌려야 했다.

베르너가 최초의 발명을 한 때가 그 시점이었다. 그는 베를린으로 오기 1년 전에 괴팅겐대학교 화학 객원교수였던 매부와 함께 새로운 도금법을 개발했고, 이때 발명이 돈이 된다는 것을 알았다. 베르너는 베를린에서 자신이 발명한 도금법을 판매했고, 동생 빌헬름은 약관의 나이 20세에 영국 버밍엄으로 건너가 1,100탈러를 받고 판매했다. 형제는 발명의 열기에 사로잡혔다. 당장 상품화하는 데는 실패했으나 증기선의 증기 양을 재고 조절하는 기계도 발명했고, 그림과 문자의 전사傳寫 속도를 높인 전사기도 발명했으며, 전기 유도장치와 인조석 제조 기술도 발명했다. 실패한 발명도 있었다. 베르너는 증기 대신 공기를 이용하는 기관을 시도했고, 화약 대신 면화 폭발물을 발명하고자 했다. 그러는 사이 도금 기술을 판매하여 번 돈도 바닥났다. 그는 또다시 "그 빌어먹을 돈"을 이곳저곳의 사촌들에게서 차용해야 했다.[4]

창업과 가족

궁핍에 찌들었지만 과학과 공학에 대한 열광은 여전하던 베르너는 그 시기에 베를린 물리학회의 창립 회원으로 활동했다. 그의 편지에는 과학과 기술이 언제나 결합되어 나타난다. 역사상 최초로 과학과 기술이 만나던 양상이 베르너에게서 식별되는 것이다. 1844년 어느 날 한 시계공이 베르너에게 자신이 발명한 전신기의 약점에 대해 질문했다. 베르너는 문제점을 곧바로 알아보았다. 그 뒤 한동안 잊고 지내던 전신기는 1846년 여름에 다시 그를 찾아온다. 한 기업가 집에서 영국인 위트스톤Charles Wheatstone 전신기를 참관한 것이다. 베르너는 전신기사가 일일이 전류를 생산해야 하는 위트스톤 전신기의 문제점을 바로 알아보았고 2주일 만에 개량 전신기를 개발했다. 오늘날까지 전기의 역사 맨 앞자리를 차지하고 있는 양방향 지침전신기가 탄생한 것이다. 당시 전신기 발명은 단거리 경주와도 같았다. 위트스톤이 1837년에 전신기를 발명했고, 1년 뒤에는 미국의 화가 모스도 전신기를 발명했다. 다만 그 전신기는 모스 부호를 사용해야 하는 난점이 아닌 난점이 있었다. 그리고 1840년대까지도 전신기가 충분히 실용화되지 않아서 유럽의 정보 전달체계는 여전히 원시적이었다. 오늘날의 신호등처럼 지상 높은 곳에 신호대를 세우고 기호를 표시하면 그것을 맨눈이나 망원경으로 읽어서 다음 신호기로 보내고 있었다. 바다 건너로 정보를 보내야 할 때는 비둘기를 이용했다. 비둘기는 런던에서 프랑크푸르트까지 1주일 걸려서 쪽지를 배달했다.

전신기에 가장 큰 관심을 가진 기관은 의당 군대였다. 프로이센 군대는 1840년대 전반기에 이미 참모부 산하에 전신위원회를 설치하고 전신기 개발을 지원하고 있었다. 지침전신기를 발명한 뒤 상품화에 고심하던 베르너는 1846년 12월 말에 정밀기계공 할스케Johann Georg Halske와 만났다. 1846년 프로이센 전체의 기계공이 모두 합해 367명에 불과했으니, 그는 보기 드문 인재였다. 할스케는 자기 돈을 들여가며 6개월 동안 매달린 끝에 지침전신기를 상용화하는 데 성공했다. 1847년 7월 두 사람은 프로이센 전신위원회가 지켜보는 가운데 베를린과 포츠담 사이에 지상 진신선을 설치하고 전신 발송을 선보였다. 대성공이었다. 베르너는 또한 지하에 매립할 수 있는 전신선을 개발해야 다른 전신기에 대하여 비교 우위를 가질 수 있다고 판단했다. 이는 상황에 부합했다. 소요가 빈발하던 1848년 3월혁명 이전의 소위 '3월 전기'에 지상 전신선은 찢길 위험이 컸다. 때마침 그동안 영국에 정착하여 증기기관 회사에 취업한 빌헬름으로부터 동인도회사가 1843년에 수입하기 시작한 말레이시아산 구타페르카 고무에 대한 최신 정보를 입수했다. 베르너는 구타페르카를 수송 받아서 지하 매설 전신선을 개발했다. 프로이센 군대는 1847년 8월에 베르너를 전신위원회에 파견했다. 그 직후인 10월 1일에 베르너와 할스케는 창업을 하고, 프로이센 국가는 1주일 뒤에 베르너의 지침전신기에 특허를 내준다.[5]

창업 과정은 매끄러워 보이지만 베르너 지멘스 개인으로서는 쉽지 않은 결정이었다. 베르너가 무척 존중하던 누나가 격하게 반대하면서 그동안 킬대학교 화학 교수로 자리 잡은 남편을 통하여 교수직을 주선하고자 했다. 베르너는 또한 프로이센 국영전신의 고위직을 제안받은 터였다. 그런 대안이 있던 데다가 당시 그의 채무가 2천 탈러였다. 창업 자금으로 그가 산정한 자본금은 5천 탈러 내지 1만 탈러였다. 당시 중간 규모의 기계제조 업체의 창업에 6만 탈러가 소용되었으므로 베르너는 정말 적은 돈으로 창업을 시도한 것인데, 그 돈조차 있을 리만무했다. 그러나 베르너는 은행을 이용하지 않으려 했다. 하기야 당시 은행은 통제 가능한 익숙한 분야에 한정하여 대출을 해주었다. 1850년에서 1870년에 이르는 시기에 철도를 제외하면 프로이센 주식 자본의 15퍼센트만이 공업 부문에 투자되었다.

이 난감한 상황에서 한 번 더 가족 네트워크가 작동했다. 베를린에서 법률가로 활동하고 있던 사촌 게오르크 지멘스가 6,843탈러를 투자한 것이다. 지멘스의 창업에는 독일 초기 산업화의 전형적인 특징들이 들어있다. 그 시기 기업가들 대부분은 상인 혹은 상인 선대업자 출신이었고 그다음이 수공업 마이스터 출신이었으며, 대부분 자본을 가족을 통해 동원했다. 베르너 지멘스가 기술 교육을 받았기에 유형을 달리하지만, 그 역시 농업 경영인 집안 출신이었고, 특히 할스케는 수공업 마이스터였다. 1870년 베를린 기계 제작 기업인 32명 중에서 수공업 출신이 25명, 어떤 형태로든 학교에서 기술 교육을 받은 사람이 7명이었는데, 지멘스 회사는 그 두 가지가 합해진 경우였다. 이제부터 독서의 편의를 위해서 '지멘스'라고 쓰면 회사를 뜻한다는 점을 말해둔다.[6]

회사의 형태는 출자자 전원이 무한책임을 지는 합명회사, 즉 상업회사Offene Handelsgesellschaft였고, 회사 지분은 베르너, 할스케, 게오르크 지멘스에게 각각 40퍼센트, 40퍼센트, 20퍼센트가 할당되었다. 대외 업무는 군대로부터 휴직을 허가받은 베르너가, 회사 내부 업무는 할스케가 전담했다. 전신기 설치 작업은 1847~48년 겨울에 본격적으로 개시되었다. 지멘스는 베를린에서 북부 브란덴부르크를 연결하는 선로에 전신선을 깔고 신호기를 설치했다. 이제 원거리 전신 사업을 발주 받을 차례였다. 1848년 3월 15일 베를린에서 쾰른에 이르는 전신선과 베를린에서 프랑크푸르트에 이르는 전신선 부설을 위한 공개 입찰이 이루어졌다. 총 9개 회사가 응찰했다. 각 회사가 나흘째 시범을 보이던 3월 18일 베를린에서 혁명이 터졌다. 이틀 동안 200명 이상이 죽었다. 입찰이 중지되었다. 베르너는 회사 문을 닫고 3개월 동안 베를린과 킬을 오가며 혁명을 지켜보고 참여했다.

사업의 성공과 가족

정치 상황이 안정을 찾은 1848년 6월 중순 전신선 입찰이 재개되었다. 지멘스는 베를린에서 프랑크푸르트에 이르는 구간의 전신선 부설을 따냈다. 베르너가 3개월 뒤에 전신선 부설 정부 책임자로 임명되었으니, 그는 전신기를 생산하는 회사의 대표인 동시에 전신선을 매설하는 회사의 대표였을 뿐만 아니라 그 회사의 시공을 감독하는 공무원이었던 것이다. 학업과 창업에서 그가 '모험을 감수하는 진취적인 기업인'이었던 것만은 분명하다. 그러나 그의 성공은 산업 부르주아적인 그 미덕 덕분만은 아니었다. 그는 국가가 부여한 특혜 속에서 성장한 인물이다. 실상 국가는 그에게 운명이었다. 1849년 1월 말까지 베를린과 프랑크푸르트 사이 675킬로미터에 전신선을 깔았을 때 그는 분열된 독일 지역의 여러 나라와 협상을 벌여야 했다. 이때 그의 힘은 의당 독일 관세동맹을 주도하고 있던 프로이센 국가에서 나왔다. 이는 1849년 5월에 베를린과 함부르크 사이 286킬로 구간, 6월에 베를린과 슈테틴 사이 135킬로 구간, 이듬해 6월에 베를린과 슐레지엔 사이 540킬로 구간에 전신선을 부설했을 때도 마찬가지였다. 베르너는 사업의 성공이 가시화되던 1849년 6월 12일에야 제대한다.

방금 언급한 전신선 부설 작업의 기간을 되돌아보면, 처음으로 원거리 전신선을 시공한 베를린–프랑크푸르트 구간에 넉 달 이상이 걸렸을 뿐, 나머지 구간은 한두 달이면 충분했다는 것을 알 수 있다. 이것은 무엇을 의미할까? 베를린에서 쾰른을 거쳐 아헨에 이르는 구간의 경우처럼 라인강 등 다수의 하천이 있는 경우를 제외하면 전신선 매설에는 대단한 기술이 필요하지 않았다는 것이다. 전신선만 튼튼하면 도랑을 파고 케이블을 묻는 단순한 토건 사업이요 물량 사업이었다. 그리고 전신기 자체야 기술이 투입된 기계였지만, 별도로 움직이고 있던 바이에른과 작센을 제외한 독일 지역 전체에서 1851년까지 설치된 철도 전신기 중에서 지멘스 전신기는 133개였고, 경쟁업체들의 전신기는 367개였다. 성능 때문이었다. 프랑크푸르트에서 베를린 사이의 구간에서 프로이센 국왕의 연설문을 전송하는 데 지멘스 전신기는 7시간이 걸렸는데 반하여 모스 전신기는 75분이면 족했다. 지멘스는 운이 좋았다. 모스는 독일에 전신기 특허를 신청하지 않았던 것이다. 베르너는 얼른 모스 전신기를 개량하여 사용하고 판매했다. 전신선 부설에 투입된 육체노동과 지멘스가 생산한 전신기 모두 그 시점에 '기술 지멘스'는 신화였을 뿐이라는 점을 말해준다.

그러던 차에 지하에 매설한 전신선의 문제점이 나타났다. 두더지와 들쥐가 전신선을 갉아먹고 있었다. 그에 따라 불통이 되면 끊어진 지점을 찾고 보수하는 데 시간이 꽤 걸렸다. 문제가 빈발하자, 1851년 봄 베르너는 자신이 이미 전신선을 철선으로 보호해야 한다고 제안했는데 실행에 옮겨지지 않았다고 해명했다. 그동안 프로이센 정부는 전신 책임 기관을 육군 참모부로부터 상무부로 옮겼고, 국영전신 기술국장은 베르너가 전신선 오작동의 책임을 자신에게 전가한다고 믿었다. 그는 프로이센과 지멘스의 거래를 전면 중단해버렸다. 베르너가 상무장관에게 거듭 해명했지만 소용없었다. 장관은 오히려 전신선의 지하 매설을 중단하고 추후에는 오로지 지상에 부설하라고 지시했다. 국가로 흥한 자, 국가로 망했던 것이다.

국가로 망한 자, 살길은 또 다른 국가였다. 러시아였다. 전신기의 군사적 가치를 인식한 러시아 정부는 이미 1849년 봄에 담당 장교를 서유럽에 파견했고, 그때 그는 베를린의 지멘스 공장도 방문했었다. 1852년 1월 베르너는 러시아 수도 상트페테르부르크로 향한다. 회사 내부의 사정도 있었다. 프로이센 정부의 거래 중단에도 불구하고 베르너는 새로운 건물과 부지를 사들여 공장과 집을 그곳으로 옮겼다. 구입비와 내부 변경 작업에 총 4만 탈러가 소요되었는데, 1850년까지 총 매출 3만 2천 탈러에 이익은 1만 8천 탈러에 불과했다. 사실상 파산의 위기에 처했던 것이고, 베르너는 그 싫은 은행 돈을 빌려야 했다.

당시 러시아 전신선은 페테르부르크와 모스크바 사이에만 설치되어 있었다. 철도의 길이 역시 독일의 10퍼센트, 영국의 6퍼센트에 불과하여 전신선 설치에 드는 노역이 훨씬 컸다. 다만 정치행정적 의사결정이 하향식이었던 데다가 궁정의 고위 관리들은 독일인이거나 발트해 지역의 독일인 혈통이었다. 베르너는 그들을 통하여 1852년 8월과 1853년 5월에 러시아 교통부 장관을 연이어 면담할 수 있었다. 러시아 사업에 목숨을 건 베르너는 열두 살 연하의 다섯째 남동생 칼을 페테르부르크에 상주시키고 지사를 설치했다. 칼은 놀라운 능력을 발휘하여 1854년 1월에 페테르부르크와 크론슈타트 간의 해저 케이블을 개통시켰다. 3개월 전에 크림전쟁이 발발한 상황이었다. 황제 니콜라이 1세는 그 때문에 더욱더 빠르게 전신선을 부설하고자 했다. 전쟁에서 프로이센은 중립을 지키던 터, 전쟁 발발 열흘 뒤인 1853년 10월 26일에 황제는 지멘스에게 모스크바에서 바르샤바에 이르는 1,175킬로의 지상 전신선 부설을 명령했다. 칼은 그 사업을 6주일 만에 완료했다. 1854년 9월에는 모스크바에서 키이우에 이르는 960킬로 전신선을 수주했다. 11월 중순까지 완공하지 않으면 교수형에 처하겠다는 협박을 받으면서 칼은 기어코 12월 27일까지 완공했다. 이어서 칼은 키이우에서 오데사에 이르는 전신선과 페테르부르크에서 핀란드 남서부 해안을 잇는 전신선을 수주했고, 러시아에 부설한 모든 전신선을 12년 동안 관리하고 보수할 사업권까지 얻어낸다.

지멘스는 러시아에 모두 합하여 무려 9천 킬로미터의 전신선을 부설했다. 러시아에 전신선을 부설한 시점을 눈여겨보면 그때가 늦가을과 한겨울임을 알 수 있다. 철도가 없었음은 물론 마차도 다닐 수 없는 그 광활한 대지에 영하 30도의 혹한과 강풍과 빙판과 눈보라와 싸우면서 전신선을 놓은 것이다. 러시아 현지에서 실제 작업을 수행한 인부들, 그 넓은 땅에 전신주를 세우고 전신선을 잇고 적절한 장소마다 전신소를 짓고 전신기를 설치한 러시아 노동자들을 어떻게 동원했는지, 회사가 그들을 어떻게 다루었는지 기록조차 없다. 다만 베르너가 군대 시절 알게 된 프로이센 장교 출신 두 명을 파견한 것은 사실이다. 어쨌거나 분명한 것은 전신선 부설은 기술도 공학도 아닌, 몸을 투입한 토건 사업이었다는 사실이다. 1855년 3월 지멘스를 전적으로 신뢰하던 니콜라이 황제가 사망했다. 그의 아들 알렉산더 2세는 러시아 국내 전신 회사를 육성하고자 했고 교통부 장관 역시 교체했다. 러시아 사업은 끝난 것이나 다름없었다. 그러나 지멘스를 흔들리지 않는 견고한 토대에 올려놓은 것은 러시아 사업이었다. 1851년 베를린 지멘스의 매출이 6만 8천 탈러이고 러시아 사업 매출이 1만 2,500탈러였는데 반하여, 1854년에는 러시아 매출이 베를린 매출의 8배에 달했다. 러시아 매출이 1852년에 4만 6천, 1853년에 13만, 1854년에 무려 50만 9천 탈러를 기록한 것이다.[7]

대륙횡단 전신선을 건설하다

그 후 당분간 지멘스는 대형 사업을 수주하지 못한다. 베르너는 전신 사업을 접을 생각까지 했다. 1850년대에 영국의 빌헬름은 영국에 전신선 공장을 설립하는 한편, 미래의 지멘스마르탱 제련법의 원리가 되는 기술을 개발했다. 베르너 역시 1860년대에 배터리가 필요 없는 전신기를 연구하다가 발전기의 원리를 발견해낸다. 그러나 발전기가 상품화된 때는 1870년대. 지멘스는 1873년까지 소형 발전기 230개를 판매하는 데 그쳤다. 당분간 회사의 주요 수입원은 러시아 전신선 수리 작업이었다. 그러나 큰돈은 여전히 해외 메가 사업이었다. 1865년 지멘스 형제 세 사람은 인도-유럽 전신선 사업을 결정한다. 그 결정 역시 국가와 관련되었다. 프로이센 정부의 전신국장이 교체되었고, 러시아 전신 책임자에 지인이 복귀했으며, 영국 정부는 어차피 유럽과 인도를 잇는 전신선 부설을 다각도로 모색하고 있었다. 런던에서 베를린으로, 베를린에서 바르샤바로, 바르샤바에서 오데사로, 오데사에서 흑해를 지나 코카서스의 티플리스로, 티플리스에서 페르시아의 테헤란으로, 테헤란에서 인도 카라치에 이르는 장대한 전신선이었다. 러시아에서 페르시아에 이르는 거리만 해도 4,700킬로미터에 달했다. 지멘스는 영국 및 프로이센 정부와는 쉽사리, 러시아 정부와는 다소 어렵게, 페르시아 정부와는 무려 9개월의 협상 끝에 전신선 사업을 수주했다. 페르시아 정부와의 협상을 주도한 것은 베르너의 일곱째 남동생 발터였다. 지멘스는 인도-유럽 전신선을 1870년 4월 12일까지 완공했다. 페르시아 전신선은 총을 쏘아가며 건설했다. 이제 사람들은 런던에서 테헤란까지는 1분 만에, 캘커타까지는 28분 만에 정보를 전달할 수 있게 되었다.

전신선 사업은 이어진다. 지멘스는 1875년 9월에 대서양 해저 전신선을 부설하는 데 성공한다. 그 뒤를 브라질-우루과이 해저 전신선 부설이 이었고, 홍콩-상하이 전신선도 따라오게 된다. 해저 전신선 사업은 물론 지상 전신선과 달리 훨씬 더 많은 노하우와 기술을 필요로 했다. 베르너는 이를 위해 1874년에 전용 선박까지 건조했다. 또한 뉴펀들랜드 인근에서 전신선을 잃어버리는 바람에 어려움을 겪기도 했고, 브라질 해안에서는 사고로 58명의 노동자가 익사했다. 그러나 해저 케이블 역시 고도의 기술을 요하는 작업은 아니었다. 바닷속 물고기들의 공격과 바다마다 독특한 해류의 움직임에 견딜 수 있는 전신선을 주조하고, 전신선을 적절한 깊이에 고정시킬 수 있으면 됐다. 기술 지멘스는 1870년대 중반까지도 신화였다. 국가에 의존한 것도 마찬가지였다.

형제에게 의존하는 것도 여전했다. 창립 자금을 투자했던 게오르크 지멘스는 1855년에 투자금의 10배를 받고 회사를 나갔고, 그 지분은 칼에게 돌아갔다. 빌헬름이 1850~60년대에 런던과 웨일스에 전신선 제조 회사를 주도적으로 세웠으나, 베르너는 회사 이름을 '지멘스 형제 유한책임회사'로 정하도록 빌헬름을 설득하고, 회사 지분의 60퍼센트가 베를린 지멘스와 베르너에게 돌아가도록 했다. 인도-유럽 전신선을 부설할 때 그 업무를 전담할 새로운 회사를 설립해야 했는데, 베르너는 그 협상에 창업 투자자였던 게오르크 지멘스의 아들을 파견했다. 그는 어린 시절 베를린 공장에서 베르너와 함께 살았었다. 할스케는 1863년에 이미 퇴사를 예고했고 1867년 말에 실행했다. 그 지분은 빌헬름에게 돌아갔다. 그동안 칼은 티플리스에 구리광산을 매입했고, 베르너의 바로 아래 남동생 한스는 빌헬름이 개발한 평로平爐를 이용하는 유리 공장을 드레스덴에 세웠다. 1867년 한스가 급서하자, 넷째 남동생 프리드리히가 회사를 맡아서 유럽 최대의 유리 제조업체로 성장시킨다.

요컨대 지멘스는 가족 중심 기업이었던 것인데, 그 면모는 19세기 독일 기업사에서 예외적이기보다 전형적이었다. 근자에 켐니츠 공과대학 기업사 연구팀이 1850년대부터 1940년대에 이르는 시기 공업지역 작센에서 활동한 기업가들을 조사한 결과, 기업인 샘플 630명 중에서 221명이 창업자 자신이었고, 332명이 창업자의 자식 혹은 친인척이었다. 기업 내에서 성장한 비가족 경영인은 겨우 32명이었고, 외부에서 영입된 경영인 역시 42명에 불과했다.[8] 이는 물론 작센 지역의 산업구조가 중소기업 중심이었던 탓이 컸다. 그러나 당시 루르 공업지대를 제외하면 독일 산업은 중소기업 위주였다. 가족 기업의 장점은 많았다. 가족 기업은 창업 자본의 조달은 물론 자본의 확충에도, 기업을 안정적으로 유지하는 데도 유리했다. 이익 배당보다 기업 자본의 안정성을 중시했기 때문이었다. 주식회사로 전환하는 경우에도 소유는 언제나 가족 내에 머물렀다. 따라서 지분 위기가 초래되는 경우는 예외였다. 모두가 지멘스와 정확히 일치한다. 가족은 제3의 생산요소였던 것이다. 그런데 가족은 생존공동체이고 자본공동체이지만 감정공동체이기도 하다. 혹시 제3의 생산요소는 감정이었던 것이 아닐까? 지멘스의 창업과 성장 과정에는 어떤 감정이 개입되었고, 그 감정은 어떤 역할을 하였을까? 그 감정 레짐은 가족과 기업을 어떻게 연결시켰을까?

2
신뢰와 충성

가족 감정이라는 것

베르너 지멘스에게 가족과 기업은 일상에서도 분리되지 않았다. 그는 창업한 뒤 줄곧 공장 1층에서 살았다. 이는 1853년에 결혼한 뒤에도 바뀌지 않았고, 1863년에 베를린 인근의 샤를로텐부르크에 빌라를 매입한 뒤에도 1870년대 들어서까지 변치 않았다. 러시아 사업을 추진하는 가운데서도 베르너는 자신이 "안전한 중소기업 사장으로 머무느냐 아니면 최고의 왕관을 향하여 쉬지 않고 노력하는 길을 갈 것이냐"의 여부를 약혼녀에게 물었다. 1860년대 전반기 아우 빌헬름과의 갈등이 극에 달했을 때, 그는 우선은 자식들에게 생존 기반을 마련해주고 가능하다면 "로스차일드와 같이 세계 기업을 이끌게 되기를 희망한다."고 썼다. 베르너의 회고록 마지막 부분도 가족의 차지였다. 그곳에서 그는 자신의 인생을 총괄하기 직전 여섯 페이지를 할애하여 형제들 하나하나의 삶을 돌아본다. 베르너가 가족에게 집중하는 모습을 보면 그에게 세계란 가족들로 구성된 것이 아닐까 생각되는데, 기실 이는 저명한 독일사 연구자 피터 게이가 제시한 테제이기도 하다. 그는 19세기 서양의 부르주아를 그려내면서 당시 부르주아는 무엇보다도 "가족을 우상으로 숭배하는" 사람들이었으며, 그것이야말로 사회 속에서 "자신의 길을 걸어가는 자유로운 개인"이었던 18세기 부르주아와의 차이였다고 단언했다.[9]

실제로 베르너가 가족과 가족이 아닌 사람에게 보낸 편지는 감정의 색채가 완연히 달랐다. 베르너가 1847년 1월에 미래의 아내가 되는 6촌 여동생 마틸데에게 보낸 편지는 차갑다. "나로부터 예의 그 우울한 소식 대신 희망찬 소식이 전달되리라는 당신의 희망은 근거 없는 것입니다. 지난 한 해는 좋지 않게 흘러갔습니다." 1852년 초 베르너는 러시아로 가는 길에 쾨닉스베르크의 마틸데 집을 방문하여 결혼을 약속하는데, 그 직후에 보낸 편지에서 그는 표변한다. "궤를 이탈했던 나의 뇌가 밤의 고요 덕분에 생각하고 느낄 능력을 되찾았을 때 첫 번째 업무는 그대 나의 사랑하는 소녀에게 정겨운 구텐 모르겐을 외치는 것이었어요!" "어젯밤 상황이 거의 견딜 수 없을 정도가 되었을 때, 그때 너 나의 착한 아이가 나에게 다가왔어요. 나는 그대 가슴에 머리를 기대고 한 시간 동안 조용히 잠들었지요!" 결혼을 약속한 사이였기에 그렇게 썼다고 판단할지 모른다. 그러나 베르너가 누나에게 보낸 편지 역시 감정이 흘러넘친다. 누나가 아들을 낳았다는 편지를 받은 베르너는 썼다. "나는 나의 조카님을 뵈올 날을 아이처럼 기다려. 코는 어떻게 생겼을까? 누나 코 아니면 매부 코, 그것도 아니면 두 극단을 섞었을지 정말 궁금해!"[10]

베르너의 편지를 이 책 3장에서 다루었던 경건주의 목사 한의 일기와 비교해보면 차이가 두드러진다. 한의 감정은 가족을 대상으로 할 때와 가족이 아닌 사람을 대상으로 할 때가 질적으로 다르지 않았다. 그는 그들 모두에게 돈 때문에 짜증을 냈고, 노동하라고 화를 냈다. 세밀하게 읽어보면 한은 자식들에게만은 살가웠다. 그와 달리 베르너에게는 결혼을 약속한 이후에야 비로소 마틸데가 친밀한 감정의 대상이 되었다. 주의할 것은 가족 감정이 '자연적인' 것은 아니었다는 점이다. 이는 근대 초 가족사 연구에서 괄목할 만한 성과를 생산해온 미국의 역사가 데이비드 새빈이 거듭 강조하는 점이다. "응집력 있는 가족 감정의 발전, 혹은 경제적, 정치적, 문화적 (가족) 자본의 조정, 가족 네트워크를 통한 친인척의 결속에 자연적인 것이란 전혀 없다." 가족관계는 "노동labor에 의해서 비로소 양육되고 유지되어야 한다." 새빈은 가족 구성원들 간의 편지 교환, 부정기적인 방문, 연례 가족 축제, 생일잔치, 각종의 기념일, 가족협회의 구성 등을 가족 감정을 생산하는 문화적 매개로 꼽았다.[11]

아내여 형제여 노동자여, 나를 믿고 충성해주오

그러나 베르너가 동생들에게 보낸 편지를 감정 차원에 유의하여 읽어보면 새빈이 언급한 단순한 가족 감정을 넘어서는 면모가 식별된다.

그가 동생들과 교환한 감정은 막연한 형제애가 아니었다. 1847년 1월 2일 베르너가 할스케와 창업에 합의한 바로 다음 날 베르너는 영국의 빌헬름에게 편지를 보내, 형제의 발명품을 상품화하여 빌헬름이 벌어들이는 수입에 대한 자신의 권리를 포기한다고 선언한다. 전신기에 집중하려는 베르너가 아우 빌헬름과의 협력을 위하여 선의의 제스처를 선행적으로 취한 것이다. "이로써 우리는 충성Treue을 지키는 형제로 머물 수 있고, 서로에게 충고하고 서로를 도와줄 수 있을 것이다." 베르너는 그 말이 창업을 결정한 데서 오는 흥분에서가 아니라 오래 전부터 확고했던 결심을 말할 기회가 온 것뿐이라고 부연했다. 1854년 3월 초 칼과 함께 모스크바 바르샤바 전신선을 수주함으로써 파산의 위기에서 벗어난 직후 베르너는 러시아 사업 책임자로 "칼보다 나은 선택은 없을 것"이라면서, 칼이 "현명하고 용감하며 충성스럽다."고 칭찬했다. 그는 회고록에서도 칼이 언제나 "충성스럽고 언제나 신뢰할 수 있는 조수였다."고 회고한다.

방금 인용문에서 베르너는 충성 외에 신뢰Vertrauen를 언급했거니와, 신뢰는 베르너가 빌헬름과 칼에게 요청하고 확인한 또 하나의 기본 감정이었다. 빌헬름과 갈등하던 1863년 봄 베르너는 빌헬름에게 편지를 보내, 런던과 베를린 간의 "형제애적인 관계가 지속되어야 하는 바……그러기 위해서는 불신이 생기는 즉시 제거해야 한다."고 강조했다. 흥미로운 것은 베르너가 자신의 아내에게도 그 두 가지 감정을 지속적으로 강조했다는 사실이다. 충성이라는 단어는 물론 지조도 뜻하기에, 19세기 부르주아 남성이 아내에게 충성을 요구하는 것은 지당해 보일지 모른다. 그러나 베르너가 결혼 이전과 이후에 마틸데에게 보낸 편지를 보면, 그가 강조한 충성이 그저 지조를 뜻하지 않았음이 드러난다.

　두 사람은 쾨닉스베르크에 살던 마틸데가 1845년 여름에 베를린을 방문했을 때 처음 만났다. 첫눈에 반한 쪽은 마틸데였다. 베르너는 마틸데의 구애를 무감동하게 대했다. 그러나 1852년 1월 마틸데 집에 들러 약혼한 뒤부터 베르너는 신부가 거북스러워할 만큼 열렬히 감정을 토로한다. "과거의 차가움을 용서해줘요. 당신은 나를 신뢰해도 될지 여전히 망설이지만, 그것이야 충성스런 친구를 괴롭히는 데서 우리가 똑같기 때문일 거예요. 당신은 나의 변덕을 탓하지만, 현명하고 이성적이고 감성적이고 마음이 넓은 그대는 남편에게 충성과 사랑을 다하는 반려자가 될 나의 이상형이에요.……내 사랑을 신뢰해줘요. 중요한 것은 당신과 나의 사랑이 커가고, 갈수록 큰 신뢰를 주는 데 있어요."

　베르너의 문장은 약혼을 전후로 한 들뜬 남자의 흥분으로 보일 수도 있으나 그렇지 않다. 아내에 대한 베르너의 감정 표현은 결혼 생활 13년 만에 사별할 때까지 변치 않는다. 더욱이 결혼에 즈음하여 그는 신부에게 자신은 "있는 그대로의 그대를 선택했고, 그대가 그렇게 유지되기를 요구할 권리가 있다."고, "절대 나와 닮으려 하지 말라."고, "나는 그대와 결혼하는 것이지 나 자신과 결혼하는 것이 아니"라고 강조했다. 그는 "창조의 비밀은 사랑에서 뭔가 부족하게 느껴지도록 하여 계속 노력하도록 하는 데 있는 것 같다."고 쓰기도 했다. 아내에게 복종을 요구하던 18세기 목사 한과 얼마나 다른가. 낭만적 부부는 18세기가 아닌 19세기 부르주아의 이상인 것이다. 그리고 그 낭만적 부부의 감정이 신뢰와 충성이었던 것이다. 결혼한 지 8개월이 지난 1853년 7월에 베르너는 러시아에서 보낸 편지에서 아내에게 "용감하시고 나를 신뢰하세요.……그대의 베르너의 변치 않는 충성스런 사랑에 의지하고, 매 순간 그가 그대를 사랑하듯 그를 사랑해주오."라고 썼다.

베르너는 신뢰와 충성을 가족만이 아니라 회사의 임직원과 노동자들에게도 적용했다. 1850년대 중반 칼이 베를린에서 페테르부르크로 파견한 관리직원들과 마찰을 빚자 베르너는 동생에게, "언제나 충성스러웠고 또 신뢰를 검증받은 친구였던 회사 관리직원이 내부의 음모로 쓰러지면……네가 음모에 열려 있다는 의심을 받게 된다."면서 그를 "너의 오른팔"로 계속 중용하라고 충고했다. 베르너는 부연한다. "우리의 아킬레스건은 관리직원이다." "사람들이 그들 자신이 우리인 듯 말하지 않으면, 그리고 그들이 회사의 명예와 관심에 동참하고 있다는 느낌을 가질 기회를 갖지 않으면, 우리는 그들에게 어려운 시기에도 확고한 충성을 유지해달라고 요구할 수도 기대할 수도 없다." 그는 기업의 "가장 중요한 요건은 모든 힘들(노동자들)의 내적인 조화와 기쁨의 협력"이라고 늘 되풀이 말했다.[12]

베르너는 신뢰와 충성을 말로만 외쳤던 것이 아니다. 그는 그 원칙을 경영에서도 실천하고자 했다. 베르너는 1868년까지 마이스터 임명장을 가급적 개인적으로 수여했다. 마이스터가 사망하면 그날 하루는 공장 문을 닫고 노동자 전원을 장례식에 보냈다. 부활절의 일요일 30일 뒤에 찾아오는 그리스도 승천기념일에는 마이스터를 포함하여 관리직원 전원을 집으로 초대하여 축일을 즐겼다. 1년에 한 번씩은 노동자들까지 모두 모아놓고 1년간의 사업 보고도 했다. 매년 12월 24일에는 1년간의 사업 실적에 따라 노동자 개개인에게 상여금을 수여했다. 작업반은 1년에 1회씩 소풍도 가도록 했다.

공장 생산의 일상에서도 베르너는 마이스터와 함께했다. 그는 창업한 이래 1870년대 중반까지 줄곧 공장 1층에서 살았다. 그가 2층 공장에서 하는 일은 물론 발명과 발명의 상용화와 개선이었다. 그러나 그는 혼자 실험하고 발명하고 개선하지 않았다. 그는 수시로 마이스터와 노동자들을 불러 함께 작업했다. 더욱이 1867년에 할스케가 퇴사하자 아내와 사별한 지도 어언 2년 그는 공장에 상주했다. 추후 마이스터들은 그때를 되돌아보며, "보스가 이른 아침부터 늦게까지 놀랄 만한 에너지로 극히 열성적으로" 일했고, "그 때문에 모든 공장 일이 아주 빠른 속도로 돌아갔으며, 막대한 노력이 경주되었고, 기쁘기 그지없는 창조력이 발휘되었다"고 기억했다.[13]

베르너가 공장에서 노동자들과 함께 일한 것은 19세기 후반 이전의 독일 기업에서 고용주가 공장 건물에 거주했던 것을 생각하면 전혀 이례적이지 않다. 더욱이 당시 지멘스 공장에서 생산은 마이스터에게 압도적으로 의존하고 있었다. 전신기든 전화기든, 기계의 설계와 생산 방법은 공장장이 마이스터와 의논해서 결정했다. 그 결정을 구체적인 제품으로 실현할 때도 마이스터가 작업반을 책임지면서 소속 노동자들에게 작업을 할당하고 관리했다. 마이스터는 휘하 노동자들의 임금과 처벌과 해고도 결정했다. 추가적인 고용을 요청하는 사람도 마이스터였다. 1860년대에 실적급 제도가 본격화되었을 때도 노동자들의 실적을 산정하는 사람은 마이스터였다. 지멘스가 기본적으로 기계제조 업체라는 사실에 유의해야 한다. 기계화가 진척되어도 전신선, 전깃줄, 필라멘트와 같은 일부 공정만 기계화되었을 뿐 전신기를 찍어낼 수는 없는 일이었다. 마찬가지로 표준화가 진척되어도 그 표준에 맞도록 작업을 지휘하는 사람은 마이스터였다.

마이스터가 그처럼 중요했으니 베르너가 그들과의 신뢰와 충성을 강조한 것은 당연하다고 할 것이다. 그러나 그가 공장에서 가급적 상주한 것은 그토록 중요한 그들을 감시하기 위한 것으로 볼 수도 있고, 실제로 공장살이는 감시용이기도 했을 것이다. 유의할 점은 신뢰와 충성이 베르너가 아우들은 물론 아내에게도 요구한 감정이었고, 회사에서도 스스로 '노동'한 감정이었다는 데 있다. 아내와 동생들의 가부장이었던 그는 마이스터와 노동자들에게도 가부장이고자 했던 것이다. 그리고 그것은 앞서 슐레지엔 봉기 직후의 산업윤리 담론에서 유별나게 강조되었던 가치였다. 그 가부장주의를 어떻게 해석해야 할까?

'자본주의 정신'과 감정

가부장적 기업가를 해석하기 위한 적절한 이론 틀이 있다. 프랑스의 사회학자 뤽 볼탕스키는 1999년에 발간한 《새로운 자본주의 정신》에서 1960~70년대 프랑스의 기업 경영자들이 '68운동' 신좌파의 자본주의 비판에 적극적으로 반응하여 경영과 노동 방식을 크게 변형시켰고, 이를 통하여 자본주의에 대한 비판을 순화시키는 동시에 자본축적을 강화할 수 있었다고 설명했다. 그의 "자본주의 정신" 개념은 물론 막스 베버의 자본주의 정신을 준용한 것이다. 볼탕스키는 17세기 청교도들이 자신들의 사업에 종교적 의미를 부여했던 것과 같은 종류의 "도덕적 정당화"가 경제활동에 부여되어야만 자본주의가 존립하고 또 발전할 수 있다고 주장했다. 동시에 볼탕스키는 그 자본주의 정신이 노동자들에게 노동에 대한 문화적 의미를 부여해주어야만, 앞서 인용한 지멘스의 경우처럼 "기쁘기 그지없는 창조력"이 발휘되어 생산성이 증가될 수 있다고 강조했다. 자본축적은 공공선에 대한 경제활동의 기여를 사회적으로 설득하고 노동자들을 감정적으로 동기화시켜야 가능하다는 것이다.[14]

기업문화에 대한 근자의 연구들은 노동자가 기업을 자신과 동일시하느냐 그렇지 않느냐에 따라 생산성이 크게 달랐다는 것을 보여준다. 따라서 볼탕스키의 '자본주의 정신'이 진부하게 보일 수도 있다. 그러나 필자가 보기에 볼탕스키의 주장에서 탁월한 지점은 따로 있다. 이윤 추구라는 자본주의적 경영의 원칙과 계약이라는 자본주의적 노사관계의 원칙은 자체적으로 자본주의를 정당화할 수 없기에 그 정당성을 "경제 이외의 영역"에서 빌려와야 하고, 그것은 해낭 시점에 지당하게 전제되고 있는 가치와 믿음이어야 한다는 것이다. 볼탕스키는 주로 1960년대와 1990년대의 경영학 교재를 분석하여 20세기 후반의 새로운 자본주의 정신을 도출했지만, 그에 선행했던 역사적 형태들도 제시했다. 그가 19세기 자본주의 정신에 포함한 요소는 협소한 지리문화적 공간을 넘어서 자신을 관철시킨 기업가 '영웅', 과학 및 기술과 결합됨으로써 확보되는 경제활동의 진보적 표상, 노동자들에 대한 경제적 안전성과 자율성의 제공, 노동자와 기업가의 가족적 관계 설정 등이다.

볼탕스키가 혹시 베르너 지멘스를 참고했나 싶을 정도로 베르너는 볼탕스키가 제시한 19세기 자본주의 정신의 표본이다. 적어도 그렇게 보인다. 가난했던 성장기, 포병학교에 진학하여 기필코 자연과학과 공학을 공부한 것, 궁핍 속에서도 안전한 공직을 마다하고 창업에 나선 것, 대륙횡단 전신선을 부설한 것, 1차 대전 직전 세계 전기제품

교역량의 절반을 점하던 독일 전기 산업에서 지멘스가 거의 절반을 차지한 것 등은 그야말로 영웅의 초상이다. 더욱이 그는 양방향 지침 전신기 외에 발전기와 엘리베이터와 전차도 발명한 신기술 발명가였다. 그는 또한 과학자였다. 그는 1840년대 중반에 베를린 물리학회 창립 회원이었고, 그곳에서 그는 생리학자 에밀 뒤 보이스-레이몬드와 같은 당대 최고의 자연과학자들과 친구가 되었으며, 1840년대부터 1870년대까지 꾸준하게 과학 내지 공학 논문을 학회에서 발표하고 또 학술지에 게재했다. 베르너는 과학자로서의 면모를 얼마나 내세우고 싶었는지 생애 말년에 논문 모음집을 두 권이나 출간했고, 죽기 1년 전에 간행한 회고록에도 자신이 쓴 과학 논문을 자주 언급했을 뿐만 아니라 따로 부록을 만들어 내용을 설명했다.

그러나 그 모습은 진실의 절반에 불과하다. 그는 실제로 모험적이기는 했지만, 앞서 서술했듯이 그의 사업은 1870년대 중반 이전에는 전적으로 국가에 의존했다. 과학 발명가로서의 모습도 절반은 허구였다. 그는 모스가 독일에서 전신 특허를 신청하지 않은 덕분에 성공했다. 전신기 부설 역시 적어도 초기에는 육체노동이요 단순 토건 사업이었다. 그러나 담론은 언제나 부분적 진실에 기초한다. 베르너가 발명가였다는 사실, 그가 베를린 물리학회 이사회에서 유일하게 대학 교수가 아닌 일반인이었다는 사실, 1861년부터 1866년까지 진보당 소속의 프로이센 의회 의원으로 활동했다는 사실, 1888년에는 급기야 독일 황제로부터 귀족 서품을 받았다는 사실은 모두 그를 사업가 외에 진보와 발전과 과학의 인물이요 공공선의 체현으로 만들었다.

물론 공공선을 구현하는 베르너의 초상이 지멘스 노동자들을 감정적으로 얼마나 동기화시켰는지는 알 수 없다. 그들에게 중요했던 것은 작업장에서 구체적으로 경험하는 정당성이었을 것이고, 그 실체적 내용은 생존의 안정성과 작업에서의 자율성이었을 것이다. 자율성은 앞서 설명한 바와 같이 마이스터의 경우 지멘스에 아예 전제되어 있었다. 생산과 급여는 물론 신규 고용까지도 그들이 책임지고 있었으니 더 이상 설명이 불필요할 것이다. 더욱이 지멘스 공장의 마이스터 수는 1850년대 내내 5명을 넘지 않았고, 1867년에 노동자가 159명이었을 때 7명이었다. 1873년에 노동자가 580여 명에 달하여 당시 기준으로 대기업이 되었을 때도 마이스터는 17명이었다. 그들은 자율적이었고 또한 기계화에 적대적이었다. 오죽했던지 1847년 사업을 시작한 직후 베르너는 마이스터들을 "느림보 예술가들"이라고 불평했고, 1870년에도 칼은 베르너에게 보낸 편지에서 "기계공들을 하인들로 교체할 수만 있다면 회사가 예술가들로부터 독립할 수 있으리라"고 투덜댔다.

개념 설명이 필요하겠다. 당시 독일에서 기업의 관리직원은 노동자와 다른 범주였다. 그들은 '공무원 관리'라는 뜻의 단어(Beamte)로 표기되었으나 사무직에 한정되지 않았다. 마이스터는 육체노동을 했지만 전원 관리직원에 속했다. 사무직 중에서도 보조원은 노동자였고, 회계원과 설계원과 서기는 관리직원이었다. 앞서 마이스터에 대한 임명장 수여 방식과 장례식 및 여러 복지 혜택을 들어 베르너가 마이스터를 얼마나 우대했는지 서술했거니와, 그러한 대우는 마이스터의 중요성에서 비롯된 경영적 필연성이었을 것이다.

베르너는 1년간의 경영 보고를 할 때 일반 노동자들도 참석시키고 성탄절에는 노동자 개개인에게 상여금을 수여했거니와, 창사 25주년이 되는 해이기도 했던 1872년에는 사내 연금보험을 설립했다. 보험

금은 사원들이 아니라 회사가 납입하는 것으로서, 사용자는 매년 직원 한 사람당 10탈러, 노동자 1인당 5탈러, 여성 노동자 1인당 3탈러를 납입하고, 연금은 산업재해 여부와 근속 기간에 따라 각각 다르게 지급되었다. 연금보험을 설치한 동기는 당시 베를린 기계산업의 상황에서 찾아볼 수 있다. 통일 직후 소위 '창건 대호황' 시기였던 그때 노동자들의 이탈과 전직轉職이 일부 지역에서는 바람에 날리는 모래처럼 활발했고, 베를린에서도 파업의 물결이 일었다. 금속노동조합도 결성되었다. 그동안 단 한 번의 파업도 없었지만 베르너는 긴장했다. 그는 기계산업 사용자 단체를 조직하고 파업에 공장폐쇄로 맞서겠다는 결의를 다졌으며, 블랙리스트 작성을 구상했다.

연금보험은 노동계급의 형성과 그 속에 함축된 반자본주의적 비판에 대한 반응이었던 것이고, 따라서 그것은 노동자들에게 생존의 안정성을 제공함으로써 자본주의를 정당화하려던 전략이었다고 할 것이다. 실제로 베르너는 영국의 지멘스 형제사에게 보낸 입장문에서 "우리는 자본을 모을 여력이 없는 노동자들에게" "늙어서도 혹은 그들이 일찍 사망했을 때 가족들에게 걱정 없는 생존의 확실성을 주어야" 한다고 쓰는 동시에, "노동자들이 사회주의자들의 혁명 선동을 멀리하도록, 그들이 파업에 저항하도록, 회사의 성장에서 자기 자신의 이익을 보도록" 하기 위해 연금이 필요하다고 강조했다. 또한 베르너는 기금의 관리도 노동자들 스스로가 선출한 대표에 맡겨야 한다면서, 그래야 노동자들이 "완전한 신뢰"를 가질 수 있다고 강조했다. 2년 뒤 한 유력 인사가 기금에 대하여 물었을 때도 베르너는 노동자들이 "기금 덕분에 기업과 결합되었다고 느끼게 되었다"고 답했다.[15]

"기업과 결합되었다"는 느낌은 충성 감정이고 신뢰 감정이다. 베르너 지멘스는 아내와 아우들에게 주장했던 그 감정을 연금정책을 통하여 노동자들로부터 얻어내려 한 것이다. 이는 당연해 보이지만 적어도 그 자체로는 논리적이지 않다. 그것은 가족 감정을 기업 감정으로 치환시킨 것이기 때문이다. 그러나 볼탕스키의 이론을 적용하면 적절하게 해석할 수 있다. 계약관계라는 경제 문제를 경제 외부에 위치하고 있으면서 당대인들이 당연시하던 가치, 여기서는 가족 가치와 가족 감정을 노동자들과의 관계에 적용하고 그렇게 자본주의를 정당화하는 장면일 것이기 때문이다. 그러나 다른 한편 신뢰와 충성 감정의 역사적 의미론을 살펴보면, 그 가부장적인 감정에서 볼탕스키가 언급하지 않은 역사적인 의미가 식별된다.

독일의 선도적인 감정사가 우테 프레베르트가 밝혔듯이, 신뢰는 매우 근대적인 감정 개념이다. 우리도 1장의 '신적인 신뢰'에서 확인한 바 있고 3장에서도 언급했지만, 신뢰는 18세기 초까지 거의 언제나 신과 결합되어 사용되었다. 믿음은 신에 대해서 갖는 것이지 인간에게 갖는 것이 아닌 터였다. 독일어 지역에서 신뢰를 처음으로 상세히 논한 1726년의 《게오르크 발흐*Georg Walch* 사전》은 신뢰 항목에서 성경 구절을 한가득 인용하면서 압도적으로 신에 대한 신뢰에 집중했고, 1746년의 《체들러*Zedler* 사전》 역시 신뢰란 "갖게 되리라고 기대되는 좋은 것에 대한 기쁨"으로서 오직 "진정한 기독교도들"에게서만 발견되는 바, 그들은 베푸는 자의 "완전성"과 "관대함" 때문에 신뢰를 갖게 된다고 풀이했다. 그 사전이 제시한 세속적인 예는 의사를 믿으면 병 치료에 도움이 된다는 것 딱 한 가지였다.

신뢰는 감성주의를 거치면서 세속화되는 동시에 쾌감valence과 강도強度를 갖춘다. 우리는 3장에서 18세기 중반의 감성주의 소설에서 신뢰가 사랑과 우정에 기입되는 양상을 확인한 바 있다. 19세기 전반기에 출간된 사전들은 그 귀결을 개념적으로 정식화했다. 사전들은 신뢰란 '타인이 좋은 것을 가져다주리라고 기대하는 감정으로서, 그 사람은 그럴 힘과 의지를 보유하고 있는 동시에 하등의 의심의 여지를 주지 않을 만큼 우리를 휘어잡으며, 그 기대가 우리의 삶에 행복을 준다'고 풀이했다. 그리고 신에 대한 신뢰가 주변화되는 대신 부부와 상인과 장교의 신뢰가 논의되었다. 이어서 신뢰는 사적인 관계 외부로 확대되었다. 19세기 전반에 '신뢰Vertrauen'라는 단어가 접두어로 붙은 신탁 기관Vertrauensamt, 중재자Vertrauensman, 공공의사Vertrauensarzt 등이 나타난 것이다. 그 후 신뢰의 적용 범위가 얼마나 확대되었던지, 당시 사전은 신뢰가 "불행의 원천이요, 심지어 완전한 몰락의 원인"이 될 수 있다고 경고할 정도였다.

충성은 19세기 내내 거의 언제나 신뢰와 함께 사용되었고, 두 단어는 교환 가능했다. 물론 신뢰와 달리 충성은 중세적 개념이고 인간과도 관련되어 사용되었다. 충성 서약으로 성립하는 봉건적인 주종관계는 중세 정치질서의 뼈대요 내용이었다. 그러나 그저 마그나카르타를 들춰보기만 해도 알 수 있듯이 봉건적인 충성은 감정이 아니라 권리와 의무의 문제였다. 충성은 18세기 감성주의에서 신뢰와 동의어처럼 늘 함께 쓰이면서 개인의 의무로 내면화되는 동시에 쾌감과 강도를 갖추게 된다. 충성은 이때 신뢰만으로는 충분히 확보할 수 없는 것, 즉 미래적 확실성을 공급하는 역할을 맡았다. 게오르크 짐멜이 1908년에 충성을 '사회적 관계를 그것의 변화 이후에도 계속해서 견지하는 감정'으로 정의한 것은 바로 19세기 충성 개념을 이론화한 결과물인 것이다.[16]

재차 강조할 것은 신뢰와 충성을 종교와 봉건적 관계 밖으로 꺼낸 것이 감성주의였다는 점이다. 그리고 3장에서 확인한 바, 감성주의가 고양시킨 감정들은 단순한 느낌이 아니었다. 도덕감정이었다! 19세기 중반의 사전이 신뢰의 남용을 경고한 것은 그 감정이 범용치 않은 감정이었기 때문인 것이다. 따라서 베르너 지멘스가 회사의 복지정책을 신뢰와 충성의 물질적 증거로 제시한 것은, 그 정책이 노동자들의 물질적 안정성을 제공하는 것 이상의 의미를 지녔다고 할 것이다. 그것은 베르너 지멘스가 노동자들에게 보내는 도덕감정의 증거였던 것이고, 베르너는 또한 노동자들에게 그들도 자신에게 도덕감정으로 답하라고 요구했던 것이다. 따라서 신뢰와 충성은 그 자체로 노동자의 노동에 도덕적 차원을 부여하는 기제였고, 두 감정에 쾌감과 강도가 부하되었기에 노동자를 동기화시키는 장치였다고 할 것이다.

행동력, 명예, '노동의 기쁨'

행동하지 않으면 숨이 멎을 것 같다

베르너 지멘스는 회고록을 1889년부터 1892년까지 2년 반 동안 서술했다. 아마도 그는 아우 빌헬름이 사망한 뒤 영국 작가가 그의 전기를 작성한 것에서 자극을 받았던 것 같다. 베르너는 한 교사의 도움을 받았는데, 베르너가 구술하고 교사가 정리한 뒤 다시 베르너가 고쳤다고 할지라도, 그 회고록은 베르너 자신이 쓴 것으로 간주해야 한다. 편지와 회고록의 어휘와 문체와 리듬이 똑같기 때문이다. 회고록은 내용까지 정확하다. 회고록 속의 내용이 그가 남긴 편지에서도 확인되기 때문이다. 그러나 회고록 내용의 사실적 정확성은 부차적인 문제다. 어떤 회고록이든 당사자의 삶을 정당화하는 작업이기 때문이다. 우리의 문제의식으로 바꿔 표현하자면, 베르너 지멘스의 회고록은 자본주의를 정당화하는 수단이었을 것이다.

베르너는 회고록의 서두에서 "상속 재산도 없고, 막강한 후견인도 없고, 제대로 된 교육도 받지 못한 젊은 남자가 자신의 노력으로 유용한 것을 수행할 수 있었다는 것"을 "청년들에게 교훈"으로 주는 것이 회고록 집필의 목적이라고 밝혔다. 회고록의 마지막 페이지에서는 구약성경 시편 90편의 한 문장 "인생은 수고와 노력이 있어서 값지다"를 인용하면서, 자신의 삶은 "성공적인 노력과 유용한 노동이었기에 아름다웠다."고 총괄했다. 회고록에서 부각되는 키워드는 세 개다. 첫째가 유용성이고, 둘째가 행동력이며, 셋째가 기쁨이다.

회고록에서 '유용성'은 삶의 결정적 장면에서 빠짐없이 나타난다. 그는 열두 살이던 1828년 학교를 그만두고 집에서 수업을 받게 되었을 때, 철학과 대학생 가정교사가 "부르주아적 삶의 정점에 오른 우리"를 상상하도록 자극함으로써 "유용한 노동에 대한 결코 꺼지지 않는 기쁨과 그것을 실행하려는 행동력과 야심을 일깨웠다."고 썼다. 1843년 베를린 포병학교로 옮길 때를 가리켜서는 "유용한 것을 배우려는 지극한 선망"을 이룰 기회를 잡았다고 회고했고, 창업을 앞둔 시점에 대해서도 "내가 완전한 독립성을 가져야 세계와 내게 더욱 유용할 수 있다고 믿었다."고 강조했다.

베르너는 편지에서도 유용성을 왕왕 언급했다. 그 단어는 결혼 한 달 전인 1852년 9월 러시아 사업 차 리가에 머물던 베르너가 신부에게 보낸 편지에서 처음 발화된다. 그는 "세계에서 유일하게 가치 있는 것은 자아의 완성과 유용한 성과를 향한 진정하고 끈질긴 노력"이라고 썼다. 그 단어는 1857년 5월 말에 칼에게 보낸 편지에서 다시 나타난다. 베르너는 자신이 전자 관련 논문을 집필하고 있다면서, 그 작업이 힘들고 불면의 밤들을 초래하지만, 과학 논문 집필은 "명성을 가져다줄 뿐 아니라 그 자체로 유용하다."고 썼다. 1877년 2월에 베르너는 추후 그의 후계자가 되는 스물 한 살의 둘째 아들 빌헬름에게 "유일한 지속적인 행복은 성공적인 노동과 타인의 행복을 촉진하는 것에 있다."고 강조한다.

베르너는 유용성 개념을 삶의 근원적인 의미를 제시할 때 사용하면서 그것에 사업활동도 포함시킨 것인데, 유용성이란 우리에게 익숙한 용어로 공리公利utility이다. 그것은 서양의 산업 부르주아가 자본주의와 산업활동에 부여하는 도덕적 의미 그 자체다. 물론 유용성은 감정이 아니다. 다만 베르너는 유용성이 '행동력'에 의해서만 창출될 수 있다고 믿었고, 그에게서 행동력은 감정과 분리 불가능했다. 러시아 사업이 성패의 갈림길에 있던 1852년 7월 그는 아내에게 보낸 편지에서, "이성의 진리가 감정이 되면 그 진리는 증명할 수도 증명할 필요도 없는 것이 되며……그런 감정은 오류일 수 없다."고, "바로 그 믿음이 나를 지금까지 올바로 이끌었다."고 정리했다. 그에게 감정은 생산요소였던 것이다. 이는 신뢰와 충성으로 노동자들을 동기화시키려한 데서도 나타나지만, 베르너는 17~18세기의 경건주의자들이 그토록 비판했던 '분노' 감정도 자원화했다. "우리의 아킬레스건은 관리직원이다."라고 쓴 1857년 12월의 편지에서 베르너는 그 문장 바로 앞에 "작은 강아지라도 결연하고 분노에 차 있으면 커다란 개가 길을 비킨다."고 썼다. 흥미롭게도 그가 자서전의 마지막 부분에서 경영자로서의 자신의 자질과 성격을 총괄할 때도 분노를 언급했다. 그는 꼼

꼼하게 계산하지 못하는 자신의 성격이 사업가로서는 약점이라고 말하면서 그 단점을 상쇄시킨 성격적 특징을 분노에서 찾았다. "다행스럽게도" "나는 쉽게 흥분하고 분노했다. 나의 선의가 오해되고 오용되면 언제나 즉시 내 안에서 분노가 치솟았는데, 분노는 언제나 구원이고 해방이었다. 내가 불편한 문제를 놓고 협상할 때 상대방이 내게 해주는 최고의 봉사는 분노할 원인을 제공하는 것이었다." 분노이든 이성과 하나가 된 감정이든, 감정이 중요했던 것은 그것이 행동력을 추동하기 때문이었다.

'행동력'은 회고록과 편지 모두에서 경제와 사회와 정치를 가리지 않고 적용되었다. 1845년 4월 발명의 열기에 휩싸인 시절 베르너는 동생 빌헬름에게 보낸 편지에서, 발명은 어차피 불확실한 것이고 생각을 너무 많이 하면 "행동의 마지막 흔적까지 없어진다."고, 더 이상 고민하지 말자고 쓴다. 칼이 지멘스 페테르부르크 지사에서 내부 갈등에 휘말렸던 1857년 12월 베르너는 "결정적인 순간에는 단호하고 강력한 행동이 거의 언제나 최선"이라고 쓴다. 1874년 6월 대서양 해저 케이블 부설 작업이 시작됐을 때는 "케이블 사업이 숨을 앗아갈 지경"이라면서, "운명의 수레바퀴에 강력하게 개입할 필요성을 느끼는 매 순간 그 투쟁의 느낌이 얼마나 큰 살아 있는 느낌을 주는데, 그저 지켜보는 것이 잔혹하다."고 심경을 밝힌다.

베르너가 정치 부문에서 행동력의 화신으로 본 것은 프로이센 국가였다. 1848년 3월혁명이 발발했을 때 베르너는 환호했고, 전신기 입찰이 중단된 기간 동안 독일 최북단에 위치한 슐레스비히까지 가서 덴마크 해군을 막는 데 일조하기도 했다. 그는 기뢰를 바다에 설치한 뒤 그것을 육상에서 격발시킬 수 있는 점화 장치를 발명하여 설치했고, 우연 덕분이었지만 어쨌거나 접안하던 덴마크 전함을 후퇴시켰다. 그런 그가 혁명에서 가장 걱정했던 것은 행동력의 화신인 프로이센의 약화였다. 그가 1860년에 자유주의 정당인 '민족협회'에 합류한 것 역시 독일의 미래는 "지적이고 행동력 있는 프로이센"에 달려 있다고 보았기 때문이었다. 보오전쟁에서 승리하고 프로이센 의회에 나타난 비스마르크에게 베르너가 경탄한 것 역시 "그의 진심어린 행동들"이었다.[17]

베르너의 프로이센 찬양은 그의 프로이센 군대 경력 때문이 아니었다. 회고록에서 프로이센 군대를 긍정적으로 묘사한 부분은 희귀할 정도다. 그 희귀한 것이 다름 아니라 프로이센 장교들 간의 결투였다. 베르너는 그토록 경애하던 아버지가 수차례나 경고하고 걱정했음에도 불구하고 결투를 끊지 못했다. 임관한 뒤에는 결투를 하다가 재판에 회부되어 5년형을 선고받고 한 달간 성에서 복역한 일도 있었다. 우테 프레베르트는 결투에 대한 연구로 교수자격 논문을 작성하여 학명을 떨친 바 있고, 필자가 보기에 그가 쓴 가장 아름다운 감정사 논문 역시 결투에 관한 것이다. 프레베르트가 결투에 열광했다고 거론한 독일인 몇 명만 보아도 그 폭을 알 수 있다. 훔볼트, 라살레, 마르크스, 비스마르크, 프로이트, 베버.

결투란 한 인간이 제3자가 지켜보는 가운데 평등한 타인을 상대로 하여 목숨을 걸고 자신의 명예를 지키는 개인적인 동시에 사회적인 행위로서, 사전에 합의되거나 사회적으로 인정된 규칙에 입각하여 규제된 감정 상태 속에 진행되는 싸움이며, 이때 위험과 죽음을 불사하는 열정과 냉정이 동시에 요구된다. 따라서 결투는 야만인이 아니라 문명인만이 행하는 싸움이고, 귀족 기사들로부터 유래했음에도 불구하고 사회적으로는 부르주아적인 것이었다. 강조점이 신분이 아닌 개인에 찍혔기 때문이다. 하층민이 부르주아를 모욕할 경우에는 결투의 상대가 되는 것이 아니라 사법 기관에 넘겨졌다. 그리하여 결투는 19세기 영웅적 남성 부르주아의 전형적이고 대표적인 표지였다. 베르너 역시 결투가 거친 군대 생활을 "윤리화"시킨다고 거듭 강조했다. 결투로 지켜내는 것은 개인의 신념과 진실성과 고유한 개별성이고, 결투로 표출되는 것은 자긍심과 '성격'이었으며, 그에 대한 총괄적인 명칭이 개인적이면서도 사회적인 감정인 '명예'였다.[18]

노동에서 기쁨을 느꼈답니다

유용성과 행동력 다음으로 회고록에서 두드러지는 키워드는 '기쁨'이다. 회고록에서 기쁨은 30회 등장한다. '행운'이 21회, '공포'가 20회, '사랑'이 12회, '분노'가 11회 등장하였으니, 기쁨은 베르너 지멘스에게 굉장히 중요한 감정이었던 것이다. 그러나 편지에서 기쁨은 별다른 의미를 부여받지 못했다. 그저 일상적인 만족감을 나타냈다. 편지에서 두드러지는 단어는 '행복'이었다. 행복은 일차적으로 가정과 관련하여 사용되었다. 베르너는 자신의 사랑을 확신시키기 위해, 혹은 출장이 잦았던 자신을 변명하기 위해, 그리고 그가 만족스러운 가정 생활을 진심으로 추구하였기에 아내에게 "가정의 행복이야말로 가장 순수한 기쁨과 힘을 준다."고 반복하여 강조했다. 두 번째 아내와의 결혼이 확정된 뒤에도 그는 그녀가 "행복하고 명랑하게 살 수 있도록 모든 것을 다할 것"이라고 맹세했고, "그대를 행복하게 하겠다는 나의 진심 어린 굳은 의지"를 믿어달라고 썼다. 베르너는 아우 빌헬름에게 그녀를 "가정의 햇살"이라고 칭하며 실제로 무척 행복해했다.[19]

묘하게도 행복은 회고록에서 전혀 다른 의미로 사용되었다. 행복이라는 단어는 모두 21회 사용되었는데, 신혼의 행복을 언급한 2회를 제외하면 19회 모두가 그 단어(Glück)의 또 다른 뜻인 '행운'을 가리켰다. 바르샤바에서 러시아 비밀경찰이 자신을 단속했을 때 "운 좋게" 사업가 친구가 도와주었다거나, 대서양 전신선을 상실했다가 "운 좋게" 찾아냈다는 진술이 그렇다. 베르너는 왜 인생의 마지막 국면에 삶을 되돌아보면서 그 단어에서 행복이란 의미를 없앴을까?

문제를 푸는 열쇠는 행복 개념의 역사적 의미론일 것이다. 아리스토텔레스 이후 행복은 사적인 감정이 아니었다. 언제나 공적인 것이었다. 그것은 언제나 공적 활동에서 시민이 갖게 되는 감정이요, 공동체적 미덕의 실천의 결과로 느끼는 감정이었던 것이다. 중세 기독교가 행복에 추가한 것은 신의 은총이었다. 변화는 18세기 감성주의에서 시작된다. 감성주의는 인간은 사랑과 우정의 공동체적 삶에서 행복을 느낀다고 세속화하고 그에 쾌감과 강도를 부여했다. 후기 계몽주의 역시 욕망을 강조함으로써 행복에 욕망의 충족을 삽입했다. 그러나 변화의 결정적 계기는 프랑스혁명의 폭력 사태였다. '덕의 공화국'이 얼마나 끔찍할 수 있는지 제대로 현시되었기 때문이다. 그리하여 행복은 1820~30년이 되면 개별화되고 주관화되고 사적인 것으로 된다. 베르너의 편지에서도 행복은 대부분 사적인 감정으로 표현되었다.[20]

베르너는 필시 사생활에 방점이 찍힌 행복으로는 발명과 연구와 사업을 중심으로 하는 '공적인' 회고록에 자신의 인생사를 적절히 표현할 수 없다고 여겼을 것이다. 이는 편지에서 그토록 열렬히 애정을 표현했던 아내에 대하여 회고록에 단 2페이지를 서술한 것과 상통한다. 사실 대부분의 19세기 부르주아 회고록에서 아내는 모습을 감춘다. 설령 그렇다고 하더라도 편지에서 행복이 가끔은 노동과도 결합되었으므로, 회고록에서 행복을 대부분 운이 좋다는 뜻으로 사용한 것이 의아하지 않은가.

베르너는 회고록에 행복이라는 단어 대신 '기쁨'을 사용했지만, 감정의 철학적 의미론을 정리한 설득력 있는 연구에 따르면 기쁨은 철학사에서 특별한 의미를 부여받은 적이 없다.[21] 예나 지금이나 그저 단순한 만족감을 뜻한다는 것이다. 다시 말해서 개념사적으로 분석할 그 무엇, 즉 시대의 독특성을 함축하는 어떤 것이 기쁨에 부착되지 않았다는 것이다. 그것이야말로 행복의 역사와 달리 기쁨의 역사가 써지지 않은 이유일 터이다. 더욱이 19세기 부르주아 사회에서 '만족감 Vergnügen'은 자기만족 및 게으름이라는 부정적인 뉘앙스를 갖고 있었다. 따라서 베르너가 회고록에서 기쁨을 삶의 키워드로 사용했다면, 그 개념에 특별한 의미를 부여했을 것이다. 다시 말해서 어쩌면 독일사에서 베르너가 회고록을 쓰기 시작한 1880년대 말에 기쁨이 드디어 준準개념이 되었거나 아니면 주요 개념과 결합되었을 것이다. 그렇게 역사를 갖기 시작했을 것이다.

흥미롭게도 회고록에서 기쁨이 일상적인 만족감으로 쓰인 경우는 다섯 번에 불과했다. 예컨대 그는 1845년 여름 미래의 아내 마틸데와 그녀의 어머니가 베를린 관광에서 기쁨을 느꼈다고 썼고, 1868년에 코카서스로 여행했을 때도 그곳 경치에서 기쁨을 느꼈다고 썼다. 놀랍게도 30회의 기쁨 표현 중에서 25회가 미래의 비전, 지식의 증가,

사업, 노동, 실험, 발명, 연구, 혁명, 성채의 방어, 케이블의 설치, 잃어버린 케이블의 발견, 케이블 부설에 따른 위험의 극복, 선행의 기억, 문명의 건설, 아들의 무난한 경영 상속 등을 서술할 때 사용되었다. 기쁨이 인간이 기획하고, 행동하고, 성과를 얻은 것과 결합되어 사용된 것이다. 그것을 어떻게 개념화할 수 있을까? 앞서 우리는 베르너가 회고록에서 자신의 삶은 "성공적인 노력과 유용한 '노동'이었기에 아름다웠다."고 총괄했다는 것을 보았다. 둘째 아들 빌헬름에게 보낸 편지에서도 그는 "유일한 지속적인 행복은 성공적인 '노동'과 타인의 행복을 촉진하는 데 있다."고 썼다. 자신의 사업을 '노동 Arbeit'이라는 개념으로 정리하기도 했던 것이다. 베르너는 '노동의 기쁨'이라는 표현을 사용한 적이 없다. 그러나 회고록과 편지에서 노동은 명백히 기쁨과 결합되었기에, 우리는 베르너에게서 노동이 기쁨으로 의미화되었다고 판단할 수 있을 것이다.[22]

불현듯 멜랑콜리가 차오른다

노동을 기쁨으로 정의하는 것은 지당한 일이 아니다. 중세 기독교에서 노동은 징벌이었고, 종교개혁과 함께 신적인 소명이자 이웃사랑으로 변했으며, 독일 낭만주의 및 관념론과 함께 인간이 자신을 완성하는 윤리적 통로로 의미화되었다. 노동은 그 자체로 의미를 갖는, 기쁨이라기보다 의무였던 것이다. 베르너 역시 창업을 결심한 직후의 편지에서 전신기를 자신의 "소명"으로 칭했다. 역사학자 피터 게이가 '노동복음'으로 정리한 내용, 즉 노동이 도덕적 인간을 생산한다는 믿음은 19세기 부르주아의 핵심 가치였다. 그러나 추가된 것이 있었다. 19세기에 와서 일기가 홀로 쓰고 홀로 읽는 내밀한 자아성찰의 기록으로 전환하는 것과 상관적으로, 그동안 수련 과정에 집중하던 회고록이 19세기에 와서 생애사 전체로 확대되었다. 그리고 소설의 세기답게 회고록은 기승전결의 플롯을 갖추었는 바, 생애사의 절정이자 관건은 으레 성공이었다. 실패를 자기연민으로 바라보는 회고록도 간간히 있었지만, 그것 역시 성공이란 프리즘을 전제로 하는 것이었다. 물론 성공은 '기쁨'으로 경험되고 관찰되었으며, 베르너 지멘스는 성공의 원인을 노동과 행동력에서 찾았다. 그리고 이때, 언어의 의미작용에서 심심치 않게 나타나듯이 기쁨이라는 결과가 원인 혹은 과정으로 진치되었던 것이다. 노동이 기쁨이 되는 의미론적 길이 열린 것이다.[23)]

물론 원인 및 과정과 결과의 역전이 우연찮게 나타나는 것은 아니다. 그 과정은 기쁨의 반대 항목, 혹은 뚜렷하게 부각되는 부정적 감정의 궤적을 살펴보면 식별될 것이다. 베르너가 거대한 성취의 삶을 살아서 그런지, 회고록에는 기쁨의 반대어도 특별한 부정적 감정도 두드러지지 않는다. 다만 편지에는 부정적 감정 상태 하나가 뚜렷이 부각된다. 멜랑콜리가 그것이다. 베르너의 아내 마틸데는 폐병을 앓던 언니를 간호하다 병을 얻었고, 결혼 이후의 생애 절반을 온천과 산천에서 병치레하면서 보냈다. 그 와중에 자식을 셋이나 생산했으나, 그녀는 감정적으로도 불안정했다. 베르너는 많은 편지에서 아내의 감정 생활을 걱정하고 위로하고 타박하고 해법을 제시한다. 베르너는 스스로 "무가치하다"고 자책하는 아내를 격려하기도 했고, "의심병은 신뢰와 희망과 힘을 앗아간다."고 경고하기도 했다. 1854년 11월에는 놀랄 만큼 거칠게 말했다. "모든 우울, 히포콘드리아 등을 완전히 쫓아버립시다. 멜랑콜리하거나 수심 가득한 얼굴은 비웃어주는 것이 만인의 의무입니다."

베르너는 아내만이 아니라 가장 가까운 남자들에게도 히포콘드리아를 상정했다. 1857년 할스케가 병가病暇에서 복귀하자 베르너는 그의 "히포콘드리아가 호전되었다."고 썼다. 1864년 그는 동생 빌헬름에 대해서도 "닫힌" 성격에다 "병적인" 면이 있어서 가끔 "그를 화나게 만들어 독을 빼내야 한다."고 평했다. 베르너는 자기 자신에게도 멜랑콜리를 가정했다. 그는 자학하는 아내에게서 자신의 모습이 보인다면서, 그 감정이 혹시 자신으로부터 전염된 것은 아닌지 걱정했다. "나의 모든 행동과 노력을 관찰하고 비판하며 나 자신에 만족하지 않은 것은 나의 독특성입니다.……나는 자학하는 인간이에요." 그는 자신을 때때로 "비관적인" 인간으로 표시했다. 유의할 것은 베르너가 첫 아내와 사별하고 새로운 사랑을 만난 뒤에도 멜랑콜리를 자주 입에 올렸다는 사실이다. 그는 1873년 1월 초에 동생 빌헬름에게 "요즈음 늙어가서 그런지……히포콘드리아 격동"이 찾아온다고 말했고, 인생의 황혼기인 1882년 5월 말에 "신경은 변덕스럽고 종종 반역을 일으킨다."고 썼다.

그러나 베르너는 멜랑콜리를 고백하면서도 늘 그것을 극복했다고 썼다. 그는 자신이 감정의 부조화가 닥치면 "싸워서 해소한다."고 자신만만하게 말했고, 아내에게도 "의심병과 싸우라."고 채근했다. 자신에게 자학의 성벽이 있다고 고백한 편지에서 그는 "나는 자학이 무척 고마운 것이, 그 때문에 혼신의 힘을 기울여 타인의 존중과 인정을 받으려 했고, 그로써 나 자신에 대한 평안에 도달했다."고 부연했다.

타인의 존중과 인정을 받은 방법은 물론 노동과 행동력이었다. 베르너는 종종 "일에 몰두하다 보니 멜랑콜리를 지나쳐버렸다."라고도 썼다. 그는 추후 기업을 승계하게 되는 아들 빌헬름이 멜랑콜리를 앓고 있다는 소식을 들었는지 아들에게 "망상과 멜랑콜리를 버리고, 삶의 수레바퀴에 강력하게 개입하라."고 경고했다.

의미작용 과정 전체를 바라보면 확연히 순환적이다. 노동은 성공에서 의미를 갖고, 성공은 기쁨을 주는데, 노동은 행동력의 소산이고, 행동력은 멜랑콜리를 극복하게 해준다. 한편에는 멜랑콜리가, 다른 한편에는 노동과 기쁨이 위치한다. 따라서 노동은 기쁨이다. 그리하여 신뢰와 충성 및 명예 외에 기본 감정이 하나 더 추가되었다. 노동의 기쁨이있다. 흥미롭게도 멜랑콜리의 다른 표현으로서 1869년 미국 정신의학에서 고안된 신경쇠약이 1880년대 독일에서 선풍적인 인기를 끌었다. 1차 대전이 발발하기까지 경제인이든 지식인이든 독일 부르주아들은 신경쇠약에 걸렸다며 너도 나도 의사를 찾아갔다. 바로 그 시기, 그러니까 1900년 무렵에 독일 산업세계와 학계에서 노동의 기쁨이 담론화된다.[24]

어떻게 노동의 기쁨을 생산할 것인가

이 장의 서두에서 슐레지엔 직조공의 봉기와 관련하여 서술한 수공업적 기업 모델은 베르너의 비전에서는 러시아 사업에 몰입하던 1850년대에 이미, 경영 차원에서는 할스케가 회사를 떠난 1867년에, 제도적으로는 연금보험이 설치된 1872년에, 기업 경영에서는 베르너의 회사 출입이 뜸하게 된 1870년대 중후반의 어느 시점에 지멘스의 기업 현실과 무관해진다. 지멘스는 대형화되고 관료화되었다. 1881년에 870명이었던 종업원은 1890년에 2,909명으로 증가했다. 1906년에 뉘른베르크 소재 슈케르트전기와 합병한 이후 1914년에는 무려 2만 1천 명에 달했다. 여성 노동자의 비율도 1890년에 이미 11.6퍼센트였고, 1913년에는 32.7퍼센트로 증가했다. 1907년 미숙련 노동자의 비율은 55.6퍼센트였다. 더불어, 그동안 신화에 불과했던 '기술기업 지멘스'가 1880년대에 현실이 되었다. 지멘스는 발전기와 전화와 전구 외에도 전동차와 전차와 엘리베이터를 발명했고 상용화했다. 그리하여 발전기, 송전 설비, 블록 조명, 산업용 기계설비가 회사의 주력으로 부상했다. 1895년에 공장은 약전기, 강전기, 전신선 생산으로 물리적으로도 삼분되었다. 그해에 약전기 공장에 약 250명이 배치된 반면, 강전기 공장에는 1,275명이 근무했다. 대형화와 기술화에 관료화가 병행되었다. 1890년대에 이르면 주문과, 판매과, 자재과, 원가계산과, 임금계산과, 설계실, 기술실, 개발실, 통계실, 문서실이 설치된다.

사용자가 노동자와 개별적으로 접촉하는 것은 이제 원천적으로 불가능했다. 베르너는 1년에 한 번씩 개최하는 사업 보고를 1880년대에 노동자를 제외하고 관리직원들만 모아놓고 진행했다. 그러나 관리직원과의 개인적인 접촉도 사실상 소멸되었다. 1873년에 49명이었던 관리직원 수가 1890년에는 340명으로 증가했고, 베르너는 1882년에 관리직원 절반이 어떤 사람인지도 모른다고 한탄했다. 의미심장하게도, 1890년대까지도 창사 기념일에 장기근속 노동자에게 특별 상여금을 지급하고 성탄절에 모든 노동자에게 상여금을 지급하던 관행이

1900년을 넘기면서 사라지고, 그 상여금들이 총급여에 합산되었다. 소위 13번째 월급이었다.

다른 한편 노동자 복지정책은 오히려 강화되었다. 지멘스는 1886년에 구내식당을, 1888년에 보건실을, 1904년에 휴게실을, 1908년에 의료보험을 설치했고, 그해에 유급휴가를 제도화했으며, 1910년에는 베르너 가족의 개인 빌라가 위치한 풍광 좋은 바트 하르츠부르크에 관리직원용 휴양원을 세웠다. 그 이면이 있었다. 1904년에 처음으로 20여 일 동안의 본격적인 파업을 겪은 회사는 1907년에 황색노조를 설립했다. 노조원들에게 각종 혜택이 제공되어 1894년에 노동자의 42퍼센트가, 1907년에 77퍼센트가, 1911년에 80퍼센트가 그 어용노조에 가입했다.

결정적으로, 1911년에 노동자들의 '영혼'을 돌보는 사회복지사가 배치되었다. 그들은 노동자들의 신경쇠약이 염려되는 상황, 마이스터와 노동자 혹은 실과장과 사원이 인간적으로 서로 못 견딜 때, 산업 재해 사고가 발생했을 때, 노동자 개인이나 가족이 긴급 상황에 처했을 때 출동했다. 1918년은 물론 1차 대전의 마지막 해이자 파업이 가장 많았던 해였고, 국가가 종업원 상담을 의무화해서였기도 했지만, 10명의 복지사가 상담을 무려 2만 7,600번 진행했고, 노동자 가정을 6,700회 방문했다. 이 모두가 회사에 대한 충성과 신뢰를, 즉 회사와의 일체감을 노동자들에게 생산하기 위해서였다. 이는 엄청난 격변이다. 사적인 가부장주의로 노동자들을 동기화하는 전략이 끝장난 것이다. 기업은 이제 기업가 개인과 구분되는 관료제라는 힘, 인간에게 낯선 힘으로 다가오는 제도와 절차에 의해 움직이게 된 것이다.[25]

지멘스에 사회복지사가 배치된 1911년, 노동자 출신의 노동 문제에세이스트 아돌프 레벤슈타인이 《노동자 문제. 근대 대기업의 사회심리학적 측면과 노동자에 대한 심리신체적 영향을 특별히 고려하여》라는 책자를 발간했다. 그 책은 노동자들에 대한 개별 설문을 토대로 하였고 노동자들의 구체적인 목소리를 담았기에 비상한 관심을 끌었다. 책 서문에서 레벤슈타인은 8년 전부터 자기 집에서 개최하는 노동자 토론 모임에서 일부 노동자들, 즉 "노동을 자동적으로 수행하는 노동자들"이 "영혼에 엄청난 압력을 받아서인지 무기력에 빠진 나머지 토론에서 발언조차 하지 못한다."고, 노동자 심리 문제를 조사하게 된 동기를 밝혔다. 그는 광산, 직물, 기계산업 노동자들에게 설문을 발송하여 총 5,040명으로부터 답변을 받았다. 그는 모두 26개의 질문을 던졌다. 질문 중에는 사회주의의 미래를 믿느냐, 어떤 책을 읽느냐는 등의 흥미로운 질문도 있었지만, 핵심은 "(기계화된) 노동이 당신에게 기쁨을 주는가?"였다.

레벤슈타인의 질문에 답하면서 기계 노동 때문에 아무 생각도 하지 않게 되어 오히려 좋다고 답한 노동자도 있었으나 대부분은 부정적이었다. "오직 한 가지 노동만 하기 때문에 정신이 죽는다."는 답변도 있었고, 자신은 "인간으로서의 힘을 느끼기 위하여 울부짖고 윙윙거리고 신음을 내뱉는 그 물건(기계)을 극단적으로 괴롭혀서 끝내 가장 조잡한 결과를 낳으면 기뻐한다."고 답한 노동자도 있었다. "노동이 끝나야 기쁨의 함성을 지른다."고 답한 노동자도 있었고, "노동에 흥미를 가지려면 나를 강제해야 하는데, 그것을 할 수가 없다.……나는 강간에 강력히 저항한다."고 답한 노동자도 있었다. 레벤슈타인은 "기계에 묶인 데서 오는 생의 압박감이 최대치의 불쾌감을 유발하는 바, 기계란 인간의 고유성을 으깨버리는 조직화된 영혼 없는 무더기이고, 정신은 그것에 분노한다."고 정리했다. 그리고 공장의 소음, 고열, 일부 근육만 일방적으로 사용해야 하는 기계 옆에 선 노동자의 인위적 자세, 정신 신체 에너지를 소비한 뒤의 재충전 과정의 부재 등이 피로를 누적시키고, 그래서 노동자들은 기쁨을 오직 돈에서만 찾는다고 강조했다. 결론적으로, 대기업 기계 노동의 특징을 창조적 생산 과정의 삭제와 노동자와 노동의 관계 단절에서 찾은 것이다. 그 노동은 베르너와 칼이 느림보 예술가들이라고 불평하기도 했던 19세기 중반의 노동과 얼마나 다른가. 노동자가 노동의 주인이 되지 못하는 상황에 처한 것이다.[26]

레벤슈타인의 책은 널리 읽혔다. 사실 공장 노동자들의 심리 문제는 이미 지배적인 관심사로 부상한 상태였다. 예컨대 1905년 브란덴부르크 베엘리츠 요양원 의사들은 입소 노동자 중에서 신경쇠약을 앓고 있는 노동자가 1897년에 18퍼센트였으나 1904년까지 40퍼센트로 증가했다고 보고했다. '소장 역사주의' 경제학자로 분류되던 라이프치히대학 경제학 교수 칼 뷔허[*]는 이미 1896년에 원시 부족사회 이래 노동에 각인되어 있던 인간의 신체 리듬이 공장 노동과 어긋난다는 점을 문제의 핵심으로 진단하면서, 기계와 공장이 노동자의 신체 리듬에 맞도록 변경되어야 노동자들이 노동에서 만족감을 얻을 수 있다

---

[*] 칼 뷔허는 1896년의 책에서 인간의 신체 리듬과 노동, 음악, 시가의 관계를 논하는데, 경성 주재 프랑스 공사관에 근무하던 통역가 모리스 쿠랑Maurice Courant이 1894년부터 발간하기 시작한 《한국의 책들Bibliographie Corée》에 채록되어 있던 노동요를 무려 4페이지에 걸쳐 소개한다. 칼 뷔허는 추후 아날학파를 창시하는 위대한 프랑스 역사학자 마르크 블로흐가 1909년에 그 문하에서 수학하기도 했던 학자였다. Karl Bücher, *Arbeit und Rhythmus*, Leipzig, 1896.

고 주장했다. 그리고 1905년에 드디어 '노동의 기쁨'이 학술 개념으로 고안되었다. 독일과 스위스에서 활동하던 경제사회학자 하인리히 헤르크너가 드레스덴의 한 아카데미급 강연에서 "노동의 기쁨"을 강연 제목에 올린 것이다. 그는 〈국민경제 이론과 실천에서 노동의 기쁨이 갖는 중요성〉이라는 강연에서 노동 개념에 만족감과 불쾌감이라는 심리학적 요소를 추가하자고 제안하고 노동자의 부문별 만족도를 비교했다. 그는 노동 환경이 도시적이고 노동자의 자율성이 낮을수록 노동의 기쁨이 덜하다고 주장했다.

1906년에는 정신심리학자 빌리 헬파흐가 〈기술 진보와 정신 건강〉이란 강연에서 공장 노동은 노동 과정을 파편화하기에 노동자로부터 기쁨을 빼앗으며, 그것이 공장 노동자들의 '노동신경증'을 크게 증가시킨다고 진단했다. 세칭 강단사회주의자들의 그 유명한 사회정책협회 소속의 마리 베르나이스 역시 1890년대 중반부터 공장 노동자의 심리 문제를 사회학적으로 조사해오고 있었다. 그는 1912년에 발표한 결산에서 공장 노동이 "단조로운" 데다가 노동자들이 일상에서 "자아를 실현하는 삶"을 살 수 없기에 노동의 기쁨을 느끼지 못한다고 주장했다. 베르나이스의 후견인이었던 막스 베버도 거들었다. 그는 생산성 증가를 겨냥한 회계와 임금과 노동의 합리화를 문제의 진원으로 적시했다.[27]

위 주장들을 둘러보면 진단은 두 가지였음을 알 수 있다. 작업 환경 자체가 불쾌감을 초래한다는 것이 하나이고, 노동자가 노동의 주인이 되지 못함에 따라 창조적인 자아를 실현하지 못한다는 것이 다른 하나다. 작업 환경은 기술적인 차원이라고 치부하면, 문제의 핵심은 창조적 자아가 폐색되었다는 것, 당시 표현으로 "노동의 탈영혼화"였다. 물론 그런 발상에는 독일 관념론, 마르크스주의, 기독교 사회정책, 역사주의 경제학파 모두의 근본 전제, 즉 인간의 존엄성은 창조적 정신에 있다는 관점이 깔려 있었다. 그리고 그 모두는 그 시기 자본주의에 대한 비판과 처방을 동시에 함축했다. 자본주의는 인간을 탈영혼화시키는 물질적인 힘이지만, 노동자들이 노동에서 기쁨을 느끼게 된다면 노동자의 영혼은 보존되는 것이요, 그렇게 자본주의가 도덕적으로 정당화되지 않겠는가.

되돌아보면 그것은 다름이 아니라 이 장의 초입에서 소개했던, 1844년 슐레지엔 직조공들의 봉기와 관련하여 전개되었던 담론이 다른 모습으로 제기된 것이기도 하다. 그때 선대상인 기업가들에 대한 비판의 핵심은 그들이 수익과 허영에 눈이 멀어 노동자들을 가혹하게 착취하고 그렇게 도덕경제의 원칙을 위반한다는 것이었다. 물론 1900년대의 논의는 시대가 얼마나 바뀌었는지 생생하게 보여준다. 1844년에 관심은 '사회문제', 즉 노동자와 그 가족의 빈곤에 쏠려 있었다. 1900년에 문제는 노동자와 기계 노동의 관계 그 자체였다. 그러나 문제의식은 똑같았다. 인간의 존엄성을 중핵으로 하는 도덕경제였다. 1890년대는 독일에서 노동자의 실질임금이 크게 증가하는 시기다. 따라서 빈곤은 여전히 문제이기는 하지만 개선되리라 낙관할 수 있었다. 그러나 노동자의 탈영혼화에 어찌 대처할 것인가. 기계 노동이란 결국 수공업적 노동의 시대가 끝났다는 것인데, 공장의 시대를 어찌 되돌린다는 말인가.

베르너 지멘스는 바로 그 시기에 노동을 기쁨과 등치시킨 것이다. 그가 그 기쁨을 노동자의 탈영혼화에 대한 대책으로 간주했다는 증거는 없다. 그리고 현재까지 독일 학계에서도 연구가 전혀 진행되지 않아서 기쁨을 경제활동과 결합시킨 기업가가 또 있었는지도 알 수 없다. 그러나 베르너 지멘스가 독일 산업계에서 차지하는 위치를 고려하면, 그의 견해가 당시 경제계 일각에서 공유되었거나 학계로 확산되었을 가능성은 크다. 실제로 사회정책협회를 조직했던 역사주의 경제학자 구스타프 폰 슈몰러는 1900년에 출간된 《국민경제학개론》에서 노동자의 감정을 세련화시킬 필요성을 논하는 가운데, 노동자들을 저축은행과 의료보험과 같은 복지제도의 운영에 동권적으로 참여시킴으로써 "노동에 대한 기쁨과 이해"를 갖도록 해야 한다고 강조했다. 그러한 논의의 맥락에서 부르주아의 성취의 기쁨이 노동자의 노동의 기쁨으로 전이되는 의미의 단락短絡 현상이 나타났을 것이다. 그렇게 하여 노동의 기쁨이 자본주의를 정당화하는 동시에 노동자들을 동기화시키는 해법으로 제시되었을 것이다.[28)]

그런 가운데 시각을 전혀 달리하는, 기계 노동을 기정사실로 전제하고 출발한 답변이 제시되었다. 독일 출신의 하버드대학 심리학 교수 후고 뮌스터베르크가 1917년에 《노동과 피로》라는 소책자에서 단조로운 노동이 기쁨을 생산할 수도 있다는 답을 내놓았다. 뮌스터베르크는 세계 최초로 심리실험실을 설치했던 빌헬름 분트의 제자답게 실험심리학적인 실험과 관찰의 결과를 제시했다. 미국의 한 전구 공장의 어느 여성 노동자는 12년간 전구를 종이로 감싸는 작업을 담당했는데, 전구 하나당 손가락 운동 20회가 필요한 작업을 하루에 1만 3천 번씩 반복했다. 그녀는 평균 42초마다 25개의 전구를 감싸서 상자에 담았다. 그녀는 그 작업이 "진정 흥미롭다."고 말했거니와, 유의할 것은 그녀의 작업이 모두 같지는 않았다는 점이다. 전구를 싸는 동작은 때로는 보다 느리게 때로는 보다 빠르게, 때로는 매끄럽게 때로는 살짝 거칠게 진행되었고, 그녀는 그런 차이가 자신에게 "생기를 준다."고 말했다. 천공기 아래 철판을 밀어 넣어 구멍을 내는 작업을 14년간 매일 3만 4천 번씩 행하던 어느 남성 노동자는 "처음에는 그 작업이 피곤하였으나 갈수록 애정을 갖게 되었다."고 답했다.[29)]

뮌스터베르크는 하버드대학에서 심리학을 수강하는 남학생 400명에게 행한 단어 연상 실험 결과를 덧붙이면서 결론을 내린다. "반복적인 것에 대한 감각이 무딘 사람은 반복을 혐오하지만", 반복적인 것들 속에서 "섬세한 차이를 식별해내는 사람은 반복을 환영한다." 단조로움이 일관적으로 해로운 것이 아니라 개별 노동자가 단조로움을 어떻게 지각하느냐가 관건이라는 것이다. 공장 안에서 "작업을 직접 실행하는 사람만이 작업이 무한히 다양하다는 것을 느낀다. 작업 하나하나가 어떻게 서로 다른지 그는 느낀다." 결론은 자명하다. 그런 노동자, 단조로워 보이는 작업에서 차이를 지각하는 사람을 공장에 배치하라. 그리고 그 반복 작업에 방해가 되는 모든 것을 치워라.

뮌스터베르크를 오해하면 곤란하다. 그는 인간을 물리적 감각으로 환원하지 않았다. 그에게 중요했던 것은 인간의 '정신심리적psychic 힘'이었다. 물론 기업들에게 중요했던 것은 개별 노동자의 정신심리적 힘과 작동을 객관적으로 측정할 수 있다는 그의 주장이었다. 뮌스터베르크와 함께 완전히 새로운 시각이 등장했다. 기쁨의 생산에 인위적으로 개입할 수 있다는 것이 아닌가. 그로써 공장 노동의 20세기가 열렸다. 실험실에서 감정의 생산을 모색하는 감정사의 새로운 국면도 시작되었다.[30)] 1933년 1월 30일에 히틀러가 총리가 되고 석 달이 지난 1933년 5월 초 나치는 기존의 노동조합을 폭력적으로 제거하고 나치 '독일 노동전선'으로 재조직한 뒤 그 안에 '기쁨에 의한 힘'

이라는 기구를 설치한다. 나치 치하 독일 노동자들이 대규모로 참여
하던 것은 바로 그 기관이 조직하던 여가활동이었다.

.5.
일상의 나치즘, 그래서 역사란 무엇인가

독일인들은 나치 정권을 얼마나 지지했을까

나치즘을 전공하는 역사학자가 일반인들로부터 듣는 가장 흔한 질문
은 나치 치하 독일인들이 히틀러를 지지했냐는 것이다. 사실 그 문제
에 가장 궁금해한 사람은 다름 아니라 역사학자들 자신이었다. 히틀
러를 지지했냐는 질문에 대한 답은 쉽다. 압도적으로 지지했다. 그러
나 나치 정권을 지지했냐는 질문은 그와는 좀 다른 문제이고, 답하기
쉽지 않다. 히틀러가 총리에 임명되고 한 달여 만에 진행되었던, 나치
가 중앙과 프로이센 내무부를 장악한 까닭에 막대한 탈법적 관권선거
로 치러졌던 1933년 3월 5일의 제국의회 선거에서 나치당은 44.1퍼
센트를 득표하는 데 그쳤다. 그 후에도 선거는 계속 치러지지만, 3월

선거 이후 4개월 만에 나치당 이외의 모든 정당이 금지되거나 해산된 탓에 의회 선거는 나치당만이 입후보를 낸 가운데 치러졌다. 독재를 겪어본 사람은 그런 선거가 예외 없이 집권당의 압도적인 승리로 끝난다는 것을 안다. 나치 독일에서 치러진 제국의회 선거와 국민투표에서 투표율과 득표율이 92퍼센트에서 99퍼센트를 기록하였지만 이를 나치즘에 대한 지지로 해석할 수는 없는 노릇이다.

나치즘에 대한 지지 여부를 잴 수 있는 투표가 하나 더 있었다. 바이마르공화국이 수립되면서 개별 기업에 경영자를 견제하는 장치인 노동자위원회가 설립되었고, 그 위원회의 선거에 정당과 노동조합을 대표하는 사내 노동자들이 출마했다. 1933년 3월 제국의회 선거 한 달 반 뒤에 실시된 노동자위원회 선거에서 사민당 계열의 자유노조는 73.4퍼센트를 획득한 반면에 나치당 노동 조직인 나치 기업세포는 11.7퍼센트를 차지했다. 그 직후 나치는 노동조합들을 폭력적으로 제거하고 독일 노동전선으로 통합한다. 1934년에 나치는 노동자위원회를 신뢰위원회로 개칭하고 단일 리스트 선거로 전환했지만, 선거 결과가 너무 나빴다. 나치는 찬성률을 공표하지도 않았다.

1935년에 나치는 프랑스가 관리하던 자르 지역을 주민투표를 통하여 독일에 귀속시키고 베르사유조약으로 금지되었던 징병제를 재도입하는 등 외교적 승리를 거두었고, 그 기세를 몰아 신뢰위원회 선거에 대단한 노력을 기울였다. 노동전선은 찬성률이 84.7퍼센트라고 발표했지만 나치당조차 그 결과를 믿지 않았다. 당 내부 보고서에 따르면 고용 인원이 3천 명이 넘는 기업의 찬성률은 38.4퍼센트에 불과했다. 업종별로도 인쇄업, 운수업, 광산업, 공공교통 부문에서 50퍼센트를 넘지 못했고, 쾰른 지역에서도 찬성률은 업종에 따라 35퍼센트에서 60퍼센트 사이에 머물렀다. 그러자 1936년부터 나치는 신뢰위원회 선거를 유야무야 열지 않고 임명제로 전환한다.[1]

선거에서 나치즘에 대한 지지와 그 정도를 알아낼 수 없던 역사가들은 나치 독일에서 숱하게 생산되던 인민 동태 보고서를 분석했다. 그러나 게슈타포와 도시감독관과 망명 사민당이 수집한 보고서에도 나치 정권에 대한 국민들의 지지 여부는 명확히 드러나지 않는다. 독일인들 대다수가 히틀러의 외교적 성공에 열광하고 공황 극복을 긍정적으로 바라보았다는 점은 분명했지만, 일상에 대한 나치의 과도한 간섭과 억압, 특히 종교정책에 대하여 분노하는 사람이 적지 않았다. 물론 독일인들의 정치적 불만이 나치당과 국가가 체계적으로 구축한 '히틀러 신화'에 의하여 봉합되었다는 점 역시 드러났지만, 결론은 독일인들이 나치즘을 지지하면서도 구체적인 정책에 대해서는 반대했고, 반대하는 사람들도 외교정책과 고용정책에 대해서는 찬성했다는 것이다. 필자가 보기에도 독일인들이 '기능적'으로 나치체제에 통합되었지만 그들이 주관적으로도 겉으로 나타나는 것만큼 나치즘을 지지했는지는 모호하다.

나치즘에 대한 독일인들의 주관적 태도는 개개인의 일기를 조사해야만 드러날 수 있을 텐데, 비로소 최근에야 처음으로 개별 일기를 본격적으로 분석한 연구서가 출간되었다. 독일의 소장 역사가 야노쉬 슈토이버가 보훔대학에 제출한 박사학위 논문에서 그동안 독일의 여러 기록보관소가 수집해놓은 수기본 일기 140개를 분석한 것이다. 진정 흥미롭게도, 그 내용이 여론 보고서에서 도출한 결과물과 그리 큰 차이를 보이지 않는다. 일기에서 정치를 논한 부분에서 가장 자주 언급된 주제는 외교와 선거였고, 불만은 자유에 대한 억압과 종교정책에

모였다. 심지어 나치의 유대인 정책을 비판한 사람도 몇 명 있었다.[2]

슈토이버는 학문적 관심을 나치즘에 대한 독일인들의 지지 여부에 두지 않았다. 그는 지지자와 반대자 모두를 관통하던 개개인의 주체적 행위 능력과 그 양상을 재구성하고자 했다. 그의 분석에 나치당 당원과 돌격대 대원들의 일기가 여럿 등장하는 것은 그 때문이다. 또한 그래서 슈토이버는 지지자와 반대자를 계량화하지 않았다. 따라서 그의 연구에서 나치즘에 대한 지지 여부를 읽어내려는 시도는 그리 적절치 못하다. 그럼에도 불구하고 지지 여부를 엿볼 수는 있을 것 같다. 그가 분석한 내용들이 여론 보고서보다 한결 더 실체적이고 구체적이기 때문이다. 슈토이버가 제시한 인용문에서 우리가 나치즘에 대한 '정치적' 평가를 기록했다고 간주할 수 있는 사람은 선거연령인 20세 이하의 청소년과 나치당 당원과 돌격대 대원을 제외하면 모두 54명이다. 그중에서 의심할 바 없이 나치즘을 지지한 사람은 28명이고, 기본적으로 반대한 사람이 22명, 찬성과 반대를 도저히 판단할 수 없는 사람이 5명이다. 이는 슈토이버가 의도적으로 찬성자와 반대자를 섞은 탓이기는 한데, 반대자가 22명이나 되었다는 사실이 놀랍기는 하다.

그러나 결정적인 점은 나치즘에 대하여 아무런 비판을 가하지 않은 찬성자와 나치즘의 그 무엇도 긍정하지 않은 반대자는 극히 예외였다는 사실이다. 게다가 그보다 더 인상적이게도, 선거와 관련하여 슈토이버가 언급한 사람 23명 중에서 반대자는 10명이었는데, 그중에서 무려 7명이 선거에서 나치당에 찬성표를 던졌다. 이유는 간단했다. 자신이 나치즘에는 반대하지만 이는 자신이야말로 "진정한 독일인"이어서 그럴 뿐, 국내외적으로 독일이 분열되었다는 인상을 주어서는 안 되며, 그리고 기왕 정권을 잡은 만큼 나치가 제발 잘했으면 좋겠다는, 반대 속의 응원이 그들의 본심이었다.[3] 이는 나치 치하의 선거 결과가 나치 정권에 대한 독일인들의 전적인 동의를 드러낸 것이라고 주장하는 일부 역사가들을 머쓱하게 만드는 장면인데, 독일인들의 그러한 태도가 기능적으로 나치즘을 강화했으리라는 것 역시 충분히 짐작할 수 있는 일이다.

일부 역사가들은 나치즘에 대한 독일인들의 지지 문제를 뜻밖의 영역에서 풀고자 했다. 그들은 나치의 대표적인 테러 기구인 게슈타포 경찰관의 수가 1930년대 중반에 7천여 명에 불과했으며 일부 도시의 게슈타포가 벌인 수사의 무려 절반이 주민들의 밀고로 시작되었다는 사실을 발견했고, 이를 나치 지배가 국민의 자발적인 참여에 의해 작동한 것의 증거로 제시했다. 그러나 밀고의 절반이 거짓 밀고였다는 사실 역시 드러났고, 다른 지역에 대한 후속 연구들은 게슈타포에게 은밀히 전달된 고발 건수 자체가 그리 많지 않았으며, 게슈타포의 유급 정보원 역시 중요한 몫을 차지했다는 점을 밝혔다. 필자 또한 독일 에센시 게슈타포의 동성애자 수사를 직접 연구했는데, 수사의 30퍼센트만이 주민들의 밀고로 시작되었고, 그중 60퍼센트가 구애 상대나 그 가족의 밀고였다. 필자가 발견한 것은 뜻밖에도 동성애에 대한 독일인들의 무덤덤한 태도였다. 동성애가 나쁘다는 '대의'에서 고발한 경우는 동성애 수사파일 295개 중에서 단 2개였다. 나치가 게슈타포를 동원해서까지 동성애를 억압하려 한 가장 중요한 이유는 인종주의에 입각하여 독일인 인구를 증가시키는 것이었는데, 독일 경찰의 수장 힘러가 강박적으로 매달린 그 중요한 정책에 대하여 독일인들은 거의 관심을 기울이지 않았던 것이다.[4]

더욱이 밀고가 과연 나치즘에 대한 태도를 보여주는 지표인지도 의심스럽다. 나치 독일의 일상사는 한편으로는 나치가 독일인들의 사생활 안으로 침투하려는 시도의 역사이지만, 다른 한편으로는 위기에 빠진 고도 산업사회에서 나타나는 각자도생의 분투기이기도 하다. 게슈타포에게 전달된 거짓 밀고는 대부분 헤어진 애인에게 복수하거나 경쟁업체를 흠집내기 위해서였다. 이는 격심한 생존위기에 더하여 나치 독재 정권이 민주적이고 다원적인 소통 및 의사 결정을 삭제하자 밀고가 생존을 확보하거나 생활조건을 개선하는 유력한 수단이 되었기 때문이었다. 따라서 밀고를 공익에 대한 무관심으로 해석할 수도 있는 노릇이다. 슈토이버가 분석한 일기에서 게슈타포는 거의 언급되지 않는다. 오히려 밀고를 멀리한 사람이 몇몇 등장한다. 그들은 대화 상대가 히틀러에 대한 "광적인 증오심"을 표출하거나 유대인에 대한 나치의 폭력이 "모스크바와 다르지 않다."는 말을 해도 밀고하지 않았다. 그들은 다만 일기에서도 밀고될 가능성을 자주 걱정했다.[5]

필자가 보기에 나치 시대 독일인들의 일기에서 두드러지는 또 하나의 지점은 독일인들이 선거, 외교, 종교 이외의 주제에 대하여 별반 관심을 보이지 않았다는 사실이다. 나치는 일일이 열거하기 힘들 정도로 많은 정치 축제를 조직했다. 그러나 일기에서 정치 행사는 주로 나치 미디어가 대대적으로 선전하는 경우에만 언급되었다. 나치가 조직한 여타의 사회문화적 활동에 대한 언급도 적었다. 히틀러청소년단의 교육 캠프에 참석한 청소년들만이 그 경험을 열심히 기록했을 뿐이다. 성인들의 일기에 자주 언급된 유일한 활동은 스포츠였다. 그러나 그때마다 스포츠는 나치의 목표인 민족공동체 정신의 고양으로서가 아니라 자신의 신체적 능력에 대한 자부심으로 표출되었다. 이 책 7장에서 나치 노동전선이 펼친 여가활동의 내역을 서술할 테지만, 그 주제를 연구하는 역사가들이 가장 절망하는 이유는 그 많은 독일인들이 참여한 활동이 일기에 별로 언급되지 않기 때문이다. 슈토이버는 몇 개를 발견했다. 그러나 그 내용은 나치가 여행으로 추동하려 했던 '공동체 정신'이 여행의 불편한 일상에서 전혀 발휘되지 않았다거나 숙소의 음식이 나빴다는 불평이었다. 그처럼 일기에 나치가 조직한 사회문화적 활동이 언급되지 않은 것은 두 가지로만 설명할 수 있다. 당연했거나 무관심했거나. 노동전선의 여가활동에 관한 한 답은 명확하다. 독일인들은 무관심했다.[6]

메뚜기 떼처럼 일상을 뒤덮은 나치

무관심은 저항이 아니다. 그것은 지지하지 않는다는 의미조차 되지 못한다. 무덤덤함은 오히려 나치즘에 대한 독일인들의 태도가 지지와 반대로 이분법적으로 나뉘지 않았다는 것을 말해준다. 문제는 나치가 그 뜨뜻미지근한 상태를 못 견뎠다는 데 있었다. 나치는 독일인들의 삶을 문자 그대로 관통하고자 했기 때문이다. 그들은 끊임없이 그리고 끝도 없이 일상의 독일인들을 '동원'하려 했다. 1930년대 중반 나치당의 최하 말단 조직인 블록Blockwart이 20만 개, 나치 복지단체인 인민복지회의 블록 조직이 51만 개였다. 나치 노동전선의 블록 조직은 나치당의 2배나 되었다. 나치당 블록이 평균적으로 60~80개 가구를 책임졌으므로, 우리로 치면 아파트 한 동에 나치당 블록 대표가 한두 명, 노동전선 대표위원 두세 명, 인민복지회 위원이 서너 명 거주하고 있었던 것인데, 여기에 돌격대 대원 대여섯 명과 히틀러청소년단원 20~30명을 추가해야 한다. 그리고 노동전선은 거의 모든 기업에 노동전선 대표위원과 보좌위원을 10여 명씩 두었고, 웬만한 기업에는 사회복지, 노동환경, 산재 예방, 보건의료, 직업교육, 여가 활동, 스포츠, 청소년, 여성 문제 담당자를 임명해놓았다. 한 기업 노동자의 대략 10퍼센트가 노동전선 직책을 겸하고 있었다. 그 외에 나치는 거의 모든 직업에 나치당 조직을 설립했다. 그리고 그런 조직들 모두가 1주일에 두어 번씩 상담 시간을 열었다. 1938년이면 독일인의 3분의 2가 어느 것이든 나치 기구 하나에는 속해야 했다. 그저 적극적인 활동가인지 종이 회원인지가 달랐을 뿐이다.

그 조직들이 독일인들을 감시하기만 했던 것은 결코 아니다. 그들은 찾아오는 독일인들을 기꺼이 돕고자 했다. 슈토이버가 발견한 나치 지구당 베스트팔렌 교육부장의 일기에는 한 미혼모가 등장한다. 1935년 10월 그녀는 그를 찾아와서 대뜸 울음부터 터뜨렸다. 결혼을 약속한 남자 사이에 아이를 낳아 고아원에 맡겼는데, 다른 여자와 결혼한 그 남자가 돈을 주면서 아이를 데려가겠다고 한다. 교육부장은 보모를 주선해주겠다고 약속했다. 그 약속이 지켜졌는지는 확인되지 않는다. 또 다른 역사가가 베를린법원 기록물에서 발견한 사건에 따르면, 1937년 늦가을 베를린의 한 화학기업의 유부남 노동자는 휴가를 연기해달라는 회사의 거듭된 요청을 무시하고 가족 일을 핑계로 대면서 회사의 처녀 직원과 로맨스 여행을 다녀왔다. 그는 끝내 해고당했다. 그러자 그는 노동전선 베를린지부를 찾아갔고, 노동전선은 노동법원에서 그를 지원했다. 그러나 패소했다.[7]

일터 바깥의 일상에서 독일인들이 나치즘을 외면할 도리는 없었다. 국가 기념일에 갈고리십자가 깃발을 내걸지 않으면 이를 수상하게 여기는 사람들에게 자신은 그저 제1차 대전 이전 독일제국의 흑백적 깃발 게양으로 충분한 줄 알았다고 변명해야 했다. 나치 돌격대 입단 신청을 해놓고 술집에서 한껏 취하여 주인장에게 "또 봅시다!" 하고 나가면 "하일 히틀러!"를 빼놓았다는 이유로 사복 차림의 돌격대원들에게 살벌한 경고와 협박을 들었다. 선거일에 투표장에 가지 않으면 돌격대가 하루 세 차례나 몰려와 협박을 했고, 투표 시간이 지나고 어둑어둑해진 시간에는 끝내 이웃과 돌격대원들이 집 앞까지 몰려와서 "우우우~ 유대인의 노예, 유대인의 노예, 유다!"라고 고함을 질렀다. 공직과 준공직에 진출하거나 결혼융자금을 신청할 때, 그리고 군대에 입대할 때도 독일인들은 친가와 외가의 3~4대까지 거슬러 올라가는 혈통 증명서를 제출해야 했다.[8]

더욱이 나치 집권 이전에 즐겨하던 여가활동을 계속했을 뿐인데 자신이 어느덧 나치즘의 일부가 되는 경우는 흔하디흔했다. 바이마르 공화국이 설립한 평생교육원에서 교양 수업을 듣던 은퇴자이든, 자기가 다니던 회사 내의 스포츠협회에 가입하여 축구를 하던 남성 노동자이든, 그 회사에 조직된 합창단에 가입하여 노래를 부르던 여성 노동자이든 나치 집권 이후에도 그 활동을 계속하는 한 나치 노동전선의 일부가 되었다. 그 기관과 협회 모두를 노동전선이 장악했기 때문이다.

사실 나치가 그처럼 일상을 모조리 포획하려 한 것은 독일인들을 '교육'하려 했기 때문이었다. 나치즘에서 교육은 지식과 실천의 전달 및 주입이 아니라, 국민들이 나치 지도 이념을 주체적으로 실천함으로써 그 이념을 실체화하는 상호적 과정이었다. 효과는 없지 않았다. 인종주의 강연을 듣고는 자신이 독일인이라는 것에 더 큰 자부심을 느낀 사람이 한 두 사람이 아니었다. 그러나 그 자체로 교육이기도 했던 각종 행사에 대한 무관심은 그 효과가 나치가 원하는 만큼 강하지 않았다는 것을 보여준다. 그리고 뒤에 설명하겠지만, 그 미지근한 태도는 나치즘의 자기 이해와 어긋나는 문제였고, 지역 차원에서 조직과 활동을 책임지던 나치 활동가 개개인에게는 경력의 문제였다. 그래서 그들은 일반인들이 기꺼워하는 활동일수록 더욱 열심히 했고, 일상적 호응을 얻을 수 있는 활동을 새로이 개발하느라 부심했으며, 유대인과 여호와의 증인 같은 사회적 약자와 전과자나 강간범 같은 '부도덕한' 부류에 대한 억압은 더더욱 열심히 했다.

나치가 조직한 일상적 활동에 참여한 독일인들에 대하여 역사학자들이 던지는 질문은 심각하다. 평생교육원이나 축구단이나 합창단의 구체적인 활동 내용에서 달라진 것은 별로 없었다. 지역의 문화와 문인 및 기념비에 대한 강연을 듣고 역사문화 기행을 떠나는 것 외에 한두 번 인종 이론 강연을 듣고, 어쩌다 축구 시합 직전에 갈색 셔츠를 입고 나타난 나치의 인사말을 듣고, 슈베르트의 연가 외에 민요를 더 자주 부르거나 가끔씩 나치 당가를 부를 뿐이었다. 그러나 그런 활동 하나하나가 정치적 의미를 지녔다. 기업 스포츠 소속으로 높이뛰기를 하다가 1936년 베를린 올림픽에 출전하여 나치 독일을 빛낸 사람도 있었고, 평생교육원의 인종 이론 수업을 듣고는 자신의 유전형질에 대하여 고민한 사람도 있었다. 제2차 대전 개전 이후 노동전선이 펼친 활동은 더욱 극적이었다. 노동전선은 1941년에만 4천 명의 공연예술가를 고용하여 모두 18만 8천 번의 전방부대 위문 공연을 조직했다. 1943년에는 위문 공연에 참여할 일반인 아마추어 공연 희망자를 모집했다. 신청자가 많았다. 공연예술가로 데뷔할 기회였던 것이다.[9]

유의할 것은 소련 전선의 독일군 부대는 홀로코스트에서도 적지 않은 역할을 수행했다는 사실이다. 독일군 부대는 유대인의 퇴로를 차단하거나 유대인을 생포하여 친위경찰에게 넘기거나 학살 분대를 파견하거나 현장에서 직접 학살했다.

이 지점에서 역사가의 해석이 중요하다. 회사 축구단이나 합창단에서 활동한 노동자들은 축구와 노래를 좋아하다가 어느덧 나치 노동전선의 활동량과 활동 범위와 활동 내용을 크게 확대시켰는데, 그 활동의 끝은 홀로코스트였다. 그렇다면 그 노동자들은 홀로코스트에 책임이 있는가? 제2차 대전 중에 전방부대 공연에 기꺼이 참여한 아마추어 공연예술가는 학살에 공모했다고 말할 수 있을 것이다. 그러나 그렇지 않았던 노동자는? 최근 20여 년간 독일의 '진보적인' 역사가들은 그 노동자들에게도 책임이 있다고 주장한다. 평생교육원에서 설파되던 인종 이론 강좌, 회사 복도의 '아름답고 건강한 독일인의 몸과 추악하고 병든 유대인의 몸' 전시회, 기업가협회에서 유대인을 쫓아낸 것, 유대인 업체의 강매 등은 모두 끝내 제2차 대전 중에 발생한 홀로코스트로 모이기 때문이다. 그러나 그 이전 시기에 인종 강좌를 들은 것과 유대인 배제에 항의하지 않은 것이 과연 홀로코스트를 위한 공모의 증거일까? 전쟁이 발발한 뒤, 특히 동유럽 전선은 문제가 다르다. 그때는 친위경찰과 독일군의 학살이 상상을 초월할 정도로 전개되고 또 국내에도 알려지기 때문이다.

그러나 그 이전 시기 독일인들의 일상적 활동도 공모일까? 필자는 관계가 없다고 주장하는 것이 아니다. 전쟁 이전의 반유대주의가 없었다면 의당 홀로코스트도 없었다. 그러나 전자가 후자로 직결되었다고 말할 수는 없다. 배제와 학살은 같은 것이 아니다. 배제 없는 학살은 없지만, 학살 없는 배제는 많다. 문제는 배제가 학살로 귀결되는 경로를 밝히는 일이다. 게다가 독일인들은 유대인의 배제에만 항의하지 않았던 것이 아니다. 그들 대부분은 나치가 공산주의자들을 수용소에 가둔 것에 대해서도 감히 항의하지 못했고, 개별 기업에서 나치의 간섭 덕분에 특혜를 얻은 사람들이 여기저기 돌출하자 특혜의 범주 자체보다 해당 사람이 그 범주에 포함되어도 좋은지 다투었으며 또 그 특혜에 동승하고자 했다. 밀고는 이때 난무했다. 역사가가 그 '부당한' 태도를 비판적으로 바라보는 것은 정당하다. 그러나 그런 태도를 학살과 등치시킬 수는 없다.

물론 역사를 해명하는 데서 당대의 규범과 도덕의 해명은 필수적이다. 나치의 도덕을 살피는 것은 나치즘 연구에서 거를 수 없는 작업이다. 심지어 나치즘에서 도덕은 다른 체제보다 훨씬 더 중요했다. 나치에게는 민족이든 기업이든 여가활동 모임이든, 모든 조직이 곧 도덕공동체였다. 이해관계의 조직이 아니었다. 따라서 나치즘을 해명하는 데서 도덕은 중요한 '설명' 요소이다. 그리고 나치 도덕공동체의 핵심에는 배제가 있었다. 따라서 나치즘을 설명할 때, 예컨대 카이저 빌헬름 노동생리학 연구소를 연구할 때 역사가는 연구소 활동에서 어느덧 보편적 도덕이 기각되고 인종주의 도덕이 틈입되는 양상을 드러내야 한다. 그러나 그 연구소가 피로 회복 연구 프로젝트를 진행하였고, 그 작업도 한몫하여 독일 제약회사들이 각종 각성제를 개발했으며, 그 덕분에 제2차 대전 중에 독일군 병사들이 영국군이나 미군 병사보다 두세 배 많은 각성제를 복용할 수 있었다고 해서, 1930년대 중반에 그 연구소에 콜라와 카페인과 마리화나와 코카인을 공급한 기업에게도 학살에 대한 책임을 물어야 할까? 그 역사는 책임의 시각이 아니라 과학과 기업과 국가의 상호 작용 방식과 그 변화 및 결과로 보다 적절하게 설명될 수 있을 것이다.

일부 역사가들의 이상한 역사학

나치즘의 역사에 규범적으로 접근하여 공모관계를 캐묻는 작업은 지난 20여 년간 독일의 주류 역사학으로 부상했다. 그 대강만이라도 살펴보는 것은 지면과 필자의 역량을 감당할 수 없을 정도로 넘어서기에 여기서는 본서에서 검토하게 될 주제인 노동의 기쁨과 관련된 예만 점검하기로 한다.

알프 뤼트케Alf Lüdtke는 나치즘 연구에서 가장 빈번하게 인용되는 역사가이다. 1980년대 후반에 그는 독일어에서 '남들이 이해할 수 없을 정도로 이상한'이란 뜻을 지닌 'Eigensinn'이라는 단어를 흔히 전유appropriation라는 개념으로 지시되는 현상에 적용했다. 한국의 서양사 학자들이 '고집' 혹은 '아집'으로 번역한 그런 현상으로서 뤼트케가 제시한 예는, 어느 공장 노동자가 퇴근할 때 기계에 슬쩍 오줌을 누어서 이튿날 작업을 개시할 때 암모니아 냄새를 없애느라 야단법석을 피우도록 한 일이다. 그런 행동은 고단한 노동의 일상을 사는 노동자가 노동을 사보타주와 장난 사이에 위치시킨 생뚱맞은 행위이고, 이는 지배체제에 대한 노동자의 저항과 순응이 맞물려 있음을 보여준다는 것이다.[10]

최근에 뤼트케의 논문 여럿이 한국 학자들에 의해 편집되어 번역되었다. 그 속에는 독일 노동자들의 정체성과 유대인학살의 관련성을 논한 〈일하는 사람들. 일상의 삶과 독일 파시즘〉이라는 논문이 포함되어 있다. 그 글은 뤼트케가 1990년대 전반기에 수행한 연구에 다른 내용을 덧붙인 것으로서, 실체적인 내용은 간단하다. 독일 노동자들의 정체성은 '품질노동Qualitätsarbeit'에 있었고, 그 정체성이 제2차 대전에 동부전선에 배치된 노동자 출신 병사들의 '철저한' 학살 행위로 나타났다는 것이다. 그 논문의 문제점은 많다. 뤼트케가 그 글에서 증거로 제시한 노동자 출신 병사의 전선 편지는 모두 다섯 통이고, 편지 발신인은 겨우 세 명이다. 더욱이 품질노동과 학살의 관계를 직접 지시하는 증거는, 1942년 겨울에 노동자 출신 독일군 공군 병사 한 명이 바르샤바 상공을 비행하다가 북쪽 유대인 구역이 파괴된 것을 목격하고는 "아주 기뻤다. 그들은 정말이지 그 작업을 훌륭하게 해냈다."는 편지 구절 딱 하나뿐이다. 이론적으로도 노동이라는 경제 행위에 관철된 코드와 작동 규칙이 전쟁이라는 전투 행위에 작동하는 코드와 규칙으로 곧바로 전환된다고 할 수 없다.

정작 문제는 독일 노동자들의 가장 중요한 정체성이 과연 품질노동이라는 선도 개념으로 응축되었냐는 것이다. 뤼트케 스스로가 1991년에 발표한 논문 〈노동의 명예. 공업 노동자와 상징의 힘. 나치즘에서 상징적 지향의 벡터에 관하여〉에는 품질노동 외에 정의로운 임금, 노동에 대한 노동자의 감정적 일체화, 공장에 대한 노동자의 동일시, 작업 도구의 정신적 성격 등이 제시되어 있다.[11] 필자가 판단하기에 나치 노동 담론의 핵심은 노동의 공동체적 성격에 있었다. 나치는 노동자에 대한 대우가 인격적이고 임금이 정의롭되 노동자의 노동이 품질노동이어서 기업과 인민에게 기여할 때 노동은 공동체적이라고 주장했다. 다시 말해서 품질노동은 공동체적 노동이라는 담론의 한 의미 요소였던 것이다.*

더욱이 미국의 역사가 조앤 캠벨이 이미 1980년대의 연구에서 논증했듯이, 품질노동이라는 개념이 가장 자주 발화된 때는 제1차 대전 이전 시기였고, 그 맥락은 산업 기술과 미학을 결합하려던 모더니즘 예술운동이었다. 그들은 특히 산업디자인으로 구현될 '가치노동' 혹은 '품질노동'에서 공업 노동과 개인의 인격적 창조성이라는 반대 항이 만날 수 있다고 생각했다. 품질노동에 대한 논의는 바이마르 시기에 상당히 줄어들었다가 나치 집권 이후 노동전선 내부 기구인 노동의 아름다움에 참여한 일부 모더니스트 예술가들에 의해 유포되었다.

그러나 노동전선의 또 다른 기구인 노동과학연구소와 직업교육국은 품질노동을 별반 강조하지 않았다. 필자가 직접 확인한 한에서 말하자면, 노동전선 수장 로베르트 라이가 제2차 대전 발발 이전의 연

---

* 조앤 캠벨의 연구는 나치 독일에서 유력했던 개념은 품질노동이기보다 '독일적 노동'이었다는 점과 독일적 노동이 맥락에 따라 아주 다양하게 의미화되었다는 것을 보여준다. 1930년대 전반에 그것은 자본과 노동의 갈등을 해결하는 해법으로 제시되었고, 올림픽을 전후로 한 1930년대 중반에는 엉뚱하게도 국제 평화와 외교적 자유를 촉진하는 통로로 의미화되었다. 그 개념이 인종주의와 착종되기도 했고 그래서 돈만 보고 일하는 '유대인의 노동'과 차별적으로 의미화되었지만, 동시에 독일적 노동은 수행 능력이 낮은 독일인을 배제하는 논리로도 사용되었다. 일부 논자들은 독일들의 노동 능력이 '국내'의 지역적·인종적 특성에 따라 다르다고 주장하다가 모든 독일인을 동원해야 하는 전쟁 준비의 필요성에 직면하여 슬그머니 입을 다물기도 했다. Joan Campbell, *Joy in Work, German Work. The National Debate, 1800~1945*, Princeton, 1989, pp. pp. 312~336.

설에서 품질노동이라는 단어를 발화한 경우는 극히 드물었다. 품질노동은 1930년대 독일 노동자들보다는, 제2차 대전 패배와 홀로코스트로 인하여 그 어떤 문화적 가치도 자랑할 것이 없게 된 서독 국민들이 1950년대 중반부터 1970년대 초반까지 소위 라인강의 경제기적을 거치면서 정체성으로 삼은 것으로 보인다. 그 정체성은 지금도 여전해서 현재 '독일 품질노동' 전시회가 수시로 개최되고 있다. 1947년생인 뤼트케는 성장기에 귀에 따갑게 들었을 그 개념을 1930년대에 적용한 것이 아닌가 한다.

필자가 강조하고 싶은 것은, 같은 개념이라고 할지라도 역사적 맥락에 따라 상이한 의미와 실천을 낳는다는 점이다. 앞서 언급한 뤼트케의 논문 〈일하는 사람들. 일상의 삶과 독일 파시즘〉의 진짜 문제점은 바로 그 지점에 있다. 그 논문을 역사 연구로 간주하지 않고 문학작품과도 같은, 즉 저자가 특정한 의미를 생산하기 위하여 특정하게 조직한 텍스트로 읽으면 흥미로운 지점이 포착된다. 논문의 초입에서 뤼트케는 1930년대 나치 독일에서 유대인이 어떻게 '배제'되었는지 제시한다. 이어서 그는 시간을 1900년경으로 되돌려서 품질노동 담론에서 독일인 이외의 모든 사람이 '배제'되는 것을 발견한다. 이어서 시간과 장소를 다시 1942년 여름과 가을 및 동부전선으로 이동시킨 뒤 러시아인은 제대로 된 노동을 하지 못한다는 독일군 병사의 진술과 바르샤바 유대인 구역의 파괴를 평가한 공군 병사의 진술을 제시한다.

1930년대 중반 베를린 유대인의 일상, 1900년대 독일의 노동 담론, 1942년 여름 러시아의 어느 공장, 1942년 겨울의 폴란드 바르샤바로 시간과 공간을 뒤섞어가면서 각 장면의 역사적 맥락은 소거한 채 유일한 공통점으로 '배제'를 강조한 것이다. 그리고 그가 그 모든 내용을 절飾의 제목인 '품질노동: 생산과 파괴를 결합하는 방식'으로 개념화하자, 1942년 겨울의 유대인학살이 1930년대 중반의 베를린은 물론 1900년대의 노동 담론에도 적용된다. 텍스트에 언급된 사항들 전체가 구조적으로 유대인학살이라는 하나의 의미로 응결되는 것이다. 뤼트케의 주장은 널리 수용되었다. 그리하여 2014년에는 뤼트케의 학술활동에 대한 오마주로서 《나치즘에서의 노동》이라는 논문집이 출간되었고, 그 속에는 뤼트케와의 인터뷰와 뤼트케의 주장과 정합적이게 포함과 배제를 화두로 한 논문들도 몇 편 게재되었다.[12]

뤼트케가 선보인 서술 방식은 현재진행형이다. 이는 감정 연구에서도 작동하고 있다. 나치즘 연구의 논문 제목에 감정을 적시한 논문은 아주 적다. 뤼트케가 그 적은 연구자 중 한 명인데, 감정 이론을 참고함으로써 감정이 발휘하는 힘을 강조한 면모를 제외하고는 논지, 논증, 증거 제시, 의미 생산 방식이 위 논문과 별반 다르지 않다. 독일인들이 나치 국가를 "사랑"했다는 주장과 학살을 하면서 "기쁨"을 느꼈다는, 검증이 필요한 주장이 제시되었을 뿐이다.

뤼트케 이외에 나치 감정사 논문을 제출한 가장 명성이 높은 학자는 미국의 역사가 피터 프리체이다. 프리체는 1990년대 전반기에 바이마르공화국의 몰락을 필연적으로 여길 필요가 없다는 주장을 펼침으로써 바이마르 연구의 패러다임을 바꾸었고, 그 후에는 나치 인종주의가 독일인들의 개별적인 자아 성찰에 어떤 영향을 미쳤는지 대단히 흥미로운 저술도 출간한 바 있다. 2016년에 그는 〈제3제국에서 공감의 관리〉라는 제목의 논문을, 독일에서 기억 연구를 비로소 출발시킨 알라이다 아스만의 논문집 《공감과 그 한계》에 실었다.[13] 정말 솔직히, 필자는 프리체의 논문 제목만 보고도 내용을 짐작했다. 공감을 독일인에게 한정시키고 유대인을 공감 밖으로 배제했으며, 그것이 홀로코스트를 야기했다는 것이겠구나.

예상은 한 치도 어긋나지 않았다. 다소 충격적인 것은 의미 생산의 방식이었다. 논문은 나치 작가 에드빈 드빙거Edwin Erich Dwinger가 독일군이 폴란드를 정복하고 이어서 프랑스 침공을 눈앞에 둔 시점인 1940년 봄에 발표한 소설《폴란드에서의 죽음》으로 시작된다. 소설의 내용은 언뜻 홀로코스트를 뒤집은 것으로 보인다. 그 내용이 제2차 대전 발발 직후 가상적으로 승리한 폴란드의 군인과 민간인들이 서부 폴란드에 거주하고 있던 혈통 독일인들을 몰살시키는 장면이다. 프리체는 실제로 그 소설 내용에 맞대어 홀로코스트를 병렬시킨다. 그러자 1940년 봄에 독일인들이 이미 홀로코스트를 계획했다는 의미가 생산된다. 그러나 프리체는 그 전에 이미 왜곡을 범했다. 드빙거의 소설이 겨냥했던 것은 유대인이 아니었다. 폴란드 점령 이후 독일 외무부는 독일의 폴란드 침공을 방어전쟁으로 의미화하기 위하여, 전쟁 이전과 직후에 폴란드인들이 폴란드에 거주하고 있던 혈통 독일인들을 얼마나 어떻게 학대하고 학살했는지 맹렬하게 선전했고, 영화관 '주간뉴스'를 포함하여 독일 언론들 역시 똑같은 메시지를 숱하게 전파했다. 드빙거의 소설은 정확히 그 일부로서 작성된 것이다.

프리체는 드빙거 소설의 그 맥락을 도외시하고 소설 속의 폭력이 추후 홀로코스트의 많은 요소를 이미 포함하고 있다고 주장한다. 그럼으로써 그 소설을 폴란드 침공 이후 히틀러가 발동시킨 평화 공세의 일부로서가 아니라 홀로코스트의 일부로 제시한다. 그리고 드빙거 소설 속의 폴란드인들이 독일인들을 공감의 범주에서 "배제"했다고 강조한다. 이어서 시점을 1933년 4월 나치의 유대인 상점 보이콧으로 이동시킨 뒤 한 모녀의 대화를 소개한다. 네덜란드에 거주하는 딸이 보이콧을 비난하자, 3월 5일 선거 결과에 한껏 고무된 엄마가 나치의 선거 승리를 세계사적 승리라고 "공감"을 표현하면서 동시에 유대인을 공감의 범주에서 "배제"시켰다는 것이다. 그러자 1933년 4월의 엄마가 1940년 드빙거의 소설, 그리고 1941년 가을에 본격화된 홀로코스트의 공모자로 의미화된다. 이는 프리체가 1933년, 1939년, 1941년의 맥락들을 삭제했기에 가능한 해석이다. 그러나 역사학은 맥락의 학문이다. 오로지 그것만이 역사학의 고유성이다.

근자에 영국의 저명한 독일사 연구자 리처드 에반스는 나치즘 연구의 그 흐름을 "사회적 자유주의" 역사학자들이 현재의 독일인들에게 "집단 죄의식"을 각인시킴으로써 독일로 하여금 나치와 달리 국내외적으로 긍정적인 역할을 수행하도록 이끌기 위해서라고 진단했다.[14] 그러나 필자의 판단으로는, 그 동기는 그 진보적인 역사학자들에게 후순위였던 것 같다. 그 역사가들이 보기에는 홀로코스트에 대한 독일 사회의 반성이 1980년대 와서야 비로소 진행된 데는 역사학의 책임도 컸다. 종전 직후의 정치사는 주로 나치 정치 권력의 작동에, 1970년대 이후의 사회사는 사회의 작동과 변화에 집중하다 보니 제2차 대전 이후 독일인들이 나치의 가공할 만한 민족적 범죄를 '개인적으로' 대면하지 못하도록 했다는 것이다. 그 역사학자들은 이제라도 독일인들이 나치 범죄를 개인적으로 대면하기 위한 역사학을 추구한 것이다.

필자가 보기에 그 역사학자들이 1960~70년대 신좌파의 인지 및 지식체계를 고스란히 수용하거나 아니면 그것에 의해 사회화된 것도 중요한 요인인 것 같다. 서독의 감정문화를 논하는 이 책 8장에서 다시 언급하겠지만, 신좌파는 개인과 권력을 사회적 체계의 매개 없이 '직접' 결합시켰다. 그런 인지체계에 입각하면 국가권력의 학살에 대한 책임은 '개개인'이 직접 져야 한다. 또한 1960~70년에 이루어진 감정 레짐의 변화도 홀로코스트 연구와 수용에 지대한 영향을 미친 것으로 보인다. 1960년대 말 서독에서 감정 경험과 감정 표현의 직접성을 강조하는 감정 레짐이 나타났고, 그 경향이 1980년대에 홀로코스트 연구로 번졌으며, 1990년대에는 독자들이 참혹한 학살을 감성적으로 느낄 수 있도록 형상화하는 경향이 독일 공중 전체를 사로잡았다.

이것이 똑같은 1960년대 홀로코스트 재판기록을 사료로 하여 연구한 미국의 역사학자 골드하겐과 브라우닝의 연구 중에서 후자의 연구가 학술적으로는 훨씬 우수함에도 불구하고 1990년대 독일 공중이 골드하겐의 연구에 열광한 이유일 것이다. 필자가 보기에 골드하겐의 연구는 나치 친위경찰의 피어린 학살 장면을 감성적으로 재현한 것 외에 별다른 장점이 없다.[15] 물론 감정은 섬세하기보다 이분법적이고 또한 도덕적이다. 따라서 나치즘 연구가 이분법적으로 진행된 것은 논리적이라고 할 것이다. 그러나 어떤 인지체계와 감정 레짐에 입각하든 역사학의 기본은 지켜야 한다. 역사 연구의 규칙을 지키고 있는가. 시대를 고유하게 설명하고 있는가. 한 시대와 다음 시대의 연결을 적절히 설정하고 있는가.

해법은 근대 역사학의 근본 원칙에 유의하는 것이다. 역사학자가 검사이자 판사가 되어 과거 역사를 기소하고 판결하는 역사학은 실상 전근대 모든 문명에서 생산된 역사 서술의 보편적 특징이다. 그때 그들은 그렇게 역사에서 선한 교훈을 배우고자 했다. 18세기 중반에서

19세기 전반에 이르는 시기에 독일에서 비로소 분과 학문으로 확립된 근대 역사학은 역사를 교훈이 아닌 '과정'으로 바라보았다. 여기서 과정은 두 가지를 의미한다. 첫째는 역사는 진행이되 특정한 방향이 있다는 발상이다. 방향이란 목적지를 함축하기에 그런 역사학은 목적론적 역사학이고, 그 목적이 흔히 역사학자의 마음속에 이미 확립되어 있기에 그런 역사학은 현재주의 역사학이다.

현재주의 역사학은 과거의 고유성을 삭제하고 과거를 현재와 등치시킨다. 그리하여 역사는 교훈론으로 되돌아가거나 세칭 '역사전쟁'이 되어버린다. 최근 10여 년간 독일에서 열광적으로 추진되고 있는 나치즘 연구 프로그램, 즉 나치즘을 '민족공동체' 중심으로 해석하려는 기획에도 목적론적 위험성이 내재된 것으로 보인다. 독일의 역사학자 미하엘 빌트는 선배 역사가들이 1970년대부터 강조했던 나치의 '민족공동체' 수사를 공허한 선전이 아니라 진지한 기획으로 간주하자고 제안했다. 연구 입론 자체는 신선하고 합당하다. 민족공동체는 나치가 벌인 다종다양한 노력의 선도 이념이었기에 나치즘 전체를 총괄적으로 해석하는 데 적합하다. 뿐만 아니라 나치가 벌이던 미시적이고 구체적인 사업을 해석하는 데도 유용하다. 나치는 기업활동은 물론, 줄을 맞춰 체조를 하는 신체 단련, 함께 노래 부르는 합창, 여럿이 동행하는 패키지 여행, 빈민 돕기 기부 캠페인 모두를 민족공동체적인 노력으로 의미화했다.

문제는 그 모두를 꿰뚫는 것으로 미하엘 빌트가 제시한 해석 틀이다. 그는 연구 기획을 밝히는 2009년의 글에서 나치 민족공동체가 독일인들을 "동원"하는 강력한 통로였기에, 그 기획을 통하여 동원의 양상은 물론 독일인들이 "나치 정권에 합류하고 혼연일체가 되는 양식"도 드러날 것이며, 더 나아가서 나치의 요구에 대한 독일인들의 "동의와 방어, 동행과 거부, 참여와 외면"도 포착할 수 있을 것이라고 썼다.[16] 동의가 여전히 핵심 문제인 것이다. 빌트의 발제에 '무관심'이 빠져 있기에 그것이 이분법적 발상은 아닌지 의심이 가거니와, 무관심을 포함하여 인민의 지지 여부는 실상 현재의 우리가 궁금해서라기보다 나치즘을 그 시대의 지평에서 해석하는 데서 무척 중요하다. 나치는 통상적인 경우처럼 정부를 인민의 지지를 받는 권력으로 이해하지 않았다. 나치에게 정부는 인민과 동일체가 되어야 했다. 나치가 투표율 제고에 그토록 극성이었던 것, 나치가 그렇게나 많은 동원활동을 펼친 것은 정부·인민 동일체를 구축해야만 나치 정부가 정부다운 정부가 될 수 있다고 믿었기 때문이었다. 따라서 나치 독일의 현실에서 동원의 성과가 신통치 않자, 특히 1936년 이후에 정치 행사의 인기가 추락하고 정치 행사를 소음과 방해물로 여기는 사람이 늘어나자, 그럴수록 나치에게는 동원이 절실해졌다. 요컨대 인민의 지지 여부는 앞서 설명한 도덕과 마찬가지로 나치즘 '설명'의 한 중요한 요소인 것이다.

나치의 여론 독점, 미래 계획, 독일 대학의 몰락

유의할 것은 나치즘에 대한 지지 문제를 설명할 때 반드시 나치의 여론 독점이 전제되어야 한다는 점이다. 앞서 서술했듯이, 독일인들은 나치 미디어가 대대적으로 선전을 해야 일기에서 반응했다. 문제는 나치가 공적 여론을 독점하자 사회문화적 소통이 나치즘 틀 내에서 작동하게 되었다는 데 있었다. 다원적 의사 형성 과정이 제거되자 인민의 여론도 나치즘에 부합하게 진행된 것이다. 슈토이버가 발굴한 일기를 보면 나치에 반대하는 사람들조차 나치가 공급한 프레임으로부터 자유롭지 못했다는 것을 알 수 있다. 자신은 "진정한 독일 애국자"이기에 나치에 반대한다고 선언한 사람들도 자신의 인종과 몸에 대하여 고민했다. 나치의 언어에 공명한 것이다. 간혹 그런 고민을 떨쳐낸 사람들은 공적 여론이 나치에게 독점되었던 탓에 자기 바깥으로 나갈 수 없었다. 나치에 대한 반대가 주로 가톨릭교회나 개신교 고백교회 인근에서 나왔다는 사실은 나치의 여론 독점이 독일인 개개인을 얼마나 강력하게 규정했는지 역설적으로 보여준다.

그러자 묘한 상황이 벌어진다. 나치가 인민의 지지 여부를 묻고자 하면 일부의 일탈을 제외하고는 인민에게서 나치 자신의 모습만이 보인다. 혼자 있는 세계에서 거울 속의 자기 얼굴을 보면서 바깥세상을 알고자 했던 셈이다. 그렇게 되면 '논리적으로' 현실은 자아의 확인에 불과하게 되고, 현실감각의 소실과 자기기만이 나타난다. 자신의 의지가 물리적인 객관적 한계에 부딪쳐 실현되지 않으면 의지력이 부족한 탓으로 여기게 마련이고, 의지의 실현은 미래로 이동한다. 그리하여 미래는 자기예언적 실천이 된다.

집권 후 나치에게 몰려간 젊은 전문가들이 부지런하게 미래 계획을 짜낸 것도 그 때문으로 해석할 수 있다. 그들은 유럽 정복 이후 '독일이 착취하는' 유럽 경제공동체를 입안하는 동시에 그와 결이 완전히 다른, 해외 식민지를 되찾되 세계 '자유무역' 질서를 수립할 계획을 제출했고, 기업과 공공건물 일부에서 모더니즘 건축양식이 구현되던 시기에 독일 도시를 고전주의 대리석 건물로 뒤덮을 계획을 세웠다.

이탈리아의 대리석 모두를 동원해도 모자랄 규모였다. 물론 그 도시들은 아우토반과 고속전철로 하이퍼모던하게 연결시킬 작정이었다.

또한 나치는 유지乳脂가 부족하여 단백질만으로 만든 크바크Quark를 버터와 마가린 대신 먹자고 설득하고, 과일이 모자라 "그대가 독일인이라면 환자와 어린이를 위하여 과일을 포기하라"는 캠페인을 벌이며, 초등학교 1, 2학년 교실에서는 노트를 없애고 칠판만으로 수업을 진행하도록 했으면서도, 같은 시기에 미국 부럽지 않게 인민 모두가 승용차를 소유할 수 있도록 폴크스바겐 자동차회사를 만든다면서 '폴크스바겐(국민차) 예금'을 도입하여 34만 명이 착실히 적금을 붓도록 했고, 1945년까지 그들 중 단 한 사람도 폴크스바겐을 소유하지 못했음에도 불구하고 폴크스바겐보다 더 큰 '국민트랙터' 공장을 세우고 '국민냉장고'와 '국민텔레비전'을 공급할 계획을 세웠다. 나치당 산하 기구인 노동전선은 정부가 대규모로 공급할 주택 외에 '(노동전선) 국민주택' 60만 채를 짓겠다고 요란하게 광고했다. 그래서 한 역사가는 나치의 소비정책을 시간성이 기입된, '가까운 미래'에 실현될 '버추얼 소비(정책)'으로 정리한다. 나치에게 인간사의 모든 모순이 제거된 아름다운 미래는 단순한 현혹이 아니라 자기확신이었지만, 실제로 그것은 자기기만이다.[17]

이는 여론, 즉 소통이 독점된 탓인데, 그렇게 되면 소통의 역할이 일그러진다. 기능주의 사회학을 참조하면, 근대 사회는 분업과 분화로 작동한다. 사회를 구성하는 경제와 기업, 종교와 교회, 문학과 예술, 학문과 대학, 스포츠와 체육, 이웃과 지역과 도시와 지방 등은 고유한 제도와 가치와 코드와 프로그램을 구축한 채 소통하면서 사회에 제기된 문제 혹은 과제를 작업하고, 그 작업이 과부하되면 새로운 영역이 고유한 총체로 분화되며, 그 전 과정을 통하여 사회와 개인의 역량이 강화된다. 그 과정은 다름 아닌 소통을 통하여 작동하는 바, 나치가 그것을 왜곡한 것이다. 더욱이 나치는 교회를 제외하고는 적어도 형식적으로는 사회적 삶의 모든 영역을 국가 안으로 흡수했다. 전체주의 체제였기 때문이다.[18)

다른 한편으로 나치가 대면한 문제들, 즉 제1차 대전 이후 독일 사회에 제기되어 나치 정권에서도 지속된 과제들은 새롭고 많고 심각했다. 노동과 자본의 대립 및 노동의 소외, 지역적·종교적 대립, 정치와 관료제의 갈등, 대도시의 주택 부족, 대도시 인프라의 정비와 확대 등의 익숙한 문제 외에 비행기와 자동차와 인조직물·인조고무·인조석유라는 새로운 투자처, 테일러포디즘이라는 새로운 경영 방식, 성 해방과 인구 정체, 대중문화의 본격화, 가전제품의 다양화에 따른 합리적 가계관리, 도시화에 저항하는 '향토' 운동, 생태주의 의식의 강화와 동물권에 대한 요구, 의족과 의수의 개발로 촉발된 인간·기계의 정의定義, 그와 연동되어 있던 인간 생리에 대한 과학적 연구의 심화, 신건축과 가구와 인테리어를 통하여 인간 정신을 미학화하고 도덕화하려는 시도 등등, 일찍이 독일의 역사학자 포이케르트Detlev Peukert가 '고전적 모더니즘의 위기 상황'이라고 개념화했던 문제들이 지속되거나 새로이 제기되었던 것이다.

나치는 그 모더니즘의 일부인 동시에 그 모든 문제에 제대로 준비가 되어 있지 않은 '운동'이었다. 그래서 나치는 넓디넓게 문을 열었고, 대공황의 여파로 자리를 얻지 못하던 젊은 전문가들이 몰려갔던 것이며, 나치는 그들에게 어떤 실험이든 허락했다. 그래서 그들이 그리도 많은 미래 계획을 생산했던 것이다. 더욱이 나치 전체주의는 소비에트 체제와 무척 달랐다. 삶의 영역이 모두 직간접으로 나치와 연결되었지만, 나치가 손대지 않는 범위 역시 광범했다. 경제적으로, 나치는 나치 구舊 투사를 채용하도록 하고 회사에 여러 개의 나치 조직을 설치하고 또 사내 여가활동을 장악했지만 정작 경영과 사내 복지기구에는 '직접' 개입할 수 없었다. 문화적으로도, 예컨대 1940년에 관영 극장이 220개였지만 민영 극장도 120개나 되었다. 사생활과 관련해서도, 편지에서 나치를 비판한 사람은 정부 험담 금지법에 따라 유죄판결을 받았지만, 일기에서 비판한 사람은 그 내용이 공개용이 아니라는 이유로 무죄판결을 받았다. 다만 그런 사람은 무죄판결에도 불구하고 외톨이가 되었다. 사람들이 그 위험한 사람 근처에 가지 않으려 했던 것이다.

나치다움 역시 엄밀하지도 엄격하지도 않았다. 외적인 충성심의 표현을 강요하는 것 외에 나치는 개성, 공동체, 의무, 봉사, 신뢰, 충성과 같이 근대 이래 언제나 강조되던 가치를 재차 부각시키고, 이에 인종, 독일적 사회주의, 지도자 원칙, 행동Aktion과 같은 나치 특유의 운동 개념을 더했으며, 그 사이사이에 향토, 흙, 몸, 체험, 열정, 정신, 자아 팽창, 자부심 등을 심었다. 많은 독일인이 나치화된 중요한 요인이 바로 그것이었다. 비정상 속의 정상이었던 것이다. 그리하여 예컨대 강장제와 디카페인 커피는 인종과 몸과 열정과 자신감을 구현하는 것이었고, 그래서 티투스 펄스 강장제와 오늘날에도 익숙한 카페 하그가 높디높은 영업실적을 기록했다. 또한 그리하여 한편으로는 나치가 남의 활동을 가져다가 자신의 언어로 포장하여 전유하는 일이 비일비재했고, 역으로 독일인들이 나치 어법에 한 발짝만 들여놓으면 자신의 일을 나치즘으로 쉽게 포장할 수 있었다. 정작 그것이야말로 나치화의 본색이었다. 나치 언어를 쓰고 나치 옷을 입고 "하일 히틀러"라고 인사하는 것이 나치 독일에서의 '정치적 정확성'이었기 때문이다. 그 넓고도 얇은 사회성이 나치의 여론 독점과 만나자, 나치인 듯하면서도 나치가 아니고, 나치가 아닌 듯하면서도 나치인 현상이 만연하였던 것이다. 나치즘이란 실상 그 각양각색의 힘들과 작동들이 함께 구성한 권력이었던 것이고, 그 방향이 파괴로 잡혔던 것이다.[19]

체계의 차원으로 돌아가자면, 나치 독일에서도 사회적 분업과 기능 분화는 멈추지 않았던 것인데 그러나 문제가 심각했다. 사회의 각 분야 조직들이 나치체제 내부로 이전되어 나치의 정치적 의지에 노출되는 동시에 그들 간의 소통이 나치의 개념으로 진행되다 보니 사회적 의제 설정과 그에 따른 자원 배분이 왜곡되었다. 필자의 직업 세계이기도 한 대학의 예를 조금은 자세히 살펴보자. 법과대학 졸업생들이 진출하던 사법과 일반 행정이 나치 지배체제에서 경찰에게 압도되자, 독일 대학생 중에서 법대생의 비율이 1933년의 16.4퍼센트에서 1939년까지 8퍼센트, 1943년까지는 6.7퍼센트로 급락했다. 또한 교회에 대한 나치의 적대감으로 인하여 개신교 신학생의 비율이 1933년부터 1939년까지 7.6퍼센트에서 0.6퍼센트로 감소하여 사실상 없어졌다. 그 와중에 가톨릭 신학생만은 굳건하게 5.2퍼센트를 기록했다. 인문학 전공 학생은 19퍼센트에서 11퍼센트로 감소했다. 나름대로 자리를 지킨 것인데, 이는 나치가 인종주의 철학과 선사시대 및 전쟁사와 민속학을 강조한 덕분이었다.

그와 달리 의대생은 29.2퍼센트에서 42.9퍼센트로 증가했고, 1943년에는 무려 71.9퍼센트에 달했다. 그러나 치과 대학생은 겨우 2.5퍼센트에 불과했다. 당시 독일 대학 총장의 59퍼센트가 의대 교수였다.

의과대학이 압도적으로 선호된 것은 소위 인종위생학에 대한 나치의 관심 때문이었다. 의사들이 히틀러 및 나치당 고위직과 매우 가까웠던 것도 중요한 역할을 했다. 혹시 그것은 전쟁 준비의 일환, 즉 노동 강도를 의학적으로 관리해야 할 필요성과 군의관의 폭증 가능성이라는 합리적 고려 때문이 아니었을까? 그러나 위 통계가 비율이라는 점에 유의해야 한다. 나치 집권 이후 1939년까지 전체 대학생 수가 10만 1천 명에서 4만 1천 명으로 60퍼센트 남짓 감소했다. 의대생 역시 2만 4천여 명에서 1만 6천여 명으로 감소했다. 그렇다고 해서 종합대학 외부에 별도로 설치되어 있던 공과대학 학생 수가 증가했던 것도 아니다. 그 수는 1933년의 2만여 명으로부터 1939년까지 9천 5백여 명으로 감소한다. 아무리 봐도 이것은 비정상이다.[20]

나치 치하에서 대학생 수가 급감한 것은 나치의 반지성주의와 정치적 의지 때문이었다. 나치는 대학 입학의 통로였던 인문중등학교의 수를 줄인데다가 각종 조건을 붙여 대학 입학을 어렵게 만들었고, 대학 입학을 허가받은 학생도 입학 전 6개월 동안 제국노동봉사단 캠프에서 노동하고 몸을 단련하도록 했다. 입학한 뒤에도 그들은 대부분 나치 돌격대에 입단하여 학기 중에 또다시 노동과 체육을 해야 했다. 나치는 또한 일시적이나마 여대생의 비율을 10퍼센트로 고정시켰고, 여성 교사의 비율을 남성의 4분의 1로 조절하는 동시에 법조계 진출을 금지하고 의료계 취업에 제한을 두었다. 그러자 여대생이 기존의 3분의 1로 감소했다. 그러나 전쟁 중에 남학생의 비율이 크게 감소한 상태에서 사무직과 전문직 인력의 필요성이 증가하자 나치는 서둘러 여대생의 비율을 증가시켰다. 그리하여 1943~44년에는 여학생이 전체 대학생의 61.3퍼센트를 차지했다. 대학과 학문의 저 왜곡 과정을 미하엘 빌트가 적시한 나치즘에 대한 '동원과 동의와 방어'가 얼마나 해명해줄 수 있을까. 학문의 내용이 실체적으로 변했던 것도 아니다. 총장을 대학 지도자로 칭하고, 보직자 회의와 총학생회 회의에서 민족공동체를 외치고, 돌격대 학생들이 거슬리는 교수의 수업에서 야유를 하는 가운데서도, 그리고 일부 젊은 학자들이 학살을 학문적으로 뒷받침했지만, 다수의 분과 학문들은 자기 학문 고유의 코드와 프로그램에 따라 연구하고 강의했다. 그들이 정치적·도덕적으로 훌륭했기 때문이 아니다. 체계란 그렇게 작동하는 것일 뿐이다. 나치는 그들을 놔두는 대신 그들 외부에 독자적인 기관을 만들어 젊은 협력자들에게 문을 열어주었다. 그러자 경쟁이 벌어지고 또 그 과정이 나치 언어로 관통되자 체제 전체가 과격화되는 동시에 왜곡되어간 것이다. 강조하건대, 나치 인종주의 이데올로기가 중요치 않았다거나 독일인들 사이에 별로 받아들여지지 않았다는 뜻이 아니다. 나치 이데올로기는 결정적 변수였으되 전시경제, 국제정치적 맥락, 인민의 여론, 개별 체계의 고유성 등 다른 변수들과 맞물려서 갈수록 국가적 합리성을 무너뜨리고 피아 모두의 파괴로 귀결되었다는 것이다.

학살

이 자리에서 길게 논할 수는 없지만, 문제는 위에서 제시한 체계의 작동만으로는 나치가 자행한 홀로코스트와 여타의 반인륜 범죄가 충분히 설명될 수 없다는 데 있다. 제2차 대전에서 독일은 벨라루스 인과 우크라이나 인을 포함하여 소련 민간인 2천만 명, 소련군 전쟁포로

300만 명, 폴란드 민간인 300만 명, 유대인 600만 명을 학살했다. 독일의 민간인들은 그 끔찍한 학살이 독일에서 멀리 떨어진 동유럽에서 벌어졌다고 변명하려 할지 모른다. 전쟁 동안 독일에 투입된 외국인 강제노동자는 800만 명이었다. 그들 중에서 노동하다가 사망한 동유럽 민간인 노동자 30만 명, 강제노동에 투입되어 사망한 소련군 포로 100만 명, 노동으로 죽은 유대인 30만 명, 강제노동에 투입되어 사망한 수용소 재소자 수십만 명, 독일과 동유럽을 오가는 와중에 사망한 수십만 명, 도합 240만 명이 죽었다. 독일인들은 외국인 강제노동자들의 그 많은 죽음을 방관했던 것이다. 더욱이 노동으로 학살당한 강제노동자의 압도적인 다수가 동유럽 슬라브 인이었다는 사실은 독일인들의 무심함이 그들의 인종주의 탓이었다는 점을 말해준다.

그러나 학살을 독일인들의 인종주의 탓으로만 돌리면, 덴마크를 제외하고는 그 어느 나라에서도 나치의 학살에 대한 본격적인 저항과 유대인 구조 작업이 전개되지 않았다는 사실을 설명할 수 없게 된다. 학살의 가장 중요한 조건이 나치의 독재적 강제력이었다는 점 역시 받아들여야 하는 것이다. 그러나 나치는 독일의 인민이 소리 높여 반대하면 심지어 이미 돌입한 학살 작전조차 취소했다. 1943년 3월 초 베를린 나치는 독일인 아내와 결혼한 덕분에 강제이송에서 면제되었던 유대인 남편 2천여 명을 체포하여 아우슈비츠 수용소로 이송하려 했다. 그 찰나에 독일인 아내들이 즉흥적으로 시위에 나서자 베를린 나치 지구당위원장 괴벨스는 학살 계획을 아예 취소해버렸다. 독재자에게 가장 무서운 것은 언제나 인민의 여론인 법, 독일인들이 항의했더라면 홀로코스트는 무척 다른 모습으로 전개되었을 것이다.

따라서 독일인들의 지지, 동의, 용인, 무관심, 침묵이 학살의 필수

조건이었음은 분명하다. 따라서 인종주의가 독일인들 사이에 광범하게 확산되어 있었다는 확인은 학살에 대한 모든 설명에 전제되어야 한다. 그러나 역사학은 여기서 멈추면 안 된다. 앞서 강조했듯이, '배제'로부터 '학살'로 넘어가는 경로를 밝혀야 한다. 그래야만 나치의 범죄가 일상적 배제와 어떻게 달랐는지 드러낼 수 있다. 특히 학살에 대한 일반 독일인들의 외면과 침묵을 그저 성토하지만 말고 설명해야 한다. 필자가 최근에 주목한 설명은 나치즘을 전공하는 호주 출신의 영국 역사가 니콜라스 스타가르트의 것이다. 그는 나치 독일에서 괴벨스에게 부역했었고 전후 서독의 여론조사 방법론을 지배했던 뇔레-노이만Elisabeth Noelle-Neumann의 '침묵의 나선형' 개념을 이용한다. 내용은 간단하지만 그 중심에 사회적 소통이 자리한다. 특정 주제에 대하여 소수자적 견해를 가진 사람이 '사생활'에서 다수의 다른 의견에 직면하면 사회적 고립과 처벌에 대한 두려움 때문에 입을 다물게 되고, 침묵은 다수의 의견을 강화하며, 그 영향이 나선형적으로 강화되어 소수자가 갈수록 줄어들고, 끝내 다수 의견이 '도덕적 지위'를 갖는다.

나치의 여론 독점과 강제력 때문에 당시 독일에서 나치의 견해가 곧 다수의 견해였음은 말할 나위도 없다. 여기서 역사학자의 과제는 다수의 견해가 소수에게 침묵을 부과하는 구체적인 예들을 제시하는 것일 터인데, 필자가 보기에 스타가르트는 이 작업에서 얼마간 성공했다. 그는 출신 성분과 개인적 신념과 나치와의 관계가 다종다양했던 여러 사람의 자아 문서를 통하여 그들이 나치에 대한 동의와 침묵과 무관심에 이르는 양상을 보여주었다.

딱 한 사람의 예만 보자. 서부 독일 졸링겐의 김나지움 교사 아우구스트 퇴퍼빈August Töpperwien은 언어학 박사를 취득한 지식인이자 독실한 개신교도요 보수적인 민족주의자였다. 그는 고백교회 인근에서 발행되는 저널을 받아볼 만큼 나치에 비판적이었다. 특히 아리아 인종주의를 내세우던 나치 '게르만기독교'를 역겨워했다. 1941년 말에 대위 계급장을 달고 동부전선에 투입된 이후 그는 이전과 마찬가지로 줄곧 일기를 썼다. 그 일기는 이 책 3장에서 엿본 경건주의 일기의 전통 속에 있어서, 그 자체로 도덕적 양심을 성찰하는 장場이었다. 퇴퍼빈은 수시로 과거의 일기로 돌아가 성찰하면서 촌평을 덧붙이기도 했다.[21]

성찰의 모습이 놀랍다. 전쟁 내내 퇴퍼빈은 전쟁의 목적과 수단의 불일치, 메시아적인 히틀러와 악마적인 히틀러의 간극, 정당한 전투와 부당한 학살의 모순을 성찰한다. 1939년 12월과 1940년 5월에 퇴퍼빈은 일기에 "폴란드 유대인에 대한 학살 소문"을 기록한다. 그의 일기가 성찰의 장이었기에, 학살의 기록은 단순한 사실의 채록이 아니라 도덕적 성찰이다. 1942년 5월 그는 급기야 벨라루스에서 자신이 목격한 유대인학살을 기록한다. "우리 마을에서 유대인 300명이 사살되었다. 성별 무관, 나이 무관. 그들은 옷이 벗겨지고……뒷머리 총격으로 피살되었다. 유대인 묘지의 시체 구덩이들." 진정 놀랍게도 그 후 무려 17개월 동안 퇴퍼빈은 유대인학살을 언급하지 않는다! 그러다가 1943년 11월 중순 그는 돌연히 쓴다. "우리는 비단 우리에게 대항하여 싸우는 유대인만 파괴하고 있는 것이 아니다. 우리는 유대 민족 그 자체를 절멸하려 한다." 그가 17개월 만에 갑자기 양심의 고통을 느낀 것이다. 이유는 우연히 만난 어느 병사의 말 때문이었다. 병사가 그에게 "우리가 유대인들을 (어린아이로부터 노인에 이르기까지)

절멸시키는 방식에 대한 아마도 정확한 그리고 가공할 만한 세부 사항"을 말해주었던 것이다.

양심의 고통을 겪다가 무관심했다가 다시 느낀 것인데, 스타가르트는 이 장면에서 '침묵의 나선형' 모델을 기입한다. 퇴퍼빈이 "자신이 목격한 것을 보편적 맥락에 위치시키기 위해서는—사적인 대화에 불과한 정도라도—논의의 자극이 있어야 했던 것 같다." 다시 말해서 독재 권력이 금지한 주제에 관한 한, 그에 대한 사적인 소통이 멈추면 현실에 대한 비판적인 입장이 정립되지 못함은 물론 도덕적 자아의 점검 작업도 멈추었던 것이고, 양심은 그 문제가 소통에 의하여 다시 주제화되어야만 깨어날 수 있었던 것이다. 퇴퍼빈 같은 사람이 얼마나 많았는지는 아무도 모른다. 분명한 것은 전쟁 이전에는 히틀러가 거둔 외교적 승리 때문에, 개전 이후에는 1941년 말까지 이룩한 연속적인 승리에 도취되어, 패전의 길목에서는 영국과 미국이 끝내 소련과 대결하게 될 것이고 그것이 독일에게 기회가 될 것이라는 기대 때문에 독일인들은 전쟁 수행과 '조국' 방어에 방해가 되는 것이라면 그 무엇이든 사생활에서조차 언급하지 않았다는 점이다. 따라서 스타가르트의 모델은 나치 범죄에 대한 독일인들의 외면과 침묵을 부분적으로나마 설명해준다고 할 것이다.

그만큼 흥미로운 것은 퇴퍼빈이라는 경건한 기독교 지식인의 성찰이 끝내 파편적인 동시에 중층적이었다는 점이다. 1943년 9월 초 우크라이나에서 퇴퍼빈은 포로수용소의 독일군 경비병을 다른 곳으로 유인하면서까지 소련군 포로 630명을 탈출시켰다. 그런 그가 1944년 여름 벨라루스와 우크라이나 전투에서 대패한 독일군 병사들을 보면서 적었다. "병사들은 전투에 지치고 의심으로 가득하지만 여전히 복종하고자 한다.……이는 우리 역사에서 진정한 명예의 한 페이지다."
더욱이 패전이 명명백백해진 그 시점 이후에도 퇴퍼빈은 "조국"을 방
어하는 모든 일에 찬성했고, 온갖 의심에도 불구하고 거두지 않던 히
틀러에 대한 "기대"와 "신뢰"를 최종적으로 버린 시점이 무려 1945년
3월이었다.[22] 이는 나치즘에 대한 그의 입장에 서로 모순되는 다양한
의미의 층위가 얽혀 있었다는 점을 드러낸다. 그 복합성을 무시하고
나치 범죄를 '학살적 반유대주의' 탓으로만 돌리는 것은 지나치게 단
순한 설명이 아닐까 한다.

가능성들의 역사학

니체는 1874년이라는 이른 시기에 《반시대적 고찰. 삶에서 역사가 갖
는 이점과 결점》이라는 논고를 발표한다. 그 글에서 니체는 현재주의
적인 목적론적 역사학이라는 것이 그저 인간에게 행사되는 권력일 뿐
이며, 인간의 창조성에서는 기억보다 망각이 긍정적인 역할을 수행한
다고 단언한다. 그 글은 '역사주의 논쟁'을 사상적으로 선취했다. 그
논쟁이 여전하던 1927년에 철학자 하이데거는 《존재와 시간》에서 역
사주의에 대한 니체의 비판을 성찰하고 목적론적 역사학을 피할 수 있
는 방법을 제시한다. 실제로 진행되었던 역사를 하나의 가능성으로만
간주하고, 그때 다수의 다른 가능성도 존재했다는 것을 드러내라는 것
이다. 그의 주장은 보수적인 철학자의 선언이기만 했던 것이 아니다.
동시대인으로서 대단히 진보적이었던 위대한 극작가 베르톨트 브레히
트도 "필연성은 가능성의 현실화에 불과하다"는 똑같은 주장을 펼쳤

다. 슬라보예 지젝의 해설에 따르면, 발터 벤야민의 '역사의 천사'에서 메시아가 재림하는 듯한 유토피아적인 혁명의 날에 과거에 진압되었던 민중봉기가 모두 부활할 터인데, 그때 부활한 봉기들은 최종적인 혁명의 전 단계들로서의 의미가 아니라 각각의 고유한 의미를 부여받는다고 생각했다. 그 세 사람이 주장한 역사학이 바로 '과정'으로서의 역사의 두 번째 뜻, 즉 역사는 열려 있다는 역사상이다.[*]

그들이 제시한 바람직한 역사는 다름 아니라, 역사는 승자의 기록이므로 역사학자는 패자들을 발굴하여 그들에게 목소리를 돌려주어야 한다는, 우리에게 아주 익숙한 명제로 바꿀 수도 있다. 다만 그 목소리가 우리가 아니라 패배한 그들에게 유의미한 목소리라는 점이 부기되어야 한다. 우리가 현실에서 흔히 목격하듯이, 억압된 과거를 되살린다면서 그것이 오늘에 갖는 의미를 강조하는 순간, 과거는 억압받은 그들이 아니라 오늘 우리의 승리로 전환된다. 역사학의 기능은 오늘 우리의 정당성을 과거에서 발견하는 것이 아니라, 과거의 고유함과 풍부한 가능성들을 통하여 오늘 우리의 고유함과 풍부한 가능성들을 깨닫는 데 있다.

---

[*] 미국의 소장 역사철학자 앤서니 젠슨은 니체가 언어학, 역사학, 문학의 삼각형 안에 드는 고전 문헌학을 전공하였기에 역사를 그 누구보다도 잘 아는 철학자였으며, 그가 역사의 객관성은 부인하였으나 역사의 실재성은 긍정하였다고 판단한다. 그의 《도덕의 계보》는 특정 주제에 대한 역사적 설명이 여러 가지라는 것과 인간의 권력 의지를 추동하는 자신의 설명이 가장 설득력 있는 역사라는 것을 과시하는 기획이었다는 것이다. 본문에 언급한 '가능성'을 '역사적 설명의 가능성'으로 간주하면, 니체의 주장과 하이데거 등의 주장은 같아진다고 하겠다. Anthony K. Jensen, *Nietzsche's Philosophy of History*, New York, 2013.

그러나 정작 현실적인 문제는 역사 속에서 사라져버린 가능성을 어떻게 발견하느냐는 것이다. 과거 가능성들의 흔적이 오늘 우리의 눈에 잘 보이지 않기 때문이다. 필자의 머리에는 대략 세 가지 길이 떠오른다. 첫째는 현재 새로이 부각된 관심에 의해 촉발되어 역사학자가 그 양상을 과거에서도 발견하는 것이다. 이는 역사학의 연구 현실에서 가장 흔하게 나타나는 것이기도 한데, 그 대표적인 예가 바로 여성사다. 페미니즘이 부각된 1980년대 이후 여성사가 역사 속에 묻혀 있던 여성들의 삶과 목소리를 얼마나 생생하게 발굴하고 또 그렇게 과거를 얼마나 풍부하게 만들었고 또 만들고 있는지 진정 감동적이다. 강의에서건 연구에서건, 오늘날 역사학에서 여성사가 없으면 그야말로 반쪽짜리가 되고 만다. 물론 일부 여성사가들은 역사 속의 여성을 오늘날의 페미니즘으로 목적론적으로 연결시키느라 열심이어서 문제다.

두 번째 길은 역사가가 사료에서 오늘과 무관하지만 당대에는 맹렬하던 논의를 우연찮게 발견하고, 그 범위와 깊이를 알아보는 것이다. 그러나 대부분의 역사가들은 우연찮게 과거의 기록을 뒤지지 않는다. 역사가들은 거의 언제나 일정한 지향과 의지를 가지고 과거의 기록에 다가간다. 따라서 우연찮게 역사 속에서 사장되어버린 가능성들을 발견하기를 기대하는 것은 역사학을 그야말로 우연에 맡겨버리는 일이다.

필자가 생각하는 아주 현실적인 세 번째 방법은 현재적인 특정한 관심을 가지고 과거의 기록을 읽다가, 그때 생산되던 의미복합체에서 여러 의미 성분을 발견하고 그것이 결합되는 방식에 주목하는 동시에, 그 의미 성분들이 역사적 국면에 따라 첨삭됨은 물론 새로운 방식으로 결합될 수 있다고 전제하는 것이다. 앞서 언급한 카이저 빌헬름 노동생리학연구소의 피로 회복 연구 프로젝트를 예로 들자면, 그 속에서 생산성 증가와 노동 강도의 강화에 대한 기업의 관심 외에 인간을 물리화학적 에너지 작용으로 간주하는 특정한 인간학과 그것이 마약과 독가스와 각성제로 연결되는 길을 식별해내고, 또한 그것이 전쟁 준비로 결합되는 양상을 재구성하되, 그것들이 언제라도 스포츠 청량음료의 개발로 이어질 수 있다는 점에 유념하는 것이다. 나치가 히틀러청소년단 교육 캠프에서 하루도 빼놓지 않고 오전 1시간 반을 스포츠에 할애한 것에서는, 줄과 열을 맞춰 운동하면 공동체 의식이 함양되며, 각 개인은 자기 몸의 신체적인 약동에서 느끼는 쾌감을 민족적 신체로 연결시켜야 한다는, 나치가 부여한 의미복합체를 식별하는 동시에, 신체적 약동의 쾌감이 대중문화와 결합되어 스스로를 대중의 일원이되 자기 자신의 행복에만 집중하는 인간형으로 재결합되기도 한다는 점에 유의하는 것이다.

과연 나치 독일의 감정 생산을 연구하면서 그 길을 갈 수 있을까? 적어도 시도는 해보기로 한다. 필자는 앞서 근현대 독일의 감정사를 추적하면서 감정에 기입된 의미론을 세기별로 재구성했을 뿐 같은 세기에 벌어진 변화를 도출하려 하지 않았다. 이하의 서술에서는 노동과 관련해서만큼은 방금 제시한 방법을 이용하여 바이마르 노동 담론의 내용이 무엇이었고, 그것이 나치체제에 돌입하면서 어떻게 변화하는지, 나치 독일에서도 또 다른 변화가 식별되는지 유의할 것이다. 그 때문에 바이마르 노동 담론도 다소 길게 살펴볼 것이다. 다만 나치 독일과 관련해서는, 나치가 저지른 살인 행위의 99퍼센트가 발생하는 제2차 대전 시기 깊숙이까지 연구하는 것은 필자의 역량으로는 아예 불가능하다. 그래서 시기를 1938~39년까지로 한정한다.

일기 분석도 포기한다. 사료 때문이다. 나치 독일에서 생산되어 한국 대학 연구실에 앉아서 확보할 수 있는 일기는 대부분 제2차 대전의 와중에 작성된 것들이다. 그 이전 시기의 일기는 모두 유명 저항 투사나 유대인 희생자들의 일기다. 그래서 아쉽지만 어쩔 수 없이 나치 독일에서 담론적으로 생산된 감정을 분석하는 데 그친다.

.6.
나치 독일의 '노동의 기쁨'

1

바이마르 노동과학과
'노동의 기쁨'

경제 합리화와 심리공학

1900년경의 독일로 돌아가자. 우리는 1890년대 초에 작성된 베르너 폰 지멘스의 회고록에서 노동의 기쁨이 발화되는 것, 그즈음부터 제1차 대전이 발발하기까지 노동과학이 출현하고 노동의 기쁨이 자본주의를 방어하고 노동자를 동기화시키는 주요한 가치이자 생산요소로 대두하는 양상을 보았다. 그것은 공장과 기계와 관료제가 지배적이게 된 기업 현실에서 노동하는 인간과 노동의 관계, 노동하는 인간과 노동환경의 관계의 문제로서, 생산성을 제고하되 인간의 주체성도 회복시키려는 노력이었다. 그리고 그때 형질적인 이유에서건 삶의 행로에서 체질화되어서건, 공장 노동에 적합한 인간이 따로 있다는 뮌스터베르크의 주장이 마법처럼 받아들여졌다. 이제 그 후의 이야기를 해보자. 20세기 전반기 독일의 노동과학은 대략 세 국면으로 나뉜다. 제1차 대전 개전부터 1923~24년까지가 첫 시기이고, 1920년대 중반부터 1933년 나치 집권 전후의 대공황기가 두 번째 국면이며, 그 후 2차 대전 중후반까지가 마지막 시기이다.

첫 시기에 뮌스터베르크가 정신심리적 힘이라고 칭했던 영역을 연구하는 심리공학 열풍이 불었다. 제1차 대전이 예상과 달리 장기화되면서 신병을 대규모로 징집해야 한 상황에서 전투기 조종, 군용차 운전, 무전 등 특수병과 병사들을 신속히 훈련시켜 투입할 필요성이 컸다. 독일군은 1915년부터 1918년까지 후비군에 모두 14개의 적성 검사소를 설치하여 3만여 명에 달하던 지원자들의 시력, 청력, 주의력, 집중력, 지속력, 반사 속도, 신경의 견고성, 피로화 속도 등을 측정하였다. 심리공학 열기는 종전 직후에 학계와 일반 기업으로 옮아갔다. 6개 공과대학에 심리공학 교수직이 설치되었고, 공과대학은 일제히 응용심리학을 필수과목으로 도입했으며, 8개 대학에 심리공학 연구소 내지 실험실이 설치되었고, 대학과 무관한 곳까지 합하면 심리학 연구 기관이 16개에 달했다. 심리 검사소는 170개나 되었다. 기업들도 검사소를 설치하여 검사 결과에 따라 노동자를 채용했다. 감정사에서 보면 이는 엄청난 사건이다. 이제 감정이 연구 기관, 국가, 기업에 의해 생산될 수 있다는 뜻이기 때문이다.[1]

제1차 대전 직후에 심리공학은 테일러리즘의 일부로 간주되었고, 테일러리즘은 전간기 전체의 최대 화두였던 합리화 운동과 깊이 관련되어 있었다. 합리화는 우선적으로는 제1차 대전으로 소진된 경제를 재건하려는 시도였지만, 동시에 앞서 가는 미국식 생산과 소비체제를 염두에 두고 생산설비를 혁신하고 대량생산의 범위를 넓히며 대중 소비를 추동하려는 시도였다. 1921년에 바이마르 제국의회는 '경제성 제국위원회'라는 기업가들의 조직에 정부 예산을 투입하여, 무려 150여 개의 분과위원회가 산업별 합리화의 정도와 개선 방안을 조사하도록 했다. 합리화는 효율화를 뜻했고, 그 주된 면모는 카르텔과 신디케이트를 비롯한 다양한 기업 협력체의 구성, 새로운 생산시설의 도입과 배치, 작업 도구와 부품과 제품의 규격화와 표준화 및 단순화였지만, 노동의 조직화와 임금체계의 개선도 포함했다.

그러나 합리화가 화두로 부상한 것은 효율화 때문만이 아니었다. 합리화는 객관화도 의미했다. 생산은 사용자와 노동자를 비롯한 여러 경제 행위자들 간의 권력의 문제이기도 했고, 바이마르공화국은 바로 그 행위자들 간의 갈등으로 얼룩진 체제였다. 합리화는 경제 행위자들에게 객관적으로 수량화된 지표를 공급함으로써 정치사회적 갈등을 중립화할 수 있는 듯이 보였다. 그때의 합리화란 마이스터의 지휘 하에 집단적으로 이루어지는 작업 공정을 여러 단위로 분할하고, 한 단위에 투입되는 노동시간과 시간당 임금을 설정한 뒤 개별 노동자가 수행한 노동시간에 따라 임금을 기계적으로 지급하는 것을 가리켰다. 따라서 기존의 임금 책정 방식에 내재해 있던 갈등의 소지를 없앨 수 있는 듯이 보였던 것인데, 그에 선행되어야 했던 것은 노동자의 표준적인 시간-동작 연구였다. 실제로 독일 기업가들은 1차 대전 말기부터 2차 대전 중반까지 임금 산정의 수량적 기준을 마련하기 위하여 끈질기게 노력한다.

합리화란 과학화, 객관화, 효율화, 조직화를 뜻했던 것인데, 볼탕스키가 발제한 자본주의 정신의 시각에서 바라보면 합리화야말로 그 시기에 자본주의를 정당화하고 노동자들을 동기화시키는 기제였다고 할 것이다. 국가가 지원하고 과학이 뛰어들지 않았는가. 그러나 노동자와 직접적으로 관련되는 항목인 시간-동작 연구는 기대만큼 진척되지 않았다. 한 공정의 전체 노동 과정을 개별적인 노동단위로 분할하는 데 필요한, 개별 노동단위의 시작과 끝을 확정하는 것조차 쉽지 않았기 때문이다. 그리고 여러 개의 노동단위를 하나의 시공간적인 연속성 속에 배치한 '연속노동'은 개별 기업에서조차 섬처럼 드문드문 설치되었다. 연속노동의 정점은 물론 헨리 포드가 개시한 컨베이어벨트였는데, 1930년이 되어도 고용 인원이 50명이 넘는 기업 노동자 전체의 단 1퍼센트만이 컨베이어벨트에서 노동하고 있었다. 합리화 작업의 시작점으로 여겨지던 심리적성 검사도 결과가 좋지 않았다. 적성 검사에 따라 채용하고 배치한 노동자들의 생산성이 과거 노동자들보다 높지 않았던 것이다. 그래서 예컨대 지멘스는 1923년 이후에 개인 면접과 학교 성적에 따라 채용하던 과거 방식으로 돌아간다. 그 후 적성 검사는 대부분 수련생 노동자의 선발과 교육에만 적용되었다.[2]

합리화가 포기된 것은 결코 아니었다. 독일 기계산업은 1924년에 '제국 노동시간 조사위원회REFA'를 조직하여 성과급을 수량적으로 산정하는 방법을 개발하기 시작했고, 그 기관은 나치 독일에서도 기업은 물론 여러 나치 조직과 긴밀하게 협력하게 된다. 그러나 1920년대 중반에 합리화 열풍이 한풀 꺾인 것은 분명했다. 심리공학의 실패가 그 빌미를 제공하기도 했지만, 담론 차원에서 합리화 개념이 도구화되고 정치화되고 진부해진 것도 중대한 원인이었다. 경제계 대표들은 합리화가 개별 기업 차원에서만 가능하다고 주장함으로써 한 지역

동일 업종의 모든 기업에 적용되던 바이마르의 집단적 노동관계 체제를 없애려 하였고, 그렇게 합리화가 노동자들을 억압하는 장치로 보이도록 했으며, 바이마르 국가도 합리화해야 한다고 다그침으로써 반민주적 정치성을 드러내기도 했고, 합리화란 실상 '균형의 회복'이라고 주장함으로써 의도와는 달리 합리화를 진부하게 만들어버리기도 했다. 물론 결정적이었던 것은 산업 현실에서 합리화가 말잔치에 불과할 뿐 지지부진했던 사실이었다. 역사학자들은 독일의 산업 합리화가 1920년대에 다소 시도되었으나 1938년에야 비로소 진지하게 진행되었고, 특히 제2차 대전의 와중인 1941년 말부터 본격화되었다는 데 합의하고 있다.[3]

노동은 가치감정의 경험이고, 노동자는 '인격'이다

심리적성 검사 열풍이 가라앉은 1920년대 중반 노동과학 역시 방향 전환을 시도한다. 여러 학자가 다양한 해법을 제시했다. 적성 검사 방법을 개선함은 물론 검사에 노동자들을 참여시키자는 민주적 방안, 테일러주의가 아니라 포드주의가 해법이라는 산업공학적 주장, 성과급 계산 전문가를 양성하자는 기술주의적 제안, 소규모의 노동자 집단생산 체제를 도입함으로써 노동자 인격과 생산성 모두를 만족시키고자 한 빌리 헬파흐의 진지한 시도, 노동환경과 여가 생활의 개선에 초점을 맞춘 복지정책적 방안, 귀스타브 르봉의 대중심리학을 준용한 엘리트주의적 해법 등이 제시되었다. 더 나아가서 노동 현실에서 노동자의 태도를 규정하는 구체적인 요인을 찾아서 노동자들에게 설문조사와 인터뷰를 진행한 결과물들이 여럿 발표되었다.[4]

그렇듯 다양한 흐름이 있었으나 공통점도 뚜렷했다. 필자가 보기에 그 공통된 면모를 가장 잘 보여주는 텍스트가 드레스덴 공과대학에서 공학과 심리학을 가르치던 요한네스 리델이 1925년에 노동과학자 16명의 기고문을 담아 출간한 책 《노동학. 기업 노동의 토대, 조건, 목표》이다. 기고자들은 대부분 테일러리즘을 비판했다. 노동자를 생산도구로만 간주하여 인간으로서의 노동자를 무시한다는 것이었다. 기고자들은 노동을 '문화'로 정의했다.

기고자 중에서 가장 정밀한 주장을 펼친 사람은, 역사학자들이 아직도 그 신상을 파악하지 못하고 있는 오토 비너Otto Biener였다. 그는 생철학에 입각했다. 생철학에 따르면 '세계'가 먼저 있고 인간이 그것을 경험하는 것이 아니라, 세계는 개개인의 구체적인 '경험'에 의해서 비로소 구축되고, 경험이 풍부할수록 세계 역시 풍부해지며, 각개인의 서로 다른 경험에 통일성을 부여해주고 경험의 무제약적 확대를 보장해주는 형이상학적 버팀목이 '생das Leben'이다. 말하자면 1930년대 초 인구 1만여 명의 소도시 노르트하임의 주민들에게 나치즘은 그 본질이 따로 있었던 것이 아니라 하루도 빠짐없이 길거리에서 정치 전단지를 나눠주는 청년들로 경험되었다.[5]

비너는 생철학적으로 주장한다. 노동은 "노동 경험"이다. 그 경험은 노동에 고유한 두 가지 요소에 의해 규정된다. 하나는 "생의 감정" 그 자체에서 솟아나는, 모든 인간에게 내재한 "활동 감정", "약동의 충동", "성취의 감정"이다. 다른 하나는 "우리가 운명적으로 속해 있는 공동체"로부터 갖게 되는 "가치연관의 감정"으로서, 노동자는 그

"가치감정" 덕분에 "충동적인 행동 감정"에 방향을 부여하고 강약을 조절한다. 노동은 그 덕분에 "의미"를 갖는다. 그래서 "노동은 문화다." 노동이 '가치연관의 감정'이라면 노동은 가치와 연관되는 것일 터, 그렇다면 예술과 노동의 차이가 모호해진다. 여기서 비너의 설명이 절묘하다. 예술은 직접적으로 가치를 생산하지만, 노동은 재화를 생산한다. 재화는 그 자체로 문화 가치가 아니다. 그것은 가치의 실현에 기여한다. 그리하여 예술은 그 자체로 완결적이지만, 노동은 인간을 가치 실현의 방향으로, 즉 노동의 무한 연쇄 속에 밀어 넣는다. 그 연쇄 속에서 문화로서의 노동은 개별 노동자의 "인격"을 구성하는 동시에 공동체적인 "민족문화"의 발전에 기여한다. 노동자가 노동을 그렇듯 가치연관으로 경험할 때 "노동은 비로소 기쁨이 된다." 정반대로 노동이 가치와 분리되면 노동의 기쁨이 불쾌감, 정신적 우울, 고통, 통증으로 변모한다.

비너가 노동을 문화와 윤리로 규정하는 것에서 1920년대 중반의 노동과학이 1900년대의 노동 담론으로 되돌아갔다는 것이 드러나지만, 차이점도 식별된다. 노동이 창조적 개인의 자아실현이어야 한다는 명제는 여전히 확고했으나, 그 강조점이 개별 노동자의 "인격 총체"에 놓였다. 여기서 "인격"은 의당 '영혼'이었지만 무엇보다도 개별 노동자 고유의 "성격"을 가리켰다. 그렇듯 노동이 개별 노동자의 고유한 인격 총체의 표출이자 구성적 힘이라면, 그 일부를 선택적으로 분절시켜 투입하는 테일러주의적 노동은 인격을 병들게 한다.[6]

그러나 가치로서의 노동이 산업노동의 현장에서 실제로 경험되고, 그리하여 노동의 기쁨이 생산될 수 있는 것일까? 이 실천적 질문에 가장 가까이 답한 사람은 기계공학자인 편집자 리델이었다. 그는 인간과 기계의 관계부터 논한다. 기계는 고유한 법칙적 메커니즘에 따라 작동한다. 그러나 인간이 기계로부터 자신이 원하는 작동을 이끌어내기 위해서는 기계의 낯선 운동에 "감정이입"을 해야 하고, 그러기 위해서는 기계 내부에서 작용하는 내적 역동성을 이해해야 한다. 그래야만 기계의 운동이 노동자 자신의 일부로 경험될 수 있다. 이는 수공업 작업에서 언제나 벌어지는 일이지만, 실상 오늘날 우리가 자동차를 거의 무의식적으로 움직이는 순간 그 차가 '나의 자동차'로, 내 몸의 일부로 경험되는 것과 마찬가지다. 요컨대 기계 작동에 대한 인지와 숙달과 그 과정에서 발동되는 감정적 동일시를 통하여 기계는 인간이 구축하는 '세계' 안으로 들어오고, 그 세계에서 인간은 노동을 인격의 실현으로 여기게 된다는 것이다.

　더욱이 리델이 생각하는 공장 노동은 "서로 분리되어 있는 개별적 (노동) 경험의 합산"이 아니었다. 공장에서 개별 노동은 "자기 자리를 갖되 서로 결합되어 있는 생생한 전체 노동의 한 부분"이어야 했다. 그럴 경우에만 노동자는 자신이 담당하는 "개별적 공정을 넘어서 전체 공정에 대하여 내적인 지향성을 갖는다." 개별 노동을 전체 공정으로부터 분리시키면 노동에 대한 노동자의 내적 결속감이 소실된다. 그렇게 되면 노동하는 인간에게서 "자신의 살아 있음과 고유한 가치에 대한 감각"도 소멸된다. 그것이 바로 "노동의 탈영혼화"이다. 반대로 노동자의 세계가 상호 연결된 총체로 구성되면, 노동자가 최종적으로 생산된 상품 안에서 자신의 인격이 실현되었음을 인식하게 되고, 그에 대하여 자부심을 갖게 된다. 그럴 때 노동자는 자신의 가치에 대한 감정을 획득하는 동시에 자신을 "기업 노동공동체"의 일원으로 "느끼게" 된다.[7]

노동자의 세계에는 의당 노동환경도 포함되었다. 따라서 공장 경영진과 노동자의 관계, 마이스터와 개별 노동자의 관계는 물론, 공장의 소음, 공기, 온도, 습도, 조명, 채광, 탈의실, 목욕실, 휴게실, 사우나, 녹지, 운동장, 구내식당, 간이식당, 카페, 그 모든 건물과 방들의 인테리어, 그 속에 배치된 온갖 집기들의 디자인까지 노동자의 자기 가치에 대한 감정 및 노동의 기쁨과 긴밀히 연관된다. 공장 밖의 삶도 마찬가지다. 노동자의 가정 생활, 기업 안팎의 스포츠 및 아웃도어 활동, 독서, 연극, 영화 관람 등은 그저 퇴근 후의 여가일 뿐만 아니라 노동의 일부가 된다. 그 모두가 노동자의 세계를 구성하기 때문이다. 이는 이미 1907년부터 '독일 공작연맹'에 모인 모더니스트 산업디자인 예술가들이 주장하던 바였다. 그들은 노동의 기쁨이란 노동자의 미적 충동이 충족될 때 비로소 발동될 수 있으며, 이는 노동환경과 일상적 삶의 미학화로 달성될 수 있다고 여겼다. 그래서 그들은 노동자 주택 내부의 인테리어와 가구, 공장 구내식당의 식탁, 식탁보, 접시, 포크, 나이프, 꽃병, 창, 커튼 등등을 하나도 놓치지 않고 디자인했다.[8]

이제 1920년대 중반에 노동에 투여된 의미 성분들을 식별할 수 있겠다. 첫째, 노동은 가치의 경험이자 창출이고, 그래서 문화활동이다. 둘째, 노동하는 인간은 감각 및 지각의 복합체가 아니라 영혼까지 포괄하는 총체적인 심신 복합체이다. 셋째, 기계는 인간의 세계 안으로 통합되어 인간화될 수 있다. 넷째, 노동하는 인간은 노동 과정, 그리고 노동 및 생활환경에 의하여 구성된다. 즉, 노동자는 조형적이다. 다섯째, 그 전체 과정을 통하여 노동자는 고유한 인격이되 공동체의 일원이 된다. 그 다섯 가지 의미 요소들을 하나로 통합시켜주는 역할을 하는 의미의 '누빔점'이 "인격 총체"로서의 노동자이고, 그 의미

작동의 매개이자 결과물이 활동 감정, 가치감정, 생 감정, 노동의 기쁨이며, 그 감정의 내용은 "존엄한 자아"이다. 테일러리즘에서 주장되었던 노동의 객관화가 노동의 주관화와 인격화로 전환된 것이다. 요컨대 비너와 리델은 노동의 기쁨을 인격 총체로서의 노동과 결합시킴으로써 노동자를 동기화하고 자본주의를 정당화하려 했던 것이다.

자본주의 정신이 자본주의를 정당화하기 위해 경제 이외의 영역에서 빌려오는 문화적 수단이라면, "인격 총체"로서의 노동은 어디서 온 것일까? 확정할 수는 없으나 바이마르 국가였던 것 같다. 1차 대전의 종전과 거의 동시에 발발한 1918년 11월의 노동자 혁명으로 성립한 바이마르공화국은 헌법에 노동자의 공동결정권을 명문화했고, 노동조합의 각종 권리를 인정했음은 물론 개별 기업에 노동사위원회를 설치하여 경영진과 노동정책의 세부 사항을 협상하도록 했다. 위원회는 개별 기업의 회계기록을 열람할 권리를 가졌고, 기업의 경영감독이사회에 노동이사를 파견할 권리도 보유했다. 인격 총체로서의 노동자는 기업 경영의 주체적 공동결정권자로 선언된 바이마르의 정치적 시민을 노동 과정에 기입한 결과물이었을 것이다.

인격은 지도자가 갖는 것이다

같은 시점에 한 직업학교 교장이 바이마르 노동 담론과 무척 결이 다른 주장을 펼쳤다. 서부 독일의 한 제철기업에서 수련생 교육을 담당하고 있던 칼 아른홀트Carl Arnhold가 그였다. 그가 일하던 회사 Schalker Verein는 독일 최대의 석탄·제철 콘체른인 연합제철의 일부였다. 그 회사의 대표이사 알베르트 푀글러Albert Vögler는 1925년에 '독일 기술노동교육연구소(딘타Dinta)'를 설립하고 소장에 아른홀트를 임명했다. 딘타는 나치 집권 이후 노동전선에 편입되고, 아른홀트는 노동전선 직업교육국 국장으로 변신한다. 따라서 아른홀트가 생산한 노동과학 언설은 바이마르공화국으로부터 나치즘으로 넘어가는 다리라고 할 것이다. 그래서 이 장의 주인공이 아른홀트다. 딘타에 대한 서술에서 이진일의 훌륭한 논문이 큰 도움이 되었음을 미리 밝힌다.[9]

딘타가 설립되기 직전인 1925년 5월 24일 푀글러는 자신이 회장으로 있던 독일제철인협회에서 강연회를 개최했다. 아른홀트가 등단하여 자신이 운영하고 있고, 곧 딘타의 교육장에서 실천될 교육의 면모를 설명했다. 강연에 새로운 이론적 전망이나 통찰은 없다. 기본적으로 리델의 주장을 그보다 훨씬 낮은 수준에서 풀어놓았을 뿐이다. 아른홀트 역시 기업의 성공은 "가장 중요한 생산요소인 인간 그 자체"에 달려 있다고 전제하고, 노동하는 인간에게 가장 중요한 것은 감정이라고, 노동 의욕의 감퇴를 막고 노동의 기쁨과 삶의 기쁨을 강화해야 한다고 강조한다. 방법은? 심리적성 검사로 선발한 수련생들에게 총 4년간 교육을 실시하는데, 2년 동안은 교육장에서, 나머지 2년은 공장에서 교육을 받는다. 일주일에 5일은 교육장에서 교육을 받고, 나머지 하루는 딘타가 설치한 직업학교에서 이론 교육을 수강한다. 일일 학습시간은 10시간이고, 학생들은 그날의 숙제를 학교에서 나눠준 별도의 노트에 풀고, 이를 모아 참고서로 만들며, 밤마다 빠짐없이 그날의 학습 내용을 일기에 정리하고, 일요일에는 한 주일 동안의 학습 내용을 다시 정리하며, 그 모든 내용을 교사가 관리한다.

공장 교육에서 수련생은 때로는 성인 노동자들 사이에 섞여 생산 노동에 참여하고, 때로는 숙련노동자의 업무회의에 참석하는가 하면, 후배 수련생들을 이끌고 노동을 지휘하는 경험도 쌓는다. 그런 학습을 금속, 목재, 기계, 피복, 생화학 등 여러 분야에서 수행함으로써 자신에게 맞는 직종을 선택하고, 그 과정에서 해당 직종의 노동 과정 전체에 대한 조망 능력과 숙련성을 습득하며, 언제나 작업 도구의 준비와 사용과 정리에 완벽을 기함으로써, 공장의 선반이 "나의 선반"이 되고, 공장의 바이스가 "나의 바이스"가 되며, 공장이 "나의 공장"이 되어, 끝내 공장 전체의 기계가 "살아 있는 것"임을 경험함으로써, 내가 "우리" 공장의 한 부분이 되어 "공장에 대한 사랑, 노동에 대한 사랑, 경제 전체에 대한 사랑, 경험에 대한 사랑"을 갖게 된다.[10]

아른홀트의 교육시설이 도대체 학교인지 군대인지 구분되지 않거니와, 리델 및 그 기고자들과의 결정적 차이점도 뚜렷하게 식별된다. 인격 총체로서의 노동자와 가치로서의 노동이 삭제되었다. 따라서 아른홀트에게 자부심은 존엄한 자아와 그 활동에서 발생하지 않는다. 그것은 "더 많이 생산하려는 의지"와 그것을 능히 감당하는 신체적 힘에서 발생한다. 갓 입소한 수련생들은 턱걸이 한 번을 제대로 못하지만, 교육장의 수련생들은 권투, 체조, 수영, 육상, 축구를 순서에 따라 실행한다. 아른홀트에게 스포츠는 매우 중요했다. 예컨대 체조는 "인간의 몸속에 잠들어 있는 힘을 살아나게 하고, 끝내 자기를 관철하려는 용기를 일깨워준다." 노동의 기쁨은 정신만이 아니라 몸의 문제이기도 했던 것이다. 그러나 위 인용문에서 "끝내 자기를 관철하려는"이라는 구절이 말해주듯이, 스포츠는 궁극적으로 경쟁심, 즉 상승 욕망을 자극하기 위해서 필요했다. 사실 딘타의 중핵은 상승 욕망이었다. 교육장 벽 대형 걸개에는 각 수련생의 수행 능력과 그 진전 상황이 적혔고, 공장 실습에서도 수련생들의 목표 달성 여부가 표시되었다.

아른홀트는 1920년대 중반 노동 담론의 누빔점이었던 인격 총체의 자리에 '상승 욕망'을 놓고, 그것으로 하여금 숙련성의 심화와 확장, 노동 과정 전체에 대한 조망, 노동환경의 개선, 문화활동, 스포츠 등의 의미요소들을 꿰도록 하였던 것인데, 이는 리델과 비너가 제시했던 바이마르 판본의 자본주의 정신의 대안이었다고 할 것이다. 정치적 시민을 함축하는 "존엄한 자아"가 삭제되고 그 자리에 상승 욕망, 즉 경력 관리가 배치되었기 때문이다. 물론 개별 노동자의 경력을 결정하는 것은 사용자이지 노동자가 아니다. 따라서 아른홀트가 제시한 대안은 민주적 노사관계의 역전을 노리던 1920년대 중반 일부 대기업의 입장을 대변한 것이었다고 할 것이다.

그로부터 5년이 지난 1930년 2월 중순, 2년 전 베를린 공과대학에 '기업 사회학과 사회적 경영 연구소'를 설립한 저명한 노동과학자 괴츠 브리프스가 11명의 교수, 대기업 인사 책임자, 가톨릭 노조 대표, 고위 공무원을 초청하여 연속 강연을 개최했다. 괴츠 브리프스에 이어 아른홀트가 연단에 올랐다. 그는 1925년과 꽤나 달라져 있었다. 노동 감정을 강조하는 것은 같았다. 딘타의 목적은 공장을 "창조의 기쁨"의 샘으로 만드는 데 있고, "우리 노동자들은 지극히 섬세한 감수성"을 보유하고 있기에 부정의한 대우에 가장 분노하며, 정상에 "진정한 사나이"가 서 있는 기업을 "가장 사랑"한다. 방금 사나이를 언급했거니와, 아른홀트의 강연은 노동자 인격이 아니라 "지도자 인격"에 맞춰져 있었다. 기업의 성공을 결정하는 것은 기술과 지식이 아니라 이사, 공장장, 십장, 마이스터가 지도자 인격을 보유했는가에 달려 있다는 것이다. 강연에서 노동자 인격은 한 번 언급되지만, 그것은 노동자가 노동과의 연관 속에서 갖고 표출하는 적극적인 것이 아니라, 지도자 인격을 갖춘 상관으로부터 흘러넘쳐 갖게 되는 것이었다. 요컨대 이 국면에서 아른홀트는 노동이라는 의미복합체의 누빔점에 '지도자 인격'을 두고 나머지 의미 성분들을 꿰도록 하였던 것이다. 1925년의 강연에서 강조했던 상승 욕망도 지도자 인격을 경유해서 발생한다.

아른홀트는 지도자 인격의 요건을 열거한다. 첫째, 지도자는 자기 자신에게 가장 엄격하고, 용기와 희생정신으로 약자를 도와야 한다. 둘째, 지도자는 "정의로워야" 하고, 정의의 실천에서는 가혹하되 부정의에 직면한 "부하들"에게 넓은 어깨를 내주어야 한다. 셋째, 지도자는 인간적으로 느낄 줄 알아서 부하들을 매혹하는 동시에 안전과 보호를 제공할 수 있어야 한다. 그런 지도자는 "추종자들"에게 삶과 죽음의 모범이자 이상이 되며, 그들을 "열광"시키고 그들의 의지를 자신의 의지로 응집시킨다. 이 언설에서 눈길을 끄는 것은 지도자가 정의로워야 한다는 부분이다. 아른홀트는 도대체 무슨 정의를 말하는 것일까? 정의가 원체 비어있는 개념이어서 그 내용을 어떻게 채우느냐에 따라 의미가 달라지거니와, 아른홀트는 동어반복에 그친다. 정의로운 지도자는 "부정의를 행하지도 용납하지 않으며", 정의를 "가차 없이" 실천한다는 것이다. 정의의 실체화를 외면한 아른홀트가 기댄 것은 프로이센 군대의 야전규칙에 열거된 이상적인 장교였다. 장교는 경험, 윤리적 진지함, 성격적 강인함, 책임감, 의무감을 갖추어야 한다. 그러나 여기에도 정의의 내용은 없다.

위 인용들을 보면 노동자는 감수성, 분노, 사랑, 열광 등 감정적 존재로 정의된다. 그러나 인격으로서의 노동자와 가치가 삭제되자 노동자의 감정은 오로지 지도자의 태도에 따라 발생하는 반응적이고 수동적인 것이 된다. 더욱이 그는 노동의 기쁨보다 "책임의 기쁨"을 강조했다. 그렇듯 노동자의 주체적 감정과 그 감정 속에 녹아 있는 윤리적 내용이 부재하자, 노동자에게는 지도자에 대한 감정적 동일시 외에 남는 것이 없다.

아른홀트는 기업 지도자를 논하는 마지막 장면에서 "기업 지도자"란 "벌거벗은 돈벌이"가 아니라 "이상에 봉사하는" 인물이어야 한다고 총괄한다. 기업가들을 경제인이 아니라 윤리적 존재로 정의한 것이다. 이는 그의 강연이 대공황에 빠진 독일 경제에 새로운 자본주의 정신을 공급하려 했고, 그 핵심 기제를 지도자에서 찾았다는 것을 말해준다. 그는 도대체 경제 밖 어느 영역에서 그 '지도자'를 빌려왔던 것일까? 아른홀트는 1차 대전에서 프로이센 육군 장교로 근무했었고, 앞서 보았듯이 프로이센 군대의 야전규칙을 인용했다. 따라서 그가 프로이센 군대를 전범으로 제시했다고도 볼 수 있다. 그러나 당시 군대는 정치적 호소력이 제한적이었다. 보수주의는 시대의 해법이 아니었다. 강연의 마지막 문단에서 아른홀트가 지향점을 드러낸다. "작금의 투쟁에서 투쟁의 함성을 지르는 여기의 사회주의와 공산주의, 저기의 자본주의 경제 질서, 거기의 파시즘" 중에서 승리는 "가장 큰 희생 의지와 가장 순수한 이념과 가장 강한 지도력"에게 돌아갈 것이다.[11]

정치적 상황이 크게 중요했을 것이다. 강연 두 달 전에 나치당이 튀링겐 주의회 선거에서 11.29퍼센트를 차지하여 공화국에 바야흐로 나치당 열풍이 불고 있었다. 그 시국에 아른홀트가 '지도자'를 강조했으니, 그는 분명 히틀러를 지도자로 칭하던 나치당을 염두에 두었을 것이다. 유의할 지점은 지도자의 역사적 의미 내용이다. 그것은 1차 대전 직후 독일 곳곳에서 돌출했던 자유군단Freikorps 우익 민병대 리더를 가리켰다. 자유군단은 바이마르공화국 수립 직후에 발트해 지역과 폴란드와 소련 접경지대에서 국경 획정 전투를 벌이고, 국내에서는 극좌의 혁명 시도와 광부들의 봉기를 진압했다.

자유군단은 독특했다. 자기들이 1차 대전 참호 병사들을 재현한다고 언제나 말했지만, 그들은 '체계'가 아니라 '운동'임을 주장했고, 장교와 사병이라는 내적 위계는 있지만 그것은 '동지애'로 관통된 평등한 관계라고 강조했다. 자신들에게도 상명하복은 작동하지만, 그것은 이념과 실천에서 하나로 움직이는 '지도'와 '추종'의 관계라고 말했다. 그런 관계에서는 전통, 출신 성분, 재산, 대학 졸업장이 무의미한, 개인의 행위 능력과 공동체가 조화를 이루는 신인간이 창출된다는 것이었다. 그것이 실상은 신화에 불과했다고 할지라도, 그들은 그렇게 주장했고 또 믿어졌다. 1919년에서 1923년까지 모두 360여 개에 달하던 자유군단의 규모는 통상 수백 명을 넘지 않았다. 그런 조직의 자기 주장을 대중정치에 기입한 것이 나치당이었다.[*]

---

[*] 필자는 자유군단만을 적시하여 설명했지만, 이는 필자가 자유군단을 당시 광범위하게 논의되고 부분적으로 실천되던 '동맹Bünde'의 대표로 이용한 것이다. 지도자와 추종자 간의 영혼과 몸의 수평적 결속을 의미하던 동맹은 주로 담론으로 펼쳐졌으나, 반더포겔의 뒤를 이은 청소년 단체부터 시작하여 준군사 단체들을 거쳐 자연과의 합일을 추구한 신촌락운동에 이르기까지 다양하고도 많은 군소 단체들을 포괄하고 있었다. 이에 대해서는 George L. Mosse, *The Crisis of German Ideology, Intellectual Origins of the Third Reich*, New York, 1981, pp.171~189 참조.

요컨대 아른홀트는 나치당도 공유하고 있었고, 그 자신도 한때 몸 담았던 자유군단의 지도자와 추종자 개념을 가져다가 자본주의 정신 으로 변조시킴으로써 자본주의를 정당화하려 하였던 것이다. 자유군 단은 전투 집단이자 정치 집단이었다. 그 조직은 사적인 이해관계를 초월하는 이념 집단이자 행동 집단이었다. 그들의 이념은 민족공동체 로서의 독일의 도덕적 혁신이었고, 그들의 행동은 그 이념의 실천이 었다. 그리고 그들의 운동은 독립적 개인의 집합이 아니었다. 오히려 개인은 운동 속에서 신인간으로 재탄생해야 했다. 그 추동력이자 결 과가 지도자와 추종자, 추종자와 추종자 간의 동지애였다. 자유군단 에도 군대식의 위계적 판본과 정치적인 상호적 판본이 있었는데, 아 른홀트가 채택한 판본은 위계적 판본이었다. 추종자가 발동시킬 노동 의 기쁨이 지도자에 대한 열광에서 연원하는 수동적인 감정이었기 때 문이다.

한 가지 짚고 넘어갈 사항이 있다. 바이마르 노동 담론의 사회적 차 원이 그것이다. 아른홀트가 언급한 지도자는 기업의 총수 외에 딘타 의 수련생도 포함했다. 그는 자신의 직업학교에서 수련생들을 지도자 로 양성하고 있다고 거듭 강조했고, 그 덕분에 제자들이 취업한 뒤에 나이에 비해 무척 빠른 속도로 승진한다고 자랑하여 마지않았다. 그 말이 사실이었는지 확인할 도리는 없지만, 그 발언에서 확실히 알 수 있는 것은, 그가 육성하는 노동자가 일반 노동자가 아니라 엘리트 노 동자였다는 사실이다. 흥미롭게도 이 점에서는 리델도 마찬가지였다. 그가 말한, 세부 공정을 넘어서서 노동 과정 전체를 아우를 줄 아는 노동자는 다름 아닌 엘리트 노동자이기 때문이다.

그들의 언설은 실제 현실에 부합했다. 벨기에 태생의 사회주의자

헨드릭 드 만이 1926년에 프랑크푸르트대학에 부설된 노동아카데미 수강생 78명을 대상으로 "노동에서 기쁨을 느끼는가" 설문을 실시했고 그 결과를 1927년에 책으로 출간했다. 결과가 놀랍다. 78명 중 무려 44명(57퍼센트)이 노동의 기쁨을 느낀다고 답했다. 숙련노동자로 좁히면 비율이 더 높아진다. 51명 중에서 35명(69퍼센트)이 노동의 기쁨을 느낀다고 답했다, 반면에 반숙련노동자 18명 중에서는 8명만이, 미숙련노동자 9명 중에서는 단 1명만이 긍정했다. 흥미롭게도 아른홀트는 1930년 2월의 강연에서 드 만의 조사를 인용한다. 그는 그 현실을 분명히 알고 있었던 것인데, 그가 알던 것을 리델과 비너가 몰랐을 리 없다. 그리고 그 네 명의 논자들 모두가 노동자들의 꿈은 숙련노동자, 마이스터, 십장을 지나 사무직으로 상승하는 데 있다는 데서 출발하였으니, 그들에게 노동의 기쁨은 사회적 상승과 짝하는 감정이었던 것이다. 뒤에서 다시 언급하겠지만, 그것은 2차 대전의 와중에 현실이 된다.[12]

기업가들이여, 노동자는 '창조하는 인간'이다

나치 집권 이후 노동 문제는 분산되어 논의되고 실천되었다. 노동전
선만 하더라도 최소 네 개의 기관이 활동했다. 첫 번째가 1935년에
설치된 직업교육국이었고, 두 번째가 같은 해에 설립된 노동과학연구
소였으며, 세 번째는 1933년 말에 기쁨의 힘 산하에 설치된 노동의
아름다움이었고, 네 번째가 노동전선 사회국이었다. 노동전선 외부에
는 바이마르공화국 시기에 설립된 대학 내외의 연구소들도 있었지만,
가장 중요한 기관은 1912년부터 활동해온 카이저 빌헬름 노동생리학
연구소였다.

흥미롭게도 나치 독일의 노동과학은 새로운 사상을 내놓거나 지식의 전환을 이끌어내지 못하고 바이마르 노동과학의 테두리 안에 머문다. 이는 나치 독일의 지식 세계가 근본적으로 생철학에 머물렀기 때문으로 보이는데, 그만큼 중요했던 것은 이론보다 행동과 성과를 중시하던 나치즘의 근본 성격이었다. 카이저 빌헬름 노동생리학연구소는 피로 연구의 연장선상에서 노동하는 신체의 물리화학적 측면에 대한 연구 결과를 지속적으로 생산했고, 노동전선의 노동과학연구소는 임금, 노동 시간, 사회복지 비용 등의 통계를 작성하는 한편 제2차 대전에 즈음해서는 동유럽 국가들의 국민경제 분석에 치중했다. 노동의 아름다움은 독일 개별 기업의 노동환경을 개선하기 위한 막대한 활동을 전개했고, 사회국은 개별 기업의 사내 사회복지 정책에 침투하기 위하여 부심했으며, 직업교육국은 기업의 수련생 교육을 장악하고자 했다.

그중에서 노동 담론의 생산에 적합한 기관은 노동과학연구소였지만 연구소는 기업 합리화와 관련해서는 합리화 담론을 생산하기보다 새로 개발된 기계의 생산 능력을 일일이 수량화했다. 그나마 지속적으로 노동과학과 관련된 강연과 저술활동에 나선 사람은 아른홀트였다. 그는 이미 1931년에 로베르트 라이와 히틀러를 만났고, 나치와 긴밀히 협력한 푀글러의 용인 덕분에 1933년 여름에 딘타, 즉 독일 기술노동교육연구소를 '독일 민족사회주의(나치) 노동교육연구소'로 개칭하여 노동전선에 편입시켰으며, 1935년 여름에는 이를 '노동전선 직업교육·기업지도국'으로 격상시킨다.

기존 연구는 대부분 아른홀트가 나치 독일의 직업교육을 선도하였다고 평가하지만, 이는 과장이다. 1933년에 개별 기업에 설치된 167개의 수련생 교육장에서 총 1만 6천여 명이 교육을 받다가 그 수가

1939년까지 3,164개의 24만 2천여 명으로 증가하지만, 아른홀트는 그 기관들을 장악하는 데 실패했다. 아른홀트는 개별 교육장이 원하는 경우에만 교육 엔지니어를 파견할 수 있었다. 얼마나 많은 기업이 아른홀트의 엔지니어를 원했는지 기록은 없다. 다만 교육장 대부분은 아른홀트의 직업교육국이 제작한 수련생 교육 가이드라인과 직업교육 저널만큼은 받아보았다. 예컨대 지멘스의 수련생 교육 과정에는 아른홀트가 대단히 중요시했던 '금속 다루기'와 '목재로 만들기'가 포함되어 있었다. 그리고 지멘스는 회사의 직업교육 교사들을 정기적으로 딘타의 교사학교에 보냈다.

아른홀트는 직업교육국을 맡고 1년이 지난 1936년에 그동안 자신이 행한 연설과 논고를 종합하여 《독일 경영학 개론. 인간과 노동의 관계, 유기적 기업 형성 및 기업지도 기술과 지도자 의무에 관한 고찰》이라는 책자를 발간했다. 흥미롭게도 아른홀트의 언설은 1925년은 물론 1930년과도 사뭇 다르다. 가장 큰 차이는 의미상의 듣는 이가 노동자가 아니라 기업가라는 단순하지만 결정적인 사실이다. 바이마르 시절의 그는 기업가의 중요성을 강조하더라도 궁극적으로는 노동자가 어떤 태도를 가져야 하는지에 집중했다. 이제 그는 노동자의 태도를 강조하더라도 궁극적으로는 기업가가 어떻게 행동해야 하는지에 집중한다. 그는 심지어 "기업이 병들면 일차적인 문제는 기업 지도자이고 그다음이 노동자"라고 선언한다.

내용에서 가장 큰 차이는 언설의 중심에 1925년의 노동자의 상승 욕망도, 1930년의 지도자 인격도 아닌, "창조하는 인간"이 놓였다는 점이다. 아른홀트는 말한다. 자유주의와 마르크스주의는 노동자를 생산요소 혹은 상품으로 간주했다. 제1차 대전 이후 기계 합리화가 크게 진척되자 노동자는 급기야 기계의 부속품으로, 기계의 노예로 강등되었다. 노동심리학은 그보다는 나았지만 노동자를 기계와 동급의 생산요소로 인정하는 정도에 그쳤다. 그 모든 체제에서 노동자는 노동의 "의미"를 발견하지 못하기에 피로감, 거부감, 좌절감, 권태감, 노동에 대한 불쾌감, 노동에 대한 증오감을 느낀다.

창조하는 인간이란 "독일적 노동" 이념으로 관통된 노동자로서, "독일인의 유類적 특징"이기도 한, 노동과의 "유기적" 관계를 회복한 인간이며, 노동을 자신의 지극히 인간적인 전체 인격의 표현으로, 영혼의 힘의 표출로, 영혼의 "비합리적인" 힘의 작용으로 간주하는 인간이며, 기술의 발전을 긍정하되 기계를 노동하는 인간에게 복무시킴으로써 노동에서 의미와 목적을 발견하는 인간이고, 따라서 노동 가치에 대한 감정을 갖고 노동의 기쁨과 직능에 대한 자부심과 잘하려는 욕심과 성과에 대한 충동으로 충만한 인간이며, 자아를 확대하는 인간이다. 노동하는 인간이 중심에 놓인 기업은, 기업 지도자가 추종자들에 대한 지도자 책임으로 관통되어 추종자들에게 윤리적·도덕정치적 모범을 보이고 노동자는 그에게 충성으로 답하기에 윤리공동체로 정립되며, 그런 기업은 부분 노동으로 파편화되기보다 공동의 번영을 향하여 공동으로 싸워나가는 살아 있는 유기체로, 생 그 자체로 경험된다.

아른홀트가 생철학적 언어 표현들을 흩뿌리고 있지만, 단순하게 판단할 수 있다. 1925년에는 노동을 중공업 기업가의 시선에서 바라보았고, 1930년에는 위계적 판본의 자유군단에 입각했던 아른홀트가 1936년에 와서 오토 비너와 요한네스 리델의 1925년 입장과 상호적 판본의 자유군단 '운동'을 결합시킨 것이다. 아른홀트는 한편으로는

1930년에 제기했던 정의 개념을 보다 실체화한다. "지난 수십 년간의 임금투쟁을 지배했던 것은 임금이 부정의하다는 감정이었다." 아른홀트는 이어서 "성과에 상응하는 임금이 정의로운 임금"이라고 말하면서 중립지대로 후퇴하지만, "임금 계산이 노동자에게 투명하고 최고급의 성과를 두말없이 인정"해야 한다고 덧붙이는 동시에, 기업 지도자는 "추종자의 선한 권리를 자신의 이름으로 대표할 의무가 있다."고 쐐기를 박는다. 다른 한편으로 아른홀트는 노동자와 노동이 "유기적"이고 "비합리적"이라고 단언함으로써, 노동자와 노동이 사적인 이해관계를 초월해야 한다고, 노동자의 창조적 자아는 공동체 속의 노동을 통해서만 확보된다고 확정한다.[13]

아른홀트의 생각이 변했다고 가정하는 것은 순진하다. 그가 노동 담론 그래프를 왼쪽으로 이동시킨 것은 나치 노동전선의 자리에서 기업가들에게 발언했기 때문이었다. 나치는 자본과 노동의 갈등을 민족공동체 속에서 넘어설 수 있다고 주장했다. 나치는 기업을 민족공동체라는 정치 이념으로 치환시킴으로써 자본주의를 정당화하려 했던 것이다. 적어도 담론 차원에서는 나치의 노동관이 1920~30년대 중공업 기업가들보다 훨씬 상호적이었다. 물론 문제는 그 노동관의 구체적 법제화와 그 실천 양상이다.

나치 노동법은 감정 법이다

나치 독일에서 기업가와 노동자의 지위는 1934년 1월 20일에 공포된 민족노동조직법으로 명문화되었다. 1933년 5월 초에 바이마르의 법적 노동관계를 무력화시킨 나치는 얼마나 고민이 많았던지 무려 8개월여가 지난 그때서야 노동관계를 법제화했다. 내용은 간단했다. 바이마르공화국의 단체협약을 이름만 바꿔서 '단체노동규정'으로 존속시키되, 그것을 노사협상을 통해서가 아니라 노동부 고위 공무원인 '노동신탁위원'에 의해 결정되도록 했다. 신탁위원은 1933년에 13명, 1938년에는 16명으로 각각의 노동지구를 책임졌다. 나치 독일에서 단체노동규정은 별 역할을 하지 못한다. 신탁위원들이 임금이 최저 수준으로 추락했던 대공황기의 단체협상을 나치 패망 때까지 그저 연장하기만 했기 때문이다.

단체노동규정의 중요성이 그처럼 미미했기에 실제 노동조건은 개별 기업별로 기업 지도자가 추종자들의 대표기관인 '신뢰위원회'의 자문을 받아서 결정했다. 노동조건이 19세기처럼 개별화된 것이다. 신뢰위원회의 위원장은 기업 지도자였고, 고용인 수에 따라 2명에서 10명에 달하던 신뢰위원 다수가 요청하지 않는 한 위원회는 기업 지도자가 소집해야 열렸다. 그리고 신뢰위원회는 "자문할 권리"만 가졌고, 결정권은 기업 지도자에게 주어졌다. 신뢰위원회 위원 다수가 불복할 경우 노동신탁위원에게 검토와 수정을 요청할 수 있었고, 노동신탁위원은 독자적으로 결정을 내리되 필요한 경우에는 전문가위원회의 자문을 받을 수 있었다. 이때 나치당 노동전선은 전문가위원회 위원의 3분의 2를 추천할 권리를 가졌다. 또한 노동신탁위원은 단체노동규정 위반자를 '사회적 명예법원'에 고소할 수 있었고, 노동전선은 명예법원 판사의 배석 자문위원을 추천할 권리를 가졌다. 단체노동규정과 무관한 노동 문제에 대해서 노동자는 일반 노동법원을 통해서 해결할 수 있었는데, 노동법원에 고소하기 전에 노동전선의 법률

상담을 받아야 했다.[14]

　나치 노동법에 대한 기존의 해석은 간명하다. 대부분은 개별 기업가의 권력을 압도적으로 강화한, 바이마르 노동운동에 대한 기업가의 철저한 승리로 해석한다. 이는 노동자위원회의 권리가 대폭 삭감되고 나치당 산하 기구가 된 노동전선 역시 노동관계의 결정에 간접적으로만 참여할 수 있게 된 것을 생각하면 납득이 가는 해석이다. 그와 달리 일부 역사가들은 히틀러와 라이가 독일의 실제 노동관계는 추후의 발전에 의해 비로소 정해질 것이라고 발언한 것을 근거로 하여, 그 법이 실상은 잠정적인 법으로서 그 구체화는 추후의 권력관계에 맡겨졌다고 주장한다.[15]

　감정의 시각에서 바라보면 나치 노동법에서 지금까지 그 어느 역사가도 주목하지 않은 결정적인 지점이 가시화된다. 나치 노동법은 감정 법이다. 법조문이 신뢰, 충성, 배려, 명예라는 감정들로 누벼져 있기 때문이다. 심지어 노동법을 담당하는 기관들의 명칭이 '신뢰위원회' '노동신탁위원' '사회적 명예법원'이다.

　법 조항을 보자. "기업 지도자는 추종자들의 복지를 배려해야 하고, 추종자들은 그에게……충성을 지켜야 한다." 2조 2항이다. "신뢰위원회는 기업공동체 안의 상호적인 신뢰를 심화시킬 의무를 지닌다." 6조 1항이다. 기업공동체의 모든 구성원은 "기업공동체에 속하는 덕분에 주어지는 존중에 합당하도록 행동해야 한다." 35조이다. 우리가 베르너 폰 지멘스를 통하여 알게 된 것은, 신뢰, 충성, 명예가 19세기 부르주아의 대표적인 사회적 도덕감정이었다는 사실이다. 나치 노동법은 아른홀트가 그랬던 것처럼. 그 감정들을 자유군단 '운동'의 지도자, 추종자, 공동체의 틀 속에 배치함으로써 자본주의를 정당화하려 했던 것이다. 그렇게 성립되는 기업공동체는 상호적인 동시에 위계적이었다. 기업 지도자에게는 배려의 의무가, 추종자에게는 충성의 의무가 할당되었으나, 그 위계적 성격은 기업 지도자가 추종자의 명예를 존중해야 한다는 또 다른 의무에 의해 약화되었고, 뒤에서 확인하겠지만 당시 노동법원은 기업 지도자에게도 추종자에 대한 충성의 의무를 부과했다.

그러나 배려와 충성과 명예와 신뢰라는 감정이 구체적인 임금 액수와 휴가 기간을 정해주지는 않는다. 그것은 온전히 실천의 영역에 속한다. 다시 말해서 나치 노동법은 노동관계를 기업별로 개별화시키되, 그 구체적인 내용은 노동법상의 각 주체의 실천에 맡겼던 것이다. 조직사회학을 참고하면, 근대 조직은 고유한 목표를 달성하기 위하여 관료화된 위계체계를 구축하고 고유한 코드에 입각하여 그 체계를 작동시키는 바, 그 작동은 언제나 비공식적인 소통에 의해 보충되어야 한다. 그래야만 구성원들의 자발적 행위 능력이 발휘되고 조직이 환경에 탄력적으로 대응할 수 있다. 다만 소통의 그 비공식적 차원이 공식 규정의 여지에 의해 확보되어야 하고, 또 공식적 소통과 비공식적 소통이 균형을 이루어야 한다. 그래야 조직이 파편화되지 않는다.[16]

나치는 구성원들의 자발적 행위 능력이 관료제에 의해 제약되는 것을 극도로 꺼렸기에 비공식적 소통을 강렬하게 삽입함으로써 공식적 제도의 한계를 돌파하도록 했다. 그래서 토트건설총국은 히틀러에게 직속되어 건설 행정에 부수되는 온갖 규제를 뚫고 아우토반을 건설할 수 있었다. 게슈타포 부청장 베르너 베스트Werner Best는 친위경찰이 거추장스러운 관료제를 넘어서 "첨단부터 말단까지 가장 짧은 명령 및 신고체계에 따라 움직여야 한다"고 이론화했다. 이것이 나치즘 연구에서 자주 언급되는 그 유명한 '가장 짧은 업무체계'이다. 그리고 그 결과가 그토록 효율적으로 작동한 홀로코스트다.

나치 산업 합리화의 민낯

나치 노동법이 구체적인 노동관계를 노동법상의 각 주체의 실천에 맡겼다면, 그 실천이 이루어지는 맥락을 살펴보아야 한다. 실천은 언제나 특정한 역사적 맥락에서만 이루어지기 때문이다. 나치 독일에서 그 맥락은 바이마르와 마찬가지로 산업 합리화였다. 나치는 어느덧 부정적으로 되어버린 합리화 개념의 함축 때문에 언제나 "성과 제고"라고 돌려 말했다. 다만 개별 기업의 기록보관소에도 그 "성과 제고"의 정도를 보여주는 수미일관한 문건은 발견되지 않는다. 그래서 역사가들이 합리화의 정도를 재기 위해 이용하는 가장 흔한 통계는 숙련노동자, 반숙련노동자, 미숙련노동자의 구성 비율이다. 합리화는 통상 탈숙련화로 정의되기 때문이다.

독일에서 합리화는 산업 분야별로 다르게 진행되었다. 석탄과 제철산업의 합리화는 1920년대에 진행되고 나치 독일에서는 멈춘다. 피복산업, 식품산업, 화학산업을 제외하면, 철가공산업(철물, 전기, 기계, 정밀기계)이 나치 독일에서 합리화가 가장 진척된 산업 분야였다. 독일의 중견 역사학자 뤼디거 하흐트만이 작성한 철가공산업 남성 노동자의 숙련성 구성 비율을 보면, 1939년에 숙련노동자가 전체 노동자의 54.4퍼센트를 차지하여 1928년에 비하여 3.3퍼센트포인트 감소한 반면, 반숙련노동자는 32.6퍼센트를 차지하여 6.7퍼센트포인트 증가했고,

미숙련노동자는 13퍼센트를 차지하여 3.4퍼센트포인트 감소했다.[17]

숙련과 미숙련이 감소하고 반숙련이 증가하는 것은 합리화의 전형적인 양상이다. 그러나 위 통계의 감소 폭은 도대체 무엇을 의미하는 것일까? 분명히 할 것은, 전기산업은 이미 1935년부터, 철가공산업과 제철 및 석탄산업은 1936년부터 만성적인 동시에 날로 심화되는 노동력 부족에 직면했다는 사실이다. 그럼에도 불구하고 숙련성 비율이 그 정도만 변화한 것은 기업가들이 합리화에 무척 소극적이었음을 나타낸다. 그들은 가용시설과 노동력을 보다 강력히 동원하는 방식으로 노동력 부족 사태에 대처했을 것이다. 물론 그조차 그 와중에 공장에서 노동자들이 느꼈을 감정을 말해주지는 않는다. 그 양상을 추측이라도 하려면 합리화의 구체적인 양상을 알아야 한다. 다행히 지멘스 공장의 합리화 양상의 실상을 들여다본 틸라 지겔Tilla Siegel의 연구가 있다.

지멘스 그룹은 거대 기업이었다. 해외 공장을 제외하고 베를린과 뉘른베르크 공장에 고용된 인원이 1914년에 5만 7천여 명, 1928년에 9만 4천여 명, 1938년에 11만 5천여 명에 달했고, 독일 내 다른 지역에 건립한 공장까지 합하면 1914년 8만 1천여 명, 1928년 13만 2천여 명, 1938년에 18만 6천여 명에 달했다. 그 모든 공장의 합리화 시기와 정도는 알 수 없다. 그 양상을 충분히 나타내주는 자료가 남아 있지 않기 때문이다. 연구자들은 그룹 산하 개별 기업의 경영 보고서에 의존하여 일부만을 재구성해왔을 뿐인데, 그조차 내용이 명확하지 않다. 보고서에는 대부분 "새로운 설비"를 장착했다, 생산 라인을 "단순화"했다, 노동자들을 "재배치"했다는 식으로 기록되어 있다. 따라서 정확히 어떤 기계가 언제 어떻게 배치되어 어떤 결과를 낳았는지 재구성하기 어렵다. 그럼에도 불구하고 짐작은 할 수 있다.

베를린 지멘스-슈타트에 위치한 '베르너베르크 F 공장'을 보자. 지멘스 그룹에서 합리화 작업의 첨단에 섰던 것으로 평가되는 그 공장은 무전기, 전화기, 화재경보기, 확성기 등을 생산했고, 고용인원은 1937년에 2만여 명에 달했다. 총 매출액은 1935~36년에 1928~29년 수준을 넘어선다. 그러나 놀랍게도, 1936~37년에 설비 가동률이 100퍼센트였음에도 불구하고 그해의 신규 주문 중에서 연말까지 처리하지 못한 주문이 무려 40퍼센트에 달했고, 기성 주문까지 합하면 미해결 주문이 무려 74퍼센트에 달했다. 그 비율은 1938~39년에 각각 46퍼센트, 82퍼센트로 증가한다. 한마디로, 합리화의 적기였다. 그러나 새로운 설비가 상당한 규모로 투입되었다는 증거는 없다. 새로운 설비투자는 새로운 공작기계의 투입을 의미하는데, 1935~36년 경영 보고서를 보면 공장은 사용한 지 15년이 지나서 폐기 처분해야 하는 공작기계를 계속 사용했다. 공작기계 제조사들의 납품 기간이 무려 12~14개월에 달하기 때문이었다.

따라서 현실에서 진행된 합리화는 생산시설의 합리화가 아니라 노동 조직의 합리화였다. 회사는 숙련노동자를 고부가가치의 고급 공정에 투입하고 "지적인 미숙련노동자를 특수한 업무에 적합하도록 교육"하여 그동안 숙련노동자가 담당하던 공정에 투입했고, 노동사무소의 소개로 신규 채용된 "다른 업종(이발소, 인쇄소, 빵집, 가구업체)의 지적인 사람들"을 반숙련 노동으로 교육했다. 회사는 심지어 속성으로 교육시킨 보조 노동자와 여성 노동자들에게 숙련노동 공정을 맡기기도 했다. 더욱이 퇴사율이 당황스러울 정도로 높았다. 1935~36년에 신규 채용 노동자가 7천 명이었는데 퇴사한 노동자도 4천 명이었다. 이듬해에 그 숫자는 각각 8,500명과 5,700명으로 증가한다. 그해 전체 노동자의 40퍼센트가 입사한 지 2년 미만이었다.

그 양상은 한편으로는 노동이 불안정했음을, 다른 한편으로는 공장 한편에서 교육이 지속적으로 진행되고 있었음을 가리킨다. 생산은 곧 교육이었던 것이다. 따라서 숙련노동자의 비율이 1936년의 23퍼센트에서 1938년의 20퍼센트로, 반숙련 특수노동자는 8퍼센트에서 10퍼센트로, 보조 노동자는 14퍼센트에서 12퍼센트로, 여성 노동자는 55퍼센트에서 58퍼센트로 감소 및 증가했다는 보고가 말해주는 것은 오히려, 숙련노동자의 설명과 설득과 고함과 구령과 반말이 난무하는 가운데 새로 편성된 노동조가 노동의 리듬이 흐트러지지 않도록 집중하며 노동하는 장면이다. 연속생산이 관철될수록 부분 노동이 교란되면 전체 노동이 멈춘다. 물론 지멘스는 미국의 제너럴일렉트릭 주식회사를 모델로 하여 새로운 기계도 열심히 투입했다. 그러나 그 과정이 위와 비슷한 모습이었음에는 변함이 없다. 우리 학계 송충기의 탁월한 연구에 따르면, 1920~30년대 제철공장의 합리화에서도 생산은 곧 교육이었고, 노동은 부분 공정을 전체 공정과 조율하는 과정이었다. 따라서 전쟁 이전의 나치 독일에서 기업은 본격적인 합리화가 아니라 합리화의 수련 과정에 있었다고 할 것이다.[18]

산업관계에 대한 아주 훌륭한 논문을 생산해온 독일의 중견 역사학자 토마스 벨스코프는 최근에 20세기 제철 노동의 감정사 논문을 발표했다. 벨스코프는 제1차 대전 이전과 이후의 제철 노동을 선명하게 대비시킨다. 십장이 미숙련노동자 대형을 이끌고 "독재적으로" 노동자의 신체 극한까지 착취하던 제1차 대전 이전에는 노동자의 자부심도 없었고 연대감도 없었다. 그와 달리 1920년대의 기계화 이후 1960

년대까지 변치 않던 제철 작업에서 숙련노동자들은 크레인과 전로轉爐와 송풍기와 제강기에 섭씨 800에서 1,300도에 달하는 무게 250에서 500킬로그램의 시뻘건 쇳물을 올리고 내리고 식히고 통과시켰던 바, 노동자들은 불을 다스린다는 거의 "신적인 자부심"을 느끼는 동시에 동료들에 대하여 신뢰는 물론 "열정적인 사랑"을 느꼈다고 주장했다. 노동자 개개인의 작업이 동료 노동자의 선과 후 작업에 대한 치밀하고 섬세한 예상 속에서 이루어졌기 때문이라는 것이다.

제철 노동자의 자부심은 얼마든지 동의할 수 있다. 앞서 언급한 헨드릭 드 만의 1927년 책에서도 숙련노동자들은 한결같이 자신의 노동에서 자부심을 느낀다고 답했다. 더욱이 벨스코프가 그려낸 제철 작업의 모습은 리델의 설명, 즉 부분 공정에 대한 전문 능력과 전체 공정에 대한 조망 능력을 모두 갖춰야 자부심과 노동의 기쁨을 느낄 수 있다는 주장과도 일치한다. 그러나 "열정적 사랑"이라니, 벨스코프가 증거로서 제시한 것은 1950년대에서 1970년대에 이르는 시기의 증언들이다. 그때의 증언은 뒤에 서술할 1960~70년대의 '표현적이고 열정적인' 감정 레짐에 의해 규정되었을 것이다. 더욱이 헨드릭 드 만은 노동자들이 팀을 이루어 작업한다고 하더라도 그로부터 연대감이 발생하기는커녕 오히려 임금 사정의 불평등으로 인하여 질투심이 만연한다고 재삼재사 강조했다. 지멘스 그룹의 양대 기업의 하나인 지멘스-슈케르트의 대표이사 한스 벵케르트Hanns Benkert 역시 1942년에 발간된 책자에서 "다른 노동자와 비교하여 부정의하게 대우받는다고 느끼게 되는" 상황을 노동의 방해물로 거론했다. 벨스코프의 주장은 역사가가 감정 레짐의 시대별 고유성을 도외시하고 감정을 사회적 조건으로부터 직접적으로 도출할 경우 섣부른 판단을 하게 된다

는 것을 보여준다.[19)]

물론 산업의 합리화와 여타의 구체적인 노동관계는 중립적인 공간에서 성립되고 변화했던 것이 아니다. 그것은 기업 내의 사회적인 권력관계 속에서 이루어졌다. 기업의 사회적 차원이야 언제나 권력관계인 법이지만, 나치 독일에서는 하나의 변수가 추가되었다. 신뢰위원회가 나치 노동전선에 사실상 접수되었고, 신뢰위원회 대표위원은 대부분 나치 지구당 및 게슈타포와 가까웠다. 그들은 게슈타포가 노동자들을 감시하기 위하여 웬만한 기업에 설치해놓았던 '게슈타포 위임이사'만큼이나 강력했다. 특히 채용과 해고 등 인사 문제에서 기업가들은 신뢰위원회의 의견을 물었다. 더욱이 노동전선이 임명한 사회복지 요원이 전체 노동자의 10퍼센트에 달했다. 일반 노동자들은 기업 경영진과 직속 상사 외에 그들에게 의존하는 동시에 그들에게 관리되게 마련이었다.

사례를 한 가지만 보자. 독일 굴지의 화학기업 획스트Hoechst의 사민당 전력을 지닌 한 노동자는 게슈타포에게 구속되었다가 그의 아내가 대표 신뢰위원 집에 찾아가 호소하고 또 그의 옷을 기워준 덕분에 풀려났다. 신뢰위원의 권력이 그리도 대단하였기에 그 직책은 공장 내외 나치들의 이전투구의 장이었다. 사민당 전력의 노동자를 구해준 대표위원은 바이마르 말기에 사민당에서 나치당으로 적을 변경한 노동자였는데, 그는 그 때문에 마르크스주의 잔재를 버리지 않았다는 비난을 받고 대표위원직에서 물러난다. 그러나 후임자 역시 얼마 뒤에 "열등 형질" 집안 출신의 여성과 결혼하려다가 엉뚱하게 동성애 혐의를 받고 사임한다. 결국 전임자가 대표위원 자리에 복귀했다. 다른 한편 획스트에는 나치와 가까운 또 다른 직원 노동자가 있었다. 목장에서 소젖을 짜다가 나치당 덕분에 획스트에 취업한 그는 사무직원으로 초고속 승진하였는데, 실상 그는 획스트의 게슈타포 위임이사보다 게슈타포와 가까웠다. 그래서 그는 막강했다. 체코 분할을 둘러싼 1938년의 전쟁 위기에서 획스트 직원 하나가 아내와 아들에게 히틀러를 "야비한 정상배"로 비난했다가 게슈타포에게 고발되었고, 그 즉시 회사에서 해고되었다. 게슈타포가 그를 신문한 끝에 그의 비난이 사적인 대화였다는 이유로 무죄 방면해주자, 그는 획스트에 재취업하고자 했다. 그러나 게슈타포와 가까웠던 사무직원이 나치 지구당의 반대 입장을 받아옴으로써 그는 재취업에 실패하고 만다.[20]

요컨대 나치 독일에서 노동자는 자신이 속한 노동 과정이 흐트러지지 않도록 노동하는 동시에, 나치의 기업정책으로 더욱 복잡해진 기업 내 권력관계에 비상하게 유의해가면서 자신의 감정을 관리해야 했던 것이다. 그런 현실에서 나치 노동 담론에는 어떤 감정 레짐이 설파되었을까? 자본주의는 어떻게 새로이 정당화되고 있었을까? 아른홀트의 언설로 돌아가자.

3
열광 뒤의 차분함

기계와 하나가 된 노동자의 차분함

아른홀트가 창조하는 인간을 누빔점으로 하여 노동의 의미요소들을 결합시켰던 1936년의 《독일 경영학 개론》은 노동자의 고유한 인격적 지위를 주장하는 것에 그치지 않았다. 감정 레짐에서도 현저한 반전이 나타났다. 아른홀트는 그 책 말미에 기업 지도자의 행동 격률 열두 개를 공표한다. "모범이 되어라."와 "지도자의 권리는 책임에 있다." 는 1930년에도 했던 말들이다. "품위를 지켜라."와 "합리적으로 처벌하라."는 1930년과 벌써 다르다. 기업가의 권위는 보편적인 도덕적 올바름에 의해 뒷받침되어야 한다는 것이기 때문이다. "명령하기를 너무 좋아하지 말라. 공고만으로 충분할 수도 있다."는 노동자의 마음을 배려하라는 충고다. 그 격률의 제목이 "차분하라."이다! 바로 이어서 아른홀트는 기업가들에게 "적절한 정도程度를 지키라."고, "분노 속에서 책망하지 말고 열광 속에서 칭찬하지 말라."고 충고한다. 그리고 아른홀트는 핵심에 도착한다. "자신을 지배하라!……사소한 일에 끌려 들어가지 말라. (지도자가) 자신을 지배하지 못하면 (노동자는) 위축되고 마음을 닫아버리며, 끝내 말 없는 적이 된다. 분노는 특별한 일을 위해 아껴둬라."[21]

1930년 강연과는 전혀 다른 감정 레짐이 제시된 것이다. 노동자들을 매혹하고 열광시키며 그들의 의지를 자신의 의지로 응집시키는 지도자는 없다. 실제로 아른홀트는 "적절한 정도"를 지키라고 말한 그 격률에서 "흥분은 언제나 언어의 힘을 약화시킨다."고 단언한다. "합리적으로 처벌하라."라는 격률에서도 아른홀트는 "부적절한 처벌은 올바름의 감정을 훼손한다."고 부연한다. 나치 감정문화에 대한 기존의 연구는 대부분 프로이트주의적인 억압과 전이 모델에 입각하여 진행되었다. 독일의 권위적인 문화 때문이건 급변하는 사회문화적 상황 탓이건, 독일인들은 억압된 자아를 갖게 되었으나 그 억압이 완전치 않았기에 한편으로는 히틀러에 대한 열광으로, 다른 한편으로는 살인적 폭력으로 나아갔다고 해석해온 것이다.[22]

1936년의 아른홀트는 열광의 이면을 드러낸다. 그가 제시한 바람직한 인간은 타인의 감정적 반응을 예상하고 그에 따라 자신의 감정을 조절하는 차분한 인간이다. 이는 앞서 서술한 생산 합리화 및 기업의 권력 현실과 상관적이다. 합리화된 연속노동에서 부분 노동은 전후前後의 노동을 예상하고 진행되어야 했고, 회사원이라면 누구든 회사 내부 정치 거간꾼들의 눈치를 보아야 했다. 다만 아른홀트가 새로운 감정문화를 주장한 이유가 합리화 때문은 아닌 듯하다. 1920년대 중반에 이미 합리화되어 있던 제철회사에서 근무했던 그가 1936년에 와서야 그 현실에 부합하는 감정 레짐을 주장하지는 않았을 것이기 때문이다. 입장이 바뀐 것은 생활수준 향상의 지체를 은폐하려 했든, 사회주의의 흔적을 지워버리려 했든, 아니면 진심이었든, 노동자의 지위를 상징 정치적으로 고양하려던 나치즘의 흐름 때문으로 보인다.

그 시기에 아른홀트는 노동자와 기계의 관계에 대해서도 이례적인 진술을 한다. 1925년부터 1936년까지 그는 노동을 논할 때 언제나 "물적인 세계"와 "인간의 세계"를 구분했고, 노동의 기쁨을 늘 "인간의 영역"에서 논했다. 1937년의 《기업 지도자와 그의 기업》에서 그는 아주 다른 시각을 보여준다. 노동을 단지 기능으로 간주하면 노동에 대한 혐오감과 광적인 증오심이 발생한다는 인식은 과거와 같다. 다른 점은 기업의 과제는 기계의 "사물 세계"와 인간의 "삶의 세계"를 융합시키는 데 있다는 전제에서 출발하여, 기계를 인간의 표현이요 인간 정신 그 자체로 간주하는 데 있었다. "고속열차 기관차에는 (독일에서 최초로 기관차를 제작한) 보르지히의 정신이, 자동차에는 다임러와 벤츠의 의지가 살아 있지 아니한가. 인간과 기계는 하나로 합생合生verwachsen하기 마련이기에, 기계와 인간은 본질에서 차이가 없다고 해야 한다."[23]

1년 전의 《독일 경영학 개론》에서 아른홀트는 전혀 다른 말을 했었다. 그는 기존의 심리공학이 '노동자를 기계와 동급의 생산요소로 인정하는 데 그쳤다'고 비판했었다. 1937년에 그는 한 번 더 변신하여, 이제는 노동자와 기계를 등치시킨 것이다. 환경이 중요했을 것이다. 1937년은 군수물자 생산을 위한 나치 4개년 계획이 본격화된 해이고,

주요 산업 분야에서 노동력 부족이 뼈아프던 해이며, 그래서 노동자 개개인의 성과가 중차대해져서 나치즘의 언설이 온통 성과로 누벼지던 해였다. 아른홀트 역시 올바른 합리화란 인간-기계의 관계를 재정의함으로써 시작된다고 선언함으로써, 새로운 노동 담론이 성과주의에서 비롯된 것임을 분명히 했다. 성과주의야 바이마르 성립 이래 논자들 대부분이 빼놓지 않고 강조하던 바였지만, 그러나 이제 그 방법이 달라진 것이다. 바이마르 초기에는 노동관계의 과학화가, 1920년대 중반에는 노동 과정의 인격화가 강조되더니, 이제는 노동자의 기계화가 방법으로 제시된 것이다.

발상의 전환은 갈수록 강하게 표명되었다. 전쟁이 발발하고 1년이 지난 1940년의 글에서 아른홀트는 기계와 인간의 융합을 감정과 결합시킨다. "기계와 합생한 사람은 심신 전체에서 기계를 느끼고, 기계에 의하여 느낀다." 심신이 기계와 하나가 된 사람에게 기계는 "그 안에 들어있는 수많은 인간의 정신과 행동력과 기술과 땀을 내어준다." 그런 사람에게 기계는 물질화된 감정이고 증폭된 힘이다. 기계와 합생하는 것이야말로 최고의 행복이고, 그리하여 최고의 성과다. 그런 사람에게 노동은 "떨리는 창작"이고 "창조하는 예술 작업"이다. "창조의 기쁨"은 그로부터 비롯된다. 그 모든 수사학이 성과를 위한 것이었음은, 그 책의 제목이 《직업교육과 성과 제고에 기여하는 정신심리적인 힘들》이었다는 사실에서도 드러난다. 아른홀트는 전쟁에 돌입한 그 시점에 성과를 제고하는 가장 중요한 방법을 감정의 힘에서 찾고, 그 감정을 기계와 노동자의 정신적·감정적 결합에서 얻어낼 수 있다고 생각한 것이다.[24]

아른홀트의 주장이 언뜻 리델의 1925년 주장과 비슷해 보일 수 있다. 그러나 정반대로 뒤집힌 것이다. 기계의 인간화가 아니라 인간의 기계화를 주장했기 때문이다. 그 사상적 기원은 모호하다. 심리공학 개척자의 한 명이었고 1920년에 할레에 독일 최초의 '실천심리학' 연구소를 설립한 저명한 심리학 교수 프리츠 기제는 1930년대에 들어서 무척 추상적으로 변한다. 그는 1932년에 기계와 인간을 "세계관의 요소"로 묶으면서, 기계는 "인간 정신의 결정結晶 그 자체"라고 잘라 말했다. 요한네스 리델조차 1934년에 올바른 나치 기업에서는 "사물적 질서와 인간적 질서가 융합된다."고 주장했다.[25] 사실 마르틴 하이데거가 1930년대 중반 이후 사유하기 시작한 그 유명한 기계철학은 1930년대 노동과학자들의 노동 담론에서 온 것이다. 그러나 그들은 기계와 인간이 같다거나, 심지어 기계의 감정과 정신이 인간의 행동으로 표현된다고까지 말하지는 않았다. 그러나 그렇게 말한 사람이 있었다. 1920~30년대의 독일인들만이 아니라 그 시기를 연구하는 학자라면 누구나 아는 사람이다. 작가 에른스트 윙거Ernst Jünger가 그다. 지금까지 역사학자들은 아른홀트를 연구하더라도 딘타에 집중하거나 직업교육에서 멈추었다. 필자가 과문하기는 하지만, 기존 연구자들 중에 아른홀트의 기계-인간 합생론을 언급한 학자는 있어도 아른홀트와 윙거를 연결시킨 학자는 없다.

윙거가 인간-기계 합생론을 펼쳐놓은 저술은 그 유명한 1932년의 저서 《노동자》다. 그 정치철학 책에서 윙거는 인간과 기계를 똑같이 "생"의 힘이 "동원"되는 방식으로 간주했다. 그러자 기계와 인간의 구분이 무의미해진다. 더욱이 그가 보기에 인간과 기계는 언제나 함께 한다. 스키 경주가 그렇고, 카 레이싱이 그러하며, 인간이 탑재하여 전함으로 돌격하는 인간어뢰와 인간이 교통체계의 일부인 대도시, 심지어 국가조차 인간과 기계의 결합물이다. 아른홀트가 윙거를 읽었다는 증거는 없다. 다만 아른홀트와 마찬가지로 윙거도 제1차 대전에서 프로이센 육군 장교로 복무했고, 1920년대 전반기에는 자유군단 민병대에서 활동했다. 또한 윙거의 저술이 제1차 대전 경험을 미학화하고 정치화하는 것이었기에, 그리고 윙거가 당시 대단한 유명 인사여서 히틀러도 두 번이나 만나려 했고 《노동자》 역시 지식인들의 베스트셀러였기에, 아른홀트도 필시 그 책을 읽었을 것이다.

문제는 아른홀트가 참조하였을 윙거 판본의 포스트휴머니즘의 내포가 무엇이었냐는 것이다. 윙거가 기계를 형이상학적인 생의 작동으로 간주하고, 인간 정신이 그 생을 관통할 수 있다고 상정하는 동시에 인간을 권리가 아닌 힘으로 정의하자, 기업과 사회와 국가는 자아를 무한대로 확장하려는 개별적 인간들의 정글이 되고 인간의 지위는 오로지 성과에 입각한다.[26] 이는 개개인이 성과를 향하여 관료제를 돌파하도록 한 나치즘 일반의 논리, 나치 노동법에도 관철된 바로 그 논리의 판박이다. 윙거의 포스트휴먼 정치학이 그처럼 나치즘을 선취한 것이라면, 아른홀트의 인간-기계 합생론 역시 나치즘의 구현으로 해석할 수 있다. 아른홀트는 실제로 1940년의 《정신심리적 힘들》에서 노동자들이 "영혼을 갖춘 모터"가 되는 것이 바로 "나치즘이 요구하는 것"이라고 총괄했다. 윙거의 '노동자'를 감정 차원에서 바라보면, 그 노동자는 성과를 향하여 매진하되 타인과 분리된 '고독한' 인간이다. 아른홀트의 노동자는 자신의 감정을 자원화하되 그 감정을 타인의 감정에 준하여 조절하고 투입하는 인간이다. 그 둘 사이의 거리는 가깝다.

이상의 서술에서 1930년대 말 이후 아른홀트가 공급한 자본주의 정신이 드러난다. 그것은 경제와 노동의 영역을 기계라는 사물의 영역으로 치환시키는 동시에 그것을 민족 정신의 구현으로 내세움으로써 자본주의를 정당화하는 작업이었던 것이다. 그러나 그 담론은 현실에서 노동자와 노동을 기계의 법칙적 운동에 복속시키는 장치다. 노동자를 "영혼을 갖춘 모터"로 정의했으니 무슨 설명이 더 필요하랴. 1920년대 중반에 리델과 비너가 제시했던 "인격 총체"와 비교하면 그 국면에 아른홀트로 표출된 나치의 자본주의 정신이 얼마나 반인간적이었는지, 그들의 "독일적 사회주의"가 얼마나 허구였는지 생생하게 드러난다. 그리고 그때의 감정이 차분함이었던 것이다.

돌아보면 우리의 주인공 아른홀트가 노동을 의미화하는 누빔점은 여러 차례 바뀌었다. 1925년에는 사회적 상승 욕망이, 1930년에는 지도자 인격이, 1936년에는 창조하는 인간이, 1937~40년에는 성과주의적 기계-인간 합생론이 의미화의 축이었다. 아른홀트는 대단한 사상가가 아니었음은 물론 고유하게 사유하는 기술인도 아니었다. 그는 기회주의자였다. 1925년에는 우익 기업가 진영의 입장을 대변했고, 1930년에는 운동 국면의 나치즘에 영합했으며, 1936년에는 노동전선의 초기 입장을, 1937년 이후에는 전쟁 준비에 돌입한 나치즘을 대변했다. 그처럼 기회주의적이었기에 역설적으로 아른홀트는 해당 국면의 나치즘을 드러낸다. 따라서 1930년대 후반기에 도착한 그의 감정 레짐, 즉 성과에 진력하되 차분하게 자신의 감정을 관리하는 인간이 그 시기 나치즘의 감정 레짐이었다고 할 것이다.

지멘스 심리학 교본 속의 차분함

흥미로운 점은 그 감정 레짐이 아른홀트로 그치지 않았다는 사실이다. 지멘스 그룹 내에서 유통되던 교본 하나를 검토해보자. 지멘스는 1904년에 '지멘스 실천심리학 연구회'라는 사내 연구소를 설치했는데, 1935년에 소장인 체디스Adolf Zeddies가 《인간 알기와 인간 다루기》라는 교본을 발간했다. 총 10개의 강좌로 구성된 교본은 십장 이상의 중간 간부, 지멘스 수련생 교사, 회사의 복지 담당자들을 교육하기 위한 책이었다. 따라서 지멘스의 감정 레짐을 도출하기에 적절하다고 할 것이다. 교본은 성격심리학을 내용으로 했다. 성격심리학은 제1차 대전 이후 생철학자 루드비히 클라게스Ludwig Klages와 필립 레르쉬Philip Lersch에 의해 확산된 인기 높던 대중 심리학으로서, 개별적인 삶의 경험들은 '성격'으로 응결되는 동시에 심신 모두에 각인되기에, 성격은 필체, 얼굴 표정, 몸짓 등의 외적 표현으로 드러나며, 개인의 성격은 고유하지만 몇 개의 유형으로 정리될 수 있고, 따라서 외적 표현을 관찰하면 상대방의 '영혼'을 포착할 수 있다고 주장했다.

흥미롭게도 체디스는 자신의 성격심리학 책이 주체 자신이 아니라 타인을 알기 위해 필요하다고 못 박는다. 그리고 어떻게 필체에서 감정적 인간의 유형들을 식별할 수 있는지 길게 설명한다. 심리학자들이 늘 그렇듯, 체디스 역시 정상적인 심리 유형보다 일탈적인 유형을 열거한다. 그는 인간을 상황과 무관하게 일정하게 행동하는 유형과 상황에 따라 달리 반응하는 유형으로 대별한 뒤, 상황과 무관하게 행동하는 유형을 다시 무정형적으로 행동하는 유형과 형식에 고착된 유형으로, 상황에 따라 달리 반응하는 유형은 자아에 함몰되어 반응하는 유형과 자아로부터 분리되어 반응하는 유형으로 구분한다. 그리고 그 네 가지 유형에 차례로 경박과 무절제, 둔중함과 무감동, 분노와 공포, 차가움과 조심성을 대응시킨다. 그러나 체디스가 독자들에게 전달하고자 했던 것은 일탈적 유형이 아니라, 그런 유형들을 대면했을 때 주체가 어떤 태도를 취해야 하느냐는 것이었다.

체디스는 결론에서 말한다. 자아에 함몰되어 마냥 이기적으로 처신하는 유형이든, 자아와 분리되어 마냥 선하게 베푸는 유형이든 모두가 극단이고 과잉이다. 우리는 그런 사람들에게 언제나 호의적인 차분함으로 대응해야 한다. 주체는 선할 필요가 없다는 것이다. "언제나 여유 있고" "언제나 거리를 두어라." "상대방이 불안하거나, 우리에게 분노하거나, 증오에 가득 차서 악하게 군다고 해도 우리는 그럴수록 여유와 차분함을 유지해야 한다."[27]

체디스가 흥분과 열광이 아닌 차분함을 주장했으니, 아른홀트가 설파한 "적절한 정도"와 똑같은 주장을 펼친 것이다. 또한 체디스는 아른홀트와 마찬가지로 사회적 상승 욕구를 자극한다. 체디스는 독자들에게 극단적인 감정 유형에 대하여 우월한 입장을 가지라고 노골적으로 충고한다. 책의 부제가 심지어 "인간 알기에 의한 우월함"이다. 그 수단이 바로 감정적 여유와 거리 두기였던 것이다. 체디스가 사회적 상승을 부추기는 면모는 그 심리학회가 발간하던 월간지에서도 두드러진다. 월간지의 제명이 《성공적인 삶》이었거니와, 《리더스 다이제스트》와 대단히 유사한 그 책의 1937년 열두 개 호는 그야말로 성공에 이르는 방법들로 가득 차 있다. 한편에는 자기 암시, 자아 교육, 자아의식, 의지 훈련, 집중력 강화 방법, 기억력과 관심, 말의 기술과 같이 자아계발의 방법들이 제시되었고, 다른 한편에는 분노와 흥분의 극복, 불안과 성공의식, 진정한 안전감의 토대, 긴장 풀기, 차분한 시간 등 성공의 지름길이 감정관리에 있다고 주장하는 논설들이 실렸다. 그 잡지의 독자가 최하 숙련노동자였음은, "일상 속의 법"이라는 각 호 항목에 임대차법. 가족법, 소유권 문제, 상속법, 세법, 모기지법 등이 올랐다는 사실에서도 드러난다. 월간지는 지멘스에 마치 반숙련노동자와 미숙련노동자가 부재하는 듯이 편집된 것이다.[28]

로베르트 라이는 1937년 6월 중순에 베를린 스포츠궁전에 집결시킨 노동전선 직원 노동자들에게 외쳤다. "우리는 사람들을 발전에 참여시킬 수 있습니다. 우리는 독일에서 미숙련노동자라는 단어를 더 이상 듣고 싶지 않다고 말할 수 있어야 합니다." 물론 직업교육의 중요성을 강조하던 맥락이었지만, 라이는 그 선언을 그 시기 다른 연설에서도 되풀이했다. 라이는 또한 노동전선 기업 대표 위원들 앞에서는 "여러분은 기업 지도자와 동급"이라고 외쳤고, 기업가들에게는 "여러분은 기업공동체의 첫 번째 사회주의자이며" 진정한 독일적 사회주의에서 "기업가와 노동자는 하나"라고 소리쳤고, 노동자들에게는 "과거의 부르주아는 노동자들을 일상의 재화(사치품)로부터 분리시켰으나 독일에서는 이제 그것이 사회적으로 문화적으로 불가능해졌다."고, "독일이 다시 웃는다."고, "이웃에게 언제나 친절하게 대하라."고 강조했다.[29]

그들의 언설을 어떻게 해석할 수 있을까? 물론 그들은 노동자들을 사회적으로 상승시키려 한 것이다. 여기서 미국의 역사가 데이비드 쇤봄이 1966년이라는 그 이른 시기에 《히틀러의 사회혁명》이란 책에서 내린 결론을 떠올려보자. 그는 나치 현실에서 계급구조는 오히려 강화되었지만 '해석된 세계'에서 나치는 계급을 무너뜨렸고, 그 문화가 추동력을 공급하여 사람들은 실제로 계급이 없는 듯이 행동하였으며, 그러자 사회적 관계 역시 변화하기 시작했다고 썼다.[30] 실제로 나치 독일에서 계급 현실은 견고하게 유지되었다. 예컨대 나치가 1943년에 여성들을 징용하였을 때 노동계급 여성은 공장에서 고된 노동을 수행했지만 중상층 여성들은 편안하게 자선활동에 참여했다.

그러나 계급 내적인 내용은 부분적으로 달라지고 있었다. 1930년대 후반에 이루어진 노동 조직의 합리화로 인하여 숙련노동자는 약간 감소했지만 반숙련노동자는 그보다 큰 폭으로 증가했고, 실적급을 받는 경우 왕왕 반숙련노동자가 숙련노동자보다 높은 주급을 확보했다. 그렇듯 노동체계가 흔들리자 1942년 10월에 나치는 노동자들의 숙련성 등급을 기존의 3단계로부터 8단계로 세분하도록 한다. 그리고 그때 비로소 나치는 생산시설의 합리화를 왕성하게 진행한다. 나치가 군수공장에 투입한 외국인 강제노동자가 군수공장 전체 노동자의 절반을 차지했음에도 불구하고 그처럼 많은 무기를 생산한 데는 합리화 작업도 일정한 역할을 했을 것이다. 그리고 독일인 미숙련노동자 중에서 운 좋게 징집되지 않은 사람은 외국인 강제노동자들이 미숙련노동과 반숙련 노동을 담당한 덕분에 드디어 숙련노동자의 지위로 상승할 수 있었다. 그 과정은 전후 라인강의 경제기적에서 반복된다. 나치 치하의 독일인들이 아른홀트와 체디스가 강조했던 새로운 감정문화를 장착했는지는 확인할 수 없다. 그러나 그 감정문화와 함께 설파된 경제사회적 현실은 전쟁 막판에 외국인 강제노동자들의 존재 덕분에 기업의 일각에서 대두하고 있었던 것이다.

나치 노동법원 판결문 속의 차분함

이제 마지막으로 국가 부문을 살펴볼 차례다. 우리의 주제가 노동이니만큼 노동법원에서 설파된 담론을 살펴보아야 한다. 유감스럽게도 나치 노동법원에 대한 연구는 희귀할 정도다. 이는 나치 사법에 대한 연구가 주로 법원과 판사들이 나치화되는 과정에 집중한 탓이기도 하지만, 더 중요한 이유는 노동법원의 중요성이 나치 독일에서 크게 감소했기 때문이다. 나치는 단체노동규정 관련 쟁의는 노동신탁위원을 거쳐서 사회적 명예법원에서 처리하도록 하고 민법상의 문제만을 노동전선 법률상담소를 거친 뒤에 노동법원으로 가져가도록 했다. 1심 노동법원에 다루어진 소송이 나치 집권 전인 1931년에 44만여 건, 2심인 지방 노동법원 소송이 2만여 건이었던 데 비하여, 1938년까지 그 수가 15만여 건과 5,549건으로 기막히게 감소한다. 그 과정에서 노동전선이 매우 중요한 역할을 수행했음은 노동전선 법률상담소를 찾은 사람이 1935년에 299만여 명, 1938년에 365만여 명이었다는 사실에서 드러난다.[31)]

노동법원 연구자들은 대부분 소송의 감소만을 언급하고 끝내는데, 비교적 최근에 함부르크 노동법원의 소송을 구체적으로 분석한 마가레트 보츠의 법학박사 논문이 발간되었다. 저자의 관심은 소송별로 당대에 제시되었던 노동법학자들의 해석을 판사의 판결문과 비교함으로써, 판사가 어떻게 나치화되었는지를 밝히는 데 있다. 다행스럽게 보츠가 판사들의 판결문을 때로는 제법 자세히 인용해놓았으므로, 그 연구를 감정사의 시각에서 재해석할 수 있겠다.

보츠가 제시한 함부르크 노동법원 소송 9건 중에서 두 개는 노동법원 판사들이 나치 노동법에 규정되어 있는 기업 지도자에 대한 추종자의 '충성의 의무'를 기업 지도자에게도 확대 적용하였다는 것을 보여준다. 1935년 12월 말 함부르크 지방 노동법원은 한 정육회사가 다리 부상으로 인하여 6주일 동안 출근하지 못한 여직원의 봉급에서 식사비 125마르크를 공제하자, 그 돈을 되돌려주라고 판결했다. 정육회사는 그녀가 회사에서 식사를 하지 않았다는 이유에서 봉급에 포함되어 있던 식비를 공제하였던 것인데, 판사는 원고가 "병 때문에 자택에 머물러야 했을 뿐만 아니라 6주일 동안 병으로 인하여 지출이 증가하였음에도 불구하고," 기업 지도자가 여직원의 "(업무상의) 무능력을 이용하여 이득을 취하려 한 것"은 "기업공동체의 원칙"인 "충성과 배려의 의무를 위반한 것"이라고 판시했다. 1938년 5월 말 함부르크 노동법원은 또한 한 내륙 선사船社에게 선장에 대한 해고 조치를 취소하라고 판결했다. 회사가 어느덧 노령에 접어든 근속 26년의 선장이 부주의하게 배를 항구 말뚝에 충돌시켰다는 이유로 해고한 것은 "선장으로서의 명예"를 심각하게 훼손한 것이며, 그가 나이 때문에 다른 회사 취직이 사실상 불가능하기에 해고는 회사에 대한 선장의 "오랫동안의 충성"을 "거칠기 짝이 없는 배신"으로 갚은 것이라고 판시했다.[32)]

보츠가 제시한 판례 중에는 사회적 명예법원 판결이 하나 포함되어 있다. 나치 독일에서 명예법원 소송은 어이가 없을 정도로 적었다. 1933년에 단체노동규정의 적용을 받는 고용인원 20인 이상의 기업이 7만 7천여 개였는데, 명예법원의 소송 건수는 1934년 65건, 1935년에 204건, 1937년에 342건, 1940년에 72건에 불과했다. 더욱이 1935년의 경우 명예법원 소송 204개 중에서 공업이 57건, 농업이 45건, 수공업이 20건, 호텔 및 요식업이 17건을 차지했다. 힘없는 고용주만 당했던 것이다. 나치 보고서는 그 내역도 밝혔다. 1935년의 204건 중에서 55건이 욕설, 21건이 구타, 욕설과 구타가 병행된 것이 39건, 여성의 명예 손상이 16건, 수련생에 대한 반사회적 태도가 39건이었다.[33)]

보츠가 분석한 함부르크 명예법원의 소송은 1934년 12월 21일에 진행되었다. 피고는 함부르크 기차역의 식당 주인이었고, 식당의 고용 인원은 45명, 그중에서 웨이터는 11명이었다. 사장과 갈등을 벌인 직원은 나치 기업세포 소속으로 1934년에 신뢰위원으로 선출된 웨이터였다. 웨이터 중 한 명이 손님이 남긴 음식을 먹었고 고객들이 역겹다고 항의했다. 사장은 신뢰위원 웨이터와 그 사건을 의논했다. 신뢰위원은 동료 웨이터를 감쌌다. 그러자 사장은 그의 신뢰위원직을 면직시켜달라고 노동신탁위원에 고발했고, 신뢰위원 웨이터 역시 노동전선을 통하여 경찰로 하여금 식당을 수사하도록 했다. 경찰은 식당을 조사했지만 문제 없다고 판단했고, 노동신탁위원 역시 신뢰위원직을 박탈할 사유가 되지 않는다고 결정했다. 식당은 1등칸 식당, 2등칸 식당, 3등칸 식당으로 분리되어 운영되고 있었는데, 사장은 노동신탁위원의 결정을 통보받은 직후 그동안 2등칸에서 근무해온 신뢰위원 웨이터를 3등칸으로 좌천시켰다. 그러자 웨이터는 다시 노동전선을 찾았고, 노동전선은 휴가를 떠난 사장의 대리인에게 그를 1등칸이나 2등칸으로 복귀시키라고 요구했다. 사장은 휴가에서 복귀하여 출근한 날 그에게 인사를 하지 않고 외면했다. 웨이터는 자살을 기도했고, 사장은 그가 죽었어도 장례식에 가지 않았을 것이라고 말했다.

식당 사장이 유죄판결을 받은 것은 노동신탁위원과 노동전선이 나섰으니만큼 능히 짐작할 수 있는 일이다. 우리에게 중요한 것은 판사의 언설이다. "그(신뢰위원 웨이터)는 오랫동안 2등칸 식당에서 훌륭하게 근무했고 동료들의 신뢰를 받았으며, 사장과 개인적인 갈등을 벌였다고 해도 그가 3등칸 식당으로 좌천되어 다른 웨이터들 앞에서 수치를 당할 만큼 신뢰를 잃지는 않았다." "피고는 웨이터를 자기가 원하는 대로 배치할 수 있다고 주장하지만, 그것은 민족사회주의(나치)적인 의미의 기업공동체 정신과 합치되지 않는 낡아빠진 '집 안의 주인 관점'이다." 사실 사장이 노동신탁위원에 신뢰위원직 면직을 요청한 것은 나치 노동법에서 신뢰위원은 해고될 수 없기 때문이었다. 면직되면 해고하려 했던 것이다. 판사는 이 점에도 유의했다. "피고는 신탁위원을 통해 관철시킬 수 없던 시도를 다른 방식으로 시도하지 말았어야 했다. 웨이터에 대한 처벌은 그의 명예만을 손상시킨 것이 아니라 신탁위원의 권위에도 반한 것이다."

흥미롭게도 판사는 웨이터와 사장의 행동이 감정에 의하여 추동되었다고 판단했다. "웨이터가 상위 기관(노동전선)에 고발한 것에 대한 (피고의) 분노가 웨이터에 대한 피고의 처벌을 정당화하지는 못한다." 웨이터의 행동이 "사적인 적대감"에서 비롯되었다고 할지라도, 그는 불법적으로 행동한 것은 아니다. 그와 달리 사장의 "좌천 조치는 복수심과 나쁘고 불명예스러운 의식에서 비롯된 계획적이고 의도적인 명예 손상이다.⋯⋯피고는 적대적인 태도에서 웨이터에게 사악하게 행동했다." 판사는 사장이 웨이터를 외면한 것도 문제 삼았다. "피고는 의도적으로 그에게 상처를 주는, 다른 웨이터들 보는 앞에서 그를 깎아내리는 방식으로 그를 외면했다.⋯⋯그의 명예를 또다시 사악하게 손상시킨 것이다.⋯⋯피고가 자신의 권력을 오용하여 그에게 화풀이를 한 것은 피고의 진정 추악한 의식을 증명한다."

판사는 웨이터가 "사적인 적대감"에서 행동하기는 했지만, 그에 대하여 사장은 "사악한" "분노"와 "복수심"으로 대응했을 뿐만 아니라 "화풀이"를 하느라 웨이터의 "명예"를 동료들 앞에서 "사악하게" "추악하게" 손상시켰다고 간주한 것이다. 이를 뒤집으면, 판사는 설혹 웨이터의 감정이 사장에게 분노와 복수심을 일으켰어도 사장은 그 감정을 관리하여 처신했어야 한다고 판단한 것이다. 판결문 마지막 부분에서 판사는 다시 신뢰를 꺼냈다. "법원은 피고와 웨이터들 간에 입법자가 원하는 신뢰가 조성되어 있지 않다는 인상을 받았다.……피고가 앞으로는 영원히 추종자들의 명예를 손상시키는 비방에서 쾌감을 느끼지 못하도록……벌금형 1천 마르크가 합당하다." 벌금 1천 마르크는 중형에 속했다. 1935년의 명예법원 소송 204건 중에서 벌금 100마르크 이하가 25건, 100마르크 이상 500마르크 이하가 43건이었고, 1천 마르크 이상은 겨우 4건이었다.[34]

되돌아보면 흥미롭다. 1900년경 독일 산업사회는 노동의 기쁨을 열광적으로 논의하기 시작했다. 그러나 1930년대 중반을 지나면서 '노동의 기쁨'이란 단어는 점차 줄어들었다. 1937년 라이의 연설문을 조심스럽게 살펴보면, 그가 기쁨을 말할 때 그 중심에는 '기쁨에 의한 힘'이 주도하던 여행과 '노동의 아름다움'이 추진하던 노동환경 개선이 자리하고 있음을 알 수 있다. 그리고 노동전선 사회국장 칼 페플러가 1940년에 펴낸 《독일 노동학》에서 사회학자 하인츠 마르는 노동의 기쁨의 의미를 안으로부터 전복시킨다. "독일의 프롤레타리아 사회주의는 합리화되고 규율화된 공업활동을 수동적으로 감내하지 않고 적극적으로 수용했다.……독일의 노동인민은 오로지 '기계와의 동맹' 상태에서만……'자본주의로부터의 해방'을 기대할 수 있다." 아른홀트도 말했던 명제를 되풀이한 뒤 그는 그 의미를 해명한다. "오로지 '전인적인 활동'만이 '노동의 기쁨'을 줄 수 있다는 생각은 부적절하다. 질서정연한 생산 과정과 즉각적이고 자동적으로 복종해야 하는 노동도 '기쁨'을 줄 수 있다. 이 기계적인 노동의 기쁨은 수공업적인 노동의 기쁨과 근본적으로 다르다." 그는 양자를 각각 놀이와 스포츠에 비유하면서 합리화된 공장 노동을 옹호한다. 그리고 단언한다. "얼마나 많은 사람이 오히려 '반복적인' 노동을 원하는가." 마르는 제1차 대전 이후에 진행되어온, 은근히 수공업적인 함의가 깔려 있던 생철학적인 노동 개념에서 벗어나 뮌스터베르크가 제1차 대전 직전에 공급했던 논의로 되돌아간 것이다.[35]

중요한 것은 물론 발화의 맥락이다. 뮌스터베르크의 발언이 노동자를 노동의 주인으로 만들 방법을 고민하던 맥락에서 발화되었던 것과 달리, 마르가 발언한 1940년의 독일은 노동의 주인이 노동자가 아니라 생산성인 시공간이었다. 그것은 페플러가 책의 서언에서 "인간은 살기 위하여 노동하는 것이 아니라 노동하기 위해서 산다"고, "노동은 의무"라고 선언한 맥락이었다. 그처럼 노동자와 노동의 기쁨이 분리된 가운데 노동 감정은 노동하는 인간과 노동의 관계에 관한 것이라기보다 노동자로 표출된 기계와 기계의 관계에 관한 것이었고, 앞서 보았듯이 그 국면에서 아른홀트는 바람직한 감정이 열광보다 차분한 거리감이라고 주장했던 것이다. 그리고 그 감정이 지멘스 심리학 연구회의 교재와 함부르크 노동법원의 판결문에서 반복되었다. 돌이켜보면 그 감정은 이 책의 프롤로그에서 언급한, 피터 스턴스가 1920년대에서 1960년대까지 미국에서 규범적 감정으로 자리 잡았다고 강조한 '친절하지만 쿨한' 감정 레짐과 다르지 않다. 독일은 전혀 다른 정치적 맥락에서, 그리고 전쟁 수행을 위하여 생산 합리화를 추진하는 와중에 차분함의 감정 레짐에 진입한 것이다.*

* 뒤에 다시 언급하겠지만 문화학자인 헬무트 레텐은 '차가움'의 감정 레짐이 1920
년대 바이마르 '문학'에서 등장했다고 주장했다. '나치 독일' 감정 레짐에 대한 연
구는 거의 없다. 서독인들의 감정을 다룬 8장에서 보게 되듯이, 제2차 대전 이후 서
독 감정사를 연구한 역사가들은 1960~70년대에 와서 '차가움'의 감정 레짐이 '따
스함'의 감정 레짐으로 변했다고 주장하면서도 차가움의 감정 레짐이 '전통적인'
감정 레짐의 특징이었다고만 썼을 뿐, 그것이 언제 어떻게 등장했는지 적시하지 않
았다. 그리고, 열광 감정에 대하여 필자는 분석하지 않았지만 한마디 촌평은 할 수
있겠다. 역사가들은 흔히 나치 독일에서의 열광을 고속도로 및 신건축을 통한 공간
의 재배치, 전당대회와 현충일 기념식과 같은 공공행사, 베르사유조약을 무력화시
킨 대외정책 등에 의해 생산되었다고 판단하고, 이를 일기와 인민 동태 보고서에서
확인한다. 필자 역시 그에 동의한다. 문제는 그 열광의 함축이 무엇이었느냐는 것
이다. 필자는 열광 속에 히틀러 및 나치체제에 대한 인민의 동의는 물론 민족적 통
합과 '구원'에 대한 국민적 합의가 담겨 있었다는 주장에 동의한다. 그러나 한걸음
더 나아가서 유의할 것은, 나치의 열광이 독일인 각자로 하여금 자신의 행위에 초
월적인 의미를 부여함으로써 개별적인 행위 능력을 강화하도록 하는 장치였다는
점이다. 그리고 이때 열광을 차분한 힘으로 전환시키도록 한 것이다.

. 7 .
나치 독일의 '독서의 기쁨'

짝퉁 천국 나치 소비재시장

제2차 대전을 끝내기 위해 독일에 진군한 미군은 유럽과 지중해 전선에서 4대 강국과 사실상 홀로 싸운 독일의 민간인들이 별로 마르지도 않고 낯빛도 멀쩡한 것에 놀랐다. 그 직후 독일의 전쟁 준비를 분석한 미국의 경제학자들은 나치가 "더 많은 버터와 더 많은 총"을 동시에 생산하려 하였고, 그 탓에 무기 생산을 위한 경제적 동원이 미흡했으며 또한 그래서 독일인들의 건강 상태가 나쁘지 않은 것이라고 설명했다.

　1990년대 말 독일의 중견 경제사학자 베르너 아벨스하우저는 나치가 "필요한 만큼의 버터와 가능한 한 많은 총"을 동시에 생산하는 "경제기적"을 일으켰다고 주장했다. "필요한 만큼"에서 그 "필요"를 누가 정의하느냐는 문제가 제기되어야 하지만, 아벨스하우저가 그 선정적인 문구를 사용한 것은 나치의 확대 재정정책과 금융정책이 서독의 소비주의 경제에 길을 열었다고 주장하기 위해서였다. 2000년대 전반, 그때까지 30년 넘게 나치의 사회정책과 홀로코스트를 연구해온 독일의 뛰어난 역사학자 괴츠 알리는 분석의 시점을 제2차 대전으로 이동시켰다. 그때 히틀러가 실행한 전비 조달정책과 정복 지역 약탈정책은 독일의 중하층 인민에게 절대적으로 유리하게 진행되었기에, 전쟁으로 실행한 홀로코스트와 나치가 추진해온 탈계급화 정책은 인과적으로 결합된 것이며, 따라서 히틀러는 독일인들의 "인민총리"였고 나치 국가는 독일인들의 "인민국가"였다고 주장했다.[1)]

알리는 독일이 정복 지역에서 한 해 동안 조달한 현금이 독일 한 해의 예산과 맞먹었다는 통계를 내놓았지만, 그만큼 현저했던 것은 나치가 정복 지역에서 징발한 막대한 식량을 독일로 보낸 일이었다. 나치는 예컨대 폴란드에서 생산된 호밀과 감자의 절반 이상과 귀리의 3분의 2를 독일로 보냈고, 우크라이나에서는 파종할 씨앗까지 쓸어갔다. 그 탓에 우크라이나와 벨라루스에서 각각 200만 명 이상이 사망했다. 그리고 모든 정복지에서 유대인의 재산은 '금광'이었고, 점령군은 '골드러시'에 주저함이 없었다. 약탈은 나치 정부와 군대 수뇌부로 국한되지 않았다. 독일군 병사들은 장교 사병 할 것 없이 나치의 환율정책 덕분에 자동으로 가치가 올라간 봉급으로 벨기에, 네덜란드, 덴마크, 프랑스, 체코, 우크라이나 등지에서 샴페인, 코냑, 커피, 포도주, 과일, 담배, 고기, 만년필, 코트, 셔츠, 나이트가운, 가죽가방, 손가방, 구두, 장갑, 목걸이, 팔찌 등을 구입하여 독일 집으로 보냈다.

일부 병사들의 아내는 그것을 되팔아 저축도 했다. 독일 국민은 그 덕분에 살림살이에 숨통이 트였겠지만, 그러한 소비재 약탈이 역설적으로 증언해주는 것은 알리의 주장과는 결이 다른 모습, 즉 나치 민간 소비의 취약성이다.

특히 먹거리가 문제였다. 1938년의 통계들을 비교해보자. 밀가루로 만든 하얀 빵의 1인당 소비량이 미국인보다 40퍼센트 적었다. 그대신 호밀빵 소비량은 4배 많았다. 육고기 소비량은 1인당 48.6킬로그램으로 영국인의 64킬로그램과 미국인의 57킬로그램보다 훨씬 적었다. 소고기 소비량은 미국인의 3분의 1이었다. 그리하여 지금이나 그때나 독일인들이 생선보다 육류를 선호함에도 불구하고 1938년까지 생선 소비가 1932년에 비하여 40퍼센트 증가했다. 1938년의 버터 소비량은 영국인보다 25퍼센트 적었다. 나치가 버터 대신 잼의 소비를 권장했음에도 불구하고 설탕 소비량 역시 영국인과 미국인의 절반에 불과했다. 달걀 소비량도 영국인의 절반이었다. 그 대신 감자와 양배추 소비량은 영국인과 미국인의 두 배였다. 커피 소비량은 미국인의 절반에 못 미쳤고 영국인보다는 많았지만, 이는 영국인들이 홍차를 많이 마시기 때문이었다. 외국산 과일 소비 역시 1930년에서 1938년 사이에 30퍼센트 감소했다. 1930년대 말 독일인들의 엥겔지수는 45퍼센트로, 영국인들보다 4퍼센트포인트 높았다. 요컨대 영국인들과 미국인들이 소고기, 달걀, 흰 빵, 버터, 치즈를 먹을 때, 독일인들은 돼지고기, 생선, 호밀빵, 감자, 양배추, 마가린을 먹었던 것이다.[*]

---

[*] 나치 독일의 경제 실적은 그리 좋지 않았다. 국민소득이 1935~36년이면 바이마르 전성기인 1928년에 도달하고 1938~39년에는 명목가격으로 30~40퍼센트 정도 추

더욱이 나치 독일은 저질 짝퉁제품의 천국이었다. 나치는 독일인의 위장은 '정치적'이기에 흰 빵 대신 민족의 빵인 호밀빵을 먹는다는 캠페인을 벌였고, 그러면서도 밀가루 빵은 물론 호밀빵에도 전분과 옥수수 가루를 7퍼센트씩 섞었다. 밀 수입을 줄이기 위해서였다. 그리고 나치는 어차피 모자라는 동물성 지방을 아끼기 위하여 버터와 마가린 대신, 우유에서 유지를 빼고 단백질만 모아 만든 독일만의 식품 크바크를 먹자는 캠페인을 벌였다. 물론 우유 수입을 줄이기 위해서였다. 나치는 또한 커피 대신 보리로 만든 대용커피를 마시자는 캠페인도 벌였다. 커피 원두의 수입을 줄이기 위해서였다. 비누도 동물성 지방을 줄인 대체 비누를 공급했다. 그러자 비누의 세탁력이 떨어졌다. 마직과 면직과 모직과 견직에도 인조섬유를 16퍼센트, 20퍼센트, 30퍼센트, 60퍼센트씩 섞었다. 원사 수입을 줄이기 위해서였다. 그러자 방한 효과는 떨어지고 내구성이 줄어들었으며, 더운 물로 세탁하면 맵시가 망가졌다. 그 모든 조치는 대공황기 무역량의 절대적 감소로 인하여 만성적이고 절대적으로 부족했던 외환을 무기 원료 수

월한 것은 맞는 것 같다. 다만 국제적으로 비교하면 취약성이 드러난다. 영국의 역사가 애덤 투즈의 계산으로는 1930년대 미국의 국민총생산이 연평균 약 662억 달러, 영국이 약 219억 달러, 독일이 약 176억 달러였다. 미국을 지수 100으로 놓으면, 영국은 33, 독일은 22이었다. 1인당 국민소득은 미국을 지수 100으로 할 때 영국은 88, 독일은 미국의 절반인 50에 불과했다. 세계 11위였다. 나치는 실업만큼은 완전히 극복했다. 공황기 최저점인 1932년에 40퍼센트에 달했던 실업률은 1938년에 3.2퍼센트를 기록하여 노동력이 부족한 국면에 돌입한다. 그러나 국민소득에서 임금소득이 차지하는 몫은 1929년의 56.6퍼센트에서 1939년의 51.8퍼센트로 하락했다. Adam Tooze, *The Wages of Destruction. The Making and Breaking of the Nazi Economy*, New York, 2006, pp. 169~176.

입에 쏟아붓기 위해서였다.[2]

저질 짝퉁제품이 국민경제적 통계에서 갖는 의미는 적지 않다. 질을 떨어트린 그 물건들의 가격은 가격 상승을 숨기고 있는 것이기 때문이다. 세탁력이 떨어진 비누를 사용하면 얼마 지나지 않아서 비누를 또 사야 하지 않겠는가. 그리하여 일부 연구자들은 나치의 공식 통계를 수정하고자 했다. 숨겨진 가격 상승을 최저 10퍼센트로 계산하면, 전쟁 발발 전년도인 1938년의 생활비가 대공황의 최저점인 1932년에 비하여 23퍼센트 상승하였다는 계산이 나온다. 그 시기에 명목 주간소득이 26퍼센트 상승했으므로, 1938년의 실질임금은 대공황기와 거의 같았고, 1인당 소비는 오히려 1.4퍼센트 감소했다는 결과가 나온다. 19세기 산업혁명 연구에 이용된 방법을 나치 독일에 적용한 결과는 더욱 놀랍다. 1920~30년대 슈투트가르트의 9세 남자 아이들의 신장을 비교해보니, 1920년대에서 1932년까지 127센티에서 134센티로 상승하다가 나치 집권 이후에 133센티로 미세하게 감소했다. 같은 시기 영국 리즈의 어린이들은 계속 상승했다. 전간기 유럽 어린이들 사이에서 유행하던 디프테리아 사망률은 1933년에서 1938년까지 미국에서 1만 명당 0.4명에서 0.2명으로 감소했는데 반하여 나치 독일에서는 0.8명으로부터 1.0명으로 오히려 증가했다. 헝가리에서조차 1.4명으로부터 0.4명으로 감소한 때였다.[3]

새로 작성된 실질임금, 1인당 소비량, 신장, 디프테리아 사망률 통계는 당황스러울 정도이다. 공황기가 차라리 나았다는 말인가? 신장과 유병율의 변동에는 중기적인 요인들이 중요했을 것이기에 그 통계들을 곧이곧대로 받아들일 수 없다고 하더라도, 그리고 국민소득에서 국가 지출이 차지하는 비율이 1928년의 14퍼센트에서 1938년까지

19퍼센트로 증가했고 그 속에 포함된 사회복지 비용은 민간 소비에 포함되어야 하겠지만, 소비 차원에서 나치 경제를 '기적'으로 부를 수는 없을 것이다. 독일 출신의 미국의 역사학자 미하엘 가이어의 총평이 옳아 보인다. 귀족, 부르주아, 기업, 군대, 정부 등 강한 자들을 제외한 독일의 '작은 사람들'이 자신이 번 돈으로 시장에서 물건을 구입하여 충분히 생존할 수 있다고 '확신'한 때는 1970년대(!)였다는 것이다.[4)]

생산이 아니라 소비가 중심이 되는 경제, 필요가 아니라 편의와 기쁨을 위하여 상품을 소비하는 사회, 단순한 욕구가 아니라 문화적 정체성을 위하여 물건을 이용하는 사회, 그리고 가이어의 말마따나 독일이 "죽음이 아니라 쓰레기를 생산하는" 소비사회는 1970년대에서야 등장했다는 것이다. 돌이켜보면 1830년대에 산업화에 돌입한 이래 독일은 1890년대 중반에서야 노동자들에게도 대중 시장이 열렸거니와, 그것도 잠시뿐 곧 1차 대전에 돌입했고, 그 후에는 초인플레이션, 대공황, 전쟁 준비, 제2차 대전, 패전, 복구 등을 거쳤다. 1950년대 중반, 한국전쟁과 그로 인한 유럽의 재무장 덕분에 독일의 기계산업이 활황세에 접어들고 그래서 독일 경제가 드디어 역전 불가능한 성장 국면에 돌입했으나, 평범한 독일인들이 그 지속성을 확신한 때는 일러야 1960년대, 그 확신이 소비경제로 일반화된 때는 1970년대였다는 것이다. 따라서 나치 독일에서 소비의 증가는 말하자면 운동화 속에서 발을 앞으로 움직인 정도였다고 할 것이다.

나치가 공급한 그 많은 문화 소비재

기업사와 소비사를 꾸준히 연구해온 독일의 중견 역사학자 하르트문트 베르크호프는 나치 소비정책의 성과를 긍정하는 편이다. 나치 소비정책에 미래적 시간성을 도입하여 가까운 미래에 실현될 '버추얼 소비' 개념을 제시한 사람이 그다. 베르크호프는 나치 독일의 소비재 생산에 대한 경제사가들의 연구를 수용하면서도 묻는다. 그럼에도 불구하고 독일인들은 왜 제1차 대전과 달리 제2차 대전에서는 패망하는 날까지 나치에게 제대로 된 저항을 하지 않았는가? 그는 버추얼 소비 외에 문화 소비에서 답을 찾자는 절묘한 제안을 했다. 물론 문화를 소비재로 정의하는 것은 지당한 일이 아니다. 19세기 독일 부르주아들은 문화, 즉 교양Bildung을 세속화된 시대의 대체종교, 즉 인간을 고양하고 완성하는 통로로 간주했다. 19세기 내내 독일에서 부르주아가 자본보다 지식을 기준으로 정의된 것은 그 때문이었다. 우리가 이 책 6장에서 노동은 문화이기에 인격의 구현이고 그래서 기쁨을 생산한다는 주장이 1930년대 중반까지 설파되는 것을 보았거니와, 그것은 사실 19세기 부르주아 문화 담론의 연속이다. 흥미롭게도 미하엘 가이어 역시 물질적인 소비사회는 1970년대에 도래하지만 문화적인 소비사회, 즉 대중문화는 1920~30년대에 대두했다고 평가했다. 소비사회는 독일에 물질이 아니라 문화로 도착했던 것이다.

미하엘 가이어가 나치 대중문화의 결정적인 매개물로 간주한 기관은 다름 아니라 노동전선이다. 나치의 문화정책은 노동전선 외에 괴벨스의 선전부와 나치당의 여러 기구가 동시에 담당했지만, 인력과 자원이 가장 막대한 조직은 노동전선이었다. 폴크스바겐 자동차공장을 건설한 주체가 노동전선이었으니 구구절절 설명이 불필요할 것이다. 노동전선은 1933년 11월 말에 기쁨에 의한 힘을 설치하고 지멘스 경영진에게 부탁을 하여 지멘스 노동자들을 상대로 여가 생활에 대한 설문조사를 실시했다. 4만 2천여 명이 응답한 결과를 보면, 응답자의 절반이 여행을 간다고 답했다. 그러나 3분의 2가 당일 돌아오는 소풍이었다. 80퍼센트가 연극을 1년 동안 한 번 관람하거나 혹은 아예 보지 않는다고 답했다. 놀랍게도 영화 관람이 한 번 이하인 사람도 무려 80퍼센트였다. 스포츠클럽이나 노래 모임에 속하지 않는 사람도, 1년에 구입하는 책이 2권 이하인 사람도 응답자의 80퍼센트였다.

태어나서 그때까지 박물관에 한 번도 가보지 않았다고 답한 사람도 50퍼센트나 되었다. 화보 주간지를 읽거나 바느질을 포함하여 만들기를 하거나 사진을 찍는다고 답한 사람은 3분의 1이었다. 절반은 신문을 읽거나 체스를 둔다고 답했다. 지멘스의 사회정책과장과 노동전선 기쁨의 힘 담당자 모두 노동자들과 사무직원들이 "민족의 가장 중요한 문화유산"에 그토록 무관심한 것에 경악했다. 그리하여 그들은 "미래 여가정책의 과제가 모든 노동자를 조상이 물려준 문화유산의 담지자이자 보호자로 만들어, 그들이 독일 예술의 언어, 그림, 음향을……자식들의 건강한 몸과 정신에 각인시키도록 만드는 데 있다."고 판단했다.[5] 노동조건 협상을 주도할 수 없게 된 노동전선이 활동 영역을 발견하는 순간이었다. 문화였다.

노동전선이 무에서 유를 창조한 것은 절대 아니다. 우리 학계의 저명한 역사학자 정현백이 이미 1980년대 전반에 탁월하게 밝혔듯이, 19세기 말에 사민당 계열의 자유노조와 가톨릭 노조는 연극, 독서, 산행, 야영, 걷기, 체조, 체스, 흡연 등에 수백만 명을 조직했다. 요람에서 무덤까지 일상을 책임졌던 것이다.[6] 노동전선은 그 전통을 잇되 부르주아들의 전유물이던 문화활동을 추가하고 기존의 활동량을 막대하게 증가시켰다. 1936년에 노동전선이 펴낸 《퇴근 후의 인민》을 보면, 노동전선이 조직한 여가활동에 체조, 육상, 권투, 합창, 체스, 만들기, 여행, 야영 외에 카 레이싱, 비행, 요트, 수상 스포츠, 승마, 테니스, 사격이 포함되어 있다. 그 외에 노동전선은 연극, 오페라, 교향악, 카바레, 박물관, 버라이어티 공연의 '관람'을 조직했다. 노동전선이 국립극장과 시립 교향악단 및 버라이어티 공연단과 단체 계약을 맺어서 노동자들에게 할인된 가격의 입장권을 공급했던 것이다. 예컨대 베를린 인민오페라는 1938년에 단 1마르크의 입장료만 받기도 했다. 1943년에는 그 유명한 빌헬름 푸르트벵글러Wilhlem Furtwängler가 지휘하는 빈 필하모니가 지멘스 노동자들 앞에서 교향악을 연주했다.[7]

노동전선이 1940년에 발간한 《승리의 토대. 1933년에서 1940년까지 독일 노동전선의 활동 편람》은 문화활동의 조직화 양상을 수치로 제시했다. 1938년 한 해 동안의 참가자 수는 연극이 747만 8,633명, 고전음악 콘서트가 251만 5,598명, 오페라와 희가극이 663만 9,067명, 버라이어티 카바레가 351만 8,833명, 춤과 노래와 단평이 어우러진 '흥겨운 밤Bunte Abende'이 446만 2,140명, 전시회가 159만 5,516명, 민속 공연은 무려 1,366만 6,015명이었다. 교양교육도 빠지지 않았다. 강연회 참가자가 1938년에만 631만 2,771명에 달했다. 스포츠도 중요했다. 기업에 조직된 스포츠협회가 1938년에 9,898개에 회원수 57만 9,226명이었다. 기업 외부에서 노동전선이 1938년에 조직한 스포츠 활동 참가자 수는 기본 과정 408만 469명, 수영 158만 2,427명, 육상 30만 4,278명, 격투 스포츠 20만 2,853명, 체스 등 놀이 20

만 2,853명, 해양 및 해수욕장 스포츠 24만 7,304명, 하천에서 행하는 수상 스포츠 9,641명, 동계 스포츠 9만 2,631명, 여성을 위한 특수체조 13만 6,601명이었다.

독일 현대사를 전공하는 학자들이 모두 알고 있듯이 가장 열렬했던 것은 여행이었다. 1938년 한 해 동안 노동전선이 조직한 여행의 참가자는 1,003만 명에 달했다. 그중 120만이 넘는 사람들이 사흘 이상의 여행에 참여했다. 2주일 동안 대서양의 마데이라섬, 노르웨이 피오르해안, 이탈리아 서해안 도시들을 방문하는 크루즈 여행 참가자가 1934년부터 1939년 중반까지 모두 합해 70만 명을 넘었다. 그중에는 노동자도 10만 명이나 포함되어 있었다. 나머지는 사무직 근로자와 여러 나치 기관의 직원이었다.[8]

유의할 것은 노동전선이 펼친 활동이 가장 폭넓고 많았지만, 유사한 활동을 히틀러청소년단, 제국노동봉사단, 나치 인민복지회, 나치 부녀회 등도 조직했다는 것이다. 예컨대 나치 부녀회는 1938년에만 요리 강좌를 8만 5,985회 조직했고, 수강자가 180만 명에 달했다. 전간기 서양 대중문화를 대표하던 소비재 두 가지가 빠질 리 없었다. 1940년에 독일 가구 전체의 3분의 2가 "국민 수신기"라 불린 라디오를 보유했다. 청취자 수가 1천 300만여 명이었다. 괴벨스의 선전부는 기업을 채근하여 기존의 76마르크짜리 라디오 대신 35마르크에 불과한 라디오를 생산하도록 했던 것이다. 영화관 수도 1935년의 4,800개에서 1944년까지 6,850개로 증가했고, 1939년에 판매된 관람권이 6억 장을 넘었다. 이는 독일인들이 영화를 좋아했기 때문이기도 했지만 나치 지구당이 가격을 낮추도록 종용한 탓이기도 했다. 예컨대 뮌헨 영화관의 관람권은 평균의 절반인 1.02마르크였다.[9]

그로써 교양으로서의 문화가 소비재로서의 문화로 넘어가는 양상이 충분히 식별된다고 할 것인데, 라디오와 영화만이 아니라 노동전선이 공급한 여행도 마찬가지였다. 우리 학계의 선도적인 역사학자 설혜심이 보여준 대로 '그랜드 투어'는 19세기 부르주아 교양교육의 핵심이었다. 나치가 조직한 여행은 그 양상이 달랐다. 여행 코스를 아무리 민족의 성소와 나치 기념물 중심으로 편성했어도 당일 소풍이 여행의 80퍼센트를 차지한 것은, 그 기능이 정치와 노동의 피로를 푸는 데 있었다고 할 것이다. 노동전선이 그 모든 활동을 조직한 동기는 어디에 있었을까? 노동전선 수장 로베르트 라이의 연설문을 주의 깊게 읽어보면 그가 임금에 대한 발언을 무척 꺼렸다는 것을 알 수 있다. 노동자에게 유리해 보이는 상황이라면 무엇이든 화려하게 포장하던 그가 그런 모습을 보인 것은, 라이가 보기에도 독일 노동자들의 임금 사정이 자랑할 만하지 않았던 것이다.

　라이는 라디오로 중계된 1937년의 한 연설에서 다음과 같이 발언했다. "인간은 임금을 먹고 살지 못합니다.……필요한 것은 더 많은 임금이 아니라 더 많은 물건, 더 낮은 가격입니다.……사실 사람들의 소비에 실질적인 차이는 적습니다.……우리는 독일의 모든 아름다움이 노동자에게 봉사할 수 있도록 하기 위하여 밤낮으로 고민합니다.……나는 노동자들이 겨울에는 남쪽으로 여행할 수 있도록 할 것입니다.……1940년이 되면 나는 우리의 자랑스러운 군함이 호위하는 10척의 유람선에 노동자들을 태워 세계여행을 하도록 할 것입니다. 우리는 인생을 기쁨으로 가득 채울 것입니다."[10] 라이의 발언은 노동전선이 조직한 문화 생활의 맥락과 목표를 뚜렷이 드러낸다. 국가가 문화를 조직함으로써 물질적 결핍을 메우려 한 것이다.

조용히 책이나 읽고 싶다

역사가들이 가장 알고 싶어 하는 것은 노동전선이 공급한 그 많은 문화 및 여가활동에 노동자들이 어떻게 반응했는가 하는 점이다. 노동자들의 반응을 보여주는 직접적인 사료는 없다. 역사가들이 제시하는 사료는 인민 동태 보고서 속의 언급이나 게슈타포 정보원의 노동전선 여행 보고서, 그리고 개별 기업의 사보에 어쩌다 실린 노동자들의 여행담이다. 대부분 '좋았다'는 것이다. 그러나 노동 시간이 연장되고 노동 강도가 높아진 상황에서 크루즈 여행을 나쁘다고 말할 사람은 없었을 것이다. 그렇지만 베토벤 교향곡을 듣거나 실러의 연극을 보면서 졸아버릴 수는 있지 않았을까?

19~20세기 독일 문화사를 전공하는 미국의 역사가 앤슨 라빈바흐는 독일의 한 기록보관소에서 우연찮게 흥미진진한 문건 하나를 발견했다. 1936년 2월에 노동전선이 여성 노동자 및 여성 사무직원들에게 여가 생활에 대한 설문조사를 실시한 것이다. 반응이 기대에 미치지 못했는지 노동전선은 그 결과를 "엄격히 비밀"에 부쳤다. 놀랍게도 여가 시간이 절대적으로 부족했다. 노동자와 사무직원이 각각 절반을 차지한 응답자들의 27퍼센트가 자유시간이 아예 없다고 답했다. 부모와 함께 사는 여성들은 일 주일에 두세 시간 정도라고 답했지만, 혼자 사는 여성들은 기껏해야 30분 내지 1시간만 자유롭다고 답했다. 농촌 여성은 자유시간이 전무했다.[11]

따라서 기쁨에 의한 힘이 공급하는 여가활동에 대한 관심이 클 수 없었다. 노동전선의 여가활동에 참가했다고 답한 여성이 25퍼센트에 불과했다. 다만 참가자의 98퍼센트는 노동전선 덕분이었다고 답했다. 인기 있는 프로그램은 연극 관람(36퍼센트)이었고, 그다음이 소풍과 여행이었다. 고전음악 연주회와 오페라에 대한 언급은 거의 없었다. 정말 놀라운 것은 '기쁨에 의한 힘'을 비롯한 외부 단체가 제공하는 여가와 개인이 스스로 조직하는 여가 사이에서 선택을 한다면이라고 묻자, 무려 81퍼센트가 혼자 알아서 하겠다고 답했다. 혼자서 노래, 피아노, 만돌린, 기타를 즐긴다고 답한 여성도 있었고, 젊은 여성들은 스포츠와 체조를 즐긴다고도 답했다. 그러나 대부분은 가사활동을 좋아한다고 답했다. 정기적으로 뜨개질과 재봉질을 한다는 여성도 37퍼센트나 되었다. 27퍼센트는 맑은 공기를 마시며 산책한다고 답했고, 많은 여성이 그냥 쉬거나 잠잔다고 답했다. 가장 하고 싶은 게 뭐냐는 질문에는 무려 32.3퍼센트가 좋은 책을 읽고 싶다고 답했다. 한 타이피스트의 응답이 전형적이다. "내게 시간이 충분하다면 평화 속에서 아름다운 책을 끝까지 읽고 싶다. 나는 좋은 사람들과 대화를 나누고 싶지만, 하루 종일 함께 일한 사람들과 또다시 만나고 싶지는 않다.……오히려 나는 평화로운 사색 속에서 홀로 있을 기회를 갖고 싶다. 어린아이 손을 잡고 웃으며 걷고 싶다." 그렇게 독서를 하고 싶었다고 답했기에 우리의 주제가 독서의 기쁨이다. 나치 치하 독일인들이 가장 많이 읽은 책은 무엇이었을까?

2
나치 독일의 베스트셀러

나치 독일 베스트셀러 소설 목록

나치 독일의 베스트셀러 소설에 대한 연구는 딱 두 편뿐이다. 그 시기 문학에 대한 연구는 산같이 쌓여 있지만, 가장 많은 연구는 망명 작가나 독일 국내에 머물면서 '현명한 독자'라면 알아볼 수 있는 저항적인 글을 쓰던 소위 '내적 망명' 작가와 작품에 대한 연구들이다. 독문학자들이 집중적으로 연구한 그 주제 다음의 주제는 역사가들이 수행한, 문학에 대한 나치의 통제 양상이다. 독일의 역사학자 토비아스 슈나이더는 2004년에 〈제3제국의 베스트셀러. 1933~1944년 독일에서 가장 많이 팔린 소설의 확인과 분석〉이라는 논문을 발표했다. 2010년에는 크리스티안 아담이 《히틀러 치하의 독서. 제3제국의 작가, 베스트셀러, 독자》라는 책을 발간하고 그 책이 2021년에 영어로 번역되었다. 그러나 그 내용은 슈나이더의 논문을 확대하고 일부 나치 수뇌의 독서 목록과 몇몇 분야의 대표적인 도서를 소개하는 데 그쳤다.

슈나이더는 1933년에서 1944년에 이르는 시기에 30만 권 이상 '인쇄'된 소설 40권을 확인했다. 히틀러가 총리에 임명된 1933년 이전에 출간된 소설도 그 후에 재차 인쇄되었으면 그 분량만큼은 목록에 포함시켰다. 40권의 순위는 다음과 같다. 1위는 화학염료의 역사를 다룬 과학소설이었다.

물론 궁금한 것은 그중 '나치 소설'이 몇 권이었느냐는 것이다. 슈나이더의 계산으로는 모두 합해 10권(2, 10, 12, 18, 23, 25, 26, 27, 29, 32), 즉 25퍼센트에 불과했다. 비나치 소설 30권 중에서는 1937년에 번역 출간되었음에도 불구하고 1944년까지 30만 부가 인쇄된 마가렛 미첼의 《바람과 함께 사라지다》(35)가 단연 눈에 띈다. 그 책을 포함하여 외국소설이 6권(5, 6, 22, 34, 35, 36), 즉 15퍼센트였다. 역사소설이 6권(13, 16, 20, 21, 24, 30), 코미디 소설이 6권(3, 7, 9, 11, 14, 19), 연애소설이 4권(17, 28, 31, 37), '향토Heimat' 소설이 5권(4, 15, 33, 39, 40)이었다.

'나치 소설' 10권의 내용을 들여다보면, 역사소설이 3권(18, 26, 27), '군인 민족주의' 소설이 3권(23, 25, 32), 주인공이 히틀러청소년단 단원이거나 소설이 나치 갈고리 십자가를 창에 내걸면서 끝나는 식으로 적나라하게 나치즘을 강조한 소설이 3권(2, 12, 29), 나치의 핵심 이데올로기인 '흙과 피'를 구현한 소설이 1권(25)이었다. 흥미롭게도 나치 소설은 대부분 나치 집권 직전과 직후에 발간되어 나치 정권의 후원 덕분에 성공했다. 그중 상당수는 1935년 이후 판매량이 크게

나치 독일의 베스트셀러[12]

순위	저자	제목	발간년도	판매량	분류
1	쉔칭거	아닐린	1937	92만	과학소설
2	트레멜-에게르트	독일 여성 바르프	1933	75만	나치 소설
3	벨크	카메로프의 들판	1937	73만 9천	코미디
4	슈뢰더	고향이 아닌 고향	1929	56만 9천	향토소설
5	굴프라쎈	숲은 영원히 노래한다	1935	56만 5천	외국소설
6	굴프라쎈	비요른달의 상속자	1936	56만 5천	외국소설
7	슈푀를	칵테일	1933	56만 5천	코미디
8	쉔칭거	금속	1939	54만	과학소설
9	슈푀를	가스검침관	1940	51만 4천	코미디
10	에티히호퍼	시베리아의 밤	1937	49만 5천	나치 군인 민족주의
11	슈푀를	모두가 천사라면	1936	48만 5천	코미디
12	최베를린	양심의 명령	1936	48만	나치 소설
13	가이슬러	사랑스런 아우구스틴	1921	47만 1천	역사소설
14	뮐러-파르텐키르헨	크라머와 프리만	1921	41만 5천	코미디
15	슈뢰더	남자의 명예	1932	41만	향토소설
16	자이델	귀한 자식	1930	41만	역사소설
17	회플러	안드레와 우르술라	1930	39만	연애소설
18	베스퍼	단단한 성堡	1931	37만 5천	나치 역사소설
19	슈푀를	입마개	1936	36만 5천	코미디
20	단	로마 공격	1876	35만 9천	역사소설
21	짐프슨	배링가 사람들	1937	35만 2천	역사소설
22	찬	루카스 호흐가街의 집	1907	35만 2천	외국소설
23	에티히호퍼	죽은 자의 혼령	1931	33만 8천	나치 군인 민족주의
24	짐프슨	손자	1939	33만 1천	역사소설
25	그림	공간 없는 민족	1925	33만	나치 소설
26	블룽크	가이제리히 왕	1936	32만	나치 역사소설
27	콜벤하이어	마이스터 요아힘	1910	31만 5천	나치 역사소설
28	크뢰거	돈강의 고향마을	1937	31만 4천	연애소설
29	쉔칭거	히틀러청소년단원 크벡스	1932	31만 4천	나치 소설
30	강스호퍼	수도원 사냥꾼	1893	31만	역사소설
31	레만	아우스트리아 백작 부인	1939	30만 6천	연애소설
32	고테	죽음을 넘어서	1930	30만 5천	나치 군인 민족주의
33	강스호퍼	숲속의 고요	1899	30만 3천	향토소설
34	렝커	신성한 알프스	1921	30만 1천	외국소설
35	미첼	바람과 함께 사라지다	1937	30만	외국소설
36	디핑	소렐 대위와 아들	1927	30만	외국소설
37	로제	숲속 학교 선생님	1909	30만	연애소설
38	마이	질버해의 보물	1894	30만	그 자체로 장르
39	강스호퍼	후베르투스 성	1895	30만	향토소설
40	강스호퍼	에델바이스 왕	1886	30만	향토소설

감소한다. 그래서 슈나이더는 나치 소설을 "인위적인" 베스트셀러로 간주한다. 우선 궁금한 것은 나치 소설의 몫이 25퍼센트에 불과한 양상이 다른 문화 영역서에도 나타났느냐는 점이다.

독일의 중견 역사학자 콘라트 두쎌은 지방 도시 5개(코부르크, 칼스루에, 빌레펠트, 도르트문트, 잉골슈타트)에 위치한 극장들의 공연 목록을 조사했다. 나치 연극은 물론 소위 '민족 우익' 계열[13] 연극까지 합해도 그 비중은 1934년부터 1944년에 이르는 시기에 16퍼센트에 불과했다. 그에 비해 가벼운 코미디는 무려 52.5퍼센트에 달했고, 고전도 19.5퍼센트를 차지했다. 고전 작품이 나치 계열보다 더 많이 공연되었던 것이다. 모더니즘 연극도 1.5퍼센트를 지켰다. 뒤셀도르프는 그 도시들과 달라서 1933년에서 1939년에 이르는 시기에 민족 우익 및 나치 연극이 29.5퍼센트를 차지했는데, 관람객 수가 전국 꼴찌였다.[14]

독일에서 1923년 가을에 국영으로 처음 개국한 라디오 방송은 정치적으로 중요한 매체였다. 흥미롭게도 바이마르와 나치 독일의 라디오 방송에는 변화보다 연속성이 더 컸다. 나치 독일에 와서도 음악 방송을 포함한 오락이 70퍼센트를 차지했다. 정치선전에 중요했던 뉴스는 바이마르 시절에 정당 간 갈등을 피하기 위하여 하루에 세 차례만 방송되었다. 나치는 집권 직후 히틀러 연설을 비롯하여 각종 정치 행사를 생방송했다. 그러나 괴벨스는 1933년 11월에 자신의 허가가 없는 정치행사 중계를 금지했고, 히틀러 연설과 같이 "중대한 국가정치적 행사" 외에는 방송을 불허했다. 그리하여 정치연설 생중계가 1934년부터 크게 감소한다. 뉴스 방송도 마찬가지였다. 나치는 뉴스 방송을 하나 더 추가하는 데 그쳤다. 예나 지금이나 방송의 골든타임은 저녁 7시부터 10시까지인데, 바이마르에서는 그 시간 내내 음악만

방송했고, 나치는 딱 하나를 바꿨다. 그 중간인 8시에 뉴스 방송 시간을 끼워 넣은 것이다. 괴벨스는 음악을 듣다가 그 사이에 듣는 뉴스라야 효과가 크다는 것을 인식했다. 그런 정치적 계산에도 불구하고 라디오 방송이 압도적으로 긴장을 풀어주는 오락과 음악 위주였다는 사실이 바뀌지는 않는다. 영화도 마찬가지였다. 나치 독일에서 개봉된 영화 중에서 정치선전 영화는 14퍼센트에 불과했다. 할리우드 영화도 계속 개봉되어 1939년에 개봉된 신작 영화 중에서 20퍼센트가 할리우드 영화였다. 그레타 가르보, 캐서린 햅번, 게리 쿠퍼, 마를레네 디트리히는 나치 독일에서도 스타였다.

슈나이더의 목록에서 명확히 할 부분이 있다. 부동의 1위인 과학소설 《아닐린》은 천연염료에서 시작하여 화학염료 아닐린의 발명에 이르는 독일 화학산업의 역사다. 즉, 역사소설이다. 역사소설을 역사적 과거를 배경으로 전개된 픽션으로 정의하면 역사소설의 비중은 더 커진다. 제1차 대전까지 포함하면 슈나이더가 나치 이데올로기 소설로 분류한 소설 2권(2, 12)과 군인 민족주의 소설로 분류한 3권(10, 23,32), 외국소설 1권(36), 연애소설 2권(17, 28)이 모두 역사소설이다. 그리고 《바람과 함께 사라지다》와 같은 외국소설 3권(5, 6, 35), 코미디 소설 4권(3, 7, 11, 19), 히틀러를 포함하여 독일의 중등학교 학생이라면 누구나 애독하던 소설가 칼 마이Karl May의 모험소설(38) 역시 역사소설이다. 그렇게 재분류하면 슈나이더가 역사소설로 분류한 6권, 나치 역사소설 3권 외에 16권이 역사소설이다. 모두 25권, 나치 독일 베스트셀러 소설의 무려 62.5퍼센트가 역사소설이었던 것이다. 제1차 대전을 포함하지 않더라도 역사소설은 17권(42.5퍼센트)을 차지한다. 흔히 독서에 대한 갈증을 앓으며 살았다고 말해지는 나치 치하 독일인들은 역사 속에서 살았던 것이다.

당의 후원을 받으려면
사전에 원고를 보내시오

슈나이더의 목록은 작품 여럿이 동시에 베스트셀러 반열에 오른 작가
가 몇 명 된다는 것을 보여준다. 동일 작가 소설의 판매 부수를 모두
합해보면 흥미롭다. 노르웨이 작가 굴프라쎈Trygve Gulbrassen의 역사
가족소설(5, 6)이 113만 부를 기록하여 3위, 쉔칭거가 177만 4천 부(1,
8, 29)로 2위, 1위는 192만 9천 부를 기록한 하인리히 슈푀를(7, 9, 11,
19)이다. 슈푀를의 소설은 모두 코미디 소설이다. 나치 대중문화가 오
락 중심이었다는 점이 재확인된다. 그리고 우리의 주제가 기쁨이기에
우리가 검토할 소설이 바로 그의 희극소설이다. 그러나 그 전에 나치
의 서적 관리정책을 검토해야겠다. 그래야 베스트셀러 소설 목록이
검열의 결과인지 아니면 독일인들의 취향을 반영한 것인지 드러날 것
이기 때문이다. 결론부터 말하자면, 나치는 체계적이고 일관적인 '사
전검열'을 실시하지 않았다. 1940년 2월이 되어서야 괴벨스는 정치,
경제, 외교, 군사에 한하여 원고를 사전에 제출하도록 했다.

그렇다고 해서 저술, 출판, 판매, 대여가 자유로웠던 것은 물론 아
니다. 인민계몽선전부 장관에 임명된 괴벨스는 1933년 9월에 선전부
산하에 제국문화원을 설치하고 그 아래 영화국, 라디오국, 음악국, 연
극국, 신문국, 예술국, 문필국을 두었다. 제국문화원장 자리도 차지한
괴벨스는 저자, 출판사, 서점, 도서대여점 등 모든 문필 관련자들에게

회원 등록을 신청하도록 했다. 신청이 거부되면 문필과 출판활동을 할 수 없었다. 그러나 그 작업이 빠르고 일관되게 진행되지 않았다. 나치가 가장 유의한 집단은 유대인 작가와 출판사들이었지만, 유대인 작가 428명은 제1차 대전 병사였다는 이유로 등록이 허가되었고, 다른 유대인 신청자 1,500여 명은 1935년에서 1937년에 이르는 시기에 개별적으로 거부 판정을 받았다. 유대인의 문필활동이 전면적으로 금지된 때는 1938년 11월의 '제국 수정의 밤', 즉 전쟁 이전 유대인들에게 가해진 최악의 폭력 사태인 그날 밤 이후였다. 유대인 출판사들 역시 독일인에게 싼값에 매각하라는 압력을 받았고 대부분 망명하거나 결국 독일인들에게 팔렸지만, 피셔출판사는 독일인 주르캄프Peter Suhrkamp의 이름으로 1940년까지 운영되었다.[15)

다른 한편으로 나치는 특정 도서를 후원하고자 했다. 나치의 후원을 받으려면 원고를 사전에, 이미 출간된 경우에는 책을 제출해야 했다. 이를 담당하는 기관이 두 개 있었다. 첫 번째는 1934년 초에 히틀러로부터 '나치당 세계관 교육 지도자 위임관'이란 직함을 얻은 나치 이데올로그 알프레드 로젠베르크Alfred Rosenberg가 설치한 '문필국'이다. 그 기관은 접수된 원고나 책을 우량도서와 불량도서로 판정한 뒤 도서의 제명과 평가 내용을 자신들이 발행하던 월간 서평지《도서》에 공개했다. 1936년의 경우 1,232권의 심사 요청을 받아서 762권(58퍼센트)을 불량도서로 판정했다. 심사가 다소 까다로웠던 셈이다. 비슷한 기관이 나치당 내부에도 설치되었다. 히틀러 총통비서실 실장 필립 불러Philipp Bouhler가 1934년에 '민족사회주의 문필을 보호하기 위한 심사위원회'를 나치당 내부에 설치한 것이다. 심사위원회는 민족사회주의 정신을 '자임'하는 도서의 원고나 책을 제출하도록 하고,

그 결과를 1936년에 창간한 월간 《민족사회주의 문고》에 공개했다. 위원회가 추천한 책이 그리 많지는 않았다. 문학으로 한정하면 1936년에서 1939년까지 모두 114권이 선정되었다. 나치당 심사위원회, 로젠베르크 문필국, 그리고 다른 경로로 나치 당국의 추천을 받은 책은 문학을 포함하여 1938년에 모두 800여 권이었다. 그런 책들은 공공도서관과 나치당 도서관 및 나치당 산하의 수많은 문화단체에 소개되고 발송되고 강매되었으며, 문학상을 받았고, 낭독의 밤에서 읽혔다. 나치 독일에서 문학상은 정기적으로 수여되던 것만 해도 107개였고, 낭독의 밤은 1938년에만 1만여 회나 열렸다.[16] 그렇게 후원했건만 나치 소설이 슈나이더의 통계로는 25퍼센트에 불과했던 것이다.

나치는 물론 특정 도서를 후원하는 한편 책을 가혹하게 숙청했다. 나치는 상징적이고도 실질적으로 책을 공개적으로 불태웠다. 1933년 4월 말부터 6월 중순까지 70여 개의 도시에서 분서 행사가 93번 연출되었다. 1933년 5월 10일에 베를린대학교 학생회가 분서를 실시하기 직전에 블랙리스트가 작성되었다. 문인 131명, 역사학자 51명, 정치 논저 저자 121명, 문학사 저자 9명이 올랐다. 공공도서관 사서들도 책의 숙청에 참여했다. 독일에서 공공도서관은 1934년에 무려 1만 5,500여 개에 달했고 1940년까지 7,677개가 추가된다. 분서 사건 이후 사서들은 1935년까지 스스로 알아서 '불온서적'을 선별하여 없애버리거나 폐색했다. 브레슬라우, 프랑크푸르트, 라이프치히 등 주요 도시 공공도서관의 장서 10퍼센트가 그렇게 없어졌다. 다만 유의할 점은, 사서들이 그때 없앤 책의 30~50퍼센트가 불온서적이어서가 아니라 책이 낡아서 차제에 폐기 처분했다는 사실이다. 그 후 사서들은 없앤 것 이상의 양을 채워 넣었다. 대공황의 여파도 겹쳐서 반쯤 비어 있던 공공도서관의 서가는 나치 독일에 와서 가득 찬다. 그러나 새로 반입한 책들은 온전히 나치적이지 않았다. 오히려 전통적이었다. 나치 패망 이후 독일 공공도서관에서 유해도서로 분류된 책은 전체의 20퍼센트였다.[17]

나치가 금서목록을 체계화하기 시작한 때는 1935년이다. 그 시점에 괴벨스가 금서에 관해서도 독점적 권력을 확보한 것이다. 그러나 제국문필국은 1938년에서야 비교적 정리된 목록을 완성하는데, 그때 책 4,175종 저자 565명이 블랙리스트에 올랐다. 대부분 유대인, 공산당, 사민당, 자유주의 망명 지식인, 모더니즘 저자들이었다. 기묘하게도 문필국은 목록을 사정 당국들과 공유했을 뿐 출판사와 서점에게는 "엄격히 비밀"에 부쳤다. 더욱이 문필국은 사전검열을 거부했다. 저자와 출판사와 서점은 오리무중에 빠졌다. 그리하여 예컨대 라인팔츠의 소도시 노이비드의 한 사서는 1937년 3월 문필국에 편지를 보내서, 같은 저자의 책이 일부만 압수된 뒤 한참 지나서 나머지 책이 금지되거나, 이름만 같은 다른 저자의 책이 덩달아 금지되는 일이 빈발하여 "천지에 불안이 가득하다."고 항의했다. 그가 문필국으로부터 받은 답장은 "우리는 (그 저자들의) 책을 보관하지 말아야 할 모든 이유를 당신이 알 것으로 기대했다."는 것이었다. 물론 그렇게 상황이 모호하면 작가와 출판사는 짐작만으로 쓰고 출간해야 하고, 그 현실적 결과는 자기 검열이다.

나치즘을 표방한 도서 외에 사전검열이 행해지던 도서가 있기는 했다. 1936년 2월에 제국문필국은 '점성술 및 오컬트 서적 상담실'을 설치하고 그에 해당되는 도서를 출판 직전에 제출하도록 했다. 그러나 얼마 지나지 않아서 선전부 내에서 반대 목소리가 나왔고 상담실은 결국 1939년에 해체된다. 1935년 3월에는 범죄 및 탐정 소설을 사전에 검열하기 위한 '오락문학 상담실'이 설치되었다. 그러나 활동은 변변치 못했다. 나치 독일에서 발간된 범죄 및 탐정 소설은 무려 3천여 종에 달했다. 상담실은 범죄소설의 인기가 너무 높아서 설치되었던 것인데, 바로 그 인기 때문에 뭔가 해볼 수 없었다. 마가렛 미첼만큼이나 높은 인기를 누리던 아가사 크리스티의 소설 6종은 1942년에 와서야 금서목록에 오른다. 금서들이 나치 출판시장에서 완전히 사라졌던 것도 아니다. 유대인 카프카의 전집은 1935년에 새로 발간되기 시작했다. 유대인 하인리히 하이네가 공식적으로 금지된 적은 단 한 번도 없었다. 망명 작가 토마스 만의 소설은 언제나 팔렸다. 유대인 발터 벤야민은 1935년 3월까지 가명으로 독일의 유력 일간지 《프랑크푸르터 차이퉁》에 문학 칼럼과 서평을 썼다.[18]

요컨대 작가들이 나치 독일에서 가졌던 행동의 여지는 꽤나 넓었던 것이다. 따라서 슈나이더가 작성한 베스트셀러 목록이 독일인들의 미적 취향을 상당히 반영했다고 평가해야 할 것이다. 다만 수준 높은 작가들 다수가 망명을 떠나거나 침묵하거나 혹은 현명한 독자들만 알아볼 수 있는 글을 썼기에, 새로 발간되는 도서는 압도적으로 2급 작가들의 책이었다. 나치의 문학정책은 문학시장을 파괴하지는 않고 왜곡하기만 했으나 독일 문학의 수준을 추락시켰던 것이다. 그 2급 작가중 한 사람이 이제 검토할 하인리히 슈퍼를이다.

3
슈푀를의 코미디 소설

변호사 출신의 희극 작가
하인리히 슈푀를

베스트셀러 소설 작가 랭킹 1위인 하인리히 슈푀를Heinrich Spoerl은 1887년 2월 8일에 뒤셀도르프에서 엔지니어 출신 사업가의 아들로 태어났다. 소설의 배경이 자주 저지低地 라인 지방인 이유는 그곳이 고향이었기 때문일 것이다. 슈푀를은 마르부르크대학에서 법학을 전 공하여 상법에 관한 논문으로 박사학위를 받았고, 1917년 서른 살의 나이에 뒤셀도르프에서 변호사로 개업했다. 그의 소설에 법정이 자주 등장하는 것은 그 때문일 것이다.

그러나 그는 수완 좋은 변호사는 아니었던 것 같다. 그 자신의 말로 "만성적으로 부족했던 돈" 때문에 그는 소설 집필을 병행하기로 결심한다. 1930년에 그는 뒤셀도르프의 드로스테Droste출판사에 《칵테일》의 원고를 보냈으나 몇 차례나 반려되었다. 결국 평소에 알고 지내던 출판사 사장 아내 덕분에 원고는 3년 만인 1933년에 그 출판사의 일간신문 《오후Der Mittag》에 연재되었고, 같은 해에 가공되어 단행본 소설로 출간되었다. 그것이 베스트셀러 7위에 오른 작품이다. 1935년에 슈퓌를은 《그 문제에 대해서는 이야기해볼 수 있지요》를 발표했고, 1936년에는 《모두가 천사라면》과 《입마개》를 출간했다. 당시 책값은 5마르크가 채 되지 않아서 작가들은 작품이 영화화되어야 돈을 벌 수 있었다. 슈퓌를의 코미디 소설은 연이어 영화화되었다. 1934년에 《칵테일》이, 1936년에는 《모두가 천사라면》과 《입마개》가 영화화되었다.[19]

베스트셀러 7위 《칵테일》과 11위 《모두가 천사라면》은 평범하다. 첫 번째 소설은 홈스쿨링을 받아서 중등학교 경험이 없던 한 젊은 소설가가 김나지움 학생으로 변장하고 학교에 가서 학생들 및 교사들과 좌충우돌하는 내용이다. 두 번째 소설은 같은 날 밤 다른 장소에서 벌어진 남편과 아내의 일탈과 그에 대한 오해로 인한 해프닝을 다루었다. 베스트셀러 랭킹 19위 《입마개》의 내용은 꽤나 심각하다. 19세기 중반 라인 지방의 한 도시에서 제후에 대한 뒷소문을 걱정하던 수석검사는 전날 밤 과음한 탓에 일요일 아침에 늦잠을 자다가 검사장에게 호출된다. 전날 밤 도시 광장에 서 있는 제후 동상의 입에 개 입마개가 씌워졌고, 7일장이 서는 그날 온 시민이 광장에 모여 웃고 경악하고 자지러졌다. 검사는 범죄현장에서 개털 하나, 코트 단추 하나,

개 입마개를 확보하여 범인 검거에 나선다. 검사는 우여곡절 끝에 그 개털은 검사 자신이 기르는 애완견의 털이요, 개 입마개의 냄새는 그 개의 냄새요, 단추는 자신의 코트 단추라는 것을 알게 된다. 범죄는 국가가 저지른다는 내용이기에 그 소설은 얼마든지 나치체제에 대한 고발로 읽힐 수 있다. 더욱이 그 소설이 발표된 시점이 나치 경찰국가가 완성된 1936년이었다.[20]

일확천금을 한 소시민 이야기

제2차 대전이 발발하고 1년이 지난 1940년에 슈퇴클은 시공간을 나치 독일의 현재로 설정한 《가스검침관. 명랑소설》을 발표한다. 풍자는 더욱 독해졌다. 《입마개》가 1936년부터 8년간 36만 5천 부가 인쇄되었던 것을 기억하면, 《가스검침관》은 전쟁통인 1940년에 발간되어 불과 4년 만에 51만 4천 부가 인쇄되었다. 그야말로 선풍적인 인기를 끌었던 것이다.

내용을 조금 자세히 살펴보자. 어느 날 아침 베를린 근교 기차역에 야간열차가 도착한다. 3등칸에서 자는 둥 마는 둥 하룻밤을 지낸 파란색 양복을 입은 남자가 특실을 흘끔거린다. 그 순간 파자마를 입은 노신사가 그의 어깨를 두드린다. 자기 양복을 사겠단다. 87마르크짜리 외출복이었다. 신사가 300마르크, 400마르크, 800마르크를 부른다. 이어서 그는 주저하는 남자를 세탁실로 몰고 가서 옷을 벗겨 자기가 입었다. 남자가 파자마 차림으로 길거리로 나서면 웃음거리가 될 것이라고 항의하니, 그것도 지불하겠단다. 경찰이 미풍양속 교란죄와 공공질서 혼란죄를 적용할 것이라고 걱정하니 그것도 지불하겠단다. 의사들이 요양원에 가둘 것이라는 걱정도 지불하겠단다. 그곳에서 갇혀 있을 시간도 지불하겠단다. 노신사는 수표책에 액수를 적고 또 적고 또 적었다.

수표 뭉치를 서류가방에 넣고 비단 파자마를 입은 그가 역을 빠져나와 택시를 탄다. 공동주택 앞에 도착한 그가 2층 자기 집으로 올라간다. 아내와 아이들은 자고 있었다. 부엌을 겸한 거실에서 옷을 갈아입고 파자마를 서류가방에 욱여넣다가 수표를 들여다본다. 엄청난 액수다. 그러나 서명을 알아볼 수가 없다. 속은 건가? 도시가스 검침 공무원인 자신이 사기를 당한 것인가? 사기라면 공무원인 지위가 볼썽사나웠고, 사기가 아니라면 그 돈을 어찌하나. 이튿날 그는 경찰서로 갔다. 001호에 위치한 안내실로 가니 117호로 보낸다. 117호는 328호로 보낸다. 328호는 716호로, 716호는 001호로 보낸다. 그만두기로 한다. 그러나 출구가 보이지 않는다. 미로를 헤맨 끝에 도착한 곳이 2354호였다. 무엇을 하는 곳인지 알 수 없었으나, 그곳 남자 넷은 적어도 친절하게 자기 말을 들어는 준다. 그러나 심각하다. 낡은 옷을 과다한 액수로 팔았다는 거네요. 협박범? 파자마를 준 그 남자가 이상했다고요? 그럼 공공범죄 공범? 놀란 그가 농담이라고 둘러대고 빠져나온다. 은행으로 간다. 설마 했는데 진짜 수표였다. 50마르크짜리 지폐 뭉치 1만 마르크를 수령했다.

이 돈을 어찌하나? 이튿날 하루 종일 검침 일을 한 뒤 베를린 시내로 나갔다. 서베를린 환락가에 가본 적이 없는 그였다. 어떤 세상일까? 딱 한 번만 경험해봤으면. 노점 청년에게 아느냐고 묻는다. 청년의 지인 세 사람이 합류한다. 다섯은 근사한 저녁부터 먹는다. 그러나 그들도 가본 일이 없단다. 이미 100마르크를 써버린 터, 경찰에 신고하자니 그 돈을 채워 넣어야 한다. 방법을 거듭 궁리한다. 로또를 살까? 결국 포기하고 유흥의 세계로 간다. 서베를린의 바에 갔다. 매일 밤 갔다. 아름다운 여자를 만났다. 향수 가게를 차려주었다. 그러나 사랑은 돌아오지 않았고, 결국 싸움이 났다. 가게 진열창을 박살냈다. 역시 돈은 인간을 망치는 법이다. 더욱이 아내는 남편 옷에서 여성용품 흔적을 발견한다. 소리 없는 전쟁이 벌어지고 남자가 항복한다. 아내에게 돈을 보여준다. 화해와 사랑의 만찬 시간, 결국 설명을 했다. 아내가 웃었다. 살림살이가 돌변했다. 피아노, 축음기, 냉장고, 양탄자, 아이들 손목시계, 스테이크, 샴페인, "영원한 성탄절"이요 "영원한 허니문"이었다. 이웃들이 공손해지고, 모르던 동창들이 찾아오고, 먼 친척들이 방문했다.

누군가 신고한 모양. 세무서로부터 소환장을 받았다. 월급을 묻고 소비를 묻는다. 세금은 얼마든지 낼게요. 아니요, 규정대로 해야 합니다. 신고서를 주면서 일 주일 내로 써오란다. 문항이 27개였다. 문항은 과학이다. 하나라도 어긋나면 모든 것이 무너진다. 세무서가 직장에 연락할 텐데, 차라리 내가 먼저 신고하자. 직장 상사가 말한다. 소비가 많다고 들었습니다. 작은 부업을 해요. 좋은 부업인가 보네요. 시간이 많이 들 텐데. 아니 그렇지 않습니다. 그래요? 여기 신고서부터 쓰세요. 뭐라 써야 하나. 상사가 보는 앞에서 신고서를 몇 번이나 썼다 지운다. 포기한다. 사실은 복잡한 얘기가 있어요. 복잡? 이상한? 음 알았어요. 됐습니다. 그만 가보세요. 상사는 '이상한' 일을 게슈타포에게 신고한다. 며칠 뒤 빳빳한 가죽코트를 입은 게슈타포 수사관 두 명이 나타난다. 사소한 일에서 큰돈을 받았다면 수상한 거지요. 간

첩? 국가전복 음모? 수사관들이 가구와 집기를 모조리 뒤집어놓는다. 숫자가 적힌 종이 한 장을 들이대며 묻는다. 이게 뭐죠? 이자를 계산한 겁니다. 아니 그 아래 뭔가 끄적거린 거 말이요. 아들 낙서요. 흠. 잠시 후 수사관들은 압수한 종이와 돈 통을 들고 나간다. 따라가며 물었지만, 희미하게 웃고 사라진다.

사람들이 멀어진다. 먼 친척은 더 멀어지고, 학교 동창들은 기억을 잃고, 공동주택 경비원이 자신을 살피는 것 같다. 게슈타포 정보원? 주의해야 한다. 일단 의심을 받으면 사소한 것도 중요해지는 법. 유난히 천천히 걷는 사람, 자기 다음으로 버스에 오르는 사람이 정보원일 수 있다. 유일하게 안심할 사람은 정복 경찰관이다. 우편이 검열되고 전화가 도청당하고 있을 것이다. 도청기는 집 안에도 있을 것이다. 아내와 작은 목소리로만 대화한다. 그러나 너무 작게 얘기하면 의심을 산다. 문장 하나 단어 하나도 조심해야 한다. 모든 대화를 관리하고 "게슈타포적으로" 조율해야 한다. 두드러지게 평범해야 한다. 견디지 못하고 변호사를 찾아간다. 사실이 중요하지 않아요. 믿어지는 게 중요해요. 지어내세요. 결국 경찰에 갔다. 신원불명의 남자로부터 돈을 받았습니다. 며칠 뒤 법원의 소환장이 도착한다. "신원미상의 돈을 불법적으로 착복한 죄. 형법 242조 위반." 은행으로 달려갔다. 수표에 서명한 사람에 대해 물으면서 난리법석을 피웠다. 전화기에서 들려오는 말. 걱정 마세요. 재판 받으세요. 법정. 판사가 엄숙히 선언한다. 절도죄. 그 순간 독일에서 가장 영향력이 큰 원로 변호사가 나타나 변호를 자임한다. 증인을 부른다. 모두가 목소리라도 듣고 싶어 할 만큼 아름다운 여자였다. 그녀는 야간열차 식당칸에서 한 신사를 알게 되었는데, 바로 그 신사가 수표를 써준 것이라고 증언했다. 왜? 그것은 모른단다. 예쁜 여자가 증언을 했으니 맞을 것. 판사는 무죄를 선언했고, 가스검침관은 남은 돈과 향수 가게를 되찾게 되었다.[21]

나치체제를 비판한 소설?

나치 치하 독일인들이 가장 사랑했던 저 작가의 작품을 어떻게 해석해야 할까? 베스트셀러 소설을 목록화한 토비아스 슈나이더는 그 속에서 "체제 비판적인 잠재력"을 발견한다. 더욱이 그는 심지어 《가스검침관》의 주인공이 마주친 상황에서, 주인공은 왜 심문을 받는지 모른 채 심문을 받으며 게슈타포는 무엇을 심문할지 모른 채 심문을 하는 소위 '카프카적인' 세계를 보았다. 다만 슈나이더는 작가가 체제의 모순을 "명랑하게 수용했다"는 점에서 체제 순응적이라고 평가했다. 크리스티안 아담의 해석도 비슷하다. 슈뢰를의 작품들이 "국가 권위에 대한 신뢰와 복종을 신랄하고 뛰어나게 패러디한 비판적 잠재력"을 지니고 있으나, 그의 모든 소설이 화해로 끝나기에 체제 순응적이라는 것이다.[22] 두 역사가의 해석에 동의하지 않을 사람은 없을 것이다. 그러나 소설을 찬찬히 들여다보면 새로운 지점들이 발견된다.

소설에는 실제로 체제 비판적인 발언과 장면들이 여럿 등장한다. 슈나이더가 지적한 대로, 무엇을 압수하려는지도 모르는 채 압수수색을 진행한 게슈타포가 그렇다. 더욱이 그 장면에서 소설은 압수수색이 "아무리 불가피하다고 해도 사생활에 대한 국가의 침입"이라고 생각한다. 그것이 작심한 발언이었음은 같은 뜻의 문장이 《입마개》와 심지어 《모두가 천사라면》에서도 발화되기 때문이다. 주인공이 소환장을 받은 직후 찾아간 변호사의 입에서 나온 말은 더욱 강렬하다. "중요한 것은 믿음입니다. 진리는 객관적 개념이 아니에요. 우리는 언제나 우리가 진리로 간주하는 것만을 진리로 표시할 수 있는 거예요. 다른 기준은 없어요." 더욱이 변호사는 그 직전에 더욱 결정적인 발언을 했다. "그냥 경찰이 옳다고 받아들여야 해요." 주인공이 "왜요?"라며 화를 내자, 그는 답한다. "경찰이 국가의 일부이기 때문입니다. 국가는 언제나 옳아요." 주인공이 불만을 터트린다. "나의 확고한 관점은 나의 돈은 나의 사적인 일이라는 겁니다. 그 무엇도 그 문제(사적인 일)와는 무관해요." 변호사가 반박한다. "당신을 한 번 더 실망시켜야겠네요. 사적인 것은 오늘날 더 이상 없습니다."[23]

그리하여 소설은 비단 카프카적인 관료제만을 비판했던 것이 아니다. 소설은 전체주의의 핵심 문제인 사생활의 자유를 거론하고, 나치 독일의 현실에서 믿음, 즉 이데올로기가 곧 진실이 되어버렸다고 비판한 것이다. 소설의 미학적 구조도 비판을 함축하는 듯이 보인다. 문학 이론 내지 문학사에 정통하지 않은 사람도 슈푀를의 소설이 한결같이 카니발적carnivalesque이라는 것을 금세 알아볼 수 있다. 거의 모든 소설이 '역전된 현실'을 서사의 틀로 이용했기 때문이다. 가장 강렬한 것은 《입마개》다. 하필이면 검사를 범죄자로 형상화하지 않았는가. 가장 많이 팔려 베스트셀러 7위에 오른 《칵테일》에서도 젊은 작가가 중등학교 학생으로 변신하거니와, 소설의 절정에서 그는 교사로 한 번 더 변신한다. 《가스검침관》에서는 주인공의 하급 공무원 신분이 역전되지는 않지만 일확천금은 그를 소시민에서 재산가로 변모시킨다. 더욱이 재산가로 변신한 주인공이 벌이는 일은 그저 먹고 마시고 즐기는 것이었다. 이 역시 카니발적인 소설에서 흔히 나타나는, 현실의 결핍을 역전시킨 세계다.

카니발적인 소설은 흔히 전복적이고 비판적인 문학 행위로 간주된다. 그 출발점은 물론 러시아의 문화학자 미하일 바흐친이다. 그는 16세기 프랑스 작가 프랑수아 라블레의 소설 《가르강튀아와 팡타그뤼엘》을 분석하면서, 그 소설이 때로는 한 끼 식사로 비단 소 16마리, 송아지 32마리, 염소 63마리, 양 95마리, 돼지 300마리 등을, 때로는 수도사를 끼워 넣은 샌드위치를 먹는 그로테스크한 이야기일 뿐만 아니라, 현실을 역전시킴으로써 신성한 것과 속된 것, 높은 것과 낮은 것, 위대한 것과 비루한 것, 천재와 바보의 이분법적 분할을 육체적인 것, 성적인 것, 지상적인 것으로 해체시키는 이야기이며, 그것은 인간의 역사와 정신심리 속에 시간을 초월하여 보편적으로 자리하고 있는 유토피아적 열망을 반영하는 것이라고 해석했다. 그로테스크하지만 리얼했다는 것이다.

역사는 다른 이야기를 해준다. 중세 말 근대 초의 사육제에서 역전된 세계가 펼쳐진 것은 분명하다. 농민이 귀족을 재판하고, 귀족 기사가 밭을 갈고, 속인 청년이 성직자에게 미사를 베푸는 모습이 연출되었으며, 도시 전체가 먹고 마시고 노래하고 춤추고 성교했다. 그러나 유의해야 할 점은 사육제가 몇 주일 동안만 진행되었고, 무척 상징적이게도 그 뒤를 40일간의 수난절이 이었다는 사실, 사육제 외에 도시에서 진행되던 훨씬 더 많은 공공행사가 도시 내부의 위계질서를 과시했다는 점이다. 더욱이 카니발은 현실을 역전시켰을 뿐 전복시키지는 않았다. 역할만 바뀌었을 뿐, 성직자와 속인, 귀족과 농노의 신분제는 소멸되지 않았던 것이다. 따라서 카니발은 지배질서에 대한 민중의 불만을 일시적으로 폭발시키는 배출구였다고 판단할 수 있다.

긍정적으로 접근하는 역사가들은, 민중이 역전된 세계를 연출함으로써 도시 지배층에게 그들의 욕망을 각인시킬 수 있었으니만큼 카니발은 지배층에 대한 민중의 협상 작업이었다고 해석한다. 어떻게 접근하든, 카니발은 사회적 통합력을 다지는 수단이었다고 할 것이다.[24]

더욱이 저명한 영문학자 테리 이글턴이 보여주듯이, 바흐친이 비판한 대상은 르네상스 사회가 아니라 1930년대의 스탈린주의 체제였다. 1940년에 완성되어 1965년에 비로소 출간된 그 책에서 바흐친은 1930년대 스탈린주의 체제의 구축과 작동을 르네상스와 라블레에 빗대어 비판했다는 것이다.[25] 슈뢰를은 바흐친의 7년 연상의 동시대인이다. 나라만 다를 뿐 두 사람은 각각의 전체주의를 경험한 지식인이었다. 그러나 슈뢰를의 역전된 세계는 너무나 미약하다. 도시 전체가 뒤집어지는 것이 아니라 딱 한 사람만 뒤집어진다. 뒤집어진 그 사람은 그가 사는 문화를 뒤집기는커녕 그것을 향유한다. 제도들, 즉 경찰, 도시가스 회사, 게슈타포, 법원 등은 모두 고스란히 평상시의 역할을 수행한다. 주인공의 가정 생활 역시 너무나 사랑스럽게 그려진다. 아내는 남편을 언제나 "자기Männe"라고 부르고, 남편은 아내가 자신의 "사랑하는 천사요 운명"이라고 무수히 되뇐다. 화해의 만찬은 정말 사랑스러워서, 두 사람은 빽빽한 담쟁이 넝쿨이 옥상까지 뻗어 대도시의 소음과 먼지를 차단한 발코니의 공중 정원에서 "작은 결혼 축하연"을 벌인다.

따지고 보면 경찰도, 직장 상사도, 게슈타포도, 법원도 자기 할 일을 했을 뿐이다. 2354호의 경찰관은 뭔가 구린 돈을 받았다고 하니 공공범죄라고 말한 것이고, 상사는 이상한 일이 발생했다고 하니 게슈타포에게 신고한 것이고, 게슈타포는 신고를 접수했으니 압수수색을 한 것이고, 정보원은 게슈타포의 밀정이 아니라 주인공의 상상이었을 뿐이며, 법원은 주인공이 자백을 했으니 재판을 한 것이다. 처음 찾아간 경찰서의 관료제적인 모습은 물론 비판이지만, 관료제는 나치가 혁파해야 한다고 목소리 높여 외치던 문제였다. 앞서 제시된 비판적인 발화들도 맥락을 보면 별반 비판적이지 않다. 진리는 객관적이지 않다고, 진리는 진리로 간주되는 것일 뿐이라고 말하는 장면에서 변호사는 "만인이 진리로 여기면"이라는 단서를 부가하고, 혼자만 진리로 믿는 것은 사적인 진리일 뿐이라고 말한다. 게슈타포의 압수수색을 겪을 때 주인공은 사생활에 대한 국가의 침해를 성토하면서 돈은 신성불가침한 사적인 문제라고 주장했다. 그러나 슈푀를은 변호사의 입을 빌려 나치 국가를 변명한다. "우리가 고루거각을 꿈꾸고 마술을 부려 지갑을 1만 마르크로 채운다고 할지라도……'질서 있는 국가'라면 그 돈이 어디서 났는지 알아야 하는 겁니다."

두루 살펴보면 괴벨스가 그 소설을 싫어했을 리 없다. 괴벨스는 독문학 박사요, 1929년에 《미하엘 Michael》이란 소설을 발표한 작가이기도 했다. 그런 그는 《가스검침관》이 생산한 의미를 정확히 알아보았을 것이다. 실제로 괴벨스는 1939년 11월 중순의 일기에 "선전과 영화용 원고들을 일별해 보니……슈푀를의 《가스검침관》이 좋은 재료"라고 적었다. 1942년의 일기에서 그는 부부의 일탈을 그린 《모두가 천사라면》에 대해서 그런 소설이 "전쟁을 결판내지는 않지만 안보정책 차원에서 중요하다"고, 그런 소설은 "(정신적) 휴식 혹은 훈화를 제공함으로써 히틀러국가에 대한 독자들의 반발심을 억제한다."고 썼다. 심지어 괴벨스의 문화정책이 지나치게 오락 위주라고 언제나 날세워 비판하던 로젠베르크 사무실도 그 소설에 대하여 "슈푀를의 놀

라운 유머가……대부분 인정받고 있다.”고 칭찬해 마지않았다.[26]

이제 나치 문화정책 전반에 대한 기존의 해석 일부를 수정할 수 있겠다. 한스 쉐퍼를 비롯한 역사가들은 나치의 영화, 연극, 소설 등에서 오락이 압도적인 비중을 차지한 이유가 인민 동원이 정신적인 휴식 위에서만 가능하다는 괴벨스의 원칙에서 발견된다고 주장한다. 그리고 괴벨스의 그 정책은 의도와 무관하게 나치 독일인들을 ‘사생활로 후퇴시켰다.’는 것이다.

1980년대에 무척 선진적인 문화사 논문을 연속으로 발표했던 독일 출신의 미국 역사가 조지 모지는 소설에 특화된 해석도 내놓았다. 그는 칼 마이와 강스호퍼의 모험소설들(30, 39, 40)을 요약하면서, 나치 독일에서 널리 읽힌 “대중소설은 일상을 (나치 현실과 무관한) 일몰과 아침이슬과 같이 낭만적인 아름다움의 끝없는 잔치로 변형시켰다.”고 해석했다. 그리고 그 ‘영원한 자연’ 속에서 나치 이데올로기와 상통하는 면모를 보았다. 앤슨 라빈바흐는 한걸음 더 나갔다. 그는 베스트셀러 목록 바깥에 있었지만 대단히 많이 팔린 향토소설 《정의농장 Femhof》(1934)을 분석하면서, 독일인들이 사생활에서 읽은 소설이 일상의 독일인들을 공적인 세계로부터 분리시키기는커녕 나치 이데올로기를 주입했다고 주장했다. 그 소설은 14세기의 검박하고 자부심 넘치는 농장 주인과 딸이 유대인 상인의 농간에 빠져 비극으로 치닫는 모습을 그렸다.[27]

슈뢰를의 코미디 소설에 대한 괴벨스의 촌평은 괴벨스 문화정책이 인민의 정신적 휴식에 초점을 맞추었다는 해석을 지지해준다. 그러나 우리가 분석한 《가스검침관》은 그저 웃기는 코미디 소설이 아니다. 그리고 그 소설은 조지 모지가 분석한 소설과 달리 정확히 나치의 현재를 겨냥했다. 결정적인 점은 《가스검침관》에서 적나라하게 나타나듯이, 슈뢰를의 소설이 나치 지배권력의 일상적 작동을 방어하고 변명했다는 것이다. 그런 면에서 "나치즘 하에서 독서는 고도로 정치화된 사적인 기쁨이었다."는 라빈바흐의 해석에 전적으로 동의할 수 있다. 그러나 다른 한편으로 슈뢰를의 소설에는 라빈바흐가 분석한 향토소설과 달리 인종주의가 등장하지 않는다. 《모두가 천사라면》에서 아내를 유혹하는 성악 가정교사가 이탈리아인 난봉꾼일 뿐이다. 슈뢰를의 소설이 정치적으로 형상화한 것은 인종주의와 그 속에 함축된 "용기와 의지와 독립성과 주인적인 가치"가 아니라, 도덕과 물질 사이에서 갈팡질팡하면서 나치의 지배 기술에 순응해가는 일상의 독일인들이다.

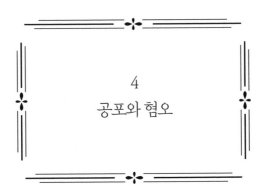

4
공포와 혐오

차분함과 일확천금의 공포

18~19세기 전환기에 비로소 대두한 장르인 소설은 탄생 시점부터 감정적이었다. 슈푀를의 소설도 마찬가지일 것, 먼길을 돌아 드디어 우리의 주제에 도착했다. 《가스검침관》에서 두드러지는 감정은 노동 담론과 마찬가지로 열광이 아니라 차분함이다. 《가스검침관》에서 주인공을 빼고는 아무도 흥분하지 않는다. 주인공 역시 태평스러움을 가장하려 한다.

첫 장면에서 노신사와 주인공이 파자마를 극력 꺼렸던 것은 그 옷이 다른 사람들 눈에 띄기 때문이었다. "나는 미치지 않았소. 카니발 옷을 입고 사람들 사이를 가면 모든 사람이 달려올 거요." 기차에서 내린 파자마 차림의 주인공은 눈을 가늘게 뜨고 어깨를 잔뜩 움츠린 채 조심스럽게 걷는다. 그러나 아무도 쳐다보지 않는다. 모두가 시선을 비킨다. "배려심 넘치는 베를린 사람들"은 놀라더라도 "상대방이 눈치채지 못하게" 몰래 놀란다. 표시 나게 놀라는 사람은 "촌놈"이요 "최악"의 인간이다. 택시 운전사도 차분하다. "강도 당했나 보지요?" 집 앞에 도착한 주인공은 4개의 계단을 가장 위험한 곳이라고 여긴다. 이웃을 만날 수도 있기 때문이다. 위에서 들리는 발걸음 소리에 그는 "안녕하세요." 라고 평범하게 인사한다. "고마워요."라는 답이 돌아온다.

　서베를린 향락가로 진출하는 장면도 인상적이다. 유흥가 안내를 부탁받은 네 사람이 악하게 그려지지 않는다. 행상 청년은 "발 벗고 나서려" 하고, 나이 지긋한 경비원은 "경륜이 있는 좋은" 사람이며, 식당 웨이터는 "피곤하고 발이 아플 따름"이고, 택시 운전사는 "인간관계가 넓은" 사람이다. 그런 그들은 밥부터 먹자고 하더니 "주문하고, 먹고, 마시고, 또 주문한다." 주인공의 존재를 아예 잊어버린다. 그보다 더 의뭉스러울 수는 없으리라. 환락가를 출입하는 와중에 주인공이 반한 여성은 처녀인지 유부녀인지, 그녀의 아버지가 판사인지 엔지니어 출신인지 잘 모르겠으나 어쨌거나 좋은 가문 출신이라고 한다. 주인공은 그녀를 위해 향수 가게도 차려주었다. 그러나 얼마나 새침한지, 그녀는 그를 단 한 번도 집에 초대하지 않았다. 차 한잔하자고 그녀 집에 갔지만 너무 피곤하다고 했고, 집으로 찾아가니 하녀가 나와서 없다고 한다. 가게로 가니 순번을 기다리라고 하고, 끝내 차례가 되자 "손님, 무엇을 원하세요?"라고 묻는다. 정말 "차가운" 여자였다. 흥분한 것은 그였다. 그러자 여자가 말한다. "차분해지시죠." 진열창은 그래서 부쉈다.

　남편이 타락하자 아내는 전투를 결심한다. "화해란 없다." 남편이 돈더미를 내민다. 그러자 "당신 미쳤어?"라고 작은 감탄사를 신음처럼 토했을 뿐, 돈의 출처를 알면 아내가 "불같은 분노로 뛰어오를 것이고, 헤르만 도대체 무슨 짓을 한 거야. 헤르만 당신은 범죄자야라고 말할 것"이라는 예상은 여지없이 빗나간다. 그녀는 "희미하게 웃을 뿐이었다." 그리고 다음 날부터 태평스럽게 소비에 몰두한다. 그 많은 소비재를 보면서 남편은 속으로 그것은 "혁명"이고 "강간"이라고 외치지만, 아내는 전혀 개의치 않는다. 그 후 등장하는 모든 사람이 똑같다. 늘어나는 동창들과 친척들과 이웃들, 그리고 끝내 나타난 기차 속의 노신사와 그가 부른 증인 여성도 하나같이 의뭉스럽고 태평스럽고 차분하다.[28]

　물론 그 모든 캐릭터는 눈 뜬 사람 코 베어 가는 정형화된 대도시의 정형화된 모습이고, 그 모두가 도덕과 물욕 사이에서 갈팡질팡하는 소시민 주인공의 모습을 희극적으로 돋보이게 하는 장치들이다. 그러나 우리가 이 책 6장에서 만났던 바, 1930년대 중반 이후 아른홀트의 언설과 지멘스 심리학 교본과 노동법원 판결문에서 차분함의 감정 레짐이 제시된 것을 떠올리면, 《가스검침관》이 그려낸 감정은 대도시와 소시민의 정형화된 면모를 넘어선다고 할 것이다. 슈뢰를이 1930년대 중반의 그 감정 레짐을 의식했는지는 알 수 없다. 그러나 독문학자 헬무트 레텐은 1920년대 신즉물주의 문학이 타인과 사회에 대하여 '진정성'이 아니라 '인위성'을, '존재'가 아니라 '가상'을, 그리하여 '차가운 페르소나'를 형상화했다고 설득력 있게 주장한 바 있다.[29] 슈뢰를 역시 그 문학 조류를 모르지 않았을 터, 우리는 슈뢰를 또한 차분함을 구현했다고 해석할 수 있을 것이다. 그리고 뻔뻔스러움이든 차분함이든 내적인 격정을 겉으로 내보이지 않는다는 면에서 똑같지만, 차분함이 적절한 또 다른 이유는 소설에 그 감정의 이면이 두드러지게 표현되어 있기 때문이다. 공포 감정이 바로 그것이다.

물론 공포가 가장 압도적으로 표현된 장면은 게슈타포의 압수수색이다. 주인공은 "공포를 누르고" 게슈타포 경찰관들을 대했지만, "차가운 한기가 등줄기를 가르고 지나가는 것"을 막을 수 없었다. 그러나 게슈타포만이 아니라 공공기관과 관련될 때마다 주인공은 공포에 신음한다. 처음 경찰서를 찾아간 장면에서 그는 "공공범죄 공범" 소리를 듣자 경악하여 말이 나오지 않았고 체포되어 압송되는 느낌을 받았다. 돈을 찾으러 은행에 갔을 때도 자기 차례가 되자 "심장이 목까지 쿵쾅거렸다. 설마 가짜수표를 갖고 있다고 나를 어찌하지는 않겠지." 과소비 때문에 세무서에 출두했을 때도 세무관리의 친절하지만 송곳 같은 질문에 땀을 흘리면서 웃음을 보이려 무진 애를 썼다. 신고서 양식은 "공포" 그 자체였다. 자기가 다니던 공기업 상사가 보는 앞에서 신고서를 써야 하는 상황도 "악마적"이었다. 상사가 "이상한"이라는 단어에 주목하자, 소설은 해설한다. "무언가 이상하다는 것은 섬뜩하기 시작했다는 뜻이다."

결정적으로, 주인공은 국가기관과 무관한 상황에서도 수시로 공포에 휩싸인다. 비단 파자마 차림으로 기차에서 빠져나오기 직전 그는 "죽음 같은 자기혐오"를 느꼈다. 택시를 타고 집 앞에 도착했을 때는 4개의 계단을 무사히 통과하는 것이 "가장 어려운 일"이라고 생각했다. 은행에서 돈다발을 받아든 직후에는 "돈이 무서웠다." 귀가한 뒤에는 돈을 어찌해야 할지 전전긍긍했다. 거실에서 확인한 1만 마르크라는 숫자 또한 그를 "불안하게 만들었다." 혹시 사기 당한 것이 아닐까 생각할 때는 아내가 뭐라 말할지 걱정되어 "쪼그라들었다." 서베를린 향락가로 가기 직전 영화관에 갈까 생각도 했지만, 그는 영화관도 영화관 속의 자신도 "믿지 못한다." 그에게 체질적으로 백열등 열병이 있기 때문이다. 100마르크를 벌어야 하는 방법을 고민하다가 주식 투자를 생각해봤지만 대공황 때의 "검은 금요일"이 또 터지지나 않을까 걱정이다. 서베를린 향락가를 출입하다가 만난 여성을 기술하기 직전 소설은 평한다. "위험은 밝은 금발이다." 향수 가게 진열장을 박살내버리고 하염없이 걸을 때는 갑자기 "등줄기에서 섬뜩함을 느꼈다. 이는 매우 슬픈 일이 닥친다는 전조다."30)

주인공이 그처럼 맥락과 무관하게 공포를 느꼈기에, 원인은 맥락이 아니라 그 자신에게 있을 것이다. 그러나 소설은 주인공의 내면에 정신분석학적으로 접근할 수 있는 어떤 실마리도 제공하지 않는다. 그에게는 과거가 없다. 근자에 영국의 여성학자 사라 아메드는《감정의 문화정치학》이란 놀라운 저서에서 공포가 여러 대상을 자본처럼 순환하면서 힘을 증강시키며, 그 과정에서 인간을 집단으로 결합시킨다고 주장했다. 《가스검침관》은 공포가 대상 사이를 순환하는 양상은 적나라하게 보여주지만, 위협에 직면한 사람들이 집단으로 결합되는 그 어떤 단초도 발견되지 않는다. 《가스검침관》의 공포는 전통적인 문명비판적인 사회학 이론으로 보다 적절히 설명될 수 있을 것 같다. 그에 따르면 공포는 리스크와 안전치 못함의 증가에 대한 반응이되, 그 감정은 개인과 사회를 연결해주는 각종의 장치들이 약화된 탓이다. 물론 그 이면은 인간의 개별화다. 실제로 가스검침관은 철저히 혼자였다. 자아와 등치되는 가족을 제외하고는 사회성을 공유하는 사람이 단 한 사람도 없다. 더욱이 공포의 힘은 원자화를 더욱 강화한다. 고민과 공포를 공유해주는 사람이 아예 없기 때문이다. 아내조차 사치품 구입에 열을 올릴 뿐이었다. 무서워하는 사람은 주인공 혼자다.[31]

여기서 우리는 슈푀를의 소설이 뜻밖에도 1930년대 나치 독일사회의 본색을 제대로 형상화했음을 볼 수 있다. 6장에서 드러난 나치 독일은 개별화된 사회였다. 노동 조직의 합리화로 기존의 3등급 급여체계가 흔들리고 있었고, 단체협상이 무의미해짐에 따라 노동자는 주로 개별적인 전직을 통해서 임금을 인상시켰다. 노동신탁위원을 찾을 수도 있었지만 개인 자격으로 호소해야 했다. 그렇듯 개별화되는 와중에 노동자들은 회사에 틈입한 온갖 나치 기관원들에게 줄을 서야 했다. 직장은 이전투구의 장이었다. 아른홀트가 발화한 노동 담론 역시 개별화를 자극하고 있었다. 개별화는 자본에 대하여 개인을 약화시키고, 약화된 개인은 공포를 느낀다. 그러나 그 개인은 공포를 드러내지 않고 차분해야 한다. 순환적이다. 차분함은 공포로 이어지면서 공포를 강화하고, 그 공포를 또다시 차분함 뒤에 숨겨야 하기 때문이다.

나치의 이상형

다른 한편으로 사라 아메드의 주장을 받아들여 공포가 실제로 집단적 주체를 생산한다고 가정한다면, 가스검침관이 함께 구성할 집단은 무엇이었을까? 말할 나위도 없이 아리아 인종, 독일 민족, 나치 국가, 지도자 히틀러, 즉 나치즘이다. 슈푀를은 나치 이데올로기를 비판하는 듯했지만, 우리는 그가 독자들에게 힘 있는 그들에게 합류하라고 넌지시 암시했다고 해석할 수도 있을 것이다. 그러나 나치에게 공포 감정은 간단한 문제가 아니었다. 공포가 지배 기술에 속한다는 것은 누구나 안다. 나치 지도부도 물론 알았다. 나치 독일의 현실에서도 게슈타포가 그 적은 수에도 불구하고 독일인들을 효과적으로 통제할 수 있었던 것은 밀고보다 공포 때문이었다. 그러나 동시에 나치가 원하는 독일인은 공포에 찌든 인간이 아니었다. 공포는 인간을 위축시키기 때문이었다. 이 자리에서 상론할 수는 없으나, 독일 정신의학은 제1차 대전의 와중인 1916년 9월의 소위 '전쟁학술대회'에서 '전쟁신경증', 즉 참호전이라는 가공할 만한 전투 경험으로 인하여 신체가 멀쩡함에도 불구하고 땀을 흘리고 떨고 헐떡거리고, 심하면 지각 능력과 언어 능력을 상실하고 사지가 마비되기도 하는 증상을 공포를 이겨내지 못하는 열등한 개인 형질 탓으로 돌렸다. 개전 1년 만에 그런 병사가 무려 11만 명이었음에도 불구하고 그렇게 처리되었고, 전후에도 그들은 상이군인 연금에서 제외되었다.[32] 나치 독일과 제2차 대전에 와서도 그 의학 담론은 여전했다. 여러 가지로 보아, 공포는 걸림돌이었다.

그러나 공포는 리트머스 시험지가 될 수 있었다. 19세기 부르주아 사회에서 이미 그러했다. 이 책 4장의 결투 부문에 서술한 대로. 부르주아는 목숨을 걸고 자신의 존엄성과 명예를 지키는 남자였다. 제1차 대전을 미학화하면서 나치 이념을 선취한 에른스트 윙거가 1923년의 《내적 경험으로서의 전쟁》에서 형상화한 인간도 공포를 자아 팽창의 힘으로 통합한 인간이다. 정녕 놀랍게도 슈퇴를의 가스검침관은 공포를 차분함으로 은폐하고 있었음에도 불구하고 가공할 만한 저항력을 발휘한다. 그는 하필이면 나치 국가기관에 대하여 더할 수 없이 당당했다. 게슈타포가 돈다발을 압수한 뒤 돈을 얼마나 썼냐고 묻자, "거의 안 썼소."라고 답한다. "아 그래요! 이건 뭐죠? 이건 또 뭐죠? 그리고 이건?" 영수증을 코앞에 들이대면서 다그치자 주인공이 답한다. "답하지 않겠소." "뻔뻔하군요." "아니요. 원칙이오!" "나는 싸울 거요. 피의자로서 나는 한마디도 하지 않겠소. 피의자가 어떤 경우에 답해야 하는지 나는 이미 알아보았소. 아무것도 답하지 않아도 돼요. 그렇지 않소?" 게슈타포가 한발 물러난다. "피의자라고 안 했는데요. 당신은 증인이요." "증인이라고요? 아니지요. 도대체 누구의 증인이라는 겁니까?" "뭐 임시로 미상의 인물이라고 칩시다." "그 미상의 인물이 무엇을 행했는데요?" "우리는 바로 그걸 알려고 하는 거요." "아하. 그렇다면 나보고 미상의 인물이 미상의 일을 행했는지 증언하라는 거네요." 게슈타포가 한발 더 물러난다. "우리는 그저 누구 돈인지 알려고 할 뿐입니다. 그런 것을 알아내려고 우리 경찰이 있는 겁니다." "내 돈에 경찰적인 것은 아무것도 없소.……내 돈에 뭔가 맞지 않는 것이 있다면 당신들이 어디서 무엇이 어떻게를 먼저 증명하십시오."

가스검침관의 용감무쌍한 발언은 구석에 몰린 절박한 혐의자의 반발이 아니었다. 공공기관에 갈 때마다 그는 그렇게 싸웠다. 법정에서도 판사가 "절도를 인정하십니까?"라고 묻자, 누구 돈인지도 모르는데 어떻게 절도가 될 수 있단 말이냐고 되받아쳤다. 절도를 당했다는 사람의 고발조차 없지 아니한가. 고발이 없으면 재판도 없는 법이다. 판사가 기소는 피해자가 아니라 검찰이 하는 것이라고 점잖게 훈계하자 주인공은 오히려 의기양양해진다. "내가 알고 싶었던 것이 바로 그것입니다. (돈을 잃어버리고도 고발조차 하지 않았다면 외환 밀거래범일 터) 그러니까 검찰은 자발적으로 외환 밀거래범, 그러니까 인민재산 해충의 하수인 역할을 하겠다는 것이고, 검찰은 그 고귀하신 범죄자의 그

더러운 돈이 한푼도 없어지지 않도록 감시하겠다는 거네요." 판사가 피곤해하며 말한다. "범죄자의 돈도 훔치면 안 됩니다." "왜 훔쳤다고 하는 겁니까?……여러분은 내게 감사해야 해요. 맞아요. 나는 그 범죄자로부터 돈을 빼내서 조국, 네! 조국에게 (돌려줄) 의무를 지금 이 자리에서 느끼네요."[33]

가스검침관은 나치가 원하던 이상적인 인간이다. 그는 양심에 괴로워하는 도덕적인 인간이고, 일확천금을 했지만 가스 검침이라는 자신의 일상 업무에 소홀함이 없는 성실한 인간이며, 국가에게 공포를 느껴 나치 독재의 작동을 도와주지만 동시에 자신의 존엄성을 의식하고 주장하는 인간이다. 하기야 합리화에 의해 개별화된 독일인들이 물리적인 한계를 뛰어넘어 고도의 성과를 발휘하도록 하는 필수적인 전제가 바로 그 자기주도성이었다. 그리고 가스검침관에게 쏟아진 돈다발은 그런 인간에게 미구에 닥칠 나치 소비 천국을 예시하는 것이었다. 따라서 괴벨스가 그 소설을 마땅히 영화화해야 한다고 평한 것은 지당하다고 할 것이다. 또한 그래서 나치 치하 독일인들이 정신의 휴식과 재충전을 위하여 읽던 소설은 나치 정치 이념을 유쾌하게 형상화한 지극히 이데올로기적인 수단이었다고 할 것이다.

이제 나치의 기쁨 생산에 대하여 결산을 할 수 있겠다. 나치 치하 독일인들이 히틀러에 열광한 것은 사실이다. 그러나 노동 담론에 대한 분석은 정치적 열광 뒤에 차분함이 자리하고 있었다는 것을 보여주었다. 독서의 기쁨을 검토하자, 그 차분함이 공포의 이면이며, 공포와 차분함은 순환하면서 서로를 강화했다는 점이 드러났다. 이 자리에서 상론할 수는 없지만, 그 공포가 나치 독일인만의 감정은 아니었을 것이다. 그것은 전간기에 테일러포디즘으로 대변되던 산업관계가 관철된 곳이면 어디서나 확인되는 감정 레짐이었을 것이다. 차분함은 그 경제에서 요구되는 감정이고, 그 경제 속의 노동자는 새로운 경쟁 환경에 직면하여 불확실성을 앓았을 것이기 때문이다. 다만 독일의 경우 그 경향이 나치의 전쟁 준비와 지배 기술에 의해 강화되었다고 할 것이다. 그리고 슈퓌를의 《가스검침관》이 괴벨스와 로젠베르크만이 아니라 일반 독일인들로부터 그리 큰 호응을 얻은 것은, 자신들의 감정을 대신 표현해주면서도 그것을 희극과 웃음으로 제시함으로써 쿨한 차분함과 공포가 얽힘에 따라 쌓여가는 긴장을 잠시나마 풀어주기 때문이었을 것이다. 슈퓌를의 소설은 따라서 미국의 오락산업이 '광란의 1920년대'에 펼쳐내던 그 기능을 작은 차원에서 수행했다고 할 것이다. 그리하여 그 소설은 나치의 이념적 이상형을 전파하는 동시에 그에 따른 긴장을 풀어줌으로써 기능적으로 나치즘을 강화했다고 할 것이다.

유대인 혐오

나치 감정 레짐을 서술하면서 유대인 혐오에 대하여 일언반구도 하지 않는다면 언어도단일 것이다. 그러나 그 주제는 엄청난 연구 끝에야 서술 가능한, 진정 고통스러운 과제이다. 단순하게 접근했다가는 나치가 유대인을 혐오했다는 당연하고도 뻔한 이야기를 반복하고 말 것이다. 주제의 중대함에 비해 필자의 연구가 너무나 빈약하기에 이 책에서는 그와 관련된 편린 하나, 즉 유대인에 관한 나치의 발언에서 어떤 감정이 어떻게 이어졌는지 도출하기로 한다. 유대인과 관련된 나치의 텍스트는 강도만 다를 뿐 내용은 대동소이하다. 그래서 필자는 홀로코스트가 자행된 제2차 대전 동안 발간된 나치당 기관지 《민족의 파수꾼Der Völkische Beobachter》기사 중에서 1면 머리기사 제목에 유대인이 직접 언급된 기사들을 검토했다.[34] 전황별로 분류해보면, 1939년 9월부터 프랑스를 침공하는 1940년 5월까지 8개월 동안 9회, 그때부터 소련을 침공하는 1941년 6월까지 1년여 동안 단 4회, 그 시점부터 스탈린그라드에서 최초의 패전을 당하는 1943년 1월까지 1년 반동안 15회, 그로부터 소련군이 동유럽으로 밀고 들어오는 1944년 7월까지 1년 반 동안 무려 51회 게재되었고, 그 후 1945년 3월까지 8개월 동안 단 6회 실렸다. 승전을 거듭하는 시기에는 유대인을 잊은 듯 가끔만 언급하다가 전세가 기울자 맹렬하게 언급했던 것이다.

유대인이 그저 유대인으로 언급되는 경우는 단 한 번도 없었다. 유대인은 반드시 특정 국가와 결합되어 언급되었다. 총 85회 중에서 유대인과 함께 비난받은 국가는 미국이 32회, 영국이 28회, 소련이 13회, 기타 국가가 6회, 영국과 소련이 한꺼번에 언급된 것은 3회, 영국과 미국은 2회, 미국과 소련은 1회 함께 묶였다. 아주 단순한 해석이 옳아 보인다. 나치는 적국의 배후에 언제나 진정한 전범인 유대인이 있다고 주장한 것이다. 나라별로 약간의 차이는 있었다. 소련은 언제나 볼셰비즘으로, 볼셰비즘은 잔인성과 폭력성으로 의미화되는 동시에 곧장 유대인과 등치되었다. 영국은 유대인으로 등치되지 않았다. 영국은 예외 없이 "금권정치"로 호명되는 동시에 바로 그 때문에 유대인에게 이용당하는 나라로 표상되었다. 나치가 미국은 얼마나 낯설어했는지, 그 나라는 언제나 "갱스터"로 의미화되었다. 미군의 독일폭격을 비난할 때는 "공중의 갱스터"로 칭했다. 다만 월스트리트 증권가의 유대인을 호명할 때는 폭리의 유대인이라는 오랜 선입견을 익숙하게 동원했다.

유대인에 대한 비난의 내용은 살인, 파괴, 지배였다. 유대인은 모로 코와 튀니지와 이집트와 이라크와 팔레스타인에서 지배를 획책하고 있고, 카친 숲에서 폴란드 장교 1만 명을 살해했으며, 영원한 도시 로 마를 폭격했고, 할리우드를 약탈하고 있으며, 프랑스 레지스탕스를 진두지휘하고 있고, 영국을 미국의 한 주로 편입시킬 계획을 세웠고, 프랑스 상륙작전을 기획했다는 것이다. 방향은 뚜렷했다. 세계 지배 였다. 소련 유대인은 유럽을 식민지로 만들려고 할 뿐만 아니라 이란 을 거쳐 중동까지 넘보고 있고, 미국 유대인은 북아프리카와 중동의 영국 식민지를 손에 넣으려 할 뿐만 아니라 세계통화를 만들어 세계 를 지배하려 한다.

끔찍한 기사가 있었다. 1942년 12월 11일의 머리기사는 미국의 유 대인들이 영국에 밀사를 파견하여 "50만 명의 젊은 독일인들을 살해 할 사디즘의 잔치"를 계획했다고 주장했다. 그 시점은 홀로코스트가 개시되고 최소 1년 이상이 지난 때다. 1943년 10월 13일의 머리기사 는 연합군이 전후에 "독일인 수백만 명을 소련에 강제노동자로 보내 서 절멸시키려 한다"고 외쳤고, 같은 달 21일에는 강제노동의 대상을 독일의 모든 남자로 확대했다. 그 시점은 나치 독일의 유대인 정책이 단순 학살로부터 한발 물러나 '노동을 통한 절멸'로 되돌아간 때였 다. 1944년 5월 7일에는 유대인들이 제2차 대전을 일으킨 것은 "죽음 을 통해서 수치스럽게 이윤을 추구하기 위해서"라고 단언하더니, 9월 26일에는 미국의 재무장관 모겐소가 "독일인 4천만 명을 퀘벡에서 살 해할 계획"을 세웠다고 주장했다. 그 시점은 나치가 유대인을 동유럽 학살수용소에서 끌어내어 이곳저곳으로 끌고 다니는 '죽음의 행진'

으로 내몬 시점이었다. 나치는 자신들이 유대인에게 자행하고 있던 폭력과 살인을 유대인이 자신들에게 행할 것이라고 썼던 것이다.[35]

흥미롭게도 나치는 그 어느 기사에서도 독일인을 감정어로 묘사하지 않았다. 감정 명사는 모두 일곱 차례 사용되었는데 모두 적국의 감정이었다. 나치는 감정에 휘말리는 존재가 아니라는 것이었다. 그리고 나치는 한 번도 유대인을 증오한다고 쓰지 않았다. 증오Hass라는 단어가 등장하지 않은 것이 아니다. 증오라는 단어는 4번 사용되었는데, 놀랍게도 모두 유대인의 감정으로 제시되었다. "탈무드 증오" 1회, "유대인의 증오" 2회, "유대인의 증오 노래"가 1회였다. 원수를 사랑하라고 설파한 기독교 문명에서 증오는 불가능한 감정이다. 그 문명에서는 증오한다고 말하는 순간 화자는 부도덕한 존재로 추락한다. 이는 계몽주의에서도 그랬거니와, 19세기 부르주아 문명에서도 증오는 공적으로 거의 발화되지 않았다. 사적인 영역에서만 말해질 수 있을 따름이었다. 나치도 마찬가지였던 것이다.[36]

나치는 유대인들이 "증오한다"고 말함으로써 유대인들을 부도덕한 존재로 추락시켰던 것인데, 물론 유대인에 대한 나치의 감정은 오늘날 우리가 증오라는 감정에 투입하는 내용을 넘어선다. 우리 학계의 통찰력 있고 예리한 나인호는 서양의 인종주의에서 증오는 언제나 절멸을 뜻했다고 설명했거니와,[37] 앞서의 인용들이 드러내듯이 나치는 유대인이 독일인을 증오하기에 독일인을 절멸시키려 한다고 강조했다. 필자가 정밀하게 조사한 것은 아니지만 문학의 예를 보면, 독일인들은 문필에서 증오보다 오히려 '경멸Verachtung'이라는 감정어를 빈번하게 사용했다. 증오에 대한 기독교의 금지를 피하기 위해서였을 것이다. 가장 단순하게 설명하자면, 경멸은 본질적으로 인간이 못 되는 존재에게 향하는 감정이다. 그 감정은 감히 인간의 지위로 올라서려는 봉기한 노예, 도덕공동체 밖으로 내쳐진 '타락한' 인간을 겨냥했다.

그러나 유대인에 대한 나치의 감정은 경멸조차 넘어섰다. 유대인에 대한 나치의 감정은 오늘날 우리의 개념으로 '혐오Ekel'가 적절하다. 혐오란 똥, 오줌, 바퀴벌레, 파충류처럼 함께 있으면 '주체를 오염시키고 부패시키는 대상'에게 향하는 감정이다. 독일 문화에서는 철학자 테오도르 아도르노가 1947년의 《계몽의 변증법》에서 유대인에 대한 나치의 감정을 가리켜 그 단어를 사용했다. 미국에서는 그 감정이 1980~90년대에 사용되기 시작한 것으로 보이고, 독일에는 미국으로부터 아주 최근에 유입되었다. 나치가 유대인을 묘사한 가장 대표적인 표현은 "병균"이었으니, 그 감정이 왜 혐오인지 설명이 불필요할 것이다.[*]

폭격과 처벌 공포

앞서 언급했듯이, 《민족의 파수꾼》은 패전이 가시화되기 시작한 1943년 2월부터 노르망디 상륙작전이 실시된 1944년 6월까지 무려 51회의 머리기사에서 유대인을 언급했다. 그리고 그 내용은 한결같이 연합군의 배후에는 유대인이 있으며, 유대인은 독일인들을 절멸시키려

---

[*] 우리나라에서는 혐오가 어느덧 증오와 경멸을 대체했지만, 서양에서 혐오는 아직도 기본 감정의 반열에 오르지 못하고 있다. 우리말 혐오범죄의 영어 표현은 hate crime이지 disgust crime이 아니다. 서양 문화가 2천 년 동안 증오를 터부시하고 그렇게 그 감정에 강박적으로 매달린 탓에 혐오가 증오를 대체하지 못하는 것일 터이다.

한다는 것이었다. 그러나 그러한 주장을 반복해서 펼치는 것은 합리적이지 못하다. 공포는 연합군에 대한 독일인들의 항전 의지를 마비시킬 수도 있는 노릇이었기 때문이다. 도대체 나치는 무슨 생각을 하고 있었던 것일까? 기존의 연구들은 대부분 나치가 '공포의 운명공동체'를 구축함으로써 독일인들의 이탈을 막으려 했고 또 그에 성공했다고 해석한다. 독일인들이 전쟁 말기에 공포에 사로잡혔던 것은 옳다. 그러나 감정 차원에서 바라보면 나치의 숨은 전략이 드러난다.

영국 공군은 1943년 봄에 이미 독일 공군에 대하여 압도적인 우위를 확보하고 그때부터 지속적으로 독일 도시들을 폭격했다. 나치는 연합군의 폭격을 소련 전선의 경우처럼 왜곡하여 보도할 수만은 없었다. 폭격은 목전의 현실이었기 때문이다. 따라서 나치는 설명을 제공해야 했다. 나치는 민간인 지역까지 타격하던 영국군과 미군의 폭격을 "유대인의 테러공격"으로 표상했다. 그것은 민간인 지역의 폭격과 유대인을 병렬시킴으로써 폭격의 부도덕성을 이중으로 부각시키려는 전략이었을 것이다. 그 전략은 나치가 함부르크, 쾰른, 베를린, 프랑크푸르트, 브라운슈바이크, 졸링겐, 지겐 등에서 콘크리트 방공호를 하필이면 1938년 11월의 제국 수정의 밤에 파괴되었던 유대교 회당 자리에 지은 것으로도 표출되었다. 이는 연합군의 공격과 유대인의 결합관계를 가시화시킴으로써 폭격의 부도덕성을 강조하기 위해서였을 것이다. 부도덕한 공격은 공포를 일으키지만 동시에 분노도 일으키는 법이다. 이미 제1차 대전에서 독일군 참모부는 병사들의 공포를 분노로 전환시키기 위해 부심했었다. 그 전쟁은 19세기 전쟁들과 달리 양측에서 도덕전쟁으로 치러졌었다. 그런 마당에 폭격의 주체가 연합군 뒤에 숨은 유대인이고, 그 유대인이 "혐오스러운 세균"이라면, 공포는 더욱 용이하게 분노로 전환되지 않겠는가.

또한 연합군의 배후가 유대인일 뿐이라면, 날이 갈수록 폭격이 강해지고 독일군이 퇴각하고 있다고 하여도, 전쟁의 그 본질에 대하여 연합국을 설득하면 되지 않겠는가. 아무리 어렵더라도 버텨내기만 하면, 연합군에 대한 계몽이 성공하여 결국은 연합군의 공세가 멈추지 않겠는가. 《민족의 파수꾼》이 연합국 "국민들" 사이에 유대인에 대한 적대감이 날로 강해지고 있다고 계속 선전한 것은 그 때문이었을 것이다. 이는 실상 나치 독일이 거울에서 자기 모습을 보면서 바깥세상을 판단하고 그렇게 자기기만에 빠지고 말았다는 이 책 5장의 서술을 입증하는 예이기도 할 텐데, 그 설명이 독일의 식자층 일각에서 수용되었다. 1944년 말 어느 의사와 변호사는 괴벨스의 선전부에 각각 다음과 같은 내용의 전단지를 영국, 미국, 소련에 살포하자고 제안했다. "여러분의 목숨을 더 이상 유대인 흡혈귀를 위하여 희생하지 마십시오.……기독교인들이여! 여러분이 유대인을 위하여 싸우면 안 됩니다.……유대인이 없는 유럽합중국을 건설하도록 도와주십시오."

나치의 의도가 그처럼 성공적으로 관철된 독일인이 얼마나 많았는지는 알 수 없다. 실상 폭격에 직면한 독일인들의 감정과 태도는 단순치 않았다. 1943년 3월 초부터 에센, 도르트문트, 부퍼탈 등 루르 공업지대에 폭격이 가해지자, 사람들은 잘못은 나치가 저질렀는데 왜 우리가 죽어야 하느냐고 나치로부터 선을 그었다. 일부는 베를린에 가면 괴벨스의 총력전 요구에 "옳소"라고 외친 사람들이 있으니 그들을 폭격하라는 노래를 불렀다. 또 다른 일부는 쾰른은 종전 뒤에 유대인들이 돌아와 살고자 하는 도시여서 폭격에서 면제될 것이라고 수군댔다. 독일인들은 나치가 원하던 대로 연합군의 폭격을 유대인과 결합시켰던 것이다. 그러나 동시에 독일인들은 폭격을 나치가 유대인에게 가한 범죄에 대한 처벌로 해석하기 시작했다. 그리고 그 책임을 나치에게 돌리면서 나치를 '한동안' 혹독하게 비판했다. 길거리에서 나치를 보면 귀에 대고 욕설을 퍼붓는 일이 빈발하여, 나치 당직자들이 외출할 때 갈색 당복을 입지 않을 지경이었다. 1944년 봄에야 사태가 다시 안정된다.

쾰른이 유대인의 미래 계획 덕분에 폭격으로부터 면제될 것이라는 예상은 물론 빗나갔다. 영국 공군은 1943년 6월 말과 7월 초에 쾰른을 세 차례 폭격했고, 대성당은 비교적 온전했으나 4,500명이 죽었고, 주택 40만 채가 파괴되었다. 독일의 제2 도시 함부르크는 7월 말 단 일 주일 동안의 폭격으로 3만 4천여 명이 사망했다. 90만 명이 피란길에 올랐다. 그 직후 루터파 교회의 한 목사는 설교에서 함부르크가 "소돔과 고모라 같다."고 외쳤다. 그는 몰랐지만, 영국 공군의 작전명이 실제로 '고모라'였다. 예배에서 또 다른 목사가 부르짖었다. "우리의 도시가 죽어가고 있습니다. 우리가 영국 공군을 비난해야 할까요?……아닙니다." 하늘로부터 함부르크에 쏟아진 불길은 "손!! 적국의 손이 아니라 주님의 손입니다!" 쾰른의 가톨릭 성직자들도 비슷한 설교를 했다. 다만 그들은 그 죄가 독일인들의 "물질주의"에 있다고 말했다! 그러나 일부 독일인들은 사적인 편지에서 폭격이 유대인에게 저지른 범죄에 대한 처벌이라고 썼다. 다만 '학살'을 발화하지는 않았다! 언제나 1938년 11월의 제국 수정의 밤을 유대인들에게 자행한 범죄로 제시했다.[38]

폭격으로 사망한 독일인은 약 42만 명이다. 일부 독일인들은 폭격과 고통을 독일의 범죄 탓으로 돌리면서도, 그 고통을 극대화하여 스스로를 희생자로 내세우기도 했다. 종전 이후 서독에 구축되는 피해자 정체성의 전조가 나타난 것이다. 일부 역사가들은 1945년 초에도 독일인들이 '공포의 운명공동체' 속에서 여전히 나치 국가에 동의하고 있었다고 해석한다. 그러나 그 설명은 부분적으로만 타당한 것 같다. 재난사회학을 참조하면 사태를 다른 방향에서 바라볼 수 있다. 그 연구들은 재난에 대한 대응에서 중요한 것은 이념이 아니라는 점을 보여준다. 재난이 초래한 위험을 경감시키는 가장 중요한 힘은 지역공동체의 노력과 주민들의 참여이고, 그다음이 국가의 지원이다. 그 국가가 어떤 국가인지는 부차적이다.[39]

1943년 7월 함부르크 폭격을 겪은 뒤 나치 독일의 대응은 꽤나 효율화되었다. 남자들은 민방공협회에 가입하여 방공호를 설치하거나 소방대에서 활동했고, 소년들은 대공 포대에서 포탄을 장전했으며, 소녀들은 피폭격 난민들에게 생필품을 나누어주었고, 일반인들은 길거리에 나앉은 그들에게 따뜻한 차를 대접했다. 이때 적십자, 나치 지구당, 나치 인민복지회, 나치 부녀회, 나치 소녀단의 역할은 컸다. 이 때문에 일부 역사가들이 최후 순간까지 독일인들이 나치 국가에 동의하고 있었다고 주장하는 것인데, 그러나 1945년 2월과 3월에 연합군이 처음으로 독일 국경 안으로 진입하는 순간의 대응 역시 그 이전과 작동 방식이 유사했다. 예컨대 루르 탄전지대의 기업가들은 연합군 부대가 진입하기 직전에 구 노동조합원들과 손잡고 지역 시장과 독일군 부대 사령관에게 공장과 광산을 파괴하지 않도록 압력을 가했고, 엔지니어들은 채광 설비를 지하에 숨겼으며, 광부들은 초토화 명령을 실행하려던 독일군 부대에 엽총을 들고 맞섰다.[40]

동시에 패전에 직면한 재난사회의 삶은 우연적이었다. 자기 집밖에 모르던 사람이 불현듯 이웃 도시를 방문했는데 하필이면 그날 밤 대규모 폭격이 가해진 경우도 있었고, 기차역 송별 약속에 늦는 바람에 역을 강타한 폭격을 아슬아슬하게 피한 아버지와 딸도 있었으며, 독일에 유학 왔던 미 공군 참모장교가 우연하게 폭격 예정 도시 목록에서 지도교수 도시를 발견하고 목록에서 삭제한 경우도 있었다. 삶이 우연적일수록 사회적 지평은 좁아지고, 사람들은 가장 확실한 것에 집중하게 마련이다. 독일인들은 더욱더 가족에게 매달렸고, 빵 한 덩어리라도 더 얻기 위하여 나치 당국에 호소하는 동시에 이웃을 무자격자로 밀고했다. 섬뜩한 모습은 여기서도 나타났다. 나치는 피폭격 가족들에게 때로는 유대인에게서 빼앗은 가구와 옷가지를 나눠주기도 했는데, 수령한 물건이 '부유한 유대인'의 명성에 걸맞지 않자 좋은 것은 나치 정상배들이 가로챘다며 분노했다. 일부가 만사를 잊기 위하여 할인된 영화 입장권을 얻으려 아등바등하는 시각에, 다른 일부는 시청 강당에서 가족의 시체를 찾아다 종이 관에 넣어 매장했다. 목재를 구할 수 없던 터에 정상적인 가족의 외관을 최소한만이라도 갖추기 위해서였다.

재난사회의 작동은 폭력의 지역화로도 나타났다. 1944년 가을 친위경찰 본부가 안보 문제를 각 지역 게슈타포 분소에 넘겨주자 지역의 친위경찰은 외국인 강제노동자들을 국가의 적으로 간주하고 일말의 흐트러짐도 처형으로 처벌했다. 그리하여 연합군의 루르 지역 포위망이 좁혀지던 1945년 3월 그 지역 노동수용소 곳곳에서 수십 명을 단번에 총살시켜버리는 마구잡이 학살이 벌어졌다. 가히 학살 난동이었다. 그리고 강제노동자들이 학살을 피해 탈출하여 도심으로 들어오거나 친위경찰에 의해 길거리로 내몰리자, 독일인들은 문자 그대로 피골이 상접한 그들을 보았다. 그 현실이 마치 처음이기라도 한 양,

독일인들은 처벌 공포와 죄의식에 몸을 떨었다.

사회적 지평의 수축, 처벌 공포, 죄의식, 상호 불신, 나치에 대한 부인, 망각에의 의지, 정상성에의 강박, 가족에 대한 애착, 독일인들은 그 모든 것을 안고 승전국 군대를 맞았다.

.8.
서독인들의 공포와 새로운 감정 레짐

1
마녀의 귀환

1950년대에 벌어진 마녀재판

1952년 10월 독일 최북단 슐레스비히–홀스타인에 위치한 농촌 지역 디트마르셴의 여관업자 한스 부부가 마을의 소목장이 가구 수공업자 에베를링을 집으로 모셨다. 딸이 아파 인근 병원에서 몇 달 동안 입원 치료를 받았지만 차도가 없던 터였는데, 에베를링이 용하다는 말을 들었던 것이다. 에베를링은 딸에게 뭔가 알아들을 수 없는 "주문"을 말하고 기이한 손짓과 몸짓을 했다. 딸은 즉시 나았다. 치료사는 그 후 며칠 몇 달 동안 여관집에 와서 후속 치료도 하고 비타민 C도 주었다. 부부는 구운 돼지고기, 소시지 한 통, 담배 몇 개비, 맥주 몇 병을 사례로 주었다.

어느 날 밤 여관집에서 딸의 아버지 한스와 이런저런 얘기를 나누던 에베를링이 이상한 말을 했다. "악한 힘"이 여관집을 지배하고 있고 그 힘을 내려받은 사람이 집 주위를 맴돌고 있다. 말이 끝나자마자 두 사람은 집 밖을 살펴보았다. 실제로 누군가가 그들을 보고는 급히 사라지는 것이 아닌가. 다음 날 아침 한스가 우유를 가지러 길 건너 양복업자 마쎈 집에 갔다. 그 집 아주머니가 그를 보자마자 얼굴이 창백해졌고 이어서 울음을 터뜨렸다. 그 소식을 들은 에베를링은 한스 부부에게 앞으로는 마쎈 아줌마가 절대로 문지방을 넘지 못하도록 하라고 충고했다. 실제로 여관집 부부는 그 후 마쎈 가족과 말도 섞지 않았다.

어느 날 한스와 에베를링이 마을 사람 집에 있는데 때마침 전임 이장 클라우스가 자전거를 타고 지나갔다. 집주인이 한스에게 이장을 가리켰다. 한스가 의미를 알아차렸다. 저 사람도 "소위 악한 힘"이구나. 금세 마을에 소문이 퍼졌다. 마쎈 아줌마와 전임 이장이 마녀다.[1] 그로부터 1년 뒤 마쎈의 아들이 아버지 가게에서 양복을 짓고 있는데, 손님이 마쎈 아줌마가 마녀라는 소문이 돌고 있으며 배후가 에베를링이라는 것이 아닌가. 아들은 성탄절 기분을 망치지 않기 위해 참았다가 해가 바뀌고나서 그 얘기를 꺼냈다. 엄마가 혼절했고, 깨어나서는 앓아누웠다. 명예훼손으로 고소하자니 소송 비용이 무서웠다. 그러나 전임 이장 클라우스는 달랐다. 이것저것 캐묻고 다닌 그는 자신의 아우도 마녀로 찍혔다는 말을 듣고는 경찰에 고발했다. 마쎈 아들도 뒤따랐다. 슐레스비히-홀스타인의 주도州都 킬의 한 신문에 "수소폭탄 시대의 마녀"라는 기사가 실렸고, 경찰이 수사에 나섰다.

마을 사람 중에 에베를링의 치료를 받은 사람은 많았다. 그는 두통을 치료하기도 했고, 밤새 우는 아기의 울음을 그치게도 했다. 그는 주문呪文 치료도 했고, 아픈 사람의 몸을 쐐기풀로 때리기도 했으며, "악마 똥"이라는 가루를 태워서 연기를 집 안에 불어넣기도 했지만, 버터 우유나 염장 청어나 겨자씨를 처방하기도 했다. 평판은 좋았다. 경찰은 에베를링을 무허가 치료와 사기죄로 재판에 넘겼고, 1954년 말에 재판이 열렸다. 지역 선술집이 법원으로 꾸려졌고, 10명이 넘는 신문기자가 찾아왔으며, 마을 사람들은 샌드위치를 싸들고 와서 8시간 동안 20여 명의 증언을 들었다. 판사들에게는 마을 사람들의 편지가 속속 도착했다. 마을에 악령이 돌고 있는 것은 사실이라는 편지, 내가 환상을 보았는데 그 속에서 에베를링이 자신은 무죄라고 말하더라는 편지, 마녀로 비난받아야 할 사람은 마을 사람 모두이니 서로 용서해야 한다는 편지 등등.

소란 속에 재판은 연기되었고, 1955년 초에 킬대학 정신신경의학실 교수팀이 에베를링을 감정한 뒤 "열등의식"과 "원시적 정신"에 씐 사람이라는 보고서를 작성했다. 그리고 그해 5월 지역 댄스홀에서 재판이 재개되었다. 방송국 카메라가 돌아가는 가운데 기자들과 마을 사람들이 재판정을 가득 채웠고, 판사는 유죄를 선고했다. 치료비를 받았고 마쎈 부인에게 해를 끼쳤다는 이유에서였다. 에베를링은 항소했다. 1955년 가을에 서독 최고위 형사법원이 무죄를 선고했다. 재판은 이미 전국적이고 국제적인 뉴스가 된 상태였다. 독일 국영방송과 《로스앤젤레스 타임스》가 보도했던 것이다.

지금 필자는 2020년에 출간된 미국의 소장 역사학자 모니카 블랙의 저서 《악마에게 쫓기는 나라. 제2차 대전 직후 독일의 마녀, 기적의 치료사, 그리고 과거의 망령》을 소개하고 있는 중이다.[2] 저자가 명확히 감정사를 표방하지는 않았지만 그 책은 전쟁 직후 서독인들의 감정 상태를 제대로 드러내준다. 에베를링 재판은 어쩌다 벌어진 예외적인 사건이 아니었다. 놀랍게도 마녀재판은 근대 이후에도 끊이지 않았다. 다만 악마와 회합을 했다거나 성교를 했다는 비난이 없어지고 많은 사람을 통째로 마녀로 모는 마녀사냥이 나타나지 않았을 뿐, 개별적인 마녀재판은 간간이 진행되었다. 마녀재판의 정확한 건수는 확인되지 않고 있지만, 1959년의 한 조사에 따르면 나치 독일 12년 동안 마녀재판이 모두 8번 열렸는데 반하여 1947년부터 1956년까지 9년 동안 무려 77회가 열렸다. 그러나 현실은 그보다도 심각했던 것 같다. 독일 의사협회가 제공하는 한 정보지는 1950년대 중반 매년 약 70건의 마녀재판이 열렸다고 기록했고, 정론지에 속하는 신문《벨트 암 존타크》는 독일의 마녀재판이 1952~53년의 1년 동안 130회가 넘었다고 보도했다.

도대체 마녀가 무엇이기에 언론이 표현한 바대로 수소폭탄의 시대에 독일인들을 쫓고 있었던 것일까? 모니카 블랙은 마녀에 대한 이론 연구들을 참고하여, 인간이 마녀에게 매달릴 때는 시대를 불문하고 자기가 통제할 수 없는 '숨겨진 힘'이 '친밀한 관계'를 결정한다고 믿을 때라는 점을 확정한다. 사회적 구조 변동이 발생했을 뿐만 아니라 작은 일상적 관계마저 믿을 수 없을 때, 그리하여 사소한 일상의 행위들과 우연들이 초자연적인 힘과 연결된다고 믿어질 때, 질병, 사고, 운수 나쁜 일들이 평소에 알고 지내던 누군가의 비밀스런 음모에 의하여 조종된 것이라고 생각될 때 발생한다는 것이다. 그 아래 있는 감정은 물론 공포와 불신이다. 서독 초기가 그런 사회였다는 것이다. 앞서 우리는 1943년 봄부터 독일인들이 어떤 상황 속에 있었는지 살펴보았다. 공포가 막대했음은 물론 불신은 갈수록 강해졌다.

전쟁이 끝나면서 공포와 불신은 지속되었다. 특히 처벌 공포가 막대했다. 소련군만 무서웠던 것이 아니다. 나치 선전의 효과는 여전해서, 군정이 10년 내지 30년 동안 지속되리라는 소문, 미군이 독일의 모든 남성에게 2년간 결혼을 금지하려 한다는 소문이 무성했다. 영국군 병사들은 점잖았던 것 같은데, 미군 병사들은 꽤 거칠었다. 1945년 한 해 동안 강간이 1,500회 보고되었다. 하기야 같은 기간 동안 소련군 병사들의 강간은 200만 건에 달했다. 강제노동수용소에서 풀려난 뒤 아직 자기 나라로 돌아가지 않은 난민도 1945년 9월에 120만명이었다. 학살수용소에서 생존하여 돌아온 유대인 역시 미군 점령지역에만 15만 명이 넘었다. 독일인들은 의당 자신들이 죽이고 때리고 빼앗고 굶긴 그들이 복수할 것이라고 예상했다. 이탈리아 북부에서 1만 명 내지 1만 5천 명의 파쇼가 약식재판만으로, 혹은 그마저도 없이 처형되었고, 프랑스에서도 비슷하지 않았는가. 더욱이 점령군은 난민들에게 우호적인 양 보였다. 그렇다면 우리에게는?

지금 돌아보면, 독일인들을 처벌 혹은 재교육시키려던 점령군의 탈나치화 작업은 솜방망이였고 실효성도 없었다. 하기야 유럽 어느 나라에도 과거청산은 없었다. 그러나 당시 독일인들은 그 미래를 몰랐다. 초기에 그 작업은 무서웠다. 미군 점령 지역에서만 10만 명이 체포되었고, 공직자의 반 이상을 포함하여 34만 명이 해고되었다. 뷔르츠부르크 교사의 92퍼센트가 학교를 떠나야 했다. 1946년 3월에 탈나치화 작업이 군정 산하의 독일인들에게 이양되지만, 나치 독일에서의 행로를 묻는 문항에 답해야 했던 독일인이 1,300만 명이었고, 그

중 344만 1,800명이 탈나치화 법원의 심리를 거쳐야 했다. 의당 밀고와 배신이 판을 쳤다. 물론 1950년대 중반까지 그들은 모두 사면 복권되고, 진성 나치도 그 속에 끼어들어 번듯한 민주 시민으로 변신한다. 그러나 그 이전까지 나치로 분류된 사람들의 삶은 간단치 않았다. 사람들이 피했기에 눈치를 보고 외출을 꺼렸으며, 직장 얻기가 무척 힘들어서 부자가 아닌 사람은 가족에게조차 냉대를 받기도 했다.

모니카 블랙은 전쟁과 포스트워[3) 시기가 독일인들에게 "일상적 삶에 대한 일상적인 지식"에 "인간학적 쇼크—인간 그 자체의 쇼크"를 일으켰다고 판단한다. 그리하여 구체적인 일상적 "현실과 알 수 없는 것 사이의 당연한 구분"이 유효성을 상실했다는 것이다. 사람이 "죽은 것도 아니고 산 것도 아닌" 존재, "걸어 다니는 귀신"이 되었다는 것이다. 물론 표현이 과격하기는 하지만, 요점은 세계가 그들에게 알 수 없는 것, 신뢰할 수 없는 것이 되어버렸다는 뜻이다. 1949년의 한 여론조사가 사람을 신뢰하느냐고 물었더니 90퍼센트가 못 믿는다고 답했다. 나치 때부터 속아오던 터, 그들은 암시장의 음식물도 믿을 수 없었고, 국경 지대 사람들은 자기 마을이 독일로 남을지 폴란드나 소련이나 프랑스 땅이 될지 알 수 없었다. 모니카 블랙은 소설과 영화를 동원하여 당시의 상황을 표현하기도 한다. 하인리히 뵐의 1953년 소설 《그리고 아무 말도 하지 않았다》에서 주인공은 친밀했던 모든 사람을 떠난다. 그는 술에 취하고, 공동묘지를 떠돌고, 전혀 모르는 사람들의 장례식에 간다. 그는 전혀 모르는 그들과 대화하는 것이 편한 사람이다. 그 세계는 독일의 표현주의 영화가 개시했던 필름누아르의 세계, 흑백의 교차로 반짝이는 표면 밑에 무시무시한 어떤 것이 버티고 있는 세계와 닮았다고, 그리하여 독일인들의 고단하지만 범속한 일상 아래 전쟁과 살인의 기억이 버티고 있었다고 강조한다. 마녀재판은 그 현실의 징후였다는 것이다.

마녀재판에 얽힌 나치 과거

에베를링으로 돌아오자. 1908년에 목수의 아들로 태어난 그는 가구 수공업을 배웠고, 1920년대에 수공업 직인 저니맨으로 뒤셀도르프에 있을 때 마법을 체득했다. 아버지는 골수 사민당 당원이었고, 그에 걸맞게 엄격하고 과학적인 인물이어서 아들과의 갈등이 심심치 않았다. 에베를링은 나치 경찰에게 엉뚱하게 여호와의 증인으로 체포되어 수감되기도 했고, 1936년에는 한 아픈 아이를 치료했다가 분방한 섹슈얼리티를 실천하던 아이 엄마의 사기죄 고발로 인하여 유죄판결을 받고 13개월 동안 수감되었다. 그녀의 파트너 중 하나였던 돌격대원이 그를 "증오"했었다. 전쟁이 끝난 뒤 디트마르셴의 탈나치화 작업을 주도한 사람 중에는 에베를링의 아버지와 추후 마녀로 지목되는 클라우스가 포함되어 있었다. 그리고 클라우스를 마녀로 지목한 사람은 위에서 언급한 마을 사람만이 아니었다. 에베를링이 1심에서 의료법 위반으로 유죄판결을 받았을 때, 그 이유는 마쎈 부인이 앓아누운 것 외에 그가 그 지역 최대 지주의 자식들을 치료해주면서 예외적으로 돈을 받았기 때문이었다. 에베를링이 그 자식들을 고쳐주면서 "지금 당신에게 떠오르는 적이 바로 악한 힘"이라고 말했을 때, 그 집 며느리는 클라우스를 생각했었다. 사실 그녀의 시아버지는 나치 독일에서 그 지역 시장을 지냈었고 여러 공직을 맡았었다. 그리고 그는 그 지역 탈나치화 작업에서 재산 일부를 벌금으로 압수당한 유일한 인물이었다.

재판이 벌어지는 동안 에베를링의 한 친구가 그를 변호하고자 했다. "에베를링은 나치 권력에 직면하여 태도를 바꾸지도 무릎을 꿇지도 않았으며, 나치 정권의 몰락 이후에 자신의 힘을 이용하여 전직 나치를 괴롭히지도 않았다." 마녀재판의 표면 아래 과거가 복잡하게 얽혀 있다는 것을 마을 사람들은 알았던 것이다. 복잡한 이야기는 이어진다. 클라우스가 에베를링을 명예훼손으로 고발했을 때 이를 지원한 인물이 있었다. 당대 독일에서 마녀 전문가의 하나로 꼽히던 크루제 Johann Kruse라는 중등학교 교사가 그였는데, 그 역시 디트마르셴 출신으로 1920년대부터 마녀사냥을 비판하는 글을 발표해온 사람이었고, 나치 독일에서는 '정치적 정확성'을 현시하지 않다가 이곳저곳으로 전근을 다녀야 했던 인물이었다.

에베를링 재판이 끝난 직후 크루제는 《모세 6경과 7경》, 즉 19세기 중반에 처음 발간되어 오컬트 문학의 고전이 된 책으로서 마녀 열풍을 타고 1956년에 재발간된 책을 금지시키고자 열렬히 활동했다. 크루제가 보기에 그 책은 마녀의 근원이 유대인에게 있다고 암시하고 있었다. 다시 말해서 크루제가 에베를링 재판을 방관할 수 없던 이유는 마녀재판의 원인이 홀로코스트와 관련된 성찰되지 않은 과거에 있다고 여겼기 때문이었던 것이다.

그런 크루제를 끝까지 괴롭힌 인물이 있었다. 괴팅겐대학 민속학 교수 빌-에리히 포이케르트Will-Erich Peuckert는 1927년에서 1942년까지 발간된 10권짜리 책《독일 미신사전》의 '유대인' 항목과 '의례儀禮 살인' 항목에서 한편으로는 유대인이 실제로 의례 살인을 저지르는지 의심하는 동시에, "유대인은 하나님의 적이다.""신은 유대인을 증오한다. 중세에서 유대인의 적들은 신으로부터 유대인을 절멸시키라는 명령을 받았다."고 쓴 사람이었다. 그가 마녀사냥을 옹호했던 것은 아니다. 그가 보기에도 마녀는 미신이었다. 다만 그는 민속학이 독일 민중의 모습을 담고 있는 소중한 문화유산이라고 믿었다. 《모세 6경과 7경》은 그래서 옹호했던 것인데, 정도가 지나쳤다. 정작 크루제와 크루제의 어머니야말로 마녀라고 주장한 것이다. 그런데 아뿔싸 빌-에리히 포이케르트는 필자가 이 책 1장을 서술하면서 귀중한 사료로 사용한 네 권짜리 《파라켈수스 선집》을 1965년부터 1968년까지 편집하여 발행한 사람이다. 그리고 파라켈수스는 나치가 치켜세운 민족 영웅의 하나였다. 빌-에리히 포이케르트가 나치 독일에서 대접을 받았던 것은 결코 아니다. 정반대였다. 그는 책을 분서당하고 수업권까지 박탈당했었다. 그리고 그 덕분에 바이마르 시절 강사였던 그가 종전 직후에 정교수로 임용되었다.

에베를링 재판을 둘러싼 전선은 복잡하기 짝이 없다. 언뜻 구舊 나치와 사민당 세력 사이의 새로운 전쟁으로 보이지만, 구 나치 엘리트와 '동맹'을 맺은 에베를링과 빌-에리히 포이케르트 역시 나치로부터 억압을 받았었다. 더욱이 슐레스비히-홀스타인은 대공황이 닥치기 이전 시기에 독일에서 가장 먼저 반바이마르 친나치 경향을 보였던 '농촌인민운동'의 중심이었다. 모니카 블랙은 에베를링 재판에 증인으로 나선 마을 주민들의 이력을 밝힐 수 없었다. 또한 우리는 마쎈 부인이 왜 마녀라는 소문을 듣자마자 쓰러져 앓아누웠는지 알지 못한다. 다만 에베를링 재판이 종전 직후 그 지역에 만연했던 공포와 불신의 표현이라는 점은 분명해 보인다. 그리고 독일의 역사가 우테 프레베르트가 강조한 바, 감정이 기억을, 그리하여 역사를 담고 있다는 점을 생각해보면, 나치의 전쟁범죄와 홀로코스트에 대하여 침묵하기로 한 독일의 사회적 합의에도 불구하고, 혹은 바로 그 합의 때문에, 나치즘과 얽힌 그들의 삶의 기억이 표면적인 침묵 아래에서 들끓고 있었고, 마을 사람들의 공포와 불신은 바로 그 징후였다고 해석할 수 있을 것이다.

더욱이 나치즘과 함께했던 시절과 종전 직후 탈나치화를 겪던 시기에 대한 기억은 오늘날 역사가들의 추상적인 내러티브가 아니라, 그림자만 보아도 누군지 알 수 있는 작은 지역사회에서 일부는 해고되고 투옥되고 거세당하는 한편 다른 일부는 권력을 향유하다가, 불과 몇 년 사이에 운명이 뒤바뀌어 누군가가 자신의 나치 경력을 밀고하지 않을까 전전긍긍했던 삶의 기억이며, 현재란 그 기억을 누르고 모르는 척 평범하게 인사하지만 인사를 건넨 바로 그 사람이 "악한 힘"일 수도 있는 현실이었다. 그로 인한 첨예한 감정적 긴장이 마녀재판의 폭발로 나타난 것이고, 그러한 마녀재판이 1950년대 중반의 독일에서 매년 100여 회에 달했던 것이다.

귀환 병사의 파탄과 나치 과거

모니카 블랙이 이용한 재판 사료는 재판의 피고와 원고와 증인들의 내면을 보여주지 않는다. 그 당시 독일인들의 내면을 보여주는 사료를 이용한 두터운 연구서가 한 권 있다. 독일의 소장 역사학자 스벤야 골터만은 2011년에 《살아남은 자들의 사회. 2차 대전에서 귀환한 전선 병사들과 그들의 폭력 경험》이란 교수자격 논문을 발간했다. 2017

년에 영어로 번역되면서 세계 학계의 비상한 관심과 비판을 받은 그 연구에서 골터만은 1945년부터 1949~50년까지 빌레펠트 소재 보델슈빙크 요양원 정신의학과를 찾았던 전직 병사 진단 파일 450개를 분석했다. 제2차 대전 직후 홀로코스트 생존자들의 정신질환에 대한 연구는 많지만, 가해자인 독일군 병사의 병력을 다룬 최초의 연구였다. 골터만이 밝혀낸 병사들의 내면은 참혹하다. 그래서 일부 학자들은 그 연구를 가해자를 피해자로 전환시켰다고 조소하기도 한다. 그러나 필자가 보기에 그 연구에서 부각되는 모습은 모니카 블랙의 연구와 마찬가지로 선악의 이분법을 횡단하여 걸쳐져 있는 삶의 고통스러운 복합성이다. 아주 간단히 살펴보자.[4)]

누구나 짐작할 수 있겠듯이, 귀환 병사들은 악몽에 시달렸다. 밤마다 꿈에 러시아 전선의 전투가 재현되었다. 분대에게 돌격 명령을 내리고, 포탄 파편을 뒤집어쓰고, 전투에서 실제로 오른팔이 날아간 것이 꿈에서 반복되었다. 식은땀을 흘리며 깨어나서는 신경성 설사를 하고 또 되뇐다. "내가 미쳤나?" "내가 중독되었나?" "아냐!" 스탈린그라드 전투에서 차라리 죽어버리겠다고 소련군 기관총을 향해 똑바로 걸어갔는데 탄환이 비켜만 갔던 병사의 꿈에는, 아군 시체 15구를 말에 싣고 묘지로 가다가 말이 고꾸라져서 시체를 어깨에 메고 날랐던 장면이 계속 재현되었다. 그러한 악몽에 시달리든 시달리지 않든, 귀환 병사들은 일상적인 공포에 시달렸다. 평소에 갑자기 혼절을 하거나 사지가 뒤틀리는 전쟁신경증에 시달리는 남자도, 평범한 사진을 보거나 작은 소음을 듣고는 공포에 사로잡혀 몸을 떠는 귀환 병사도, 대문 앞에 적병 10명이 있다면서 나를 쏘려 한다고 고함치는 남자도, "헛간에……그림자들……나치의 개들"이 보인다는 귀환 병사도, 자신이 쫓기고 있다며 체포를 앞지르겠다고 영국 군정 당국을 찾아가 자수를 했지만 그냥 풀어주자 믿지 못하는 병사도 있었다.

나치 독일에서 노동전선 직원이었던 한 남자는 종전 직후 영국군 군정 당국에 체포되어 수용소에 수감되었다. 수용소에서 그는 나치 친위대 보안국 요원과 대화를 나누었는데, 그가 집요하게 친구에 대해 묻는 게 아닌가. 요원은 떠나갔고, 귀환 병사는 그 직후에 친구가 체포되었으며 친위대 보안국 요원이 사실은 영국군 군정의 스파이라고 믿었다. 공포는 가족과의 감정적 유대도 끊어놓았다. 나치 범죄자 수용소에 수감되어 있던 시절 그는 면회 온 아들에게 인사조차 거부했고, 석방된 후에는 두려워서 가족과 재회하지 않으려 했다. 귀환 병사가 의사에게 털어놓은 진술에서 어디까지가 사실이고 망상인지 구분이 되지 않거니와, 보델슈빙크 정신의학과를 찾은 사람들 중에는 정신분열이 나타난 사람도 여럿 있었다. 멀쩡한 대낮의 창문에 친위대 문양이 나타나는 것을 본 전직 친위대 대원도, 신문에 실린 전쟁범죄의 보도가 자신을 가리키는 것이라고 방 안에 숨는 남자도, 정보 당국이 자신을 감시한다고 전전긍긍하는 사람도 있었다. 모니카 블랙이 마녀재판의 가장 중요한 조건으로 언급한, 현실과 비현실의 경계가 흐려지는 현상이 귀환 병사들에게도 나타났던 것이다.

그런 사람들이 사회적 파편으로 전락한 것은 전혀 이상한 일이 아닐 것이다. 따스했던 아들이 차갑게 변하고, 수시로 화를 내거나 뜬금없이 흐느껴 울며, 만사를 급하게 처리하고자 우왕좌왕하거나, 때로는 사소한 일에 과몰입했다. 따라서 가족관계부터 비정상적이었다. 집에 귀환해서는 집이 너무나 달라졌다고 지속적으로 불평하는 남편, 거꾸로 탈나치화 작업에서 나쁜 등급으로 분류된 뒤 취직을 못하자

아내가 남편에게 나가달라고 요구하는 가족, 장교의 길을 외면하고 귀가했으나 그 어떤 노동에도 부적합한 청년이 그런 예들이다. 유의할 것은 저자가 그런 현상들을 단순히 트라우마로 정리할 수 없다고 판단한다는 점이다. 그들의 공포는 전쟁 경험을 작업하는 가운데 자신을 찾아가는 고통스런 탐색 과정으로 보아야 한다는 것이다. 감정에는 역사가 담기기 때문이다. 따라서 그들이 자주 발화한 "살인" "나치의 개들" "자기 책임" 등은 전쟁범죄에 대한 자신의 책임을 표현하는 과정이고, 그 과정에서 그들이 보인 침묵, 그리고 그들이 자주 뱉은 "말로 표현할 수 없음"은 범죄의 억압이기보다는 기억 작업의 표출이요, 어쩌면 그 범죄를 떠맡는 과정일 수 있다는 것이다. 모니카 블랙이 마녀재판을 기억 작업으로 해석한 것과 일치한다.

필자가 보기에도 귀환 병사들의 공포를 나치 독일의 범죄를 자기 책임으로 떠맡는 것으로 해석할 수 있을 것 같다. 그들은 타인이 아니라 자신이 저지른 "살인"과 "범죄"를 말했고, 자주 "자기 책임"을 말했기 때문이다. 다만 그것이 홀로코스트에 대한 책임을 떠맡는 것으로 보이지는 않는다. 유대인을 언급하는 경우가 아주 드물었기 때문이다. 어쩌면 독일인들에게 여타의 전쟁범죄는 모두 전쟁 탓으로 돌릴 수 있었으나, 홀로코스트만은 그것을 인정하는 순간 도덕적 자아의 마지노선이 무너지고마는 것이었는지도 모르겠다. 다만 가끔이라도 유대인이 언급되었다는 점, 그리고 앞 장에서 보았듯이 독일인들이 '범죄'라는 단어를 발화할 때 빈번히 유대인에 대한 범죄가 따라붙었다는 사실을 생각하면, 홀로코스트가 모니카 블랙의 표현대로 "유령처럼" 독일인들 사이에 떠돌고 있었다고는 말할 수 있을 것 같다.

골터만이 보여준 전쟁 직후 독일인들의 모습은 미군이 진입하면서 독일인들에게서 반성의 기미가 전혀 보이지 않는다고 했던 평가와 대단히 다르다. 그 모습은 또한 미국으로 망명했다가 1949년에 독일을 다시 찾은 한나 아렌트의 눈에 독일인들이 "감정이 없는 듯"이 보였던 것과도 다르다. 독일인들은 정신병원에 가고 마녀에 몰두할 만큼 공포를 앓고 있었던 것이다. 그러나 반성이 없다는 미군과 아렌트의 해석이 정확하지 않았을지언정, 그들의 관찰이 그릇된 것 같지는 않다. 공포를 감추려는 독일인들의 표면이 무감동 외에 달리 어떻게 나타날 수 있었겠는가. 다시 말해서 전쟁 직후의 독일인들은 차분함과 공포의 교차를 경험하고 있었던 것이다. 이것이 무엇일까? 다름 아니라 우리가 1930년대 중후반 이래 독일의 노동 담론과 코미디 소설에서 확인했던 감정문화이다. 내용을 떠나 형식만 보자면, 공포와 차분함의 결합은 바로 나치 감정 레짐이었다. 놀랍게도 그 감정 레짐이 종전 직후의 독일에서 지속되었던 것이다. 물론 그 감정 레짐이 놓인 역사적 맥락은 전혀 달랐고, 따라서 감정 실천에 의해 느껴지는 감정 경험도 아주 달랐다. 전쟁 이전에는 성과주의 시스템이 발휘하는 압력이 문제였다면, 폭격 이후에는 전쟁의 상처와 전쟁범죄가 문제였다. 앞선 감정 경험이 사회적 상승 의지의 표현이었다면, 뒤의 경험은 벌거벗은 생존과 고통스런 자아 정립에 병행한 처벌 공포와 죄책감, 그리고 추후 드러나듯 자기변명이었다.

2
히틀러국가의 망령

벙커를 지어 핵전쟁에 대비한다니

필자가 모니카 블랙과 스벤야 골터만의 연구를 높이 평가하는 이유 중의 하나는, 그들이 보여준 역사학이 목적론적이지 않기에, 즉 1980년대의 서독을 당연한 것으로 설정한 뒤 1950년대를 그 전단계로 설명하지 않아서, 그리하여 포스트워 시기 자체의 고유성을 부각시켰기 때문이다. 물론 우리에게 그만큼 중요한 것은 그 고유성에도 불구하고 그 시기에 나치의 감정 레짐이 지속되고 있었다는 점이다. 그것은 언제부터 변화하기 시작했을까?

모니카 블랙은 1950년대 말이면 "악한 힘"에 대한 관점이 "유사과학적"이거나 순수하게 "종교적인" 것으로 변했다고 판단한다. 이제는 초현실성이 현실에 직접 개입하기보다 우주와의 교감이나 양심의 문제로 변했다는 것이다. 영험 치료가 성공한다고 해도 "악한 힘"의 작용이 아니라 의사와 환자 간의 "신비한 상호 작용" 탓으로 돌려졌다. 감정 표현도 자유로워져서 이제 독일인들은 월드컵과 말론 브란도와 엘비스 프레슬리에 열광했다.

변화의 원인이 무엇이었을까? 역사가들이 가장 어려워하는 질문이 바로 '왜'이다. 사료는 변화의 원인을 말해주지 않기 때문이다. 그래서 변화를 설명하려는 역사가는 의당 이론에 의존하는데, 일부 역사가들은 이론에의 의존이 과거의 고유성을 삭제할까 우려한다. 이론은 언제나 보편성을 함축하기 때문이다. 그런 역사가들은 흔히 변화의 조건을 열거하는 선에서 멈춘다. 모니카 블랙도 마찬가지여서 감정 레짐이 변화하게 된 조건으로 서독의 정치사회적 안정을 꼽았다. 기실 서독은 1955년에 나토에 가입하는 동시에 주권을 온전히 회복했고, 1956년에는 소련에서 마지막 전쟁포로가 귀국하였으며, 1957년에는 서독 연방군 창설이 완료되고 아데나워 정부가 연방의회 선거에서 독일 역사상 전무후무하게 절대다수를 얻었다. 물론 그와 병행하여 한국전쟁으로 촉발된 서독의 경제성장이 라인강의 경제기적으로 펼쳐지고 있었다. 서독인들이 정치경제적인 안정을 확보했고, 그래서 영적인 힘을 합리적으로 바라보게 되었다는 것이다.

변화의 조건을 제시하는 것으로 만족하지 못하는 역사가들이 애용하는 방법은 역사적 현실이 어떻게 변해갔는지 그 과정을 보여주는 것이다. 프롤로그에서 필자가 언급한 독일 출신의 미국의 역사가 프랑크 비스가 행한 작업이 바로 독일인들의 감정 레짐이 1950~60년대에 변해가는 모습이다. 1961년 늦가을 서독의 1,800만 가구에 정부가 보낸 브로셔 〈누구나 살아날 수 있다〉가 배달되었다. 핵전쟁에 대비하는 민방공 팸플릿이었다. 핵무기는 서독 땅에 1953년에 비밀리에 처음 배치되었고, 1957년에 그 사실이 여론에 알려진 뒤 논란이 심해지자 정부는 연방의회로부터 핵무기 배치를 승인받았다. 1960년 서유럽에 배치된 핵탄두 3천 기 중에서 1,500기가 서독에 배치됐다. 핵무기의 배치와 병행된 것은 반핵운동, 그리고 핵 공격에 대비한 민방공체제의 구축이었다. 서독 정부는 1953년에 민방공청을 설치했고, 연방의회는 1957년에 민방공법을 통과시켰다. 참 황당했던 것이, 방공호가 핵폭탄을 막아줄 수도 없거니와 6천만 명이 들어갈 방공호를 지을 수도 없었다. 더욱이 경제부는 핵 방공호의 건설 비용이 건설 시장을 왜곡한다면서 방공호 건설을 위한 정부 지출을 거부했다. 남은 것은 핵전쟁 대비를 개인화하는 것이었고, 그래서 개인별로 취할 행동수칙을 제시할 필요가 있었다. 브로셔가 제작된 이유였다.[5)

그러나 서독 정부는 머뭇거렸다. 그들은 1953년에 민방공 문제에 대한 논의를 시작하면서 비밀에 부쳤다. 반핵운동의 가능성 외에 서독 정부는 전쟁 말기 이후의 경험으로 인하여 국민들이 감정적으로 극도의 불안정 상태에 있으며, 민방공 브로셔가 혹여 국민들을 더욱 불안하게 만들까 우려했던 것이다. 모니카 블랙과 스벤야 골터만의 연구는 그 판단이 얼마나 지당했는지 보여준다. 더욱이 앞서 우리는 전쟁 말기 연합군의 폭격이 나치의 민방공 작업에도 불구하고 얼마나 막대한 파괴와 공포를 일으켰는지 보았다. 따라서 서독 국민이 민방공에 적대적이었던 것은 당연했다. 당시 여론조사에 따르면 서독인들의 60퍼센트가 민방공에 반대했고 나머지 40퍼센트는 무관심했다.

70퍼센트가 핵전쟁으로부터 안전하지 않다고 믿었고, 나토가 지켜줄 것이라고 믿는 사람은 겨우 20퍼센트 내지 36퍼센트였다.

그렇다면 더더욱 민방공이라도 해야 하는 것이 아닐까? 그러나 서독 정부는 주저했다. 서독 정부가 기존의 감정 레짐을 공유하고 있었던 것도 한 가지 원인이었다. 정부 관리들 일부는 공포가 "지나치게 예민하고 열등한 개인 및 집단의 특징"이라고 공포를 병리화했다. 19세기 지멘스의 결투부터 나치의 입장까지 살펴보았던 우리로서는 인용문 속의 "개인"과 "집단"이 공포를 이겨내지 못하는 사람들을 지칭하는 것이며 으레 사회 하층이었다는 사실을 안다. 그 부르주아·나치적인 감정 레짐이 서독 초기에도 지속되었던 것이다. 공포를 그렇듯 병리화하지 않는 관리들도 공포가 인간을 수동적이고 무기력하게 만든다고 믿었다.

진정 흥미롭게도 서독 정부는 공포에 대응하기 위하여 기존 감정 레짐의 핵심 요소인 차분함을 끌어들였다. 그들은 국민들이 차분하게 핵전쟁에 대비하도록 하려 했던 것이다. 그것이 어떻게 가능할 것인가? 정부는 광고회사들에게 용역을 주었고, 몇 개의 광고회사가 도안을 제출했다. 핵폭탄으로 파괴된 대도시를 가시화함으로써 핵폭탄의 위력을 보여주는 미국형 브로셔가 제출되었지만 정부는 거부했다. 미국 정부는 그 끔찍한 장면이 국민들에게 경각심을 일으키리라고 기대한 반면, 서독 정부는 폭격의 기억 때문에 그런 장면이 오히려 죽음만을 떠올릴 것이라고 판단했다. 정부는 어린아이 두 명이 핵폭탄 버섯으로 달려가는 그림 위에 "사랑하는 사람을 보호하세요"라고 쓰인 도안도 거부했다. 핵폭탄을 향해 달려가는 것은 살아날 길이 없다는 함축을 지니기에 공포와 무기력을 조장하리라는 것이었다. 문자 그대로

'핵가족Nuclear Family'을 형상화한 초안, 정원과 단독주택을 배경으로 하여 엄마와 아빠와 아들과 딸이 모형기차를 조립하고 인형놀이를 하는 목가적인 그림에 "행복하고 만족스러운 가족, 이것이 우리입니다"가 적힌 도안도 거부했다. 정부는 그 장면이 감정을 너무 강조하는 것은 아닌지 걱정했다.

앞서 모니카 블랙은 1950년대 말이면 독일인들이 감정의 혼돈으로부터 벗어난다고 했지만, 민방공 도안에 대한 논의는 서독 정부가 그 시점에도 국민들의 감정을 얼마나 믿지 못하고 있었는지 잘 보여준다. 서독 정부의 선택을 받은 것은 겉표지 삽화에 성인 남녀가 빽빽이 서 있고 삽화를 가로질러 "누구나 살아날 수 있다"라고 써진 도안이었다. 속지는 핵폭탄의 폭발 직후에 벙커로 피하거나, 야외의 수로에 숨거나, 길 위에 엎드린 채 가방이나 손으로 머리와 목을 가린 삽화였다. 정부는 겉표지의 인간군이 사회적 지위를 드러내지 않기에 평등주의적인 연대감을 표현하는 것이며, 속지는 각자가 자신의 안전을 책임져야 한다는 뜻을 함축한다고 여겼다.

1961년 늦가을에 브로셔가 배포되자 서독 국민들이 날선 반응을 보였다. 벙커 건설을 민간에게 맡기는 것은 국민을 보호해야 할 국가의 의무를 방기하는 것이 아닌가. 정부로부터 벙커 건설 보조금을 받을 수 있는지 알아보았지만 소용없었다. 어떻게 그 부담을 사적인 개인에게 떠넘길 수 있는가. 물론 더 큰 비난은 속지에 적힌 핵폭발에서 취해야 할 행동수칙에 관한 것이었다. 핵무기의 파괴력에 그처럼 무지할 수 있는가. 그 "손가락 예방법"은 민방공의 무기력을 은폐하려는 수작이 아닌가. 공포를 이용하여 민방공에 대한 반대를 꺾으려는 것이 아닌가. 핵전쟁이 발발하면 피와 눈물의 바다, 파괴의 지옥, 그 어떤 방어도 불가능한 절멸이 발생할 것이다. 국민은 자신들이 공포에 사로잡혔다고 말하지 않았다. 이는 기존의 감정 레짐에 충실한 표현 방식이다. 그러나 동시에 그들은 폭격의 경험과 유대인 절멸의 과거를 핵전쟁에 투사하고, 또 서독 정부가 히틀러국가처럼 국민의 안전을 각자도생에 방치한다고 비판하고 분노했던 것이다. 정부는 국민의 비합리적인 반응과 수동성을 우려했지만 국민들은 오히려 적극적인 행위 주체성을 표출한 것이다.

서독 정신의학계에 1950년대 말부터 공포에 대한 새로운 견해가 대두하고 있었다. 미국에 도착한 생존 유대인의 트라우마가 그들 각자의 도덕적 취약성 때문이 아니라 상상을 초월하는 나치의 폭력 때문이었다는 미국 정신의학자들의 진단이 독일에 유입되었고, 폭력과 정신적 상처의 상관관계는 1956년에 소련에서 독일로 귀환한 전쟁포로들의 트라우마를 냉전 정치적으로 이용하는 데 유용했다.

이런저런 흐름이 때마침 국민들의 반발에 부딪친 서독 정부로 하여금 자세를 바꾸도록 했다. 정부는 브로셔에 적힐 용어를 가지고 120명에게 심리실험까지 진행했다. 그래서 예컨대 "인민 실체의 보호"와 같은 단어가 '인종' '유대인에 대한 증오' '잠재적 전쟁'을 연상시킨다는 이유로 삭제되었다. 1964년에 배포된 〈민방공 안내서〉는 민방공이 전통적인 전쟁과 제한 핵전쟁에만 효과적일 뿐이라고 솔직히 인정하는 동시에, 핵폭발의 장면, 방독면, 방공호에 휴대하면 안 되는 물품들을 삽화로 제시했다. 방공호가 없을 경우 벽에 낮게 엎드리는 장면 하나가 포함되었지만, 공포를 조장하지나 않을까 전전긍긍하는 대신 위험을 인정하고 피해를 가급적 낮추는 방법을 제시한 것이다. 반응은 긍정적이었다. 민방공을 긍정하는 여론이 1962년에는 60퍼센트로, 1964년에는 무려 82퍼센트로 증가했다. 1968년이면 추세가 재차 역전되어 민방공에 아무런 흥미가 없다고 답한 비율이 다시 60퍼센트에 달하게 된다. 공포가 감소했다고는 판단할 수 없어도, 공포가 닥친다고 무조건 위축되지는 않는다는 점이 확인된 것이다.

천지사방의 히틀러국가

필자가 위에 그 연구 결과를 요약한 프랑크 비스는 독일인들의 공포의 대상이 1960년대에 외부로부터 내부로 이동했다고 평가한다. 그 과정은 어떻게 진행되었을까? 서독 정부가 1955년에 주권을 넘겨받으면서 해결해야 했던 문제 중에 추후의 역사 진행에서 매우 중요한 역할을 하게 되는 두 가지 과제가 있었다. 하나는 비상사태에 직면한 국가의 권력에 관한 것이었고, 다른 하나는 나치 과거의 청산과 국민통합 문제였다. 비상사태법 초안은 이미 1956년에 마련되어 1958년까지 정부 내에서 비밀리에 논의되었고, 1960년에 공중에게 알려졌으며, 1966년 말 사민당이 포함된 대연립내각이 수립되고 2년이 지난 1968년 6월에 연방의회를 통과한다. 나치 범죄자에 대한 사면조치 역시 1950년대 전체에 걸쳐 단계적으로 이루어져서 범죄 집단에 속하였다는 사실 자체만으로는 학살자를 처벌할 수 없게 되었다. 개인의 범죄 행위가 확인되고 또 그에 더하여 "저열한 동기"가 입증되어야 처벌할 수 있었다. 그 두 가지 문제가 같은 시기에 중첩되면서 서독 국가에 대한 의구심과 비판과 저항이 좌우 양쪽으로부터 가해졌다.

비상사태법은 국가가 외부 공격의 목전에 있거나 실제로 공격을 받는 외적인 비상사태와 자유 민주적인 기본 질서가 위협받는 내적인 비상사태가 닥치면, 언론과 의사 표현의 자유와 파업권을 제한하고 행정부에 대한 입법부의 견제를 약화시키는 내용을 담고 있었다. 우리는 비상사태법이 과연 민주주의에 대한 위협이었는지, 아니면 현대 국가라면 의당 갖추어야 하는 권력인지는 논하지 않기로 한다. 우리의 문제의식에서 중요한 것은 그에 대한 반응이다. 1960년에 내용이 알려지자 사민당과 노동조합과 지식인들과 학생들이 거칠게 비판하고 나섰고, 1967년에 사민당이 기민당과 대연립내각을 구성하자 소위 '의회 외부 저항APO' 운동이 광범하게 조직되었다. 학생들의 조직화된 저항도 이를 계기로 출현하였으니, 1965년에 처음으로 본대학교에서 '민주주의 비상사태 관리위원회'가 조직되었다.

우리의 관심은 정부에 대한 비판에서 발화된 언어들이다. 사람들은 한결같이 독일의 과거, 즉 히틀러국가가 목전에 있다고 말했다. 사실 그런 언설은 서독 국가가 승전국들로부터 주권을 이양받은 1955년 직후부터 발화되기 시작했다. 예컨대 사민당 계열의 대표적인 역사학자 임마누엘 가이스Immanuel Geiss는 "권위적인 정권"이 "반볼셰비키적 혁신"의 가면을 쓰고 수립되려 한다면서, 아데나워 정부를 대공황기 오스트리아의 돌푸스 정부에 비유했다. 1957년에 기민련과 기사련이 연방의회의 절대다수 의석을 확보하자, 정치학자 브라허Karl Dietrich Bracher가 비상사태법이 "관헌국가적이고 군사기술적인 이념에 사로잡힌" 법이라고 비판하면서, 신정부를 히틀러 집권 직전의 바이마르 대통령 내각에 비유했다. 바이마르 시절 공산당 당원이었고 나치 강제수용소에 수감되었던 영화감독 출신의 언론인 에겔브레히트Axel Eggelbrecht는 더욱 단호했다. "오늘처럼 느슨하고 무관심했다가는 어느 날 우리는 법에 의하여 (나치 독일에서처럼) 모든 것이 일체화되어 있을 것이다."

에겔브레히트의 비판에서 '무관심'은 서독 '국민들'의 정서를 가리켰다. 1961년에 위르겐 하버마스는 "전체주의 정당"이 "탈정치화의 베일"로 은폐되어 있지만, 곧 "무관심한 대중"이 "강력한 권위적 국가의 지휘"에 동원될 수 있다고 발언했다. 그들은 아래로부터의 전체주의를 우려했던 것이다. 1965년 연방의회 선거전에서 기민련이 과거 나치 독일을 피해 스웨덴으로 망명했던 사민당 총재 빌리 브란트를 비애국적인 인물이라고 비판하자, 좌파 지식인들은 기민련이 서독 국민들 속에 들어있는 "갈색(나치)의 원한"을 동원하려 한다면서, 서독 "국가를 떠받치고 있는 토대"가 "나치 시대와 똑같이 권위에 취약한" 국민이라고 진단했다. 1965년 여름학기에 베를린대학교 학교 당국이 연설을 금지하여 학생들을 분노케 한 언론인 에리히 쿠비Erich Kuby는 "의도적으로 자극한 인민의 에너지가 한 번 더 밖으로 분출하는 것" 은 시간문제일 뿐이라면서, "민주주의가 죽어가는 고통은 이미 시작되었다."고 외쳤다. "독재"는 지금 가면을 쓰고 있지만 곧 본모습을 드러내리라. 그 모든 경고에서 독일이 얼마나 히틀러국가의 망령에 쫓기고 있었는지 드러나거니와, 그에 못지않게 중요한 점은 독일의 일급 지식인들이 공포스러운 상황을 거리낌 없이 표현했다는 사실이다. 감정이 갈수록 자유롭게 표명되었던 것이다.

더욱이 현실에서는 히틀러국가의 부활을 두려워할 만한 증거가 보이는 듯했다. 1966년 2월 스프링거출판사의 선정적인 대중 일간지 《빌트 차이퉁》이 반정부 학생들을 "공산주의자들"로 낙인찍는 기사를 연속으로 내보내는 가운데 기민련 베를린 지구당 당원들이 미국

지지 집회를 열었다. 집회 직후에 당원들은 일단의 '장발 청년들'을 공격하면서 "저편으로 건너가라"고 외치고 강제로 기차에 태워 동베를린으로 출발시켰다. 지식인들은 그 사건에서도 파쇼적 잠재력을 읽어냈다. 실제로 나치즘이 서독에서 지속되고 있다는 물증이 1950년대 말부터 제시되기 시작했다. 1957년 동독 정부는 서독 판사들의 나치 전력을 문제 삼는 "피의 판사들" 캠페인을 벌였다. 그것도 한몫하여 1959년에 사회주의학생연합SDS이 독일 헌법재판소가 위치한 칼스루에에서 "속죄하지 않은 나치 사법" 전시회를 개최했다. 전시회가 1962년까지 전국을 순회하는 가운데 학생들은 나치 '특별재판소'에 근무했던 판사 43명을 고발하겠다고 예고했다. 지식인들이 합류했다. 결국 연방의회는 전직 나치 판사들이 자진사퇴하는 경우 연금을 보장해주는 법을 통과시켰다. 1962년 여름까지 현직 검찰총장까지 포함하여 모두 136명의 판사가 사임했다.

같은 시기에 반유대주의 난동이 불거졌다. 1959년 성탄절에서 나치 전력을 가진 서독인 두 명이 쾰른의 유대교 회당 정문 옆 벽에 나치 하켄크로이츠 두 개와 "유대인은 나가라."는 글자를 휘갈겨놓았다. 언론은 "쾰른의 두 번째 제국 수정의 밤"이라고 평했다. 그 후 몇 주일 동안 유사한 반유대주의 난동이 무려 470여 번 발생했다. "우리 안의 히틀러" "우리 안의 살인자"가 인구에 회자되었다. 철학자 아도르노는 "파쇼적 경향이 민주주의에 반하여 다시 나타나는 것보다 더 위험한 것은 나치즘이 민주주의 안에서 재출현하는 것"이라고 경고했다. 프랑크푸르트 사회연구소는 반유대주의 정서를 갖고 있는 독일인이 최하 40퍼센트라는 조사 결과를 발표했다. 연구소는 대학생 중에서 반유대주의에 대하여 "단호하고 명쾌한 반대 입장"을 가진 비율이 겨우 19퍼센트라고 덧붙였다. 그 직전 시기인 1958년에 남부 독일 울름에서, 1941년 여름과 겨울에 리투아니아 유대인 5천 명 이상을 학살했던 나치 친위경찰 10명에 대한 재판이 열렸다. 피고들은 3년에서 15년까지의 징역형을 선고받았다. 1961년 예루살렘에서 아이히만 재판이 열렸고, 1963년부터 2년간 프랑크푸르트에서 아우슈비츠 재판이 진행되었으며, 2차 재판과 3차 재판이 1965~66년과 1967~68년에 열렸다. 첫 번째 재판에서 18명이, 2차와 3차에서 5명이 4년에서 무기징역에 이르는 형벌을 선고받았다.

홀로코스트 재판은 독일인들로 하여금 독일의 범죄를 본격적으로 대면하도록 유도하지 못했다. 판사들은 친위경찰은 물론 증인으로 나선 생존 유대인들에 대해서도 '초연한 거리'를 유지했다. 역사학자들도 마찬가지였다. 더욱이 그때의 홀로코스트 재판은 형법에 따라 개개인의 범죄 행위와 "저열한" 동기를 확인하려 했을 뿐 범죄의 체제적 성격을 신문하지 않았다. 홀로코스트가 개별적인 일탈로 의미화되었던 것이다. 그러나 다른 면이 있었다. 홀로코스트 재판은 '평범한 학살자' 유형과 '사디스트 학살자' 유형 두 가지를 부각시켰다. 그 두 가지 유형은 교차되기도 했다. 아우슈비츠에서 고문으로 악명 높던 인물이 서독에서는 흠결 없는 시민으로 살고 있었던 것이다. 이는 무섭게 섬뜩한 것이었다. 그리하여 홀로코스트 재판이 "우리 사회의 정화"에 "필수적인 공포"를 유발했다는 평이 여기저기서 제기되었다.

프랑크 비스는 이 지점에서 절묘해진다. 홀로코스트 재판은 독일인들로 하여금 학살에 대한 '나의 책임'을 주제화하지는 못했지만, 평범한 학살자 유형은 비판적 시선을 인간 주체의 내면으로 이동시켰다는 것이다. 그리고 1967년에 정신분석학자인 미체를리히 부부Alexander and Margarete Mitscherlich가 《애도하지 못하는 독일인》이라는 책을 발간했고, 책은 곧장 베스트셀러가 되었다. 미체를리히는 통상적으로 오해되는 것과 달리, 독일인들이 그들에 의해서 죽어갔던 유대인들을 애도하지 못했다고 말한 것이 아니다. 미체를리히는 독일인들이 자신과 동일시했던 히틀러의 죽음을 애도하지 못했고, 그래서 히틀러에게 투여했던 자기 존엄성의 상실과 그로부터의 주체적인 회복을 경험하지 못했으며, 그리하여 감정 에너지를 노동에 쏟는 한편 우울증에 빠져들었다고 주장했다. 지나칠 정도로 도식적인 정신분석학적 시각이었지만, 그 진단은 주체의 내면으로 향하는 시선을 강화했다.

엇비슷한 시기인 1967년 6월 2일 저녁, 서독을 방문 중인 페르시아 국왕 부부가 모차르트의 〈마술피리〉를 관람하기 위하여 서베를린 오페라하우스에 나타났다. 학생운동은 1966년 2월부터 베트남전쟁 반대 시위를 쌓아가고 있던 터였다. 그런 그들은 CIA 덕분에 쿠데타로 집권한 페르시아 국왕을 초대하고 맞아들인 서독 정부를 반동적 세계 자본주의의 하수인 내지 동맹세력으로 선언했다. 6월 2일 밤 1천 명 내지 1,500명의 학생들이 베를린 오페라하우스 앞에서 시위를 시작하자 경찰대가 "죽일 듯이" 곤봉을 휘둘렀다. 그런 가운데 2009년에서야 동독 정보기관 슈타지의 스파이로 밝혀지게 되는 경찰관이 문학을 전공하는 자유베를린대학교 학생 오네조르크에게 발포했다. 오네조르크는 병원으로 후송되던 중에 사망했다. 그로써 '68운동'이 폭발했다. 운동은 인간의 어떤 내면이 자본주의를 견지하는지 주제화했다. 감정의 억압, 감정의 부재, 위선이 자본주의와 파시즘을 견지한다. 자본주의와 파시즘은 인간에게 공포를 생산하고 그 공포 위에 독재를 건설한다. 우리는 다르다. 우리는 감정공동체의 일원으로서 타인과 공감할 줄 아는 대안의 감정을 일구고 있다. '공포'가 아무렇지도 않게 발화되었고, 그 감정의 타파가 '운동'의 상식이 되었다.

3
심리 열풍

성교 치료 현장

독일의 소장 역사학자 마이크 텐들러는 2016년에 발간한 《심리치료의 10년. 1970년대의 심리 열풍》에서 1970년대 초 오스트리아 빈의 '행동-분석 공동체Aktions-Analytische Organisation', 즉 함께 살면서 경제활동과 재산 모두를 공유하던 공동체의 치료 장면을 꽤 자세히 묘사한다.

치료는 성교 치료와 신체 정신 치료로 나뉘어 있었다. 그곳에서 성교는 자유로웠다. 그러나 규칙은 있었다. 남녀의 고정된 이자二者 관계가 금지되었다. 그래서 동일 인물과는 일 주일에 한 번 이상 성교할 수 없었다. 누구와 어느 날 밤에 성교할지 사전에 공표하고 이를 달력에 표시해야 했다. 과잉 애무는 금지되었고, 성교에 30분 이상을 소비하지 말아야 했다. 성교의 의무는 없었지만 "성적 욕망은 강렬해야 했다." 또한 성교 파트너의 선택이 매력에 의해 좌우되는 것을 막기 위하여 거주민들은 가입을 희망하는 사람의 매력 심사를 진행했다. 그들은 성교를 "강력한 자아 작업"으로 간주했고, 제대로 된 성교를 통하여 유아기의 억압으로부터 벗어나면 인간이 창조적이고 소통적이며 부드럽고 여유로운 비폭력적인 생 에너지를 갖추게 된다고 믿었다.

집단 치료 장면은 더욱 놀랍다. 분석가는 벌거벗고 누운 회원의 "몸을 마사지하고 두드리고 주무르고 누르고 때리고 쓰다듬고 애무하고 키스함으로써 철갑 인격을 공격한다. 이때 분석가는 한편으로는 사악하고 권위적인 아버지를, 다른 한편으로는 사랑이 넘치는 다정하고 이해심 있는 아버지 역할을 동시에 수행한다. 주체의 '철갑'이 부서지면 그는 아기로 되돌아가서 아기 때의 분노와 공포와 절망과 사랑에의 선망을 다시 체험한다. 아이가 되어 으르렁거리고 울부짖고 웃고 종알대고 뒤뚱거리며 걸어 다닌다." 어느 건축사는 아기가 되어 여성 회원의 유방을 빨면서 출생의 순간을 체험했다. "그 경험 이후 그는 분석에 대한 새로운 지평과 기대를 갖게 되었다." 성교이든, 마사지 치료이든, 유년기 억압의 고백이든, 그들은 심리 신체적인 억압을 분쇄해야만 기존의 자아를 붕괴시키고 정신과 신체, 자아와 타인, 인간과 자연 간의 조화에 도달할 수 있다고 믿었다. 최종 목표는 "즉흥적이고 직접적인 동시에 타인과 진정성 있게" 소통하는 사회적 인간으로의 변신이었다.[6]

기이한가? 마이크 텐들러는 그 공동체의 활동을 일탈적이라거나 과격하다고 평하지 않았다. 그는 아무런 평가도 내놓지 않았다. 필자에게는 그 공동체가 1970년대 신좌파 대안문화의 과격한 정상으로 보인다. 첫째, 그 공동체의 설립자이자 수장인 오토 뮐Otto Mühl은 전위적인 행위예술가였다. 공동체 설립 이전에 그는 '상황주의' 예술가로 활동했었다. 상황주의란 소비사회가 인간의 고유한 표현을 상품 소비로 대신하게 함으로써 인간의 진실된 내면을 왜곡시킨다는 전제에서 출발하여, 전복적인 상황을 인위적으로 연출함으로써 자본주의의 물신주의적 본질을 폭로하고자 했다.

1960년대에 오토 뮐은 연극 무대 위에 부엌을 옮겨놓은 뒤 그것을 박살내고 사전에 시뻘건 물감에 담가놓았던 양의 내장을 그 위에 던지는가 하면, 빈대학 강당에서는 벌거벗은 남자들과 무대에 올라 오줌 멀리 싸기 시합을 하였고, 브라운슈바이크 미술대학 무대에서는 도끼로 살아 있는 돼지를 도살했다. 그는 1960년대 신좌파 저항예술 그룹의 일원이었던 것이다. 더욱이 1965년에 베를린대학교 SDS에 합류하는 루디 두치케와 디터 쿤첼만Dieter Kunzelmann이 그 이전에는 뮌헨에서 상황주의자로 활동했었다. 두치케는 1967년 4월에 미국 부통령 휴버트 험프리가 베를린을 방문했을 때 오물폭탄 투척을 계획한다. 실패하고 그 때문에 경찰에게 시달렸지만 그것 역시 상황주의 '해프닝'이었다.

둘째, 오토 뮐은 신좌파 대안문화의 문제의식을 공유하고 있었다. 뮐은 1960년대에 "새 시대의 메시아"로 불린 마르쿠제도 읽었고 빌헬름 라이히Wilhelm Reich도 읽었다. 헤르베르트 마르쿠제의 사회사상은 우리 학계의 훌륭한 역사학자 우인희가 명쾌하게 밝힌 바 있지만, 필자가 보기에 결정적인 지점은 마르쿠제가 기술주의적 공업사회의 총체적 지배와 개인의 내면을 직결시켰다는 데 있었다.[7] 따라서 내면의 억압을 해방시키는 작업은 곧 혁명적 행위였다. 마르쿠제는 또한 리비도가 반드시 억압적 승화로 이어지는 것은 아니라고, 해방된 리비도의 긍정적인 승화도 가능하다고, 그리하여 내면의 해방이 전혀 새로운 사회의 창출로 이어질 수 있다고 주장했다.

오토 뮐에게 더욱 중요했던 인물은 빌헬름 라이히였다. 라이히의 1920~30년대 글들이 1965년에 재발견되자, 일부 신좌파는 "빌헬름 라이히를 읽고 그에 따라 행동하자."고 외쳤다. 라이히는 일부일처제 소가족과 그 안의 친밀성 구조에서 성립하는 유년기의 성 억압이 인간의 심신을 권위에 복종적으로 만들 뿐만 아니라, 그때 억압된 충동이 파시즘과 군사주의로 전이된다고 파악했다. 더욱이 라이히는 인간의 몸과 정신뿐만 아니라 자연물 모두를 성 에너지로 환원하면서, 억압된 욕망은 신체 근육에도 "감정" 긴장을 만들어내며 그것이 신경증만이 아니리 심지어 암을 유발한다고 주장했다. 그는 우주의 성 에너지를 모으는 장롱을 제작하여 암을 치료하고자 했다. 그만큼 인상적인 것은 그가 클리닉에서 환자를 치료하는 장면이다. 그는 환자의 옷을 아슬아슬한 지점까지 벗긴 뒤 근육을 쓰다듬고 주무르고 두들겼다. 근육 속의 '감정'을 풀어주기 위해서였다.

셋째, 1975년에 오토 뮐의 공동체에 디터 둠Dieter Duhm이라는 인물이 가담했다. 당시의 독일 신좌파에 미친 영향력만으로 따지자면 어쩌면 디터 둠을 마르쿠제와 라이히 다음에 놓아야 할지도 모르겠다. 그가 1968년에 만하임 상과대학 졸업논문으로 제출하였고 1972년에 발간한《자본주의 속의 공포》는 신좌파의 가장 중요한 학습교재의 하나였다. 그 책은 1975년까지 11판, 1977년까지 14판을 찍었다.

이는 그가 초자아나 초이드 같은 어려운 이론이 아니라 구체적인 현실의 사회적 공포, 예컨대 "꽉 찬 강당의 가운데 통로를 걸어가지 못하는 공포, 끌리는 여성에게 말을 걸지 못하는 공포, 성교 직전 혹은 성교 와중의 공포, 시합 직전의 공포, 무대 공포……자기 자신에 대한 공포……눈에 띄는 옷을 입고 외출하지 못하는 공포" 등등을 자본주의와 연결시킨 덕분이었다.

그런 인물이 오토 뮐의 공동체에서 3년 동안 생활하면서 외부의 적대적인 비판을 물리쳤다. 그리고 또 공동체 회원들이 대학에 초빙되어 강연을 하면 학생들이 열광적으로 몰려들었다. 의외로 따스한 시선도 있었다. 무려 기민련 소속의 슐레스비히-홀스타인 주의회 의원 라이너 하름스Rainer Ute Harms는 1975년에 오토 뮐 공동체의 섹슈얼리티가 "많은 사람이 꿈꾸기는 하지만 도덕적 경직성으로 인하여 감히 인정하지 않는 것"을 실천하는 것이고, 그곳의 행동들은 "정신의 학자의 안락의자" 위의 "대화"와 마찬가지라고 이해심을 표현하면서, 다만 그 공동체의 독점적인 진리 주장과 외부에 대한 불관용은 문제라고, 소가족에도 기쁨은 있다고, 자기 가족이 바로 그렇다고 썼다.

따스함을 생산하려다 사디즘을 생산하다

오토 뮐의 공동체가 독일어 지역 최초의 생활·주거 공동체였던 것은 물론 아니다. 생활·주거 공동체는 1960년대 중반 이곳저곳에서 등장하고 있었는데, 정치의식으로 가득했기에 지금까지 가장 유명한 초기 공동체는 디터 쿤첼만 등이 1967년 1월 베를린에서 조직한 '코뮌 1'

이다. 그곳에 남자 넷, 여자 셋, 아기 둘이 입주했다. 그들도 재산을 공유했다. 그들도 남녀의 고정된 성적 관계를 금지했다. 바로 그 때문에 두치케는 합류하지 않았다. 그들도 유아기와 성장기의 억압을 자유롭게 고백했다. 그들도 소가족의 대안인 공동 생활을 통하여 "혁명적 주체"로 변신할 수 있다고 믿었다. 그들은 진정 혁명을 원하는 사회주의자들이었다. 저자 마이크 텐들러는 유아기의 억압으로부터 벗어나려던 그들의 시도를 치료의 한 가지로 해석하고, 그들 공동체를 "치료공동체"로 정식화한다. 그 정식화가 과해 보인다면, 공동 생활이 그들에게는 자아를 혁신하는 강력한 자아 작업이었다고는 말할 수 있으리라. 코뮌은 대외적으로 베트남전쟁과 비상사태법 반대 시위에 적극적으로 참여하는 한편 정치와 현실을 경쾌하게 조롱했다. 상황주의 해프닝이 빠질 리 없었다. 1967년 8월, 나치에 반대했던 사민당 정치가 파울 뢰베의 장례식이 치러지자 그들은 서독 사법부를 관에 넣은 장례식 퍼포먼스를 펼쳤다. 해프닝은 늘 웃음을 유발하기에 그들 일부는 청소년들의 우상으로 떠올랐다.

그들은 자신들의 공동 생활 자체를 상황주의 해프닝으로 만들기도 했다. 실제로는 자유로운 성교를 실천하지 않았음에도 불구하고, 그들은 호기심 가득한 언론을 상대로 자기들이 한 방에 매트리스를 깔고 함께 잔다고 강조함으로써 세간의 호기심을 집중시켰다. 그러는 가운데 코뮌의 내부 주제가 바뀌었다. 유아기 억압의 고백은 뒷전으로 밀렸고, 정치 및 이론 토론이 지배적이 되었다. 얼마나 토론에 열심이었는지 "토론 물신주의"가 운위되었다. 그처럼 원래의 목표로부터 멀어지자, 유아기 억압 문제에 보다 진지하게 매달린 다른 코뮌이 나타났다. 코뮌 1보다 기획에서는 시기적으로 앞섰지만 선수를 빼앗겼던 학생들과 여타의 사람들이 1967년 8월에 '코뮌 2'를 구성했던 것이다. 남자 4명, 여자 3명, 아기 2명이 베를린의 7.5개 방을 갖춘 아파트에 입주했다. 다수는 SDS 회원이었다. 그들은 정치 토론도 했지만, 그보다는 공동 생활을 통하여 새롭고도 실천 가능한 정치심리학을 발전시키고자 했다. 특히 사적인 억압의 고백에 강조점을 두었다. 성 억압, 노동 억압, 학습 억압, 감정 억압, 접촉 공포, 무감동 등 온갖 억압에 대한 고백이 이어졌다. 코뮌 2의 주인이 사람이 아니라 정신분석학 언어로 보일 정도다.

그들 역시 고정된 파트너십을 금지했다. 오토 뮐의 공동체보다 오히려 더 충격적인 장면도 있었다. 당시 26세의 초등학교 교사였던 한스-에버하르트 슐츠Hans-Eberhard Schultz는 1968년 4월 4일 디터 쿤첼만의 네 살배기 딸과의 성적 접촉을 다음과 같이 묘사했다. "그녀 (아이)가 활짝 웃었고, 몇 분 동안 (나의 성기를) 쓰다듬으며 말한다. 쓰다듬는다! 페니스를 봐! 크다! 달달해. 작아졌네! 나(슐츠)는 그녀의 바기나를 쓰다듬고 싶다고 몇 번 말했지만 그녀는 중단하지 않았다.……내 안에 넣기에는 너무 커." 인용문을 우리말로 옮기는 순간에도 옮기는 행위 자체가 관음증은 아닐지, 이 인용문을 굳이 이용해야 하는지 고민한다. 참혹하다. 그러나 이 책에서 거듭 밝혔듯이, 필자는 역사에 대하여 도덕적 평가를 내리려는 게 아니라 시대의 독특성을 드러내고자 한다. 위 인용문은 1969년에 발간된 신좌파 핵심 저널 《교본Kursbuch 17》에 실렸다. 코뮌 2의 구성원들은 자신들의 실천을 부끄러워하지도 비밀에 부치려 하지도 않았던 것이다. 오히려 만방에 밝히고자 했다. 그들은 그 기록을 통해 기존의 도덕질서에 도발적인 충격을 가하고자 했을 것이다. 위 장면은 또한 그들이 유아기 억압으로부터의 해방에 얼마나 강박적이고 교조적으로 매달리고 있었는지 보여준다고 할 것이다. 코뮌 2는 1968년 4월 초 두치케가 네오 나치의 사주로 총에 맞고 쓰러진 뒤 대중 시위 문제로 의견이 나뉘고 이어서 해체된다. 코뮌 1 역시 1969년 11월에 해체된다.

코뮌 1과 2는 실패했지만 그 아우라는 대단했다. 생활·주거 공동체가 크게 증가한 것이다. 그런 공동체는 독일 전체에서 1968~69년에 1천여 개, 1971년에 2천여 개, 1978년에 2만 내지 3만여 개였고, 그곳에서 생활하는 사람이 1977년에 약 60만 명에 달했다. 대학생들의 18퍼센트, 15세에서 24세 사이 청년의 5퍼센트였다. 그 공동체들이 모두 코뮌 1과 2의 모습이었던 것은 결코 아니다. 무척 다양했고, 단순한 쉐어 하우스도 있었다. 그들이 가족을 외면했던 것도 아니다. 그들은 이론과는 다르게 부모에 대하여 *끈끈한* 감정적 관계를 유지했다. 그 모든 공동체의 최소한의 공통점은, 그들이 그곳에서 개별적인 고립으로부터 벗어나 정신적·감정적·물질적 결속을 얻고, 출신 성분과 무관한 평등한 사회적 소통과 접촉을 실천하며, 그럼으로써 자아를 발전시킬 수 있다고 믿었다는 점이다. 그들이 모두 사회주의자였던 것도 아니다. 사민당 지지자가 압도적으로 많았다. 중요한 것은, 그들이 주관성과 공동체를 결합시킬 방도를 찾고 있었고, 정신분석학에 침윤되지 않은 사람조차 사회경제적인 차원을 넘어서는 내적인 해방감과 진실된 감정 및 새로운 감정적 교류를, 요컨대 새로운 감정적 사회성을 추구했다는 점이다. 그 점에서는 오토 뮐의 공동체나 두 개의 코뮌이나 여타의 생활·주거 공동체나 마찬가지였다.

방금 감정을 언급했거니와, 감정은 신좌파의 이론과 실천 모두의 중핵이었다. 앞서 디터 둠의 《자본주의 속의 공포》가 얼마나 열광적인 반응을 얻었는지 강조했는 바, 그들은 자본주의의 결정적 특징이 부정적 감정의 생산이라고 믿었고, 유아기의 억압에서 벗어나면 진실된 감정을 회복할 수 있다고 기대했다. 다시 말해서 1970년대 신좌파는 감정을 인간의 본질로 간주했던 것이다. 독일의 중견 역사학자 스벤 라이햐르트는 2014년에 발간된《진정성과 공동체. 1970년대와 80년대 초의 좌파 대안운동》에서 1960년대 말 이후 1980년대 초까지 신좌파 대안문화가 적대시한 감정과 긍정적으로 추구한 감정을 조사했다. 라이햐르트는 아주 다양한 분파들의 언어를 조사했지만, 그 감정들을 단순히 나열해보아도 핵심이 포착된다. 자본주의가 생산하는 감정은 무서운, 합리적, 차분한, 거리를 두는, 사무적, 익명적, 일방적, 닫힌, 경직된, 차가운, 고립적, 무의미한, 황폐한, 무기력한, 영혼이 없는, 지루한, 답답한, 고루한, 속물적, 역겨운 등인 반면에, 긍정적인 대안의 감정은 따스함, 가까움, 다정한, 부드러운, 포근한, 고요한, 진정한, 정직한, 열린, 자발적, 즉흥적, 표현적, 감각적, 자연적, 비계산적, 행복한, 놀이적, 축제적, 환상적, 음악적, 영성적, 신체적, 무규정적, 무구조적, 탈한계적, 비조직적, 비계산적 등이었다. 라이햐르트는 "차가움"과 "따스함Wärme"을 대표적인 대립 감정으로 제시했다. 물론 차가움을 생산하는 자본주의는 공포도 생산하고 있었고, 차가움의 다른 말은 차분함이다. 1930년대 중반에서 1960년대 중반까지 독일인들을 휘감고 있던 차분함과 공포의 감정 레짐이 무너지고 따스함과 진정성의 새로운 감정 레짐이 출현한 것이다. 그리고 그 함축은 앞서 적시한 것처럼 사회적 평등과 소통이었다.[8]

그 따스함의 문화는 생활·주거 공동체에서만 추구했던 것이 아니다. 그것은 신좌파 대안문화 전체를 관통했다. 신좌파는 일상의 삶 모두를 포괄하는 환경을 구축했다. 그들은 유치원, 서점, 어린이 서점, 중고 서점, 유기농 가게, 제3세계 가게, 중고 가게, 옷가게, 빵집, 약국, 카페, 주점, 소비조합을 열었고, 그 모든 것을 보도하고 광고하는 마을 신문과 저널을 발간했다. 통계 몇 가지만 보자면, 1968년 베를린의 대안 유치원이 12개였다. 1980년 독일 전체의 대안 신문과 저널이 390개였고, 160만 부를 인쇄했다. 시장점유율이 무려 8퍼센트였다. 대안 출판사가 1975년에 약 100개였다. '좌파 서적상협회'에 등록된 서점이 1970년에 19개, 1년 뒤에 83개, 1978년에 250개였다. 주점을 어찌 세랴. 신좌파 대안문화에 직간접적으로 참가하는 사람의 수가 1980년 초에 270만 명이었다. 그 문화에 호감을 갖고 있다고 답한 사람도 340만 명이나 되었다. 그리고 대부분의 도시에서 대안문화는 한두 구역에 집중되어 있었다. 그야말로 세계 안의 세계요, 그들만의 세계였다. 그 대안문화 전체에서 지배적인 것은 마르쿠제의 표현으로는 "새로운 감수성"이요, 라이하르트의 조사로는 "따스함"이었다.

조심할 점은 따스함이 자연적인 감정이 아니었다는 사실이다. 신좌파 스스로가 이를 의식하고 있었다. 그들은 함께 살면 자동적으로 진정성 있고 따스한 감정이 발현된다고 여기지 않았다. 그들은 자아에 대한 고통스러운 정신분석적 작업을 통과해야만 따스함이 발현된다고 보았다. 문제는 생활·주거 공동체의 현실이 따스함을 생산하기는커녕 그들이 적대시하던 부정적인 감정들을 생산해냈다는 사실이다! 코뮌 1은 평등한 논의의 장이 되고자 열심히 토론했다. 그러나 토론이 평등할 수는 없었다. 승자가 나타나게 마련이었다. 그리하여 '반권위운동'의 전위이고자 했던 코뮌 1은 도리어 "권위와 사디즘과 폭정의 무대"가 되었다. 대안 유치원에서도 '무지한 스승'은 실현되지 않았다. 대안 유치원의 현실은 권위와 명령이었다.

억압이란 억압은 모두 해체하려 했던 코뮌 2의 양상도 부정적이었다. "토론 중에 뭔가를 끄적거리거나 속닥이거나 하면 곧장 (정신)분석의 문제와 관련지어졌고 그에 따라 해석되었다. 아무도 먼저 일어날 수 없었다, 아무도 문을 큰소리로 닫거나 아이에게 짜증낼 수 없었다. 그럴 경우 그 뒤에 숨어 있는 심층적인 기대, 방어, 저항 등으로 해석되었다." 더욱이 시간이 가면서 억압의 고백이 정형화되었다. 고백에 따른 해방감도 일시적 기분으로 그쳤다. 공동체적 감정이 지속되지도 못했다. 내용과 형식이 모두 진부해져간 것이다. 결국 혁명적 주체의 생산을 직접적으로 겨냥한 공동체일수록 그들이 극복하고자 했던 거리 두기, 차가움, 고립감이 나타났다. 이는 앞서 소개한 오토 뮐의 공동체에서도 마찬가지였으니, 신체 치료는 한 번에 끝나는 것이 아니라 주기적으로 반복되었는데, 처음에 얻었던 해방감이 종내 진부한 제스처로 전락했다.

병원에서 따스함을 생산하다

결국 1970년대 전반을 지나면서 신좌파 대안문화가 정신분석학으로부터 멀어지는 경향이 역력했다. 그러나 심리치료 열풍이 감소했던 것은 아니다. 정신분석학적 국면에서 그들은 맹렬하게 자신의 내면을 관찰했고, 따라서 감정을 해방시키려는 요구는 오히려 더 커진 상태였다. 다만 통로가 변했다. 정신분석학의 대안으로 부각된 것은 미국에서 유입된 소위 '인간주의 심리학Humanistische Psychologie'이었다.

인간주의라는 명칭처럼 모호한 것이 없을 지경이고 그 심리학의 내용과 실천 역시 무척 다양했지만, 정신분석학과 뚜렷하게 구분되는 핵심이 있었다. 그 심리학은 유년기의 억압을 해체하려 하지 않았다. 그 대신 당면한 현재의 부정적 감정 상태를 해결하고, 그로써 개인의 잠재력을 발견하고 발전시키려 했다. 그리고 그들은 감정에 정신과 신체 양 차원에서 접근했다. 구체적으로, 함께 모여서 노래 부르고 춤추고 율동하고 다른 사람을 만지고 포옹하고 서로 맨발을 부딪치면서, 그때 내부에서 벌어지는 감정의 변화와 타인과의 관계 변화를 응시하도록 한 것이다.

신좌파의 일부는 인간주의 심리학센터에 함께 찾아가거나 그 방법을 전유했다. 그들은 거실에서 둘러앉아 몸을 맞대고 자신의 몸과 타인을 새로이 느끼려 했고, 흥미롭게도 가구와 몸의 위치와 거리를 계속 수정해가면서, 즉 공간과 몸의 배치와 재배치를 통하여 감정을 느끼고자 했다. 그들은 그래서 초기 생활·주거 공동체에서 상징적이었던 책장을 치우고 벽에 그림을 그려놓고 사진을 붙였으며, 부르주아 가정에서는 건드리면 안 되는 복도에 앉거나 누워서 망연히 시간을 보냈다. 그들이 재개발을 위하여 방치된 집을 무단 점거한 뒤에는 작은 방들의 벽을 허물어 대형 거실을 만들어내는가 하면, 바깥벽에는 그래피티를 문신처럼 그려 넣었다. 점거된 집들이 재개발 단지 전체에 가득했기에, 언뜻 새로운 도시 공간이 펼쳐진 듯했다. 주말이면 그들은 튀는 옷을 입고 색색이 물든 자전거를 타고 도시의 대로를 한가득 메웠다. 또 다른 일부는 방향을 완전히 전환했다. 선禪과 요가로 향한 것이다.[9]

필자는 그 작업들이 성공했는지 알지 못한다. 그러나 우리에게 중요한 것은 따스하고 부드러운 감정이 1970년대 이후 감정 레짐의 핵심이었다는 사실, 그때 이상적인 애인은 더 이상 터프가이가 아니라 부드러운 남자였다는 사실, 그리고 그 감정은 부단한 노력을 통하여 얻어지는 감정이었다는 사실이다.

유의할 것은 심리 열풍이 신좌파 대안문화만으로 국한되지 않았다는 점이다. 코뮌 1과 2가 설립된 해인 1967년에 서독 연방의회가 심리치료를 건강보험 항목에 포함시켰다. 텐들러는 이를 그때까지 중간계급에게만 열려 있던 심리치료를 일반 국민의 복지에 포함시킨 민주화 과정으로 해석한다. 최근의 기업사 연구는 다른 답을 제시한다. 그 시기에 테일러포디즘이 연성화되는 동시에 노동자가 "인력자원"으로 의미화되었다는 것이다.[10] 그렇다면 심리치료는 인력자원 관리의 의료적 차원이었을 것이고, 이제는 따스함과 진정성이 감정 자원으로 간주되었다는 뜻이리라. 실제로 독일의 기업들은 1950년대부터 1970년대까지 68운동의 영향과는 별도로 새로운 경영 전략을 수립해갔다. 위계적인 노동 조직을 수평적인 팀 작업으로 전환하고, 이를 진정성 있는 부드러운 감정으로 뒷받침했다. 진정과 부드러움이 생산자원이 되었던 것이다. 원인보다 명확한 것은 입법의 효과였다. 보험 혜택을 받는 심리치료가 1968년부터 1973년까지 10배 이상 증가했다. 한 해에 출간된 도서 중에서 심리치료 관련 서적의 비율이 1970~71년의 1.5퍼센트로부터 1980년대까지 5퍼센트로 증가했다. 1960년부터 1982년까지 대학의 심리학 교육 및 연구 인력이 89명에서 1,172명으로 증가했다. 심리학 전공 학생의 수도 1960년의 2천여 명에서 1981년의 2만여 명으로 증가했다. 요컨대 신좌파 대안문화의 움직임은 서독사회 전체를 사로잡은 심리 열풍의 일부였던 것이다.

필자가 유의하는 대목은 두 가지다. 첫째, 인력자원의 관리이든, 복지정책의 일환이든, 선禪과 요가이든, 개인적인 감정관리이든, 그 모든 접근의 목표는 따스하고 다정한 감정의 생산이었다. 둘째, 1960년대 말 이후 갈수록 많은 사람이 그 감정 레짐을 따르기 위하여 의학에 의존했다. 심리치료실 인력의 3분의 1은 정신의학이었고, 그들은 감정에 신체적으로 접근하게 마련이기에 약을 처방하기 일쑤였다. 그리고 그 시기에 정신의학은 공황장애와 분노조절장애를 정신질환으로 인정해간다. 감정 조절 실패가 결국은 정신병으로 간주된 것이다. 물론 그에 대한 대책은 병원과 약이다. 1960년대부터 감정은 인간의 본질이라고 말해졌다. 오늘날 그 경향은 오히려 강화되고 있다. 그러나 감정이 의사와 약과 연구소와 화학 실험실에 의해 조절된다면, 감정은 인간의 본질이 아니거나, 혹은 우리가 인간의 본질과 맞지 않는 문명 속에 살고 있는 것일 터이다.

서양사를 낯설어하는 독자들을 위하여 필자는 전공이 서양사임에도 불구하고 감히 이순신의 《난중일기》를 열어보았다. 이 책에서 행한 작업을 예시하기 위해서다. 《난중일기》를 펼치자마자 눈에 띄는 것은 그 기록물이 무척 감정적인 텍스트라는 사실이다. 이순신은 사건을 비교적 자세히 기술하거나 긴 하루를 보냈을 때면 거의 언제나 감정적인 촌평을 덧붙였다. "기막혀 웃을 일이다." "해괴하기 짝이 없다." "통분함을 이길 길이 없다." "참으로 걱정스러웠다." "온갖 회포가 끝이 없다." 등의 표현이 자주 등장한다.

　사용된 감정 표현이 많지는 않았다. 주로 기쁨, 슬픔, 분노, 염려가 표현되었다. 필자는 1592년 1월 1일부터 같은 해 8월 29일까지, 그리고 1593년 2월 1일부터 9월 15일까지 기록된 감정 표현을 세어보았다. 필자가 한문을 모르기에 정확하지는 않겠지만, 크게 그릇되지는 않을 것이다. 기쁨은 6회, 슬픔은 8회, 염려는 6회, 분노는 무려 38회 표현되었다. 공포는 단 한 번도 표현되지 않았다.[1] 임진왜란의 이순신은 분노하는 사람이었다.

이순신이 가장 자주 분노한 대상은 원균이었다. 17회였다. 그 외에 전쟁 및 전투와 직접적으로 관련된 분노가 13회, 음모와 논공행상의 문제점이 3회, 전투와 직간접으로 연관되는 군관들의 행태가 3회였다. 분노의 반대 감정이라고도 할 수 있는 기쁨 표현 여섯 번을 보면, 명나라 군대가 한양으로 향한다는 소식에 "기쁨을 이기지 못하였다."고 썼고, 어머니의 평안과 아들의 병세가 호전되었다는 소식을 듣고 "기뻐"했다. 나머지 4회에서 기쁨은 이순신이 아니라 타인의 감정이었다. 명나라 해군이 이순신의 군대를 보고 기뻐한 것과 선물을 받고 기뻐한 것이 한 번씩 있었다. 두 번은 이억기 부대가 도착하자 병사들이 기뻐했다고 썼다. 이순신은 임진왜란 '전체 기간' 동안 그 많은 승리를 거두었음에도 불구하고 승리한 뒤에 단 한 번도 기쁘다고 쓰지 않았다. 그저 "기뻐하지 않는 사람이 없었다."고만 두어 번 썼다.

흥미롭게도 이순신은 왜군에 대해서도 두 번 분노했다. 그들이 포구에 숨어서 싸우려들지 않았기 때문이었다. 겁먹은 왜군에 대하여 이순신은 비웃거나 기뻐하지 않고 분노했던 것이다. 왜 그랬을까? 그것은 물론 왜군이 숨어서 싸우지 않으려 하고 그래서 왜군을 궤멸시킬 기회가 없어졌기 때문이었을 것이다. 그러나 원균에 대한 분노와 겹쳐놓고 보면 또 다른 이유가 짐작된다. 이순신이 원균에게 분노했던 것은 그가 그릇된 작전을 짜고 전투에서 패하기 때문만이 아니었다. 그보다는 오히려 원균이 술주정을 하고, 거짓말을 하고, 음모를 꾸미고, 그의 휘하 장수가 전함에 여자를 태웠기 때문이었다. 이순신은 원균이 무장의 본분에 어긋났기에 분노했던 것이다. 그렇다면 왜 군에게 분노한 이유 역시 그들이 군인답지 않게 전투를 피했기 때문이었을 것이다. 다시 말해서 이순신의 감정은 유교적인 본분, 그리고 그 본분 위에 구축된 도덕질서에 따라 표현되었다고 할 것이다. 대승을 거둔 뒤에도 기쁘다고 표현하지 않은 이유 역시 그것이 무장의 본분에 속하지 않기 때문이었을 것이다. 근엄한 그가 슬플 때 아주 빈번히 '눈물'을 흘린 것도 당시의 도덕이 무장에게 눈물을 허락했기 때문이었을 것이다.

《난중일기》에서 발견되는 그 면모를 필자는 16세기 초부터 1970년대에 이르는 시기의 독일인들에게서도 발견했다. 500년이 넘는 그 오랜 시기의 대표적인 감정 담론들을 분석하면서 필자는 감정이 무엇이냐는 질문을 던졌다. 필자가 도달한 결론은 '감정은 도덕공동체 구축의 핵심 기제'라는 것이다. 감정은 나만의 비밀에 속하기에 도덕공동체와 연결된다는 단언이 기이하게 들릴 것이다. 그러나 감정은 언제나 사회와, 그리고 사회를 견지하는 도덕과 연결된다. 이는 감정이 충동적이고 비이성적이며 반사회적이기에 도덕공동체를 수립하기 위해서는 감정을 제압해야 했다는 뜻이 결코 아니다. 정반대로 감정은 그 자체로 언제나 도덕감정이었다는 뜻이다. 물론 우리는 늘 부도덕한 감정을 늘 느끼지만, 그조차 감정의 도덕성을 전제한다.

'페스트 독이 만연한 곳에서 페스트를 두려워하면 페스트에 감염된다.' 이는 마르틴 루터의 동시대인 의사 파라켈수스가 되풀이해서 말한 명제이다. 파라켈수스는 히포크라테스부터 19세기 중반까지 서양 의학을 지배하던 체액론을 거부하고 질병을 신체 기관의 오작동에서 찾은 혁신적인 이론가였다. 그런 그가 뜻밖에도 페스트 공포가 페스트를 일으킨다는 기이한 발언을 되풀이한 것인데, 그 발언 속에는 실상 16세기의 감정관이 고스란히 들어있다. 페스트 공포 속에 담겨 있는 페스트 이미지가 신체적 질병으로 물질화된다는 것이 그의 주장이었다. 더욱이 신플라톤주의자였던 파라켈수스는 정신과 자연 사이에 하늘의 별을 위치시켰다. 그는 천체가 인간의 페스트 공포를 목격하면 그 부도덕성에 분노하여 페스트 이미지를 페스트 독으로 전환시켜 강화한 뒤, 그 이미지를 다시 인간에게 보내서 페스트를 발병시킨다고 주장했다. 그 시대에 감정은 물질과 비물질로 변환되면서 인간 사회와 삼라만상과 별의 세계를 누볐던 것이다.

파라켈수스 의학은 공포만 금지했던 것이 아니다. 분노도 증오도 오만도 금지했다. 그 부정적 감정들 모두를 부도덕한 자기애의 표출로 간주했던 것이다. 동시에 파라켈수스는 지극히 르네상스적인 인물이었다. 그는 인간이 도덕적이면 별이 아무런 힘도 행사할 수 없다고, 인간은 별을 수족처럼 부릴 수 있는, 별보다 우월한 존재라고 거듭 강조했다. 그때가 고전고대를 모방하는 것에서 천상천하 유아독존의 자부심을 느끼던 르네상스적인 인간들, 자신은 오로지 신만을 바라본다면서 기존의 권위들을 모조리 거부하는 '나 홀로 종교개혁'을 실천하는 사람들이 물결처럼 밀려오던 때였다는 사실을 생각하면, 파라켈수스 감정론의 시대적 의미가 포착된다. 그는 인간이 별보다 우월하다는 선언으로 시대에 호응하는 한편, 불현듯 솟아오르는 감정마저 규율화함으로써 그 '오만한' 인간들을 도덕공동체에 다시 묶으려 했던 것이다. 루터도 마찬가지였다. 그는 지옥을 두려워하는 사람은 지옥에 간다고까지 선언하면서 공포의 대상을 신으로만 한정했다. 루터에게 용기는 공포의 반대 항이 아니었다. 그것은 자기애의 일종이었다.

필자는 1618~1648년의 30년전쟁에서 작성된 전쟁일기 세 편에서 과연 파라켈수스 시대의 감정 레짐이 변화하는지 검토했다. 울름 시정의 예속민이자 농촌 수공업자였던 헤베를레는 전쟁 동안 30번 피란을 갔고 그 와중에 자식 7명을 잃었다. 그 막대한 폭력 속에서 30년 내내 일기를 쓰면서 그는 "공포"라는 단어를 단 5회 사용했다. 더욱이 공포 감정을 느낀 사람은 적군 병사이거나, 신앙심이 부족하거나, 농민이면서 감히 무기를 든 사람들, 요컨대 부도덕한 사람들이었다. 또한 그는 그 폭력적이던 병사들에 대하여 분노를 표현하지 못했다. 딱 한 번, 그것도 "최근에 읽은 책 제13장 257쪽에 병사가 악마로 칭해진다."고 적었을 뿐이다. 또한 파라켈수스와 마찬가지로 감정은 물리적 행위 능력을 보유했다. 헤베를레의 일기에서 사람들은 공포를 느끼면 도망쳤고, 지원군이 오면 심장이 부풀어져 싸울 용기를 냈으며, 성 안의 음모가 성사되었더라면 "큰 비탄이 발생할 뻔했다."고 안도했다.

중부 독일의 한 작은 백작령의 궁정대신 폴크마르 하페는 전혀 달랐다. 필자는 그의 일기에서 공포라는 단어의 사용 빈도를 세다가 포기했다. 무수히 사용되었기 때문이다. 또한 그는 백작령에 사흘에 한 번씩 닥쳐오는 폭력 사태에 직면하여 병사들을 "악마적인", "악마 들린", "영원히 저주받은", "악마 들린, 영원히 저주받은, 경박한"으로 표현했다. 분노를 거리낌 없이 분출한 것이다. 감정이 규범으로부터 벗어난 것이다. 그러나 감정의 물리적인 차원은 여전했다. 그도 '슬픔'을 느끼면 '눈물'을 흘렸고, 평화의 기대가 깨지자 "기쁨을 물에 던져버렸다." 그러나 사회적 차원의 변화는 놀라웠다. 원거리 상인 가문 출신의 궁정인인 그가 자신을 "시민 신분이자 농민 신분"으로 표시한 것이다. 헤베틀레가 영주인 울름 시정을 단 한 번의 예외도 없이 "은혜로운 주군"으로 표현함으로써 기존의 위계질서에 부응하였던 것과 달리, 하페는 농민과 동질감을 느꼈던 것이다. 이는 그가 규범과 어긋나게 감정을 분출하는 감정 실천을 행한 끝에 신분과 계급에서 벗어나는 사회적 지평을 갖게 되었던 것으로 해석할 수 있을 것이다.

30년전쟁이 끝나고 20여 년이 지난 17세기 후반 루터파 교회의 개혁운동인 경건주의가 개시되었다. 경건주의는 헤르더와 칸트에서 막스 베버와 칼 바르트에 이르기까지 그 정신을 각인한, 그만큼 근대 독일을 결정지은 것이 또 있을까 싶을 정도로 영향력이 깊던 종교운동이다. 그 운동의 주역이었던 목사 필립 슈페너와 아우구스트 프랑케는 지극히 감정적인 종교성을 표방했다. 두 사람은 신앙에 의한 의인화라는 합리적인 설명을 제공했던 루터와 달리 신과의 만남을 "황홀한" 중생重生으로 표현했고, 신을 "감정을 아시는 분"으로 선언했다. 그들이 시작한 경건 모임에서 사람들은 울고 떨고 부르짖었다. 그 종교성은 30년전쟁을 거치면서 규범으로부터 해방된 감정에 부응하는 움직임이다. 또한 그들은 경건한 감정을 "내적인" 감정으로 선언하고 경건 모임을 신분과 계급과 지식과 무관하게 조직함으로써, "외적인" 매너로 관통된 신분사회 및 궁정문화에 선을 그었다. 경건주의는 그 자체로 기성의 위계질서에 대한 도전이었던 것이다.

경건주의자들의 중생은 '떨림'으로 진동하는, 감정적 쾌감valence과 강도强度를 갖춘 감정 경험이었다. 그러나 동시에 경건주의는 그 감정적 격동을 억제하고자 했다. 그들은 격정 혹은 열정을 "육체적"이고 "사적이며" "무절제한" 것으로 타기하고 "온유"와 "절제"를 대표 감정으로 내세웠다. 그리고 그들은 감정과 이성, 감정과 도덕이 그 관계를 논할 필요조차 없이 합치되는 것으로 설정했다. 감정은 합리적인 도덕감정이어야 했던 것이다. 이는 해방된 감정을 재도덕화·재규율화하는 전략적 움직임이다. 경건주의의 세속 판본인 감성주의 문학은 가히 혁명적이었다. 소설들은 '신뢰'와 '행복'과 같이 기존에 오직 신과 경건한 종교인에게만 귀속되던 감정을 세속인들의 연인과 가족에게도 적용했고, '우정'과 '충성'과 같은 기존의 감정을 재정의하고 내면화하는 동시에 쾌감과 강도를 투여했다. 그리고 그들도 소설 속에 신분을 초월하는 개혁공동체를 형상화했다.

1848년 3월혁명 직전에 프로이센 포병장교 베르너 지멘스가 양방향 지침 전신기를 발명했다. 그로써 독일 전기산업의 역사가 시작되었다. 베르너 지멘스가 아내와 형제들에게 호소하고 요구하고 확인한 감정은 바로 신뢰와 충성이라는 도덕감정이었다. 그 두 감정이 19세기 전반기에 가족을 넘어 일반적인 사회적 관계 및 국가와 민족으로 확대되었으므로, 그가 노동자들에게도 신뢰와 충성을 호소하고 이를 사내 복지정책으로 뒷받침한 것은 논리적이라고 할 것이다. 그러나 그 속에는 더 넓은 차원이 개재되어 있었다. 프랑스 사회학자 뤽 볼탕스키는 1960~1970년대 신좌파의 자본주의 비판에 대하여 기업들이 어떻게 대응했는지 논하는 가운데, 이윤 추구라는 경영의 원칙과 계약이라는 노사관계의 원칙은 '문화적'으로 자본주의를 정당화할 수 없기에 자본주의는 언제나 그 정당성을 '경제 이외의 영역'에서 빌려와야 하고, 그것은 해당 시점에 지당하게 전제된 가치와 믿음이어야 한다고 주장했다. 베르너 지멘스는 이에 정확히 상응한다. 그는 전신기 외에 발전기와 엘리베이터와 전차를 발명한 기술인이자, 과학협회에서 정기적으로 논문을 발표하던 과학자였다. 그렇게 '진보'를 온몸으로 과시하던 그가 '가족의 세기'였던 19세기에 가족관계를 기업에게도 적용했으니만큼, 그것은 단순한 가부장주의가 아니라 산업자본주의를 정당화한 작업이었다고 할 것이다.

더욱이 지멘스의 경우는 16세기부터 18세기까지 언제나 종교적, 도덕적 규율장치였던 감정이 19세기에 와서 생산자원으로 변했다는 것을 보여준다. 신뢰와 충성만큼 노동 동기를 강화해주는 것은 없으므로, 그 감정들은 생산자원이다. 필자는 베르너 지멘스의 회고록에서 생산자원으로 작동한 또 다른 감정을 발견했다. 그는 회고록에 행복 대신 '기쁨'을 사용했거니와, 그 발화 맥락을 살펴보면 거의 언제나 인간이 기획하고, 행동하고, 성과로 얻는 것, 한마디로 '노동'과 결합되었다. 그로부터 10여 년이 흐른 뒤 독일 지식인 사회에서 '노동의 기쁨'이 개념화되고 슬로건으로 고양된다. 동시에 노동과학이 노동의 기쁨을 생산하는 방법을 진지하게 논의한다. 이는 나치 독일로 이어졌다. 1933년에 집권한 나치는 노동조합을 파괴한 뒤 '노동전선'을 조직하고 산하에 '기쁨의 힘'이라는 기구를 설치했다. 그리고 신뢰와 충성과 명예를 핵심 기제로 하는 노동법을 제정했다. 나치 노동법은 감정 법이었던 것이다.

나치가 자본주의를 정당화하는 방법도 노동법에 표현되었다. 사용자를 '지도자'로, 노동자를 '추종자'로 선언한 것이다. 지도와 추종은 나치 정치 정체성의 중핵이었다. 그 틀은 1차 대전 직후 바이마르공화국 곳곳에서 나타난 자유군단 민병대와 그 후예들의 핵심 가치로서, 자아와 '생 그 자체', 내면과 초월성, 현재와 무시간적 역사성, 개인과 공동체, 조직화와 세계관 운동의 대립을 '행동'에 의하여 해소하고 통합한다는 '운동'이었고, 지도와 추종은 그 구성원들 간의 위계적인 동시에 상호적인 관계를 가리켰다. 그에 따라 집권 직후 나치의 노동 담론은 노동의 기쁨이 기업 및 민족 공동체 속에서 자아를 실현하는 "창조하는 인간"의 '유기적' 행동에서 발원한다고 주장했다.

그러나 나치가 1936년에 '공식적으로' 전쟁 준비에 돌입하고 그것이 생산과 노동 과정의 합리화를 요청하자, 생산과 노동을 정당화하는 틀이 변했다. 나치는 노동하는 인간은 기계와 합생合生하게 마련이고, 기계에는 그것을 발명하고 사용했던 선열의 정신이 구현되어 있으니, 노동은 기계의 그 정신 및 감정과 노동자의 결합이라고 주장했다. 물론 그 귀결은 노동자의 기계화였다. 그 국면에 새로운 감정 레짐이 대두했다. 나치 감정문화에 대한 기존의 연구는 대부분 프로이트주의적인 억압과 전이 모델에 입각하여 진행되었다. 독일의 권위적인 지배문화 탓이건 급변하는 사회문화적 상황 때문이었건, 독일인들은 억압된 자아를 갖게 되었으나 그 억압이 완전치 않았기에 히틀러에 대한 열광으로 나아갔다고 해석해온 것이다. 필자는 그 시기의 노동 담론, 지멘스 사내 심리학 교본, 노동법원 판사의 판결문에서 열광 뒤에 위치한 전혀 다른 감정 레짐을 발견했다. 그들은 한결같이 열광이 아니라 차분함을 요구했다. 차분함은 기계와 합생한 노동자에게 요구되는 감정이었을 터, 그것은 포스트휴먼적 감정 레짐의 반反인간적 판본이라고 할 것이다.

차분함의 감정 레짐은 서독에서 1960년대 전반기까지 유효했다. 그 감정이 위선과 공포로 성토되고 새로운 감정 레짐이 대두한 때는 '68운동'과 맞물린 1960년대 말이다. 그때 신좌파 대안문화는 감정을 인간의 본질로 선언하면서, 차가움과 공포가 자본주의의 산물이고 그것이 유년기의 성적 억압에서 심신에 각인되기에, 사회주의를 건설하기 위해서는 그 억압을 해체해야 한다고 주장했다. 그들은 생활·주거 공동체에서의 공동 생활과 그곳에서 이루어지는 정신분석학적 자아 작업을 통하여 새로운 도덕감정을 발전시키고자 했다. 그들이 제시한 새로운 도덕감정은 '따스함'과 '진정성'이었다. 이를 위하여 그들은 곳에 따라 성교 치료와 심신 마사지 치료를 행했고, 곳에 따라 여러 사람 앞에서 성 억압, 학습 억압, 감정 억압 등 온갖 억압 경험을 고백했다. 지금 돌아보면 공동체의 주인이 사람이 아니라 정신분석학적 언어로 보일 정도이다. 그러나 뜻밖에도 성교와 마사지, 고백과 공감, 토론과 의식 고양은 그들이 그토록 비판하던 자본주의의 부정적 결과물과 닮은 결과를 낳았다. 권위와 사디즘과 감시가 나타났고, 폭정이 성토되었던 것이다.

그러나 따스함과 진정성의 가치는 수그러들지 않았다. 자아를 관찰할수록, 개별화를 벗어난 사회성을 갖추려고 노력할수록, 그 도덕감정의 가치는 고양되었다. 같은 시기에 산업계에서 테일러포디즘이 연성화되었고, 노동 담론과 경영 담론은 노동자를 "인간 자본"으로 정의하면서, 그 본질을 부드러움과 진정성에서 찾았다. 더욱이 서독 연방의회는 1967년에 심리치료를 건강보험 항목에 포함시켰다. 그리하여 심리치료가 서독사회 전체를 관통했다. 그러나 그 결과의 한 가지는 애초의 기대와 달랐다. 심리치료실 인력의 3분의 1은 정신의학이었고, 그들은 감정에 신체적으로 접근하게 마련이기에 약을 처방하기 일쑤였다. 그리고 그 시기에 정신의학은 공황장애와 분노조절장애를 정신질환으로 인정해간다. 감정 조절 실패가 정신병으로 간주된 것이다. 물론 그에 대한 대책은 병원과 약이다. 따스함과 진정성을 약으로 생산하기에 이른 것이다.

우리가 도덕감정을 통하여 공동체를 구축하려는 노력을 16세기부터 1970년대까지 일별함으로써 얻은 결론의 결론은, 감정에 역사가 있다는 단순한 사실이다. 도덕적인 감정공동체를 구축한다는 목표는 언제나 같았으나, 감정에 대한 평가, 문제적인 대표 감정, 부정적 감정을 해결하는 방식, 그리고 그 모두에 깔려 있는 인간학적 관점은 시대에 따라 달랐다. 1970년대의 독일까지 관찰했지만, 그 이후 오늘날의 우리에게 이르기까지 감정의 중요성은 더욱 커졌다. 1980년대의 신자유주의는 개별화를 심화시켰고, 1990년대 이후의 글로벌화는 불확실성을 강화했다. 내가 아침마다 마시는 커피의 원두 가격은 나의 통제력 저 멀리 밖에 있다. 내 존재의 유지와 생존은 나의 통제력 밖에 있다. 생존은 합리적 예측으로 확보되지 않는다. 그런 내게 남은 것은 감정이다.

감정은 원체 포괄적인 동시에 모호하기에 존재의 불확실성과 잘 어울린다. 그리고 감정은 합리적 인지에 선행하는 인지다. 공포에 사로잡힌 인간과 낙관적 인간은 같은 대상을 완전히 다르게 인지한다. 그리고 그 인지는 때로는 합리적 판단을 무력화시킨다. 따라서 공감이 요청된다고 말해지는 것은 놀랄 일이 아니다. 공감이야말로 자아에 몰두하는 개인을 소통적인 사회적 인간으로 만들어주기 때문이다. 문제는 공감에의 호소가 개별화되고 불확실해진 자아에게 잘 닿지 않는다는 데 있다. 따라서 감정이 인간의 진정한 본질이라고 말해지면 말해질수록 불확실한 개인은 공감보다는 자아의 내적 격동을 정당화하려 든다. 공감이 아니라 혐오가 작렬하는 이유 중의 하나다.

감정의 역사는 감정이 인간의 본질이라고 말해주지 않는다. 감정의 역사는 감정이 시대에 따라 달리 말해지고 달리 실천되었다고 말해준다. 오늘날 우리는 감정이 인간의 본질이어서 감정에 몰두하고 있는 것이 아니다. 우리는 감정이 인간의 본질이라고 말해지는 시대에 살고 있기 때문에 감정에 몰두하는 것이다. 감정이 의사와 화학 실험실과 약에 의존하는 마당에 감정이 인간의 본질일 수는 없는 일이다. 그렇다고 해서 감정이 인간의 본질이 아니라는 것도 아니다. 감정의 역사는 감정에 몰두하는 우리 시대가, 그리하여 감정에 몰두하는 내가 지금 이 시대의 독특성이라고 말해준다.

역사학의 원래적 기능은 과거의 고유성을 통하여 현재를 상대화하는 데 있다. 감정의 역사는 나의 감정을 상대화한다. 상대화의 다른 말이 성찰이다. 성찰이란 거리를 두고 찬찬히 들여다보는 것이다. 감정의 역사는 현재 나의 감정에 거리를 두고 바라보게 해준다. 그리고 그 감정이 어떻게 사회와 연결되어 있는지 살펴보게 해준다. 이를 통해 나의 사회성을 깨닫고 나의 자아실현을 재차 성찰하게 해준다. 자아는 실현하는 것이되, 성찰되는 것이다. 역사학만큼 성찰을 자극하는 학문은 없다.

후기

역사책을 쓸 때 역사가는 의식하든 의식하지 않든 책의 내용과는 별도로 역사가 무엇인지 발언한다. 이번에 나는 의식하면서 책을 썼다. 역사는 변화이기에 현재와는 다른 고유한 과거를 드러내야 한다는 생각이었다. 그러나 심각했다. 연구 내용인 감정이 내 가슴속에서는 확실했지만 과거 문헌 속에서는 모호했다. 정말 힘들었다. 고통의 나날을 보내다가 2019~20년 겨울에 17세기 30년전쟁 전쟁일기 세 편을 분석하면서 '나의 감정사'를 잡았다. 그때부터 좌충우돌하면서 썼다. 17세기 다음으로 18~19세기의 감성주의와 낭만주의를 썼고, 이어서 1차대전 일기를 분석했다. 그러다가 18~19세기 원고 두 개를 모두 버리고 루터파 경건주의 기독교를 소재로 17~18세기 감정사를 다시 썼다.

그 뒤에 19세기 산업 부르주아의 감정을 썼고, 16세기로 돌아가서 의학 담론 속의 감정에 대하여 썼다. 그리고 제1차 대전 전쟁일기를 분석했던 원고를 버리고 나치 독일의 감정에 대하여 썼다. 원래는 나치즘에 대하여 쓸 생각이 없었다. 그러다가 19세기 중후반에 활동했던 전기산업 기업가 베르너 폰 지멘스의 회고록에서 '노동의 기쁨'이 개념화되는 것을 발견하고는 나치의 노동 담론에 대하여 쓰기로 마음을 바꿨다. 그리고 그때 도입부가 길어지기에 그것을 별개의 장으로 독립시켰고, 나치 노동 담론을 분석하다가 '독서의 기쁨'을 발견하여 내쳐 썼다. 그래서 나치즘 서술이 기형적으로 길어지고 말았다.

신기하게도 그렇게 갈 지 자로 썼는데도 세기와 세기가 스스로 연결되었다. 이 과정을 겪으면서 나는 과거가 나름대로 실재한다고 믿는 '순진한' 역사 실재론자이기로 결심했다. 또한 그 여정 끝에 역사란 무엇인가에 대한 또 다른 답을 얻었다. 책을 쓰면서 나는 감정이란 무엇인지 묻고 있었는데, 마지막 국면에서 '감정이란 도덕공동체 구축의 핵심 기제'라는 답에 도착했다. 역사는 현재가 던지는 어떤 질문에도 답을 주지만, 그 모든 답이 물 한 컵에 불과한 무궁무진한 바다이다. 역사는 현재에게 직접적인 교훈을 주기보다는 오히려 삶의 근원적인 질문에 답해주는 현자의 돌이다. 추후 나는 역사에게 정치란 무엇인지, 민주주의란 무엇인지 묻고 답을 얻을 수 있을 것이다. 혹여 역사의 답이 여타 인문사회과학의 답과 똑같은 경우에도 역사가 지닌 풍부함과 두께 덕분에 그 울림은 클 것이다.

고마운 분들이 많다. 내 원고를 읽어준 서양사 동료들인 배혜정, 노서경, 김유경, 최재호, 나의 동아대 제자들인 재국, 환승, 은혜, 호민,

운휘, 유빈, 수지, 나와의 술자리를 언제나 심포지엄으로 만들어주는 우리 대학 철학과의 박상혁, 사학과의 조형열, 늘 고마운 백지연과 멀리 있지만 평생 고마운 김철민 형과 이연희 님, 내가 쓰는 모든 글의 첫 번째 독자인 왕난경 님, 내게 부모님 역할을 해주시는 장인 어른과 장모님께 감사드린다. 또한 어려운 출판 사정에도 불구하고 선뜻 출간을 결정해준 도서출판 푸른역사 박혜숙 대표님이 진심으로 고맙다.

참고문헌

I. 사료

이순신, 이은상 옮김, 《난중일기》, 올재, 2012.

필립 슈페너, 모수환 옮김, 《경건한 열망》, 크리스티안 다이제스트, 1992.

아우구스트 헤르만 프랑케, 이성덕 옮김, 《니고데모-인간에 대한 두려움에 대하여》,
생명의말씀사, 2004.

Arnhold, Carl, "Ausbildung und Schulung von Arbeitern in Großbetrieben" in Karl
Dunkmann, ed., *Die menschliche Arbeitskraft, im Produktionsvorgang*, Düsseldorf,
1925, pp. 12~23.

Arnhold, Carl, "Industrielle Führerschaft im Sinne des Deutschen Instituts für technische
Arbeitsschulung(DINTA)" in Goetz Briefs, ed., *Probleme der sozialen Betriebspolitik*,
Berlin, 1930, p. 11~17.

Arnhold, Carl, *Umrisse einer deutschen Betriebslehre. Betrachtung über das Verhältnis
zwischen Mensch und Arbeit*, Leipzig, 1936.

Arnhold, Carl, *Der Betriebsführer und sein Betrieb. Gedanken zum nationalsozialistischen
Musterbetreib*, Leipzig, 1937.

Arnhold, Carl, *Psychische Kräfte im Dienste der Berufserziehung und Leistungssteigerung*,
Berlin, 1940.

De Man, Hendrik, *Der Kampf um die Arbeitsfreude*, Leipzig, 1927.

Gesetz zur Ordnung der nationalen Arbeit (20.01.1934), in http://www.documentarchiv.

Giese, Fritz, *Philosophie der Arbeit*, Halle, 1932, p. 285; Johannes Riedel, *Betriebsführung*, Leipzig, 1934.

Hahn, Philipp Mathhäus, *Die Kornwestheimer Tagebücher 1772~1777*, ed. by Martin Brecht, Berlin, 1979.

Happe, Volkmar, *Chronicon Thuringiae*, http://www.mdsz.thulb.uni-jena.de/happe / quelle.php), retrieved February 3. 2020.

Heintzenberg, Friedrich, ed., *Aus einem reichen Leben. Werner von Siemens in Briefen an seine Familie und an Freunde*, Stuttgart, 1953.

Lavater, Johann Caspar, *Geheimes Tagebuch. Von einem Beobachter Seiner Selbst*, Frankfurt/M., 1771.

Levenstein, Adolf, *Arbeiterfrage. Mit besonderer Berücksichtigung der sozialpsychologischen Seite des modernen Großbetriebs und psychophysischen Einwirkungen auf die Arbeiter*, München, 1911.

Ley, Robert, *Soldaten der Arbeit*, München, 1938.

Luther, Martin, *Der kleie Katechismus*, Weimar, 1964.

Marrenbach, Otto, *Fundamente des Sieges. Die Gesamtarbeit der Deutschen Arbeitsfront von 1933 bis 1940*, Berlin, 1940.

Matschoss, Conrad, ed., *Werner Siemens. Ein kurzgefaßtes Lebensbild nebst einer Auswahl seiner Briefe*, vol. 2, Berlin, 1916.

Müller-Gaisberg, G., *Volk nach der Arbeit*, Leipzig, 1936.

Münsterberg, Hugo, *Arbeit und Ermüdung*, Leipzig, 1917.

Paracelsus, "De pestilitate", *Paracelsus Werke*. Bd. 5 , ed. by Will-Erich Peuckert, Basel, 1968, pp. 176~262.

Paracelsus, "Liber de imaginibus", Karl Mösender, *Paracelsus und die Bilder*, Tübingen, 2003, Anlage, pp. 196~202.

Paracelsus, "De peste libri tres" in Karl Sudhoff, ed. *Paracelsus. Sämtliche Werke*, Abt. 1, Bd. 9, Hildesheim, 1928, pp. 565~638.

Paracelsus, "Astronomia magna" in Karl Sudhoff, ed. *Paracelsus. Sämtliche Werke*, Abt. 1, Bd. 12, Müchen, 1929, pp. 1~444.

Paracelsus, "Liber de lunaticis" in Karl Sudhoff, ed. *Paracelsus. Sämtliche Werke*, Abt. 1, Bd. 14, München, 1933, pp. 43~72.

Peppler, Karl, ed., *Die Deutsche Arbeitskunde*, Leipzig, 1940.

Peters, Jen, ed., *Peter Hagenberg-Tagebuch eines Söldners aus dem Dreißigjährigen Krieg*, Göttingen, 2012.

Riedel, Johannes, ed., *Arbeitskunde. Grundlagen, Bedingungen und Ziele der wirtschaftlichen Arbeit*, Berlin, 1925.

Siemens, Werner von, *Lebenserinnerungen*, München, 1892.

Siemens–Studien–Gesellschaft für praktische Psychologie, *Menschenkenntnis und Menschenbehandlung*, Bad Homburg, 1934; Siemens–Studien–Gesellschaft für praktische Psychologie, *Lebenserfolg*, 33. Jahrgang. Heft Januar bis Dezember, Bad Homburg, 1937.

Spoerl, Heinrich, "Der Maulkorb" in Heinrich Spoerl, *Gesammelte Werke*, Köln, 1963, pp. 84~199.

Spoerl, Heinrich, "Der Gasmann" in Heinrich Spoerl, *Gesammelte Werke*, Köln, 1963, pp. 200~276.

Temkin, C. Liliar, *Four Treatises of Th. von Hohenheim called Paracelsus*, Baltimore, 1941.

Zillhardt, Gerd, ed., *Der Dreißigjährige Krieg in zeitgenössischer Darstellung. Hans Heberles 'Zeytregister' (1618~1672)*, Ulm, 1975.

II. 연구문헌

곽차섭, 〈일기 연구의 이론과 실제. 서양의 경우를 중심으로〉, 《코기토》 85, 2018년 6월, pp. 113~142.

김건우, 〈니클라스 루만의 사회학적 계몽과 차이의 사회학: 체계이론의 사회학적 이념과 사회적 체계의 자기계몽〉,《사회와 이론》제37집, 2020, pp. 39~98.

김학이, 〈감정사 연구의 지평 – 우테 프레베르트를 안내자로 하여–〉,《독일연구》제28호, 2014, pp. 219~252.

김학이, 〈19/20세기 독일인들의 감정〉,《독일연구》제30호, 2015, pp. 97~133.

나인호,《증오하는 인간의 탄생. 인종주의는 역사를 어떻게 해석했는가》, 역사비평사, 2019.

문수현, 〈감정으로의 전환(Emotional turn)–감정사 연구의 성과와 전망〉,《서양사론》제96호, 2008, pp. 259~–281.

송충기, 〈양차 세계대전 사이의 독일 노동시장 구조와 대기업 – 루르 철강산업의 내부 노동시장 형성을 중심으로–〉,《경제사학》제32집, 2002, pp. 193~223.

오경환, 〈감정과 정동 사이: 감정의 역사화를 위한 방법론적 시론〉,《역사와 경계》제111호, pp. 1~29.

우인희, 〈마르쿠제의 사회사상과 1960년대 신좌파 운동〉,《역사와 사회》제38집, pp. 63~90.

이진일, 〈사회적 기업정책으로서의 노동자 교육 – 독일 기술연구소(Dinta)의 노동자 교육정책을 중심으로–〉,《독일연구》제6호, 2003, pp. 101~132.

정현백, 〈문화운동 속에 나타난 노동자의 얼굴: 1890~1914년의 독일 자유민중극단 운동에 나타난 노동자의 문화적 취향과 연극감상 태도에 관한 연구〉,《한국사회연구》제4집, 1985, pp. 65~80.

피터 게이, 고유경 옮김,《부르주아 전–문학의 프로이트, 슈니츨러의 삶을 통해 본 부르주아 계급의 전기》, 서해문집, 2005.

마사 누스바움, 조형준 옮김,《감정의 격동》, 새물결, 2015.

윌리엄 레디, 김학이 옮김,《감정의 항해》, 문학과지성사, 2016.

니클라스 루만, 정성훈 외 옮김,《열정으로서의 사랑》, 새물결, 2009.

알프 뤼트케, 이유재 엮음, 송충기 옮김,《알프 뤼트케의 일상사 연구와 '아집.' Eigensinn》, 역사비평사, 2020.

브라이언 마수미, 조성훈 옮김, 〈정동의 자율〉,《가상계》, 갈무리, 2011, pp. 46~86.

유발 하라리, 김승욱 옮김, 《유발 하라리의 르네상스 전쟁회고록》, 김영사, 2019.

Adam, Christian, *Bestsellers of the Third Reich. Readers, Writers and the Politics of Literature*, New York, 2021.

Ahmed, Sara, *The Cultural Politics of Emotions*, Edinburgh, 2014.

Allen, William Sheridan, *The Nazi Seizure of Power. The Experience of a Single German Town, 1922~1945*, New York, 1965.

Bähr, Andreas, *Furcht und Furchtlosigkeit. Göttliche Gewalt und Selbstkonstitution im 17. Jahrhundert*, Göttingen, 2013.

Baten, Jörg, "Mangelerscheinung, Krankheit und Sterblichkeit im NS–Wirtschaftsaufschwung (1933~1937)" in *Jahrbuch für Wirtschaftsgeschichte*, Vol. 44, 2003, pp. 99~123.

Bähr, Johannes, *Werner von Siemens*, München, 2016.

Becker, Frank, ed., *Industrielle Arbeitswelt und Nationalsozialismus. Der Betrieb als Laboratorium der "Volksgemeinschaft" 1920~1960*, Essen, 2020.

Berghoff, Hartmut, *Zwischen Kleinstadt und Weltmarkt: Hohner und die Harmonika 1857~1961*, Paderborn, 1997.

Biess, Frank, *Republik der Angst. Eine Andere Geschichte der Bundesrepublik Deutschland*, Reinbek bei Hamburg, 2019.

Black, Monica, *A Demon-Haunted Land. Witches, Wonder Doctors, and the Ghosts of the Past in Post-World War II Germany*, New York, 2020.

Boese, Engelbrecht, *Das Öffentliche Bibliothekswesen im Dritten Reich*, Bad Honnef, 1987.

Bootz, Margret R. I., *Die Hamburger Rechtssprechung zum Arbeitsrecht im Nationalsozialismus bis zum 2. Weltkrieg*, Frankfurt/M., 2012.

Brecht, M., ed., *Der Pietismus vom siebzehnten bis zum frühen achtzehnten Jahrhundert*, Göttingen, 1993.

Campell, Joan, *The German Werkbund. The Politics of Reform in the Applied Arts*, Princeton, 1978.

Campbell, Joan, *Joy in Work, German Work. The National Debate, 1800~1945*, Princeton, 1989.

Dahm, Volker, "Natioanle Einheit und Partikulare Vielfalt. Zur Frage der kulturpolitischen Gleichschaltung im Dritten Reich" in *Vierteljahrshefte für Zeitgeschichte*, Vol. 43, 1995, pp. 221~265.

Demmering, Christoph and H. Landweer, *Philosophie der Gefühle. Von Achtung bis Zorn*, Stuttgart, 2007.

Dietz, Thorsten, *Der Begriff der Furcht bei Luther*, Tübingen, 2009.

Donauer, Sabine, *Emotions at Work–Working on Emotions: The Production of Economic Selves in Twentieth-Century Germany*, Diss., Freie Universität Berlin, 2013.

Dussel, Konrad, "Provinzialtheater in der NS–Zeit" in *Vierteljahrshefte für Zeitgeschichte*, Vol. 38, 1990, pp. 75~111.

Eden, Sören, *Die Verwaltung einer Utopie. Die Treuhänder der Arbeit zwischen Betriebs- und Volksgemeinschaft 1933~1945*, Göttingen, 2020.

Evans, Richard J., *The Third Reich in Power*, New York, 2005.

Evans, Richard, "Coercion and Consent in Nazi Germany" in *Proceedings of British Academy*, 151, 2007, pp. 53~81.

Feldman, Gerald, *Die Allianz und die deutsche Versicherungsgesellschaft 1933~1945*, München, 2001.

Föllmer, Moritz, *Individuality and Modernity in Berlin. Self and Society from Weimar to th Wall*, New York, 2011.

Frevert, Ute, *Emotions in History–Lost and Found*, New York, 2011.

Frevert, Ute, *Vertrauensfrage. Eine Obsession der Moderne*, München, 2013.

Geuter, Ulfried, *Die Professionalisierung der deutschen Psychologie im Nationalsozialismsu*, Frankfurt/M., 1984.

Gleixner, Ulrike, *Pietismus und Bürgertum. Eine historische Anthropologie der Frömmigkeit*, Göttingen, 2005.

Goldhammer, Kurt, *Paracelsus in neuen Horizonten*, Wien, 1986.

Goltermann, Svenja, *Die Gesellschaft der Überlebenden. Deutsche Kriegsheimkehrer und ihre Gewalterfahrungen im Zweiten Weltkrieg*, München, 2011.

Greyerz, Kaspar von, ed., *Von der dargestellten Person zur erinnerten Ich*, Köln, 2001.

Grunberger, Richard, *The 12-Year Reich. A Social History of Nazi Germany 1933~1945*, New York, 1971.

Graf, Rüdiger, *Die Zukunft der Weimarer Republik. Krisen und Zukunftseignungen in Deutschland 1918~1933*, München, 2008.

Hachtmann, Rüdiger, *Industriearbeit im 'Dritten Reich'*, Göttingen, 1989.

Henke, Klaus–Dieter, ed., *Die Dresdner Bank im Dritten Reich*, Vol. I, München, 2006.

Hettling, Manfred, ed., *Der bürgerliche Himmel. Innenansichten des 19. Jahrhunderts*, Göttingen, 2000.

Hölscher, Lucian, *Geschichte der protestantischen Frömmigkeit in Deutschland*, München, 2005.

Homburg, Heidrun, "The 'human factor' and the limits of rationalization. Personnel–management strategies and the rationalization movement in German Industry between the wars" in Steven Tolliday, ed., *The Power to manage?*, London, 1991, pp. 147~175.

Jarausch, Konrad, *Deutsche Studenten 1800~1970*, Frankfurt/M., 1984.

Kocka, Jürgen, *Unternehmenverwaltung und Angestelltenschaft am Beispiel Siemens 1847~1914*, Stuttgart, 1969.

Kruse, Josef A., ed., *Heinrich Spoerl. Buch–Bühne–Leinwand*, Düsseldorf, 2004.

Lindner, Stephan H., *Hoechst: ein IG. Farbenwerk im Dritten Reich*, München, 2005.

Lethen, Helmut, *Verhaltenslehre der Kälte. Lebensversuche zwischen den Kriegen*, Frankfurt/M., 1994.

Lewy, Guenter, *Harmful and Undesirable. Book Censorship in Nazi Germany*, Oxford,

2016.

Medick, Hans, *Der Dreissig-Jährige Krieg. Zeugnisse vom Leben mit Gewalt*, Göttingen, 2018.

Medick Hans, et al., ed., *Zwischen Alltag und Katastrophe. Der Dreißigjährige Krieg aus der Nähe*, Göttingen, 1999,

Meyer–Krentler, Eckhardt, *Bürger als Freund. Ein sozialethisches Programm und seine Kritik in der neueren deutschen Erzählliteratur*, Paderborn, 1984,

Mildelfort, H. C. Erik, *A History of Madness in Sixteenth-Century Germany*, Stanford, 1999.

Mortimer, Geoff, *Eyewitness Accounts of the Thirty Years War 1618~48*, New York, 2002.

Mosse, George L., *Masses and Man. Nationalist and Fascist Perceptions of Reality*, Detroit, 1980.

Munz, Alfred, *Philipp Matthäus Hahn. Pfarrer und Mechanikus*, Sigmaringen, 1999.

Müller, Marco von, *Das Leben eines Söldners im Dreißigjährigen Krieg (1618~1648)*, Magisterarbeit an der Freien Universität Berlin, 1999.

Müller, Marco von, "Peter Hagendorf kehrt heim" in dk–blog, 23. Juli 2018, https:// dkblog.hypotheses.org/1381, retrieved February 15. 2020.

Pagel, Walter, *Paracelsus. An Introduction to Philosophical Medicine in the Era of the Renaissance*, New York, 1989.

Rabinbach, Anson, *Staging the Third Reich. Essays in Cultural and Intellectual History*, New York, 2020.

Railton, Peter, "The Affective Dog and its Rational Tale: Intuition and Attunement" in *Ethics*, Vol. 124, 2014, pp. 813~859.

Reichardt, Sven, *Authenzität und Gemeinschaft. Linksalternatives Leben in den siebziger und frühen achtziger Jahren*, Frankfurt/M., 2014.

Rüther, Martin, "Lage und Abstimmungsverhalten der Arbeiterschaft: Die Vertrauenswahlen in Köln 1934 und 1935" in *Virteljahrshefte für Zeitgeschichte*, vol. 39, 1991, pp. 221~264.

Sabean, David W., "German International Families in the Nineteenth Century. The Siemens Family as a Thought Experiment" in David W. Sabean, ed., *Transregional and Transnational Families in Europe and Beyonds*, New York, 2011, pp. 229~252,

Sachse, Carola, Siemens, der *Nationalsozialismus und die moderne Familie*, Hamburg, 1990.

Schäfer, Michael, "Unternehmen und Familie. Zur Genese von Familienunterhemen im Industriezeitalter: Sachsen 1850~1940" in *Jahrbuch für Wirtschaftsgeschichte*, Vol. 49, 2008, pp. 197~214.

Scheer, Monique, "Are Emotions a Kind of Practice (And is That What makes them have a History)? A Bourdieuian Approach to Understanding Emotion" in *History and Theory*, vol. 51, 2012, pp. 193~220.

Schneider, Tobias, "Bestseller im Dritten Reich. Ermittlung und Analyse der meistverkauften Romane in Deutschland 1933–1944" in *Vierteljahrshefte für Zeitgeschichte*, Vol. 52, 2004, pp. 77~97.

Schoenbaum, David, *Hitler's Social Revoluton*, New York, 1966.

Siegel, Tilla, *Industrielle Rationalisierung unter dem Nationalsozialismus*, Frankfurt/M., 1991.

Schönborn. Sibylle, *Das Buch der Seele: Tagebuchliteratur zwischen Aufklärung und Kunstperiode*, Kunstperiode, 1999.

Spoerer, Mark, "Demontage eines Mythos? Zu der Kontroverse über das nationalsozialistische 'Wirtschaftswunder' " in *Geschichte und Gesellschaft*, Vol. 31, 2005, pp. 415~438.

Stargardt, Nicholas, *The German War. A Nation under Arms, 1939~1945*, London, 2016.

Steiner, André, "Zur Neueinschätzung des Lebenshaltungskostenindex für die Vorkriegszeit des Nationalsozialismus" in *Jahrbuch für Wirtschaftsgeschichte*, Vol. 46, 2005, pp. 129~152.

Stearns, Peter N., *American Cool. Constructing a Twentieth-Century Emotional Style*, New York, 1994.

Steuwer, Janosch, *"Ein Drittes Reich, wie ich es auffasse." Politik, Gesellschaft und privates Leben in Tagebüchern 1933~1939*, Göttingen, 2017.

Strothmann, Dietrich, *Nationalsozialistische Literaturpolitik. Ein Beitrag zur Publizistik im Dritten Reich*, Bonn, 1968.

Tändler, Maik, *Das therapeutische Jahrzehnt. Der Psychoboom in den siebziger Jahren*, Göttingen, 2016.

Tooze, Adam, *The Wages of Destruction. The Making and Breaking of the Nazi Economy*, New York, 2006.

Velten, Hans Rudolf, *Das selbst geschriebene Leben: eine Studie zur deutschen Autobiographie im 16. Jahrhundert*, Heidelberg, 1995.

Wegemenn, Nikolaus, *Diskurse der Empfindsamkeit*, Stuttgart, 1988.

Welskopp, Thomas, "Sons of Vulcan. Indusrial Relations and Attitudes toward Work among German and American Iron‒and Steelworkers in the Twentieth Century" in Christoph Conrad, ed., *Bodies and Affects in Market Society*, Tübingen, 2016, pp. 23~39.

Wildt, Michael, ed., *Volksgemeinschaft. Neue Forschungen zum Nationalsozialismus*, Frankfurt/M., 2009.

Dieter Ziegler, "Die Nationalsozialisten im Betrieb," in: Klaus‒Dietmar Henke, ed., *Die Dresdner Bank im Dritten Reich*, Vol. 1, München, 2006.

Zunkel, Friedrich, *Der rheinisch-westfälische Unternehmer 1834~1879*, Wiesbaden, 1962.

주

프롤로그

1 송충기, 〈19세기 함부르크 도축장의 근대성: 인간과 동물 그리고 사물 사이의 연결 망Networks〉, 《독일연구》 제46호, 2021, pp. 37~72.

2 Robert. C, Solomon, *What is an Emotion? Classical and Contemporary Readings*, New York, 2003, pp. 57~75, 119~124; 김학이, 〈감정사 연구의 지평 – 우테 프레베르트를 안내자로 하여〉, 《독일연구》 제28호, 2014, pp. 219~252.

3 Peter Railton, "The Affective Dog and its Rational Tale: Intuition and Attunement" in *Ethics*, vol. 124, 2014, pp. 813~859; Peter Railton, "Normative Force and Normative Freedom: Hume and Kant, but not Hume versus Kant" in *Ratio(new series)*, 24, 1999, pp. 320~353.

4 Peter N. Stearns, *American Cool. Constructing a Twentieth-Century Emotional Style*, New York, 1994; "Emotionology: Clarifying the History of Emotions and Emotional Standars" in *American Historical Review*, vol. 90, 1985, pp. 813~836.

5 개념사와 기본개념에 대해서는 라인하르트 코젤렉 외 지음, 안삼환 외 옮김, 《코젤렉의 개념사 사전 1권~25권》, 푸른역사, 2010~2022.

6 브라이언 마수미, 조성훈 옮김, 〈정동의 자율〉, 《가상계》, 갈무리, 2011, pp. 46~86.

7 Ben Anderson, "Affective Urbanism and the Event of Hope" in Space and Culture, vol. 11, 2008, pp. 142–159; Matthew Gandy, *Concrete and Clay. Reworking Nature in New York City*, London, 2002, pp. 60~84; Joanna Bourke, *Fear. A Cultural History*, Emeryville, 2005, pp. 293~350.

[8] Monique Scheer, "Are Emotions a Kind of Practice (And is That What makes them have a History)? A Bourdieuian Approach to Understanding Emotion" in *History and Theory*, vol. 51, 2012, pp. 193~220; 오경환, 〈감정과 정동 사이: 감정의 역사화를 위한 방법론적 시론〉, 《역사와 경계》 제111호, pp. 1~29.

[9] Monique Scheer and Pascal Eitler, "Emotionengeschichte als Körpergeschichte. Eine heuristische Perspektive auf religiöse Konverseionen im 19. und 20. Jahrhundert" in *Geschichte und Gesellschaft*, vol. 35, 2009, pp. 282~313.

[10] 윌리엄 레디, 김학이 옮김, 《감정의 항해》, 문학과지성사, 2016, pp. 19~211.

1장_ 근대 초 의학의 신성한 공포

[1] Martin Luther, *Der kleie Katechismus*, Weimar, 1964.

[2] Heinz Schilling, *Martin Luther. Rebel in an Age of Upheaval*, Oxford, 2017, pp. 55~69.

[3] 물론 중세 유럽은 점성학을 알았고 중요시했다. 그들은 고대 그리스의 천문학과 점성학을 집대성한 로마 시대의 그리스 학자 프톨레마이오스의 우주론을 열심히 공부한 사람들이었다. 그리고 12~13세기에 정교한 점성학이 이베리아반도의 이슬람 세계로부터 유입되었다. 그러나 중세 신학은 근본적으로 점성학에 거리를 두었다. 기독교 신학의 핵심인 인간의 자유의지를 침해할 가능성이 농후했기 때문이다. 점성학은 14세기부터 본격적으로 논의되고 실천된다. Robin Bruce Barnes, *Prophecy and Gnosis. Apocalypticism in the Wake of the Lutheran Reformation*, Stanford, 1988, pp. 19~28; Hilary M. Carey, *Courting Disaster. Astrology at the English Court and University in the Later Middle Ages*, New York, 1992.

[4] 그들은 예언을 별의 운동에 대한 정밀한 수학 계산에 따라 전개했다. 그들 대부분은 수학과 천문학에 정통한 사람들이었고, 정통하지 않더라도 최소한 대학 인문학 과

정에서 수학과 천문학을 공부한 사람들이었다. 그것이 16세기의 자연과학이요 우주마법이요 신학이었다. Heike Talkenberger, *Sintflut. Prophetie und Zeitgeschehen in Texte und Holzschnitten astrologischer Flugschriften, 1488~1528*, Tübingen, 1990, pp. 58~76, 154~335.

[5] Abi Warburg, *Heidnisch-antike Weissagung in Wort und Bild zu Luther Zeiten, Beilage*, Heidelberg, 1920, pp. 86~93("Vorrede", "Das erste Capitel", "Das Ein und dreissigiste Capitel", "Das zwei und dreissigste Capitel"); Winfried Schulze, *Deutsche Geschichte im 16. Jahrhundert*, Frankfurt/M., 1987, pp. 77~78.

[6] Philip M. Sorgel, *Miracles and the Protestant Imagination. The Evangelical Wonder Books in Reformation Germany*, Oxford, 2012, pp. 3~12.

[7] 앞의 책, pp. 74, 75, 85, 86, 92; Heinz Schilling, "Job Fincel und die Zeichen der Endzeit" in Wolfgang Brückner, ed., *Volkserzählung und Reformation*, Berlin, 1972, pp. 326~392.

[8] H. C. Erik Midelfort, *A History of Madness in Sixteenth-Century Germany*, Stanford, 1999, pp. 61, 68.

[9] Barnes, *Prophecy and Gnosis*, pp. 1~6, 30~35.

[10] Andreas Bähr, *Furcht und Furchtlosigkeit. Göttliche Gewalt und Selbstkonstitution im 17. Jahrhundert*, Göttingen, 2013; Thorsten Dietz, *Der Begriff der Furcht bei Luther*, Tübingen, 2009.

[11] Schulze, *Deutsche Geschichte*, p. 80.

[12] 책의 출간과 루터의 서문은 친구이자 동지이자 대외 협상 창구였던 멜란히톤에 대한 양보였다. 비텐베르크대학의 커리큘럼을 재작성하고 수많은 루터파 학자들을 길러내어 "독일의 스승"으로 불렸던 멜란히톤은 머리부터 발끝까지 신플라톤주의자였고, 별이 인간사에 영향력을 행사할 수 있다고 믿어 의심치 않았다. 다만 그는 별이 신의 의지에 봉사한다고 언제나 토를 달았다. Aby Warburg, *Heidnisch-antike Weissagung*, pp. 81~86.

[13] 앞의 책, pp. 81~86; Sorgel, *Miracles and the Protestant Imagination*, pp. 52~61.

[14] 케플러는 종말론에 냉소하면서도 점성학의 힘은 여전히 믿어서 1608년에 추후 30년전쟁의 영웅이 되는 발렌슈타인에게 별자리 운세를 작성해주었다. Barnes, *Prophecy and Gnosis*, pp. 141~181.

[15] 앞의 책, pp. 60~71; H. C. Erik Midelfort, *A History of Madness*, pp. 53, 54.

[16] 박흥식, 《미완의 개혁가, 마르틴 루터》, 20세기북스, 2017.

[17] 황대현, 〈16~17세기 유럽의 '교파화 과정'에 대한 연구사적 고찰: 사회적 규율화의 첫 단계로서의 교파화 과정 패러다임에 대한 독일 사학계의 논의를 중심으로〉, 《역사교육》제100집, 2006, pp. 293~321.

[18] 이는 과격 루터파 성직자 마티아스 플라키우스의 추종자로 16세기 중반에 여러 권의 '기적의 책'을 서술했던 목사 크리스토프 이레네우스Christoph Irenaeus의 1566년 발언이다. Sorgel, *Miracles and the Protestant Imagination*. pp. 78, 79, 91, 124~152.

[19] 곽차섭, 《아레티노 평전. 르네상스기 한 괴짜 논객의 삶》, 길, 2013.

[20] 호엔하임의 테오프라스투스는 1529년부터 파라켈수스라는 필명을 사용하는데, '파라para'라는 그리스어 어근에 '넘어서다' '뛰어나다'라는 뜻이 포함되어 있고, '켈수스Celsus'라는 이름을 가진 기원후 2세기의 의사가 하필이면 기독교의 적이었다. 그래서 역사가들은 파라켈수스란 이름이 그 의사를 능가한다는 뜻이 아닐지 짐작할 뿐이다. 그는 '파라미룸Paramirum(뛰어나고 놀라운 책)'이나 '파라그라눔 Paragranum(시대를 거스르는 의학)' 등 '파라'로 시작되는 저술을 다수 남겼다. 파라켈수스를 비롯하여 이 책에 다수 등장하는 독일인들의 이름이 '~수스'로 끝나는 이유는 그들이 고대인들의 이름을 갖기 원해서였다. 고전고대를 모방하려는 르네상스적 열망은 종교개혁 이후에도 그토록 강했던 것이다. 고대적인 이름은 17세기를 경과하면서 크게 줄어든다.

[21] Charles Webster, *Paracelsus. Medicine, Magic and Mission at the End of Time*, New Haven, 2008, p. 225.

[22] Bruce T. Moran, *Distilling Knowledge. Alchemy, Chemistry, and the Scientific Revolution*, London, 2005, pp. 139~142.

23 Emmanuell Le Roy Ladurie, *The Beggar and the Professor. A Sixteenth-Century Family Saga*, Chicago, 1997, pp. 50, 104.

24 Herbert Kritscher et al., "Forensisch-Anthropologische Untersuchungen der Skelettreste des Paracelsus" in Heinz Dopsch, ed., *Paracelsus. Keines anderen Knecht*, Salzburg, 1993, pp. 53~61.

25 Philip Ball, *The Devil's Doctor. Paracelsus and the World of Renaissance Magic and Science*, London, 2006, p. 218.

26 Bruce T. Moran, *Paracelsus. An Alchemical Life*, London, 2019, p. 34; Webster, Paracelsus, p. 45.

27 인적 연속성을 추가하자. 바젤에서 파라켈수스의 조수로 일했던 요한네스 오포리누스Johannes Oporinus는 스승을 따라나섰다가 얼마 뒤에 바젤로 돌아온다. 의사이자 출판업자였던 그는 1543년에 안드레아스 베살리우스의 《인체구조론》을 출간한다. 그리고 그는 거지로 떠돌다가 희랍어까지 습득한, 앞서 필자가 언급한 토마스 플라터를 후원하여 중간계급 시민으로 상승하도록 돕는다.

28 Erich Posner, "Zur Geschichte der Staublunge" in *Gesnerus*, 33, 1976, pp. 48~64.

29 Paracelsus, "Von der Bergsucht" in W.-E. Peuckert, ed., *Paracelsus Werke*, Bd. II, Basel, 1965, pp. 284~288; Paracelsus, "Volumen Paramirum" in W.-E. Peuckert, ed., *Paracelsus Werke*, Bd. I, Basel, 1965, pp. 195~201.

30 파라켈수스를 전혀 다른 각도에서 접근할 수도 있다. 연금술이란 당대의 수공업자들이 직물의 염색과 야금의 합금과 양조의 발효에서 늘 행하던 것, 기실 조선의 대장금이 그렇듯 부엌의 요리에서도 늘 반복되던 것이다. 마법 역시 민중의 일상에서 늘 행해지던 것들이다. 다시 말해서 파라켈수스 의학은 민중의 일상적 활동과 지식을 이론화한 작업으로 파악할 수도 있다. 그리하여 그를 민중이 '근대'로 직접 넘어가는 다리로 해석할 수도 있다.

31 Paracelsus, "Von der Bergsucht", pp. 292, 305.

32 Claudia Stein, *Die Behandlung der Franzosenkrankheit in der Frühen Neuzeit am Beispiel Augsburg*, Stuttgart, 2003, pp. 21~24, 42, 60~71, 176.

[33] Stein, *Die Behandlung der Franzosenkrankheit*, pp. 49~52.

[34] Paracelsus, "Vom Ursprung und Herkommen der Franzosen, das erste Buch" in W.-E. Peuckert, ed., *Paracelsus Werke*, Bd. II, Basel, 1965, pp. 365~372.

[35] 여기서 의학사에서 가끔 등장하는 논의, 즉 페스트가 아시아에서 왔는지 그렇지 않았는지는 아주 부차적인 문제였다는 점이 드러난다. 그것은 페스트가 페스트균에 의하여 감염되고 전염된다는 것을 이미 아는 역사가들에게나 중요한 문제인 것이다. 오해를 피하기 위하여 첨언하자면, 체액설을 고수했다고 해서 근대 초에 의학의 발전이 없었다는 뜻은 결코 아니다. 예컨대 앞서 언급한 토마스 플라터의 아들 펠릭스 플라터는 페스트에 대한 논고를 작성할 때 병의 증상과 그 전개를 중립적으로 '기술' 하는 데 치중했고, 1614년에는 《관찰》이라는 책을 발간했다. 그 '경험적인' 경향은 의사들 사이에서 점차 강화되어 17세기에 "관찰"이라는 제목의 의학 서적이 대거 발간된다. Mariuz Horain, *Die Pest in Augsburg um 1500. Die soziale Konstruktion einer Krankheit*, Göttingen Uni. Diss, 2019, pp. 77~81.

[36] Paracelsus, "De peste libri tres" in Karl Sudhoff, ed. *Paracelsus. Sämtliche Werke*, Abt. 1, Bd. 9, pp. 567, 570, 571, 579, 596~599.

[37] Paracelsus, "Volumen Paramirum", pp. 221~229; ; W. D. Müller-Jahncke, "Medical magic of Paracelsus and Paracelsus followers: weapon salve" in *Sudhoffs Archiv zur Wissenschaftsgeschichte*, 31, 1993, pp. 43~55.

[38] 논란이 분분하지만 필자가 파악한 한에서 파라켈수스는 여성을 혐오하지 않았다. 그는 심지어 성자 예수는 아버지 남성 신이 어머니 여성 신을 만든 뒤에 양자 사이에서 태어나 마리아에게 심어졌다고 주장했다. 그래서 일부 역사가들은 파라켈수스를 '여성성으로서의 신성' 을 발화한 사상가에 포함시킨다. Paracelsus, "De peste libri tres", pp. 574, 575; Paracelsus, "De pestilitate" in Will-Erich Peuckert, ed., *Paracelsus Werke*. Bd. V, Basel, 1968, pp. 241, 242; Arlene M. Guinsburg, "The Counterthrust to Sixteenth Century Misogyny: The Work of Agrippa and Paracelsus" in *Historical Reflections*, 8, 1981, pp. 3~28; 배혜정, 〈근대 초 영국의 여성 몸 담론 - 월경을 중심으로-〉, 《영국 연구》38호, 2017, pp. 60~89.

[39] Paracelsus, "De pestilitate", pp. 213, 227, 243.

[40] Angus Gowland, "Melancholy, Imagination, and Dreaming in Renaissance Learning" in Yasmin Haskell, ed., *Diseases of Imagination and Imaginary Disease in the Early Modern Period*, Turmont, 2011, pp. 63~64.

[41] Paracelsus, "De religione perpetua" in Peuckert, ed., *Paracelsus Werke*, Bd. IV, p. 157.

[42] C. Liliar Temkin, et al., *Four Treatises of Th. von Hohenheim called Paracelsus*, Baltimore, 1941, pp. 143~167; Paracelsus, "De religione perpetua" in Peuckert, ed., *Paracelsus Werke*, Bd. IV, p. 157; Midelfort, *A History of Madness*, pp. 117, 157~161; Thomas Platter, *Observationes. Krankheitsbeobachtungen in drei Büchern*, Bern, 1963, p. 82.

[43] Paracelsus, *Four Treatises*, pp. 158~160.

[44] Midelfort, *A History of Madness*, pp. 33~39.

[45] Paracelsus, *Four Treatises*, pp. 180~182.

[46] 푸코는 《말과 사물》 제2장에서 파라켈수스의 우주론에 대하여 쓰면서, 그가 인간 내면의 이미지와 자연물과 별들이 서로를 지시하면서 의미화하고 그렇게 하여 인식 대상을 거의 무한대로 확장시킬 수 있었다고 설명한다. "파라켈수스가 기술하고 있는 것처럼 인간은……'별들로 무리를 이루고 있다.'……인간의 창공은 '자유롭고 힘차며'……인간 내면의 창공은 자율적이어서 오직 자신에게만 의존한다. 인간은……세계의 질서를 닮아가고, 세계의 질서를 자신의 내부로 전위시킴으로써 자기 내면의 창공 속에 저편 다른 하늘의 움직임을 재창조할 수도 있다. 이로써 거울의 지혜는 역으로 자신이 속한 세계를 해명하게 된다." 파라켈수스의 거울 은유는 "하늘의 저 깊숙이까지, 그리고 심연을 넘어서 계속 전진한다." 미셸 푸코, 《말과 사물》, 민음사, 1980, pp. 45, 61, 62.

[47] Paracelsus, "Astronomia magna" in Karl Sudhoff, ed. *Paracelsus. Sämtliche Werke*, Abt. 1, Bd. 12, München, 1929, pp. 107~108, 212~224; Paracelsus, "De causis morborum invisibilium" in Peuckert, ed., *Paracelsus Werke*, Bd. II, pp. 215~218.

48 Paracelsus, "Liber de lunaticis" in Karl Sudhoff, ed. *Paracelsus. Sämtliche Werke*, Abt. 1,

Bd. 14, München, 1933, pp. 43~47.

49 앞의 책, pp. 53~57, 72.

50 Midelfort, *A History of Madness*, pp. 92~107.

51 Michael MacDonald, *Mystical Bedlam. Madness, Anxiety, and Healing in Seventeenth-Century England*, New York, 1981, pp. 112~172.

2장_ 30년 전쟁의 고통과 감정의 해방

1 30년전쟁이 끼친 피해를 두고 학술적 논쟁이 이미 1920년대부터, 보다 격렬하게는 1950년대부터 1990년대까지 벌어졌고 아직도 완전히 끝난 것은 아니다. 그러나 피해가 상당했다는 점에서는 합의가 이루어진 것으로 보인다. 다만 전화가 전혀 미치지 않은 지역도 꽤 있었고, 오히려 성장한 지역도 있었다. 특히 함부르크는 가톨릭과 개신교 양 진영의 병기창 및 군량미 시장 역할을 수행한 덕분에 국제적인 교역 중심지로 성장하는 발판을 마련했다. Hans Medick, *Der Dreissig-Jährige Krieg. Zeugnisse vom Leben mit Gewalt*, Göttingen, 2018, pp. 163~173.

2 Begina von Krusenstjernall, "Die Tränen des Jungen über ein vertrunkenes Pferd. Ausdrucksformen von Emotionalität in Selbstzeugnissen des späten 16. und 17. Jahrhunderts" in Kaspar von Greyerz, ed., *Von der dargestellten Person zur erinnerten Ich*, Köln, 2001, pp. 157~182.

3 유발 하라리, 김승욱 옮김, 《유발 하라리의 르네상스 전쟁회고록》, 김영사, 2019, pp. 99, 113, 125, 126.

4 Rebekka Habermas, "Selbstreflixion zwischen Erfahrung und Inszinierung. Schreiben im Bürgertum um 1800" in Sonja Häder, ed., *Der Bildungsgang des Subjekts*, Weinheim, 2004, pp. 30~47.

5 Brian Sandberg, "His Courage Produced More Fear in His Enemies than Shame in His Soldiers': Siege Combat and Emotional Display in the French Wars of Religion" in Erika Kuijpers et al., ed, *Battlefield Emotions 1500~1800: Practices, Experience, London*, 2016, pp. 127~148.

6 이는 연대기 한 장Blatt의 앞면과 뒷면을 각각 한 페이지로 계산한 것이다. 이 시기 연대기의 한 면은 약 12줄로 되어 있다. 헤베를레의 연대기는 그 일부가 1889년에 처음으로 뷔르템베르크의 한 지역 저널에 게재되었고, 완성된 형태로는 해설과 함께 1975년에 튀빙겐대학교 박사학위 논문으로 출간되었다. 필자가 구할 수 없던 이 책을 선선히 빌려준 황대현 교수에게 사의를 표한다. Gerd Zillhardt, ed., *Der Dreißigjährige Krieg in zeitgenössischer Darstellung. Hans Heberles 'Zeytregister' (1618~1672). Aufzeichnungen aus dem Ulmer Territorien*, Ulm, 1975.

7 앞의 책, pp. 25, 26, 148, 150, 154, 156, 172, 180.

8 Jill Anne Kowalik, *Theology and Dehumanization. Trauma, Grief, and Pathological Mourning in Seventeenth and Eightennth-Century German Thought and Literature*, Frankfurt/M., 2009, pp. 57~87.

9 Andrea Kammer-Nebel, "Der Wandel des Totengedächtnisses in privaten Aufzeichnungen unter dem Einfluß der Reformation" in Klaus Arnold, ed., *Das dargestellte Ich. Studien zu Selbstzeugnissen des späten Mittelalters und der frühen Neuzeit*, Bochum, 1999, pp. 111~113.

10 *Heberles Zeytregister*, pp. 96, 124, 125, 135, 146, 161.

11 Andreas Bähr, "Fear, Anxiety and Terror in Conversion Narratives of Early Modern German Pietism" in *German History*, vol. 32, 2014, pp. 357~361.

12 *Heberles Zeytregister*, pp. 96, 161 119, 124, 125, 127, 135, 141, 146, 172, 173, 184, 200, 201, 208, 236.

13 앞의 책, p, 96; Carol Z. Stearns, "Lord Help Me Walk Humbly': Anger and Sadness in England and America" in Carol Z. Stearns, ed., *Emotion and Social Change. Toward a New Psychohistory*, New York, 1988, pp. 41~44.

[14] Geoff Mortimer, *Eyewitness Accounts of the Thirty Years War 1618~48*, New York, 2002, pp. 47~49, 55.

[15] *Heberles Zeytregister*, pp. 116, 137, 141, 162, 180, 195, 203, 261.

[16] 헤베를레가 얼마나 기존 담론에 맞추어 삶의 경험을 구조화했는지는, 연대기의 라이트모티브가 중세 말에 유행했고 뒤러가 그림으로도 남긴 '묵시록의 네 기사', 즉 전쟁, 기근, 페스트, 죽음이었다는 데서도 드러난다. 곽차섭, 〈일기 연구의 이론과 실제. 서양의 경우를 중심으로〉, 《코기토》 85, 2018년 6월, pp. 113~142; 폴 리쾨르, 《시간과 이야기 3》, 문학과지성사, 2004.

[17] *Heberles Zeytregister*, pp. 103, 123, 154, 177, 181, 188, 195; Merry E. Wiesener-Hanks, *Early Modern Europe 1450~1789*, Cambridge, 2013, p. 131. 헤베를레는 자신의 일기가 타인에 의해 읽히기를 바랐고, 실제로 읽혔다. 그는 1628년에 지난 10여 년의 일기를 재정리하면서 서언을 붙였는데, 여기서 그는 자식들에게 그 책을 "헤베를레 가문이 존재하는 한" 보존하고 전달할 것이며, "심판 날까지 보존되어야 한다."고 썼다. 독자의 대상도 자손으로 한정하지 않고 친구들까지 포함시켰다. 실제로 헤베를레의 아들은 일기를 보존했을 뿐 아니라 아버지의 죽음 날짜를 덧붙였고, 마을의 수공업자들이 일기를 읽었다.

[18] Jen Peters, ed., *Peter Hagendorf-Tagebuch eines Söldners aus dem Dreißigjährigen Krieg*, Göttingen, 2012; Georg Schmidt, *Die Reiter der Apokalypse. Geschichte des Dreißigjährigen Krieges*, München, 2018.

[19] 유발 하라리는 군인들의 전투 묘사가 상세하지 않다고 주장했는데 이는 잘못이다. 사병에서 출발하여 대령까지 승진하고 귀족 서품까지 받은 프리치Augustin von Fritsch는 문장력은 하겐도르프보다 훨씬 아래였으나 전투를 실감나게 묘사했다. "각자 상대에게 돌격했다. 나는 빨간색 코트를 입은 적장을 공격했다. 내가 권총을 발사하자, 그는 윗도리에서 소총을 꺼냈다. 그는 내게 발사하더니 물러나기 시작했고, 나는 권총을 들고 뒤쫓았다. 그의 종자가 그의 말을 돌리려는 순간 그가 내 말이 총에 맞았다는 것을 알아차렸다. 그는 할 수 있는 한 빠르게 내게로 달려오면서 소리쳤다. '중위, 악마 백 명의 이름으로 말하는데 돌아서. 네 말이 맞았어!' 말

아래쪽을 내려다보니 말 다리와 발굽에 피가 흥건했다." Mortimer, *Eyewitness*
Accounts, pp. 141, 142.

20 *Peter Hagendorf*, pp. 38~53, 51, 53, 80, 83.

21 앞의 책, pp. 60, 63, 79, 80, 94.

22 Andreas Bähr, "Magical Swords and Heavenly Weapons: Battlefield Fear(lessness) in
the Seventeenth Century" in Kuijpers et al., ed, *Battlefield Emotions*, pp. 56, 57.

23 Peter Hagendorf, p. 46; Marco von Müller, *Das Leben eines Söldners im*
Dreißigjährigen Krieg (1618~1648), Magisterarbeit an der Freien Universität Berlin,
1999, p. 42.

24 *Peter Hagendorf*, pp. 34, 48, 58, 59, 97. 하겐도르프가 가족을 불안정한 용병 생활
의 심리적인 의지처로 삼았다는 해석은 Jens Peters, ed., *Peter Hagendorf*, p. 209.

25 *Peter Hagendorf*, p. 52; Marco von Müller, Das Lebens eines Söldners, p. 1.

26 Mortimer, *Eyewitness Accounts*, pp. 23, 151~163, 187.

27 *Peter Hagendorf*, pp. 47, 62, 74, 78, 79, 81, 83, 124, 126. 하겐도르프의 그러한 면
모를 적절하게 해석할 수 있는 틀이 하나 있다. 영문학자 스티븐 그린블래트는 16
세기 르네상스 문헌을 연구하면서, 사회적 상승 압력에 직면한 지배층이 상승을
기도하는 사람들에게 행동 규범을 부과함으로써 규율화하려 하자, 상승을 기도하
는 사람들은 자신의 자아를 그 기준에 상응하도록 내세웠다고 해석하면서, 그러한
노력에 "자아양식화self-fashioning"라는 개념을 부여했다. 하겐도르프의 태도와
정확히 일치한다. Stephen Greenblatt, *Renaissance Self-Fashioning. From More to*
Shakespeare, Chicago, 2005.

28 Mortimer, *Eyewitness Accounts*, pp. 23, 151.

29 Peter Burschel, *Söldner im Nordwestdeutschland des 16. und 17. Jahrhunderts*,
Göttingen, 1994.

30 *Peter Hagendorf*, p. 81.

31 Burschel, *Söldner*, pp. 141~144.

32 Marco von Müller, "Peter Hagendorf kehrt heim," in dk-blog, 23. Juli 2018,

https://dkblog.hypotheses.org/1381; Hans Medick, *Der Dreißig-Jährige Krieg*, pp. 118~120.

33 그 기록은 18세기 중반에 예나대학 법학 교수가 소장하다가 대학 도서관에 기증되었고, 1930년대에 당시 유행하기도 했던 30년전쟁 연구의 자료로 이용되었으며, 1960~70년대에 타이프 본으로 만들어졌다가, 한스 메딕의 30년전쟁 연구 프로젝트의 일환으로 2008년에 디지털화되어 공개되었다. 그래서 누구나 열람할 수 있다 (http://www.mdsz.thulb.uni-jena.de/happe/quelle.php).

34 John Theibault, "'da er denn mit traurmutigem hertzen gesehen wie jämmerlich daß Dorf über die helfft in die Asche geglet······' Die Erfassung und Einordnung lokaler Kriegserfahrungen auf Amtsebene im Dreißigjährigen Krieg" in Hans Medick, *Zwischen Alltag und Katastrophe. Der Dreißigjährige Krieg aus der Nähe*, Göttingen, 1999, pp. 323~342.

35 Volkmar Happe, *Chronicon Thuringiae*, Teil 1, f 13r, 81r, 81v, 96r, 326v; Teil II, f 56r, 56v, 175v~178v, 287r, 318v, 319r,

36 앞의 책, Teil I, f 10r, 12v, 31v, 40r, 40v, 130r, 171r, 183r, 183v, 348v; Teil II, f 379v.

37 앞의 책, Teil I, f 42r, 83v, 281v, 283r, 283v, 348v; Teil II, f 175r, 314r; Hans Medick, "Sonderhausen als 'Schinderhausen'. Selbstverortungen und Wahrnehmungshorizonte der Gewalt in Volkmar Happes Chronicon Thuringiae aus der Zeit des Dreißigjährigen Krieges" in Andreas Bähr, ed., *Räume des Selbst. Selbstzeugnisforschung transnational*, Köln, 2007, pp. 183~185.

38 Happe, *Chronicon Thuringiae*, Teil 1, f 13v, 39v, 42r, 66r, 76v, 183v, 210r, 327v, 341v, 349r; Teil II, f. 10v, 15r, 163r~178v, 210r.

39 편집자인 안드레아스 베어에 따르면, 하페는 자신의 기록에 제목을 붙이지 않았으나 원고 묶음 뒷장에 '튀링겐 연대기Chronic: Thvring' 라고 적어놓았다. Andreas Bähr, "Inhaltliche Erläuterungen zu Volkmar Happes Chronik aus dem Dreißigjährigen Krieg", http://www.mdsz.thulb.uni-jena.de/happe/quelle.php.; 니클라스 루만,

《열정으로서의 사랑》, 새물결, 2009, pp. 35~56.

40 Happe, *Chronicon Thuringiae*, Teil I, f 26r, 26v, 31v, 34r, 70v, 73r, 82v~85r, 120v, 126v~127r, 167r.

3장_ 경건주의 목사들의 형제애와 분노

1 John Theibault, "'da der denn mit traumutigen hertzen gesehen wie jämmerlich daß Dorf über die helfft in die Asche geleg.....' Die Erfahrung und Einordnung lokaler Kriegserfahrungen auf Amtsebene im Dreißighährigen Krieg" in Hans Medick, *Zwischen Alltag und Katastrophe*, p. 323.

2 Arthur Imhof, *Die verlorenen Welten. Alltagsbewältigung durch unsere Vorfahren und weshalb wir uns heute noch so schwer damit tun*, München, 1984, pp. 91~109.

3 Bernd Roeck, *Eine Stadt in Krieg und Frieden. Studien zur Geschichte der Reichsstadt Augsburg zwischen Kalenderstreit und Parität*, Göttingen, 1989.

4 Harald Tersch, "Gottes Ballspiel. Der Krieg in Selbstzeugnissen aus dem Umkreis des Kaiserhofes(1619~1650)" in Hans Medick, ed., *Zwischen Alltag und Katastrophe*, pp. 427~465.

5 Alan S. Ross, "Pupils' Choices and Social Mobility after the Thirty Years War: A Quantitative Study" in *Historical Journal*, vol. 57, 2014, pp. 311~341; Walter Scheidel, *Great Leveller. Violence and the History of Inequality from the Stone Age to the Twenty-first Century*, Princeton, 2017.

6 레디, 《감정의 항해》, pp. 224~226.

7 독일에서 칼뱅주의는 '개혁교회Reformierte Kirche'로 칭해지는데, 이는 그 교회의 기원이 츠빙글리로부터 시작되기에 딱히 칼뱅주의라고 칭하기가 곤란하기 때문이기도 하다. 독일 개혁파 교회는 츠빙글리로부터 영향을 받은 남부와 남서부 도시

들, 그리고 제네바에서 네덜란드로 넘어간 칼뱅의 교리를 수용한 저지 라인 지방이 중심이었고, 그 외에 17세기 후반에 신민들과 달리 루터파에서 칼뱅주의로 개종한 브란덴부르크-프로이센의 호엔촐레른 제후 가문이 중요했다. 이 책에서 추후 칼뱅주의 교회에 대한 언급이 없을 것이므로 17세기 중후반 두 교파의 차이점 딱 두 가지만 언급하기로 한다. 개혁파 교회는 아무나 성찬식에 들이지 않았다. 죄가 씻기지 않은 채 성찬식에 임했다가는 신의 분노를 사거나 악마의 유혹에 빠진다고 신자들 스스로가 두려워했다. 칼뱅주의 성직자들은 또한 부지런히 가정방문에 나서 신자들의 일상을 점검했다. Wiesener-Hanks, *Early Modern Europe*, p. 410; Douglas H. Shantz, *An Introduction to German Pietism. Protestant Renewal at the Dawn of Modern Germany*, Baltimore, 2013, pp. 45~47.

8 Martin Brecht, "Philipp Jakob Spener, sein Programm und dessen Auswirkungen" in M. Brecht, ed., *Der Pietismus vom siebzehnten bis zum frühen achtzehnten Jahrhundert*, Göttingen, 1993, pp. 281~389.

9 필립 슈페너 지음, 모수환 옮김, 《경건한 열망》, 크리스티안 다이제스트, 1992. 번역이란 아무리 뛰어나더라도 언제나 문제가 있는 법이다. 이 번역본을 필자는 1955년 독일어 판본(Philipp Jakob Spener, *Pia Desideria*, Berlin, 1955)과 비교하면서 읽었다. 독자들의 편의를 돕기 위해 인용은 번역본 페이지로 표시한다.

10 슈페너, 《경건한 열망》, pp. 56, 57, 76, 101, 102; Brecht, "Philipp Jakob Spener", pp. 295~301.

11 Brecht, "Philipp Jakob Spener", pp. 329~351.

12 슈페너, 《경건한 열망》, pp. 50, 52, 54, 57, 63; 김학이, 〈롤프 라이햐르트의 개념사〉, 박근갑 외, 《개념사의 지평과 전망》, 소화, 2015, pp. 157~163.

13 슈페너, 《경건한 열망》, pp. 39, 55, 56, 57, 63, 64, 66, 79, 80, 81, 84, 113.

14 아우구스트 헤르만 프랑케, 이성덕 옮김, 〈부록. 나의 회심에 관하여〉, 《니고데모. 인간에 대한 두려움에 대하여》, 생명의말씀사, 2004, pp. 154~182; Martin Brecht, "August Hermann Francke" in M. Brecht, ed., *Der Pietismus vom siebzehnten bis zum frühen achtzehnten Jahrhundert*, pp. 443~446.

[15] 슈페너, 《경건한 열망》, pp. 39, 62, 63, 65, 67, 71, 72, 93; 프랑케, 《니고데모》, pp. 114, 136~139.

[16] 슈페너, 《경건한 열망》, pp. 50~68, 63, 66, 78, 88; 프랑케, 《니고데모》, pp. 17, 91, 114, 150; Brecht, "August Hermann Francke", pp. 462, 463.

[17] Jonathan Srom, "Pietist Experiences and Narratives of Conversion" in Douglas H. Schantz, ed., *A Companion to German Pietism, 1660~1800*, London, 2014, pp. 293~318.

[18] Christian Fürchtegott Gellert, *Das Leben der schwedischen Gräfin von G.* Frankfurt/ M., 1979, pp. pp. 9, 10, 12, 15, 20, 25, 30, 31, 54~57, 89, 90; 조피 폰 라 로슈, 김미란 옮김, 《슈테른하임 아씨 이야기》, 시공사, 2012, pp. 19~40, 237, 238, 263, 267, 270, 271; Eckhardt Meyer-Krentler, *Bürger als Freund. Ein sozialethisches Programm und seine Kritik in der neueren deutschen Erzählliteratur*, Paderborn, 1984, pp. 20~32.

[19] 현실에서도 괴테와 라바터는 처음 만난 자리에서 눈물을 흘리며 서로를 얼싸안는 "사랑하는 형제"가 된다. 요한 볼프강 폰 괴테, 이인웅 옮김, 《젊은 베르테르의 슬픔》, 두레, 2008, pp. 76, 179.

[20] Johann Caspar Lavater, *Geheimes Tagebuch. Von einem Beobachter Seiner Selbst*, Frankfurt/M., 1771, pp. 12, 14~17, 20, 30, 35, 37, 48, 62~66, 67, 72, 98, 117, 138, 145~147, 153, 174, 175, 192~195, 222, 235, 236, 260. 일기를 수단으로 하여 내면을 감시하고 처벌하는 작업은 슈페너와 프랑케 시대의 경건주의자들이 수행했던 것이 아니다. 프랑케가 1720년대에 쓴 일기는 보존되어 있다. 프랑케는 일기에서 설교 주제, 방문객의 이름, 주고받은 편지의 상대, 교회와 고아원 운영의 내역 등을 아주 짧게 기록했다. 그의 일기는 내적인 성찰이 아니었던 것이다. 친첸도르프가 1730년대에 신앙촌에서 일기 쓰기를 독려한 것은 사실이다. 그러나 그가 쓴 일기는 프랑케와 다르지 않았다. 경건주의의 감정 통제는 초기에 주로 간증과 간행용 글을 통하여 진행되다가 18세기 중반을 넘으면서 일기를 매개로 삼게 되었고, 바로 그 시점에 라바터는 일기의 표준을 제시하고자 했던 것이다. Sibylle

Schönborn, *Das Buch der Seele: Tagebuchliteratur zwischen Aufklärung und Kunstperiode*, Kunstperiode, 1999, pp. 33~36.

21 설혜심, 《서양의 관상학. 그 긴 그림자》, 한길사, 2002, pp. 255~278; 임마누엘 칸트, 백종현 옮김, 《실용적 관점에서의 인간학》, 아카넷, 2014, pp. 376, 384; Johannes Caspar Lavater, *Physiognomische Fragmente, zur Beförderung der Menschenkenntniß und Menschenliebe*, Band III, Leipzig, 1777, p. 274.

22 Alfred Munz, *Philipp Matthäus Hahn. Pfarrer und Mechanikus*, Sigmaringen, 1999, p. 111.

23 Philipp Matthäus Hahn, *Die Kornwestheimer Tagebücher 1772~1777*, Berlin, 1979. 처음 6개월의 활동만을 센 것은 그다음 시기에 일기 내용이 소략해지기 때문이다. 그때 한은 너무 바빴고, 일기 내용도 자신의 신체 질환, 가족, 성직자들 간의 갈등으로 좁혀진다. 그래서 한 줄짜리 일기가 굉장히 많아진다.

24 Heinz D. Kittsteiner, *Die Entstehung des modernen Gewissens*, Frankfurt/M., 1991, pp. 71~80.

25 독일의 탁월한 역사가 루시앙 횔셔는 18세기 개신교 신앙을 논하는 가운데 신학과 계몽주의 철학의 '적대적 관계'를 언급조차 하지 않는다. 대신 그는 '계몽된' 신학자들과 목사들을 논한다. 그들은 원죄, 은총에 의한 의인화, 성찬식의 본질 등은 설교에서 피했고, 17세기 바로크적인 저승이 아니라 실천적 미덕과 신의 사랑에 강조점을 두었으며, 무엇보다도 칸트적인 의미에서의 개개인의 '성숙Mündigkeit'을 강조했다. 교회는 지상의 신적 질서에 대한 올바른 지식을 전달하는 기관으로서 세속 정부 및 사회와 내적으로 결합되어 있는 제도로 간주되었다. 하기야 할레대학에서 프랑케는 토마지우스와 협력했다. 그리고 목사들은 제후의 종무국에서만이 아니라 복지 행정과 교육 행정의 주체였다. 우리의 주인공인 한 역시 풍속법원에서 국가 관리와 함께 일했고, 빈민구호 문제를 놓고 공무원과 머리를 맞댔으며, 학교 사찰은 그의 고유 업무였다. 18세기에도 여전히 제후의 법령은 교회에서 낭독되었고, 한의 일기에는 제후의 법령이 교회의 일지에 기록된다고 적혀 있다. 다시 말해서 '계몽' 군주라는 몸체는 계몽주의 지식인과 목사가 함께 구성하고 있었

던 것이다. 목사 가문 자체가 새로운 부르주아 엘리트의 산실이었다. 횔셔는 단언한다. 계몽주의 시대인 18세기의 목사들은 그 시기에 신자들의 경건성이 진보하고 있다고 믿었으며, 그때의 교회를 성스러운 "신비"가 제거된 일탈과 오류로 단정한 사람들은 19세기의 교회개혁가들이다. Lucian Hölscher, *Geschichte der protestantischen Frömmigkeit*, München, 2005, pp. 100~102, 116, 119, 126, 134, 135.

26 Hahn, *Die Kornwestheimer Tagebücher*, pp. 45, 46, 47, 53, 62, 66, 80, 86, 88, 101, 102, 105, 107, 112, 119, 120, 164, 165, 205, 232, 233, 240, 241, 249, 337, 368, 369. 김학이, 〈18세기 독일의 계몽적 자아와 공포 감정 – 두 개의 멜랑콜리 텍스트 –〉, 《역사교육》 제152집(2019), pp. 409–444.

27 Hahn, *Die Kornwestheimer Tagebücher*, pp. 55, 60, 61, 76, 105, 123, 124, 132, 156, 167, 168, 172, 208, 209, 256, 257, 269, 292~294, 325~338, 344, 345, 435.

28 앞의 책, pp. 47, 92, 63, 89, 98, 99, 105, 114, 146, 120~125, 131, 132, 160, 167, 223, 249, 288, 311, 344, 457.

29 로버트 단턴, 조한욱 옮김, 《고양이 대학살》, 문학과지성사, 1996, pp. 112~152.

30 "Internationaler Pietismuskongress 2018. Teil I, II," in https://www.hsozkult.de/conferencereport/id/fdkn–126676, 126677; Grischka Grauert, „*Die Kunst, in Zorn zu geraten.*" *Darstellungsweisen einer Emotion in ausgewählten Dramen des 17. und 18. Jahrhunderts*, Bonn, Diss., 2017.

31 근대 초 감정문화에 대한 가장 예리한 분석은 1977년에 출간된 앨버트 허시먼 Albert O. Hirschman의 것이다. 그는 근대 초 주요 사상가들의 발언에서 경제적 이해관계에 대한 관심이 격정을 제압할 수 있다는 발상을 발굴했다. 그것은 탁월한 통찰이기는 하지만 당대 부르주아에게 일괄적으로 적용할 수는 없는 것 같다. 한은 영리활동도 겸했던 부르주아 목사였지만, 경제적 이해관계에 대한 관심은 그의 감정을 순화시키기는커녕 악화시켰고, 다른 계층과도 불화를 일으켰다. 앞서 언급한 겔레르트와 라 로슈의 소설에서도 경제는 주변적이다. 두 소설은 오히려 경제적 이해관계가 이기심을 부추겨 도덕감정을 손상시킬까 염려한다. Linda A. Pollock, "Anger and the Negotiation of Relationships in Early Modern England" in *The*

Historical Journal, vol. 47, 2004, pp. 567~590; 앨버트 O. 허시먼, 노정태 옮김, 《정념과 이해관계》, 후마니타스, 2020.

32 한은 새 아내와 첫날밤을 지낸 뒤 그녀의 "정직성과 순결"에 흡족해하면서도 몸이 풍만하지 않은 것을 유감스러워 했다. 그날도 한은 일을 했다. 출판 원고 교정 작업을 했다. Hahn, *Die Kornwestheimer Tagebücher*, pp. 76, 87, 95, 116, 137, 138, 143, 232, 233, 332~346, 355, 362~368, 378~382, 390, 391, 449.

33 윌리엄 레디, 《감정의 항해》, pp. 215~301.

4장 _ 세계 기업 지멘스의 감정

1 Christina von Hodenberg, "Der Fluch des Geldsacks. Der Aufstieg des Indsutriellen als Herausforderung bürgerlicher Werte" in Manfred Hettling, ed., *Der bürgerliche Himmel. Innenansichten des 19. Jahrhunderts*, Göttingen, 2000, pp. 83~103.

2 안병직, 〈독일제국(Kaiserreich: 1871~1918), 어떻게 이해할 것인가?〉, 《이화사학》 제27집, 2000, pp. 81~99; 김건우, 나인호, 〈19세기 독일 산업의 창조적 기업가 – 베르너 폰 지멘스Werner von Siemens의 기업정신과 경영방식 –〉, 《서양사학연구》 제26집, 2012, pp. 83~109.

3 Johannes Bähr, *Werner von Siemens*, München, 2016, pp. 17, 26, 36, 37, 43~49, 56, 60, 83, 84, 86; Werner von Siemens, *Lebenserinnerungen*, München, 2016, pp. 15~18.

4 Bähr, *Werner von Siemens*, pp. 63~79; Siemens, *Lebenserinnerungen*, p. 22; Werner Siemens an Wilhelm Siemens, 1883. 12. 22. in Friedrich Heintzenberg, ed., *Aus einem reichen Leben. Werner von Siemens in Briefen an seine Familie und an Freunde*, Stuttgart, 1953, p. 320.

5 Bähr, *Werner von Siemens*, pp. 91~113; Jürgen Kocka, *Unternehmenverwaltung und*

Angestelltenschaft am Beispiel Siemens 1847~1914, Stuttgart, 1969, p. 65.

6 Werner an Wilhelm, 1847. 1. 4., 1847. 8. 25., 1847. 9. 15. in Heintzenberg, ed., *Aus einem reichen Leben*, pp. 28, 31, 33; Jürgen Kocka, *Unternehmer in der deutschen Indsutrialisierung*, Göttingen, 1975, pp. 43~48, 67; Friedrich Zunkel, *Der rheinisch-westfälische Unternehmer 1834~1879*, Wiesbaden, 1962, pp. 15~22.

7 Bähr, *Werner von Siemens*, p. 167, 174~185; Siemens, *Lebenserinnerungen*, pp. 114, 115; Kocka, *Unternehmemsverwaltung*, pp. 60, 119.

8 Michael Schäfer, "Unternehmen und Familie. Zur Genese von Familienunterhemen im Industriezeitalter: Sachsen 1850~1940" in *Jahrbuch für Wirtschaftsgeschichte*, vol. 49, 2008, pp. 197~214.

9 피터 게이, 고유경 옮김, 《부르주아 전. 문학의 프로이트, 슈니츨러의 삶을 통해 본 부르주아 계급의 전기》, 서해문집, 2005, pp. 60, 61.

10 첨언하자면, 필자는 베르너 지멘스의 세계가 가족으로 구성되어 있었다는 판단을 내린 뒤에 마르크스가 왜 1848년 초에 발표한 공산당선언에서 거의 2페이지에 걸쳐서 부르주아 가족을 논하였는지, 1848년 12월에 발표된 프랑스 제2공화국의 헌법 전문에서 노동, 소유권, 공공질서 외에 왜 가족이 공화국의 기반으로 제시되었는지 깨달을 수 있었다. Werner an Mathilde Drumann, 1847. 1. 12., 1852. 1. 20., Werner an Mathilde Himly, 1840. 12. 20, Werner an Mathilde, 1852. 8. 4., Werner an Carl, 1868. 7. 18. in Heintzenberg, ed., *Aus einem reichen Leben*. pp. 11, 12, 28, 50, 51, 73, 219; Werner an Wilhelm, 1847. 11. 29., Werner an Carl, 1863. 11. 4., in: Conrad Matschoss, ed., *Werner Siemens. Ein kurzgefaßtes Lebensbild nebst einer Auswahl seiner Briefe*, vol. 2, Berlin, 1916, pp. 49, 218; Siemens, *Lebenserinnerungen*, pp. 289~295.

11 David W. Sabean, "Kinship and Class Dynamics in Nineteenth-Century Europe" in D. Sabean, ed., *Kinship in Europe. Approaches in long-term Development (1300~1900)*, New York, 2007, pp. 301~313; "German International Families in the Nineteenth Century. The Siemens Family as a Thought Experiment" in D. Sabean,

ed., *Transregional and Trnasnational Families in Europe and Beyonds*, New York, 2011, pp. 229~252.

[12] Treue(loyalty)를 충성으로 번역하는 데 고민이 많았다. 충성은 유교적 개념이기 때문이다. 서양의 충성 개념에는 위계적 관계 외에 평등적 관계가 내포된다. 그러나 대안이 없었다. Werner an Wilhelm, 1846. 1. 3., Werner an Mathilde, 1852. 1. 21., 1852. 1. 22., 1852. 2. 4., 1852. 2. 14., 1853. 7. 8., 1854. 3. 5., 1854. 7. 14., Werner an Carl, 1855. 11. 10., 1856. 9. 23., 1856. 11. 3., 1857. 12. 21., Werner an Friedrich von Hefner-Alteneck, 1877. 7. 5. in Heintzenberg, ed., *Aus einem reichen Leben*, pp. 22, 26, 51~56, 82, 87, 93, 113, 123, 134, 257~262, 289~292; Siemens, *Lebenserinnerungen*, p. 95.

[13] Kocka, *Unternehmemsverwaltung*, pp. 101~105.

[14] Luc Boltanski and Ève Chiappelo, *The New Spirit of Capitalism*, New York, 2007, pp. 1~54.

[15] Werner an Carl, 1868. 7. 18., Werner an Siemens Brothers, 1872. 12. 1. in Heintzenberg, ed., *Aus einem reichen Leben*, pp. 249, 250; Werner an Major von Stülpnagel, 1875. 12. 19. in Matschoss, ed., *Werner Siemens*, p. 482.

[16] 저명한 프랑스 역사가 조르주 뒤비의 《부빈의 일요일》 전투 연구를 보면, 13세기 초 프랑스 왕의 기록관은 숙식과 사냥과 마상 창시합을 국왕과 늘 함께하는 기사가 아닌 봉신 기사들은 아예 언급조차 하지 않는다. 그들은 감정적으로 먼 존재였던 것이다. Ute Frevert, *Vertrauensfrage. Eine Obsession der Moderne*, München, 2013, pp. 29~43, 60~65, 150~159; Nikolaus Buschmann, ed., *Treue. Politische Loyalität und militärische Gefolgschaft in der Moderne*, Göttingen, 2008, pp. 11~35; Georg Simmel, *Soziologie. Untersuchungen über die Formen der Vergesellschaftung*, Berlin, 1908, pp. 454~459; 조르주 뒤비, 《부빈의 일요일》, 동문선, 2002.

[17] Werner an Wilhelm, 1845. 4. 2., 1877. 2. 3., Werner an Mathilde, 1852. 9. 15., 1854. 3. 20., 1864. 7. 24., 1874. 6. 30., 1874. 6. 30., Werner an Arnold, 1867. 11. 19., Werner an Söhne, 1868. 7. 16. in Heintzenberg, ed., *Aus einem reichen Le-*

ben, pp. 19, 35~43, 75, 88, 123, 173, 199, 216, 218, 230, 287, Werner an Carl, 1854. 11. 22., 1857. 12. 21. in Matschoss, ed., *Werner Siemens*, pp. 108, 125, 126; Siemens, *Lebenserinnerungen*, pp. 2, 45, 109, 189, 196~298.

18 Ute Frevert, *Emotions in History–Lost and Found*, New York, 2011, pp. 40~65; Bähr, *Werner von Siemens*, pp. 46, 47, 68, 69.

19 Werner an Antonie, 1869. 6. 5., 1869. 7. 7., Werner an Wilhlem, 1869. 8. 12. in Heintzenberg, ed., *Aus einem reichen Leben*. pp. 230, 231, 236, 287.

20 미국 독립선언서에 행복추구권이 적시된 이유는 행복과 공화적 미덕의 관련성 때문이었고, 개인의 사적인 행복을 정치의 기준으로 삼은 공리주의가 영국에서 압도적으로 된 때는 프랑스혁명 이후였다. Carli N. Conklin, "The Origins of the Pursuit of Hapiness" in *Washington University Jurisprudence Review*, vol. 7, 2015, pp. 195~255; Eckart Pankoke, "Modernität des Glücks zwischen Spätaufklärung und Frühsozialismus" in Alfred Bellebaum, ed., *Glücksvorstellungen–Ein Rückgriff in die Geschichte der Soziologie*, Opladen, 1997, pp. 75~105.

21 Christoph Demmering, *Philosophie der Gefühle. Von Achtung bis Zorn*, Stuttgart, 2007, pp. 111~125; 대린 맥마흔, 윤인숙 옮김, 《행복의 역사》, 살림, 2008.

22 Werner von Siemens, *Lebenserinnerungen*, pp. 12, 21, 22, 24, 26, 28, 42, 48, 57, 60, 62, 101, 128, 140, 151, 154, 165, 168, 212, 243. 244, 248, 249, 256, 289, 294.

23 Matina Kessel, *Langeweile. Zum Umgang mit Zeit und Gefühlen in Deutschland vom späten 18. bis zum frühen 20. Jahrhundert*, Göttingen, 2001, pp. 193–238; Eva Ochs, *Beruf als Berufung? Die Work-Life-Balance bürgerlicher Männer im 19. Jahrhundert*, St. Ingbert, 2020, pp. 383~387.

24 Werner an Mathilde, 1854. 11. 11., 1854. 11. 22., 1861. 7. 27., Werner an Carl, 1864. 4. 6., Werner an Antoine, 1869. 7. 7., 1880. 2. 20., Werner an Wilhelm, 1846. 12. 13,, Werner an Wilhelm, 1873. 1. 27., 1877. 2. 3. in Heintzenberg, ed., *Aus einem reichen Leben*, pp. 26, 95~97, 179, 197, 198, 236, 252, 253, 264, 288;

Wenrner an Carl, 1857. 10. 2., 1864. 2. 29. in Matschoss, ed., *Werner Siemens*, pp. 124, 223; Joachim Radkau, *Zeitalter der Nervosität. Deutschland zwischen Bismarck und Hitler*, München, 2000, pp. 49~76; Eva Ochs, "Zwischen Pflicht und Neigung. Arbeitsethos und Nachfolgefrage in Familienunternehmen im 19. Jahrhundert am Beispiel der Unternehmerfamilie Siemens," in: *Bios*, vol. 27, 2014, p. 226.

25 Kocka, *Unternehmensverwaltung*, pp. 203, 207, 211~214, 218, 221~227, 324, 337, 351~359; Sabine Donauer, *Emotions at Work-Working on Emotions: The Production of Economic Selves in Twentieth-Century Germany*, Diss., Freie Universität Berlin, 2013, pp. 65~67.

26 레벤슈타인의 설문 작업은 1907년부터 1911년까지 무려 4년간 진행되었고, 그 소식이 '사회정책협회'의 지식인들에게 전해졌다. 특히 막스 베버는 레벤슈타인의 아마추어적인 작업 방식에 대단히 비판적이었다. 레벤슈타인의 책을 읽어보면 실제로 문제점이 많다. 업종을 직물, 탄광, 기계산업으로 한정했을 뿐만 아니라 노동자의 성별도, 근무 연한도, 숙련성도 묻지 않았다. 그 책은 여러 가지 영감을 주기는 하지만 체계적인 지식을 얻기에는 부족하다. Adolf Levenstein, *Arbeiterfrage. Mit besonderer Berücksichtigung der sozialpsychologischen Seite des modernen Großbetriebs und psychophysischen Einwirkungen auf die Arbeiter*, München, 1911, pp. 2~13, 49, 404, 405.

27 빌리 헬파흐는 의학과 정신의학 두 분야에서 박사학위를 받은 인물로서 바이마르 공화국에서 바덴주州 대통령이 된다. Heinrich Herkner, *Die Bedeutung der Arbeitsfreude in der Theorie und Praxis der Nationalökonomie*, Dresden, 1905; Joan Campbell, *Joy in Work, German Work. The National Debate, 1800~1945*, Princeton, 1989, pp. 53, 54, 83, 84, 89, 90; Donauer, *Emotions at Work*, pp. 47~57.

28 Gustav von Schmoller, *Grudriß der Allgemeinen Volkswirtschaftslehre*, Bd. I, Leipzig, 1900, pp. 365, 367.

29 뮌스터베르크는 1892년에 윌리엄 제임스의 초청으로 하버드대학으로 옮겼고 1910~1911년에 교환교수로 베를린대학에 머물렀다. Hugo Münsterberg, *Arbeit*

und Ermüdung, Leipzig, 1917, pp. 5~11.

30 1890년대 중반 노동하는 인간과 노동의 관계에 대한 학문적 논의에 '노동과학'이 란 명칭이 부여되었다. 프랑스어 'science du travail'의 번역어였던 그 개념에는 노 동사회학, 노동생리학, 노동경제학, 노동심리학, 노동교육학 등이 포괄되었다.

5장__ 일상의 나치즘, 그래서 역사란 무엇인가

1 Rüdiger Hachtmann, "Wie stand 'der deutsche Arbeiter' zu Hitler? Empirische Anmerkungen zu vorschnellen Urteilen, zugleich ein Plädoyer für eine differenzierte politische Sozialgeschichte" in Frank Becker, ed., *Industrielle Arbeitswelt und Nationalsozialismus. Der Betrieb als Laboratorium der "Volksgemeinschaft" 1920~1960*, Essen, 2020, pp. 61~95.

2 Janosch Steuwer, *"Ein Drittes Reich, wie ich es auffasse."* Politik, Gesellschaft und *privates Leben in Tagebüchern 1933~1939*, Göttingen, 2017.

3 앞의 책, pp. 454~492.

4 김학이, 《나치즘과 동성애》, 문학과지성사, 2013, pp. 436~443.

5 Steuwer, *"Ein Drittes Reich"*, pp. 532~539.

6 앞의 책, pp. 279~306.

7 Moritz Föllmer, *Individuality and Modernity in Berlin. Self and Society from Weimar to the Wall*, New York, 2011, pp. 105, 106; Steuwer, *"Ein Drittes Reich"*, p. 529.

8 Steuwer, *"Ein Drittes Reich"*, pp. 146, 152, 480

9 Julia Timpe, *Nazi-Organized Recreation and Entertainment in the Third Reich*, London, 2017, pp. 121, 123, 130.

10 알프 뤼트케, 이유재 엮음, 송충기 옮김, 《알프 뤼트케의 일상사 연구와 '아집 Eigensinn'》, 역사비평사, 2020, pp. 228~270, 293~295.

[11] Alf Lüdtke, "'Ehre der Arbeit.' Industriearbeiter und Macht der Symbole. Zur Reichweite symbolischer Orientierungen im Nationalsozialismus" in Klaus Tenfelde, ed., *Arbeiter im 20. Jahrhundert*, Stuttgart, 1991, pp. 17~19, 343~392.

[12] 나치 노동 행정에 대한 훌륭한 연구를 제출한 바 있는 독일의 소장 역사가 죄렌 에덴은 2020년의 논문에서 뤼트케의 입론에 대하여 다음과 같이 비판했다. "뤼트케는 자신의 연구 방법을 나치 지배 시대에 경험적으로 충분히 적용시킨 적이 없다.⋯⋯노동의 역사에 대한 연구에서 뤼트케에 대한 참조 없이 진행되지 않은 연구는 없지만, 뤼트케의 제안들을 자신의 연구에 통합시킨 연구 또한 없다. 이는 뤼트케가 그의 혁신적 발상을 (실제 연구에 합당하도록) 작동화시키지 못한 탓이다.⋯⋯ 그는 오히려 파편적인 스케치에 그쳤다." Sören Eden and Torben Möbius, "Der Ort der 'Betriebsgemeinschaft' in der deutschen Gesellschaft 1933~1945. Neue Perspektiven auf die nationalsozialistische 'Ordnung der Arbeit'" in Frank Becker, ed., *Industrielle Arbeitswelt*, pp. 33, 34.

[13] Peter Fritzsche, "The Management of Empathy in the Third Reich" in Aleida Assmann, ed., *Empathy and its Limits*, New York, 2016, pp. 115~127.

[14] Richard Evans, "Coercion and Consent in Nazi Germany" in *Proceedings of British Academy*, 151, 2007, pp. 53~81.

[15] Christopher Browning, *Ordinary Men. Reserve Police Battalion 101 and the Final Solution in Poland*, New York, 1992; Daniel Goldhagen, *Hitler's Willing Executioners: Ordinary Germans and The Holocaust*, New York, 1996.

[16] Michael Wildt, ed., *Volksgemeinschaft. Neue Forschungen zur Gesellschaft des Nationalsozialismsus*, Frankfurt/M., 2009, pp. 9, 10.

[17] Hartmut Berghoff, "Methoden der Verbrauchslenkung im Nationalszialismus. Konsumpolitische Normsetzung zwischen totalitärem Anspruch und widerspenstiger Praxis" in Dieter Gosewinkel, ed., *Wirtschaftskontrolle und Recht in der nationalsozialistischen Diktatur*, Frankfurt/M., 2005, pp. 281~316.

[18] 김건우, 〈니클라스 루만의 사회학적 계몽과 차이의 사회학: 체계이론의 사회학적

이념과 사회적 체계의 자기계몽〉,《사회와 이론》제37집, 2020년, pp. 39~98.

[19] 평생 바이마르와 나치 독일의 기업사 연구에 진력한 정말 대단한 역사가인 제럴드 펠드먼은 독일 최대의 보험회사 알리안츠 보험에 대한 죽기 직전 마지막 연구에서 그 기업의 나치화에 대하여 썼다. "전체적으로 보아 알리안츠 내의 확신에 찬 나치의 수는 회사의 동료들이 올바른 '정신'과 올바른 '태도'를 드러내보이도록 보장했던 것으로 보인다." 여기서 '올바른'이란 외적으로 과시되는 '정치적 정확함'이다. 이는 그 사람의 속내는 역사가가 판정할 수 없다는 뜻인 동시에 나치즘에서 정작 중요했던 것은 그 '외적인 태도'였다는 것이다. 펠드먼의 결론은 모호하지만 그 모호함이 나치 독일에 대한 것이기에 정확하다. Gerald Feldman, *Die Allianz und die deutsche Versicherungsgesellschaft 1933~1945*, München, 2001, p. 152; Pamela E. Sweet, "Selling Sexual Pleasure in 1930s Germany" in P. Sweet, ed., *Pleasure and Power in Nazi Germany*, New York, 2011, pp. 39~66.

[20] Konrad Jarausch, *Deutsche Studenten 1800~1970*, Frankfurt/M., 1984, pp. 177~178; Richard J. Evans, *The Third Reich in Power*, New York, 2005, pp. 291~320.

[21] Hubert Orłowski, ed., *"Erschießen will ich nicht!" Als Offizier und Christ im Totalen Krieg. Das Kriegstagebuch des Dr. August Töpperwien*, Düsseldorf, 2006.

[22] Nicholas Stargardt, *The German War. A Nation under Arms, 1939~45*, London, 2016, pp. 4, 33, 258; Stargardt, "The Troubled Patriot: German Innerlichkeit in World War II" in *German History*, vol. 28, 2010, pp. 326~342.

6장__ 나치 독일의 '노동의 기쁨'

[1] '심리공학Psychotechnik'이라는 용어는 추후 정치철학자 한나 아렌트의 시아버지가 되는 독일 최초의 응용심리학자 윌리엄 슈테른William Stern이 1903년에 고안했다.

Siegfried Jaeger, "Die Psychotechnik und ihre gesellschaftlichen Entwicklungsbedingungen" in Francois Stoll, ed., *Die Psychologie des 20. Jahrhundert*, vol. 13, Zürich, 1981, pp. 53~94; Ulfried Geuter, *Die Professionalisierung der deutschen Psychologie im Nationalsozialismus*, Frankfurt/M., 1984, pp. 89, 90, 221.

2 테일러주의는 독일에서 1903년에 독일기술인협회가 테일러Frederick Winslow Taylor의 방식에 따라 임금률을 정하자고 제안하면서 처음으로 알려졌고, 테일러의 주저인《과학경영의 원칙들》도 영어판 출간 이듬해인 1912년에 독일어로 번역되었다. Heidrun Homburg, "The 'human factor' and the limits of rationalization. Personnel–management strategies and the rationalization movement in German Industry between the wars" in Steven Tolliday, ed., *The Power to manage?*, London, 1991, pp. 147~175.

3 Rüdiger Hachtmann, "Industriearbeiterschaft und Rationalisierung 1900~1945. Bemerkungen zum Forschungsstand" in *Jahrbuch für Wirtschaftsgeschichte*, vol. 37, 1996, pp. 211~258; J. Ronald Shearer, "Talking about Efficiency: Politics and the Industrial Rationalization Movement in the Weimar Republic" in *Central European History*, vol. 28, 1995, pp. 483~506.

4 Joan Campbell, *Joy in Work*, pp. 131~212.

5 미국의 역사가 윌리엄 앨런은 이미 고전이 된 1965년의 연구에서 노르트하임의 중년 여성들이 대공황기 나치즘을 애국청년들로 경험했다는 점을 강조했다. William Sheridan Allen, *The Nazi Seizure of Power. The Experience of a Single German Town, 1922~1945*, New York, 1965.

6 Otto Biener, "Das Arbeitserlebnis und seine Wandlungen" in Johannes Riedel, ed., *Arbeitskunde. Grundlagen, Bedingungen und Ziele der wirtschaftlichen Arbeit*, Berlin, 1925, pp. 28~40.

7 Johannes Riedel, "Arbeitsmittel", "Wissenschaftliche Betriebsführung" in J. Riedel, *Arbeitskunde*, pp. 107~109, 184~200.

8 Campbell, *Joy in Work*, pp. 68~72.

⁹ 이진일, 〈사회적 기업정책으로서의 노동자 교육-독일 기술연구소(Dinta)의 노동자 교육정책을 중심으로-〉,《독일연구》제6호, 2003, pp. 101~132.

¹⁰ 딘타의 교육은 문화활동에 의해 뒷받침되었다. 수련생들은 직업학교에는 부르주아처럼 양복을 입고 넥타이를 매고 가고, 그곳에서 정치와 국민경제도 학습하며, 연극의 밤과 음악의 밤과 영화의 밤의 준비와 공연에 적극적으로 참여하고, 부모님을 초대하여 함께 즐김으로써 공장과 학교와 가정이 하나라는 점을 깨달아야 했다. Carl Arnhold, "Ausbildung und Schulung von Arbeitern in Großbetrieben" in Karl Dunkmann, ed., *Die menschliche Arbeitskraft, im Produktionsvorgang*, Düsseldorf, 1925, pp. 12~23.

¹¹ Carl Arnhold, "Industrielle Führerschaft im Sinne des Deutschen Instituts für technische Arbeitsschulung(DINTA)" in Goetz Briefs, ed., *Probleme der sozialen Betriebspolitik*, Berlin, 1930, pp. 11~17.

¹² Hendrik de Man, *Der Kampf um die Arbeitsfreude*, Leipzig, 1927, pp. 145~147.

¹³ Carl Arnhold, *Umrisse einer deutschen Betriebslehre. Betrachtung über das Verhältnis zwischen Mensch und Arbeit, über organische Betriebsgestaltung, sowie über die Kunst betrieblicher Führung und Führerpersönlichkeit*, Leipzig, 1936, pp. 7, 8, 10, 12, 14, 15, 17, 27, 30~32, 37, 55.

¹⁴ *Gesetz zur Ordnung der nationalen Arbeit* (20. 1. 1934) in http://www. documentarchiv.de.

¹⁵ Rüdiger Hachtmann, "Wiederbelebung von Tarifpartein oder Militarisierung der Arbeit" in Klaus C. Führer, ed., *Tarfibeziegungen und Tarifpolitik in Deutschland im historischen Wandel*, Bonn, 2004, pp. 114~140.

¹⁶ Stefan Kühl, *Ganz normale Organisation. Zur Soziologie des Holocaust*, Berlin, 2014; Sören Eden, *Die Verwaltung einer Utopie. Die Treuhänder der Arbeit zwischen Betriebs- und Volksgemeinschaft 1933~1945*, Göttingen, 2020, pp. 25~30.

¹⁷ Rüdiger Hachtmann, *Industriearbeit im 'Dritten Reich'*, Göttingen, 1989, p. 61.

¹⁸ 여타 공장도 비슷했다. 지멘스 전기모터 소형제품 공장은 생산비를 절감하기 위해

일부 공정을 지방으로 이전했는데, 베를린 고부가가치 공정에서 더 이상 사용하지 않는 기계와 작업 도구를 그곳에 배치한 뒤 인근의 농민들과 청소년 및 여성들을 교육하여 투입했다. Tilla Siegel, *Industrielle Rationalisierung unter dem Nationalsozialismus*, Frankfurt/M., 1991, pp. 330~364; 송충기, 〈양차 세계대전 사이의 독일 노동시장 구조와 대기업 – 루르 철강산업의 내부 노동시장 형성을 중심으로-〉, 《경제사학》 제32집, 2002, pp. 193~223.

[19] Thomas Welskopp, "Sons of Vulcan. Indusrial Relations and Attitudes toward Work among German and American Iron- and Steelworkers in the Twentieth Century" in Christoph Conrad, ed., *Bodies and Affects in Market Society*, Tübingen, 2016, pp. 23~39; De Man, *Der Kampf um die Arbeitsfreude*, pp. 261~265; Siegel, *Industrielle Rationalisierung*, p. 419.

[20] Stephan H. Lindner, *Hoechst: ein IG. Farbenwerk im Dritten Reich*, München, 2005, pp. 114~158.

[21] Arnhold, *Umrisse einer deutschen Betriebslehre*, pp. 53~55.

[22] Gudrun Brockhaus, *Schauder und Idylle. Faschismus als Erlebnisangebot*, München, 1997.

[23] Carl Arnhold, *Der Betriebsführer und sein Betrieb. Gedanken zum nationalsozialistischen Musterbetrieb*, Leipzig, 1937, pp. 12, 28, 31, 37,44, 50.

[24] Carl Arnhold, *Psychische Kräfte im Dienste der Berufserziehung und Leistungssteigerung*, Berlin, 1940, pp. 47~53.

[25] Fritz Giese, *Philosophie der Arbeit*, Halle, 1932, p. 285; Johannes Riedel, *Betriebsführung*, Leipzig, 1934, pp. 71~74.

[26] 윙거는 신분도 재산도 교육도 무관하게 '생'을 제대로 구현하는 인간이 사회적 위계의 꼭대기에 자리 잡는다고 강조했다. 김학이, 〈에른스트 윙거의 1차 대전 일기와 '노동자' – 공포 감정과 주체의 팽창-〉, 《독일연구》 제51집, 2022, pp. 5~58.

[27] Siemens-Studien-Gesellschaft für praktische Psychologie, *Menschenkenntnis und Menschenbehandlung*, Bad Homburg, 1934, pp. 11, 303, 304.

[28] Siemens—Studien—Gesellschaft für praktische Psychologie, *Lebenserfolg*, 33. Jahrgang. Heft Januar bis Dezember, Bad Homburg, 1937.

[29] Robert Ley, *Soldaten der Arbeit*, München, 1938, p. 15, 79, 85, 201, 215.

[30] David Schoenbaum, *Hitler's Social Revoluton*, New York, 1966, p. 286.

[31] Rüdiger Hachtmann, "Die rechtliche Regelung der Arbeitsbeziehungen im Dritten Reich" in Dieter Gosewinkel, ed., *Wirtschaftskontrolle und Recht in der nationalsozialistischen Diktatur. Das Europa der Diktatur*, Frankfurt/M., 2005, pp. 144, 145.

[32] Margret R. I. Bootz, *Die Hamburger Rechtssprechung zum Arbeitsrecht im Nationalsozialismus bis zum 2. Weltkrieg*, Frankfurt/M., 2012, pp. 47~63, 66~79.

[33] Martin Frese, *Betriebspolitik im "Dritten Reich." Deutsche Arbeitsfront, Unternehmer und Staatsbürokriatie in der westdeutschen Großindustrie 1933~1939*, Paderborn, 1991, pp. 138, 139; Tilla Siegel, *Leistung und Lohn in der nationalsozialistischen "Ordnung der Arbeit"*, Opladen, 1989, pp. 46, 47.

[34] Bootz, *Die Hamburger Rechtssprechung*, pp. 143~150; Siegel, Leistung, p. 47.

[35] Ley, *Soldaten der Arbeit*, pp. 66, 79, 126; Karl Peppler, "Vorwort"; Heinz Marr, "Die Industriearbeit" in Karl Peppler, ed., *Die Deutsche Arbeitskunde*, Leipzig, 1940, pp. 2, 132, 133.

7장＿ 나치 독일의 '독서의 기쁨'

[1] Werner Abelshauser, "Germany: guns, butter, and economic miracles" in Mark Harrison, ed., *The Economics of World War II. Six Great Powers in international Comparison*, Cambridge, 1998, pp. 122~176; Götz Aly, *Rasse und Klasse. Nachforschungen zum deutschen Wesen*, Frankfurt/M., 2003.

[2] Richard Grunberger, *The 12-Year Reich. A Social History of Nazi Germany 1933~1945*, New York, 1971, pp. 222~239; Hartmut Berghoff, "Methoden der Verbrauchslenkung im Nationalsozialismus. Konsumpolitische Normensetzung zwischen totalitärem Anspruch und widerspenstiger Praxis" in Dieter Gosewinkel, ed., *Wirtschaftskontrolle und Recht in der nationalsozialistischer Diktatur*, Frankfurt/M., 2005, pp. 281~316.

[3] Jörg Baten, "Mangelerscheinung, Krankheit und Sterblichkeit im NS-Wirtschaftsaufsc hwung(1933~1937)" in *Jahrbuch für Wirtschaftsgeschichte*, vol. 44, 2003, pp. 99~123; André Steiner, "Zur Neueinschätzung des Lebenshaltungskostenindex für die Vorkriegszeit des Nationalsozialismus" in *Jahrbuch für Wirtschaftsgeschichte*, vol. 46, 2005, pp. 129~152; Mark Spoerer, "Demontage eines Mythos? Zu der Kontroverse über das nationalsozialistische 'Wirtschaftswunder'" in *Geschichte und Gesellschaft*, vol. 31, 2005, pp. 415~438.

[4] Michael Geyer, "In Pursuit of Happiness: Consumption, Mass Culture, and Consumerism" in Konrad H. Jarausch, *Shattered Past*, Princeton, 2003, pp. 269~316.

[5] Carola Sachse, *Siemens, der Nationalsozialismus und die moderne Familie*, Hamburg, 1990, p. 200.

[6] 정현백, 〈문화운동 속에 나타난 노동자의 얼굴: 1890~1914년의 독일자유민중극단 운동에 나타난 노동자의 문화적 취향과 연극감상태도에 관한 연구〉, 《한국사회연구》 제4집, 1985, pp. 65~80.

[7] G. Müller-Gaisberg, *Volk nach der Arbeit*, Leipzig, 1936; Konrad Dussel, *Ein Neues, Ein Heroisches Theater? Nationalsozialistische Theaterpolitik und ihre Auswirkungen*, Bonn, 1988, p. 135; Sachse, *Siemens*, p. 200.

[8] Otto Marrenbach, *Fundamente des Sieges. Die Gesamtarbeit der Deutschen Arbeitsfront von 1933 bis 1940*, Berlin, 1940, pp. 334, 335, 342, 343, 350.

[9] Hartmut Berghoff, "Gefälligkeitsdiktatur oder Tyrannei des Mangels? Neue

Kontroversen zur Konsumgeschichte des Nationalsozialismus" in *Geschichte in Wissenschaft und Unterricht*, vol. 59, 2007, pp. 502~518; Andrea Naica–Loebell, "Das totale Kino. Die Arbeit der Gaufilmstellen der NSDAP und die Jugendfilmstunde, konkretisiert am Beispiel München–Oberbayern" in Michael Schaudig, ed., *Positionen deutscher Filmgeschichte*, München, 1996, pp. 179~196.

[10] Ley, *Soldaten der Arbeit*, pp. 78, 79.

[11] Anson Rabinbach, *Staging the Third Reich. Essays in Cultural and Intellectual History*, New York, 2020, pp. 60~62.

[12] 작가들 이름의 알파벳은 Hans Friedrich Blunck; Felix Dahn; Warwick Deeping; Paul C. Ettighoffer; Horste Wolfram Geissler; Thor Goote; Hans Grimm; Trygve Gulbranssen; Erwin Guido Kolbenheyer; Polly Maria Höfler; Theodor Kröger; August–Heinz Lehmann; Karl May; Margaret Mitchell; Fritz Müller–Partenkirchen; Gustav Renker; Felicitas Rose; Karl A. Schenzinger; Gustav Schröder; Ina Seidel; William von Simpson; Heinrich Spoerl; Kuni Tremel–Eggert; Will Vesper; Ernst Zahn; Hans Zöberlein. Tobias Schneider, "Bestseller im Dritten Reich. Ermittlung und Analyse der meistverkauften Romane in Deutschland 1933~1944" in *Vierteljahrshefte für Zeitgeschichte*, vol. 52, 2004, pp. 80~86.

[13] '민족 우익' 계열이란 나치 집권 즈음에 나치즘과 동맹하였으면서도 독자적인 정체성은 유지하던 소위 게르만 민족주의 지식인들을 칭한다. 그들은 대중적이었던 나치와 달리 엘리트주의적이었고, 인종주의적이되 반유대주의보다는 독일 민족의 우월성과 국가의 힘에 상대적으로 더 역점을 두었다. 그들은 '보수혁명' 혹은 '민족혁명' '신민족주의' 그룹으로 칭해지기도 한다.

[14] Konrad Dussel, "Provinzialtheater in der NS–Zeit" in *Vierteljahrshefte für Zeitgeschichte*, vol. 38, 1990, pp. 75~111.

[15] Reinhard Wittmann, *Geschichte des deutschen Buchhandels. Ein Überblick*, Stuttgart, 1991, pp. 363~365.

[16] 불러는 제2차 대전이 발발한 직후 히틀러의 특명으로 요양원의 유전병 환자를 학

살하는 과제를 실천하게 되고, 로젠베르크는 히틀러 내각에 설치된 동유럽점령지 역부 장관을 차지하게 된다. Guenter Lewy, *Harmful and Undesirable. Book Censorship in Nazi Germany*, Oxford, 2016, pp. 64, 65, 76~78; Wittmann, *Geschichte des deutschen Buchhandels*, p. 369; Dietrich Strothmann, *Nationalsozialistische Literaturpolitik. Ein Beitrag zur Publizistik im Dritten Reich*, Bonn, 1968, pp. 238, 256, 257.

[17] Lewy, *Harmful and Undesirable*. pp. 7~16; Engelbrecht Boese, *Das Öffentliche Bibliothekswesen im Dritten Reich*, Bad Honnef, 1987, pp. 232~235; Volker Dahm, "Natioanale Einheit und Partikulare Vielfalt. Zur Frage der kulturpolitischen Gleichschaltung im Dritten Reich" in *Vierteljahrshefte für Zeitgeschichte*, vol. 43, 1995, pp. 251~254, 260.

[18] Lewy, *Harmful and Undesirable*. pp. 39~42, 44, 45, 134, 157; Christian Adam, *Bestsellers of the Third Reich. Readers, Writers and the Politics of Literature*, New York, 2021, pp. 169, 170; Richard Wittmann, *Geschichte des deutschen Buchhandels*, p. 367.

[19] Georg Vitz, "Heinrich Spoerl und Düsseldorf – biograhische und literarische Spuren" in Josef A. Kruse, ed., *Heinrich Spoerl. Buch–Bühne–Leinwand*, Düsseldorf, 2004, pp. 17~34. 슈푀를에 대한 '학문적' 연구는 무척 적다. 위 책은 나치 독일에서 슈푀를의 책을 출간하였던 드로스테출판사가 스스로를 기념하기 위해서 출간한 전기형 책이다. 책의 편집자 크루제는 하인리히 하이네 전공자이고, 《입마개》 챕터를 서술한 비츠는 그 작품이 어떻게 연극용으로 각색되었는지 밝히는 데 그쳤다. 그처럼 연구가 없는 것은 물론 슈푀를의 문학을 높이 평가하지 않아서다.

[20] Heinrich Spoerl, "Der Maulkorb," in H. Spoerl, *Gesammelte Werke*, Köln, 1963, pp. 84~199.

[21] Heinrich Spoerl, "Der Gasmann" in Spoerl, *Gesammelte Werke*, pp. 200~276.

[22] Schneider, "Bestseller im Dritten Reich", pp. 92, 93; Adam, *Bestsellers of the Third Reich*, pp. 133, 134.

23 Spoerl, "Der Gasmann", pp. 260, 261.

24 Chris Humphrey, *The Politics of Carnival. Festive Misrule in Medieval England*, Manchester, 2001, pp. 11~37.

25 테리 이글턴, 김정아 옮김, 《발터 벤야민 또는 혁명적 비평을 향하여》, 이앤비플러스, 2012, pp. 253~272.

26 Wittmann, *Geschichte des deutschen Buchhandels*, p. 379; Adam, *Bestsellers of the Third Reich*, pp. 133, 134, 138.

27 Hans Dieter Schäffer, *Das gespaltene Bewußtsein*, München, 1981, pp. 107·~114; George L. Mosse, *Masses and Man. Nationalist and Fascist Perceptions of Reality*, Detroit, 1980, pp. 52~68; Rabinbach, *Staging the Third Reich*, pp. 96~99, 103.

28 Spoerl, "Der Gasmann", pp. 203, 205, 206, 221, 232~235, 244.

29 김학이, 〈19/20세기 독일인들의 감정〉, 《독일연구》 제30호, 2015, pp. 97~133.

30 Spoerl, "Der Gasmann", pp. 204, 206, 210~212, 220~223, 250, 253, 256, 263, 264. 물론 이 소설이 발간된 시점이 제2차 대전 2년 차였던 1940년이라는 사실에 근거하여 그 소설을 독일인들의 전쟁 공포를 표현한 것으로 해석할 수도 있다. 그러나 1936년에 발간된 《입마개》와 《모두가 천사라면》 역시 검사와 일탈 부부의 공포를 그렸으니만큼 《가스검침관》을 나치 독일 전체에 흐르던 공포로 해석할 수 있을 것이다.

31 Sara Ahmed, *The Cultural Politics of Emotions*, Edinburgh, 2014, pp. 62~81; Frank Furedi, *Culture of Fear. Risk-taking and the Morality of Low Expectation*, London, 1997.

32 김학이, 〈제1차 세계대전 군인들의 전쟁신경증 – 독일과 미국의 공포의 역사 비교 연구 –〉, 《독일연구》 제39호, 2018, pp. 35–80.

33 Spoerl, "Der Gasmann", pp. 254~256, 269, 270.

34 오스트리아 빈 국립도서관은 나치 독일이 오스트리아를 점령한 1938년 3월 중순부터 히틀러가 자살하고 8일째 되는 1945년 4월 7일까지 《민족의 파수꾼》을 디지털로 업로드해놓았다. 그 판이 베를린과 뮌헨 판과 완전히 똑같지는 않지만 차이

가 아주 적다.

35 *Völkischer Beobachter*, 1941, 7, 24., 1942, 12, 11., 1943, 2, 11., 1943, 10, 13.,
1943, 10, 21., 1944, 3, 3., 1944, 5, 7., 1944, 9, 26.

36 Demmerling, *Philosophie der Gefühle*, pp. 295~300.

37 나인호, 《증오하는 인간의 탄생. 인종주의는 역사를 어떻게 해석했는가》, 역사비평
사, 2019.

38 Stargardt, *The German War*, pp. 345~386.

39 Andrew Maskrey, *Disaster Mitigation: A community-based approach*, Oxford, 1989.

40 Stargardt, *The German War*, pp. 513~517.

8장_ 서독인들의 공포와 새로운 감정 레짐

1 우리말로 '마녀'는 영어로는 witch, 독일어로는 Hexe이다. 성별과 무관하다. 근대
초 기소된 그런 사람의 90퍼센트가 여성이었기에 '마녀'라는 번역어가 완전히 그
릇된 것은 아니지만 참 난감하다. 악마와 계약했다는 사람들 중에는 의당 남자도
포함되어 있었고, 이는 1950년대 서독에서도 마찬가지였다. 그러나 '마법사'로 하
자니 뉘앙스가 너무나 다르기에 하는 할 수 없이 '마녀'로 쓴다.

2 Monica Black, *A Demon-Haunted Land. Witches, Wonder Doctors, and the Ghosts of
the Past in Post-World War II Germany*, New York, 2020.

3 '포스트워'라는 용어는 단순히 전쟁 이후의 시기를 가리키는 것이 아니라 끝난 전
쟁이 여전히 영향을 미치던 전쟁 이후의 시기를 지칭한다.

4 Svenja Goltermann, *Die Gesellschaft der Überlebenden. Deutsche Kriegsheimkehrer und
ihre Gewalterfahrungen im Zweiten Weltkrieg*, München, 2011.

5 Frank Biess, *Republik der Angst. Eine andere Geschichte der Bundesrepublik*, Reinbek
bei Hamburg, 2019.

[6] Maik Tänder, *Das therapeutische Jahrzehnt. Der Psychoboom in den siebziger Jahren*, Göttingen, 2016.

[7] 우인희, 〈마르쿠제의 사회사상과 1960년대 신좌파 운동〉, 《역사와 사회》 제38집, pp. 63~90.

[8] Sven Reichardt, *Authenzität und Gemeinschaft. Linksalternatives Leben in den siebziger und frühen achtziger Jahren*, Frankfurt/M., 2014.

[9] Joachim C. Häberlen and Jake P. Smith, "Politics of Emotions in the Radical New Left in West Germany, c. 1968~84" in *Contemporary European History*, vol. 23, 2014, pp. 615~637.

[10] Bernhard Dietz, *Der Aufstieg der Manager. Wertewandel in den Führungsetagen der westdeutschen Wirtschaft, 1949~1989*, Berlin, 2020.

에필로그

[1] 이순신, 이은상 옮김, 《난중일기》, 올재, 2012.

찾아보기

이 저서는 2017년 정부(교육부)의 재원으로 한국연구재단의
지원을 받아 수행된 연구임.(NRF-2017S1A6A4A01019365)

감정의 역사

2023년 3월 15일 초판 1쇄 인쇄
2023년 12월 7일 초판 3쇄 발행
글쓴이   김학이
펴낸이   박혜숙
디자인   이보용
펴낸곳   도서출판 푸른역사
 우) 03044 서울시 종로구 자하문로8길 13
 전화: 02)720-8921(편집부) 02)720-8920(영업부)
 팩스: 02)720-9887
 전자우편: 2013history@naver.com
 등록: 1997년 2월 14일 제13-483호

ⓒ 김학이, 2023

ISBN 979-11-5612-245-6 93900